fit fürs abi

Abiwissen in Bestform

Mit **Fit fürs Abi** hast du das **optimale Rundum-Sorglos-Paket** für deine **Abiturvorbereitung**.

Bücher

Das **Fit fürs Abi Oberstufenwissen** gibt es für Biologie, Chemie, Deutsch, Englisch, Erdkunde, Erziehungswissenschaften, Geschichte, Mathematik, Physik, Musik, Politik und Wirtschaft.

Nutze auch das **Fit fürs Abi Klausur-Training**. Es bietet realistische Klausuraufgaben mit Lösungen zu wichtigen Prüfungsthemen der Fächer Biologie, Chemie, Mathematik und Physik.

Als Lernskript für den Endspurt empfehlen wir **Fit fürs Abi Express.**

Apps

In unserer **Glossar-App** findest du viele Fachbegriffe leicht verständlich erklärt. In unserer **Express-App** warten pro Fach 100 interaktive Test-Aufgaben auf dich.

Lernzettel

Die praktischen **Lernzettel** enthalten die wichtigsten Inhalte aus jedem Kapitel. Du kannst sie zum Lernen ausdrucken oder auf deinem Handy nutzen, wenn du das Buch nicht dabei hast.

Alexa Skill

Teste dein Wissen mit dem **Fit fürs Abi Alexa Skill:** In den Fächern Biologie, Deutsch, Mathematik sowie Politik und Wirtschaft warten über 200 Fragen auf dich.

Videos zur mündlichen Prüfung

Das Abitur ist eine Ausnahmesituation – speziell die mündliche Prüfung. **Julias Videos** helfen dir dabei, den bestmöglichen Auftritt hinzubekommen.

Unser vielfältiges und kostenloses digitales Angebot zu den Büchern findest du auf **www.fit-fuers-abi.de**

fit fürs abi Glossar westermann

fit fürs abi westermann

fit fürs abi

fit fürs abi

Oberstufenwissen

Erdkunde

fit fürs abi **Oberstufenwissen**
Erdkunde

Autor:
Winfried Waldeck ist seit vielen Jahren Autor verschiedener Lernhilfen und Unterrichtswerke für die gymnasiale Oberstufe. Als langjähriger Koordinator an einer UNESCO-Projektschule verfügt er über eine umfangreiche Unterrichts- und Abiturerfahrung – insbesondere auch im Fach Erdkunde. Zudem hat er zahlreiche Studienfahrten mit Schülerinnen und Schülern v. a. nach West- und Südeuropa geleitet, um ihnen geografische Erkundungen vor Ort zu ermöglichen.

Druck A[1] / Jahr 2024
Alle Drucke der Serie A sind im Unterricht parallel verwendbar.

Redaktion: imprint, Zusmarshausen
Kontakt: lernhilfen@westermanngruppe.de
Umschlaggestaltung und Layout: Janssen Kahlert Design und Kommunikation GmbH, Hannover
Umschlagfoto: iStockphoto.com, Calgary, borchee
Druck und Bindung: Westermann Druck GmbH, Georg-Westermann-Allee 66, 38104 Braunschweig

ISBN 978-3-07-**003148**-8

Vorwort

Liebe Abiturientin, lieber Abiturient,

das Abitur rückt näher und du möchtest dich auf deine Prüfungen vorbereiten? *Fit fürs Abi* hilft dir dabei. Du findest hier alle Inhalte, die du für dein Abitur brauchst. Du musst dazu aber nicht das ganze Buch von vorne bis hinten durchlesen.

- Finde zunächst heraus, welches die **Prüfungsthemen** für deinen Jahrgang sind. Frage dazu deine Lehrkraft oder schaue im Internet die aktuellen Prüfungsvorgaben deines Bundeslandes nach.
- Wähle dann die **Kapitel im Buch** aus, die du bearbeiten möchtest. Du könntest so vorgehen:
  - Welche Themen sind besonders wichtig?
  - Wo hast du die größten Lücken?
- Mache einen **Plan** und teile dir die Zeit gut ein, wann du welches Kapitel durcharbeiten möchtest.
- Arbeite die **Inhalte** dann nach deinem Plan durch.
- Am Ende des (Teil-)Kapitels findest du praktische **Lernzettel**, auf denen das Wichtigste noch einmal zum Lernen zusammengefasst ist. Die Lernzettel gibt es auch als **Download** auf www.fit-fuers-abi.de. Du kannst sie auf dein Handy laden oder ausdrucken und auch dann damit lernen, wenn du dein Buch nicht dabeihast.
- Alle wichtigen **Fachbegriffe** findest du am Ende des Buchs im **Glossar** zum Nachschlagen und zum Lernen. Das Glossar gibt es auch als **kostenlose App**. Einfach im *Apple Store* oder bei *Google Play* „Fit fürs Abi“ eingeben!
- Auf www.fit-fuers-abi.de findest du noch weitere hilfreiche Informationen und Tipps zum Thema Abi.

1 Physische Geografie
PLANET ERDE
PLATTENTEKTONIK
GESTEINSKREISLAUF
WASSERKREISLAUF
DIE ATMOSPHÄRE
ATMOSPHÄRISCHE ZIRKULATION

Lernzettel

Glossar, als gratis App

So gehst du perfekt vorbereitet in die Prüfung.
Wir wünschen dir viel Erfolg!

Dein Fit-fürs-Abi-Team

Inhalt

1 Physische Geografie

Im ersten Kapitel wird zunächst die Erde mit ihren Nachbarplaneten verglichen, um so ihre Besonderheiten zu verdeutlichen. Danach wird die Theorie der Plattentektonik dargestellt, mit der sich Kontinentalverschiebung, Erdbeben, Vulkanismus und Gebirgsbildung erklären lassen. Es folgen der Kreislauf der Gesteine, der Wasserkreislauf und die atmosphärische Zirkulation. Letztere leitet dann über zum Klimasystem.

1.1 Planet Erde

Die Erde gehört zu den inneren Planeten des Sonnensystems (→ Abb. 1.1). Um die besonderen Bedingungen für die Entstehung des Lebens auf der Erde deutlich zu machen, bietet sich ein Vergleich mit den Nachbarplaneten an.

Venus: Mit einem Durchmesser von 12 100 km am Äquator ist die Venus fast so groß wie die Erde. Die mittlere Entfernung von der Sonne liegt bei 108 Mio. km, die Umlaufzeit beträgt 225 Tage und die Dauer einer Drehung um die eigene Achse (Rotation) 121 Erdentage. Ein Venustag dauert also mehr als 116 Tage. Die Venus rotiert im Gegensatz zu den anderen Planeten gegenläufig, also von Ost nach West. Die Venus empfängt ungefähr die doppelte Strahlung der Erde, ihre Durchschnittstemperatur müsste demnach zwischen 20 und 30 °C liegen. Allerdings besteht die Atmosphäre der Venus zu über 95 % aus Kohlendioxid. Trotz der hohen Abstrahlung in den Weltraum (**Albedo**) aufgrund der geschlossenen Wolkendecke heizt der Treibhauseffekt (→ Seite 29 f.) die untere Atmosphäre auf bis zu 465 °C auf. Die Gashülle des Planeten, die eine Ausdehnung von etwa 100 km hat, übt auf die Oberfläche einen Druck von etwa 90 Atmosphären aus. Dieser Druck herrscht auf der Erde in 900 Meter Wassertiefe. Dazu kommen

Abb. 1.1: Planeten im Vergleich

Im August 2006 wurde Pluto von der International Astronomical Union (IAU) zum Zwergplaneten herabgestuft; seither gibt es nur noch acht „echte“ Planeten im Sonnensystem.

Niederschläge aus Schwefelsäure-Tröpfchen und Stürme, die sich mit einer Geschwindigkeit von 400 km/h um den Planeten bewegen. Innerhalb von vier Erdentagen umrunden sie einmal die Venus.

Erde: Die Erde hat am Äquator einen Durchmesser von 12 756 km. Die mittlere Entfernung von der Sonne liegt bei 150 Mio. km. Die Umlaufzeit um die Sonne beträgt 365,25 Tage, eine Drehung um die Erdachse (Rotation) dauert 23 h 56 min. 71 % der Erdoberfläche sind von Wasser bedeckt. Die Oberflächentemperatur liegt zwischen – 70 bis + 56 °C. Die Atmosphäre besteht zu 78 % aus Stickstoff und zu 21 % aus Sauerstoff. Dazu kommen unter anderem Edelgase sowie Kohlendioxid.

Mars: Der Mars hat am Äquator einen Durchmesser von 6800 km. Seine Masse entspricht nur etwa einem Zehntel der Erdmasse. Die mittlere Entfernung von der Sonne liegt bei 228 Mio. km. Die Umlaufzeit um die Sonne beträgt ein Jahr und 321 Tage. Eine Mars-Rotation dauert 24 h 37 min. Die Atmosphäre hat eine sehr geringe Dichte. Ihr Druck an der Oberfläche liegt bei 5 bis 7 Millibar. Sie besteht zu 95 % aus Kohlendioxid. Die Temperatur am Mars-Äquator beträgt mittags + 16 bis + 24 °C und sinkt nachts bis auf – 70 °C ab. Die tiefste Temperatur wird an den Polen gemessen (– 130 °C). Da die Marsachse um 25 Grad geneigt ist, besitzt dieser Planet Jahreszeiten wie die Erde (→ Abb. 1.2). Die Pole sind im Winter mit einer dünnen Schicht aus Wassereis und Kohlendioxid-Schnee (Trockeneis) bedeckt. Diese Schicht schmilzt im Sommer ab. Es gibt auf dem Mars zahlreiche Krater, erloschene Vulkane (bis 24 km hoch), **Canyons** und Trockentäler. Seit etwa 100 Mio. Jahren gibt es auf dem Mars keinen Vulkanismus, keine Erdbeben und keine Gebirgsbildung mehr, da die Wärmequellen im Marsinneren erloschen sind.

Das „Raumschiff Erde" rast mit einer durchschnittlichen Bahngeschwindigkeit von 107 000 km/h um die Sonne. Die Rotationsgeschwindigkeit der Erde (um die eigene Achse) liegt auf dem Äquator bei 1670 km/h. Da die Atmosphäre eine schützende Außenhaut bildet, merken wir nichts davon, außer dem Wechsel von Tag und Nacht sowie den Jahreszeiten.

Das „Raumschiff Erde" bietet also im Vergleich mit den Nachbarplaneten die besten Bedingungen für die Entstehung von Leben. Dazu kommen weitere Vorteile:

- Für alle Planeten gemeinsam (→ Abb. 1.1) gilt, dass der Sonnenwind (solarer Wind), eine Teilchenstrahlung aus Protonen und Elektronen, die energiereiche und lebensbedrohliche kosmische Strahlung bis jenseits des Pluto zurückdrängt, also mehr als sechs Milliarden Kilometer weit.
- Der aus Eisen und Nickel bestehende Erdkern (→ Seite 13) erzeugt wie ein gigantischer Dynamo ein Magnetfeld um die Erde, das diese vor dem Sonnenwind schützt.
- Im Gegensatz zum Mars ist die Masse der Erde – und somit auch ihre Schwerkraft – groß genug, um Wasser und Gase an sich zu binden, die vor allem aus vulkanischer Aktivität stammen. Daher existieren Ozeane und eine Atmosphäre auf der Erde.
- Die Ozonschicht in der Stratosphäre in 30 bis 50 km Höhe schützt die Erde weitgehend vor der energiereichen UV-Strahlung.

- Das Kohlendioxid der ursprünglichen Erdatmosphäre konnte im Laufe der Erdgeschichte gebunden werden: im Kalkgestein, in den Ozeanen, in den Pflanzen und damit auch in fossilen Brennstoffen (!) sowie im Boden.
- Ohne den **natürlichen Treibhauseffekt** der Atmosphäre hätte die Erde eine mittlere Oberflächentemperatur von – 18 °C; tatsächlich aber liegt diese bei + 15 °C.
- Unter den herrschenden Temperaturbedingungen kommt auf der Erde Wasser in festem, flüssigem und gasförmigem Zustand vor. Chemische Reaktionen laufen weder zu langsam, noch zu schnell ab, und organische Verbindungen bleiben stabil.
- Durch das System Erde – Mond mit seinem gemeinsamen Schwerpunkt noch im Erdinnern wird die Lage der Erdachse stabilisiert und eine zu rasche Veränderung der Jahreszeiten und damit auch der Temperaturverhältnisse wird verhindert.
- Die Tages- und die Nachtzeiten sind nicht so lang, dass die Unterschiede von Ein- beziehungsweise Ausstrahlung und damit auch die Temperaturunterschiede zu groß werden. Auch die Photosynthese der Pflanzen ist gewährleistet.

Nach der sogenannten Kollisionstheorie soll der Mond durch den Aufprall eines etwa marsgroßen Planeten auf die noch glutflüssige Proto-Erde (= Frühform der Erde) entstanden sein. Da der Aufprall im 45°-Winkel erfolgte, wurden große Materiemengen des Mantels beider Planeten weggeschleudert und bildeten später den Mond. Der größte Teil der beiden Planeten verschmolz zur heutigen Erde.

Tag und Nacht entstehen durch die Drehung der Erde um die eigene Achse (von West nach Ost). Daher wird eine Seite von der Sonne beleuchtet, die andere Seite liegt währenddessen im Schatten. Die **Jahreszeiten** entstehen dadurch, dass die Erdachse nicht senkrecht zur Umlaufbahn steht, sondern um 23,5 Grad geneigt ist (Schiefe der **Ekliptik**). Während eines Umlaufs der Erde um die Sonne (= 1 Jahr) wird im Nordsommer die Nordhalbkugel stärker beleuchtet und erhält dadurch mehr Wärmeenergie von der Sonne als die Südhalbkugel (→ Abb. 1.2). Die Sonne steht am 21. Juni über dem nördlichen Wendekreis (23,5° N) im **Zenit**.

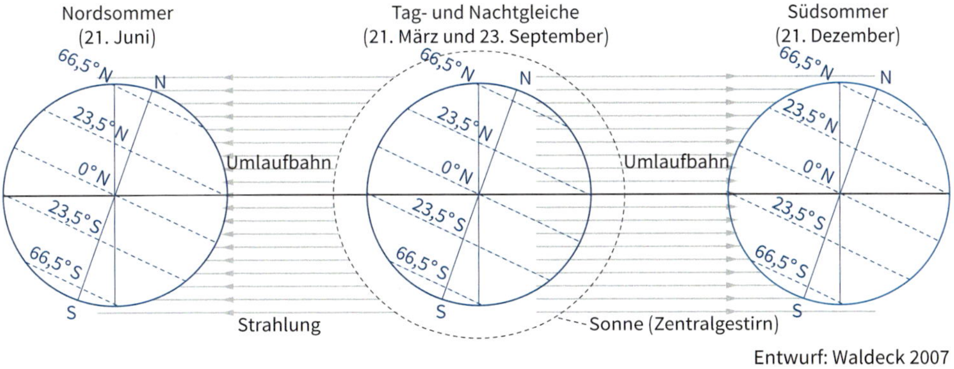

Abb. 1.2: Entstehung der Jahreszeiten

Genau auf dem nördlichen Polarkreis (66,5 °N) ist am 21. Juni der einzige Polartag: Die Sonne geht nicht unter. Und am 21. Dezember ist dort die einzige Polarnacht: Die Sonne geht nicht auf. Weiter nördlich gibt es zunehmend mehr Polartage bzw. -nächte. Am Nordpol selbst (90 °N) geht die Sonne ein halbes Jahr lang nicht unter: vom 21. März bis zum 23. September. Im anschließenden Halbjahr geht sie sechs Monate lang nicht auf. Mit umgekehrten Vorzeichen gilt dies auch für den südlichen Polarkreis und für den Südpol.

Im Nordwinter ist es umgekehrt, und die Sonne steht am 21. Dezember über dem südlichen Wendekreis (23,5° S) im Zenit.

Am 21. März und am 23. September steht die Sonne senkrecht über dem Äquator, und Tag und Nacht sind an diesen beiden Tagen überall auf der Erde gleich lang (je 12 Stunden). Durch die **Jahreszeiten** wird das Klima auf unserer Erde entscheidend mitbestimmt.

Entstehung der Planeten: Die Planeten entstanden vor knapp fünf Milliarden Jahren aus dem solaren Restnebel, der nur 5 % der Masse, aber 95 % der Bewegungsenergie unseres Sonnensystems enthält. Die Erde wuchs vor allem durch Kollisionen mit Planetoiden und durch **Meteoriten**einschläge. Dazu kam die Anlagerung von Materie aufgrund der Schwerkraft. Durch die dabei freigesetzte Energie und durch radioaktive Zerfallsprozesse im Erdinnern wurde unser Planet zunächst glutflüssig. In diesem Zustand bildeten sich – abhängig vom spezifischen Gewicht ihrer Bestandteile – die Schalen der Erde aus. So sanken z. B. die Metalle in den Erdkern, und die leichteste Materie bildete die Erdkruste. Die ersten Teile der Erdkruste erkalteten vor ca. vier Milliarden Jahren.

Von außen nach innen werden folgende **Schalen** unterschieden:

- **Die Erdkruste** ist die dünne, erkaltete und feste Außenhaut unseres Planeten. Sie umfasst die aus Basalten bestehende, schwere ozeanische Kruste (6 bis 8 km mächtig) und die leichtere, aus Silikatgesteinen zusammengesetzte kontinentale Kruste (bis zu 70 km mächtig). Zusammen mit der obersten, festen Schicht des Erdmantels bildet die Erdkruste die sogenannte **Lithosphäre**, die Gesteinshülle unseres Planeten. Sie ist insgesamt zwischen 80 bis maximal 150 km dick, im kontinentalen Bereich aber dicker als im ozeanischen. Die mobilen Platten der Erde sind Lithosphären-Platten (→ Abb. 1.5).

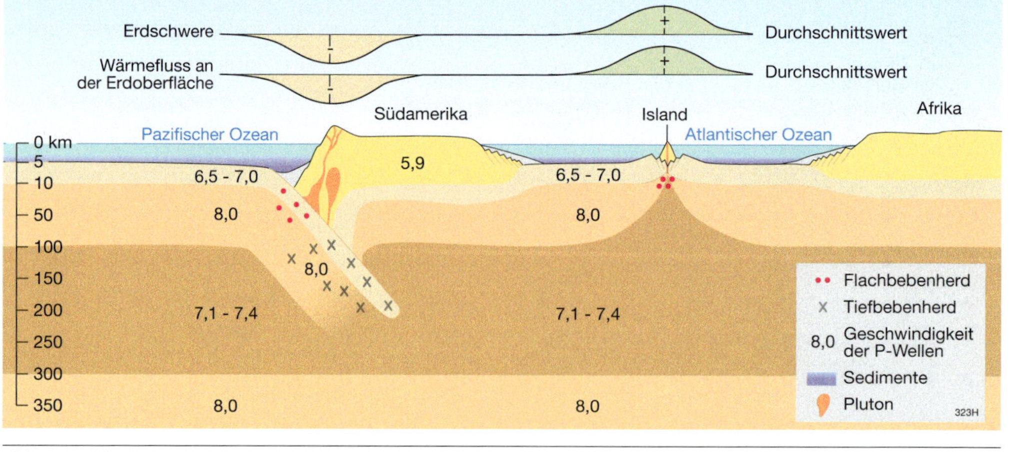

Abb. 1.3: Erdkruste und Oberer Mantel

- **Der Erdmantel:** Die Platten bewegen sich auf der **Asthenosphäre**, einer zähflüssigen und damit beweglichen Schicht mit einer Temperatur von ca. 1200 °C in 300 km Tiefe. Die Asthenosphäre gehört – wie die darüber liegende feste Schicht – zum Oberen Erdmantel. Darunter folgt nach einer Übergangszone (400 bis 660 km) der Untere Erdmantel, der am unteren Rand bis zu 3700 °C heiß ist. Insgesamt reicht der Erdmantel bis in 2900 km Tiefe. Im Erdmantel finden – angetrieben durch radioaktiven Zerfall und durch die hohe Temperatur des Erdkerns – langsame Konvektionsvorgänge statt: Kühlere Gesteinspakete sinken an den Subduktionszonen in die Tiefe, während heißere Gesteinspakete an den ozeanischen Rücken aufsteigen (→ Abb. 1.3). Direkt aus dem Übergangsbereich zwischen Mantel und Kern steigen sogenannte Mantel-Plumes (Konvektionsströme) auf und durchbrechen als **„Hotspots“** die Erdkruste. Bekannte Beispiele sind Island im nördlichen mittelatlantischen Rücken und die Hawaii-Inseln (dort ist es die große Insel „Big Island“ mit aktivem Vulkanismus).
- **Der Erdkern** besteht vermutlich überwiegend aus Eisen und Nickel. Im äußeren, flüssigen Erdkern finden starke Konvektionsvorgänge statt, die diesen Bereich durchmischen. Die Temperaturen liegen bei 3700 bis 4600 °C. Der innere Kern ist aufgrund des hohen Drucks von 3,5 Mio. Atmosphären wieder fest. Im Erdkern wird vermutlich durch das „Ausfrieren“ von Eisen am festen inneren Kern eine hohe latente Schmelzwärme erzeugt. Eine besondere Bedeutung gewinnt der Erdkern durch die Erzeugung des irdischen Magnetfeldes. Dazu ist eine schnelle Konvektion (Aufstieg von erhitzter Materie) im äußeren Erdkern erforderlich.

BEISPIEL

Vulkanische Massive der Insel Hawaii („Big Island“) – mit maximaler Höhe und vulkanischer Aktivität

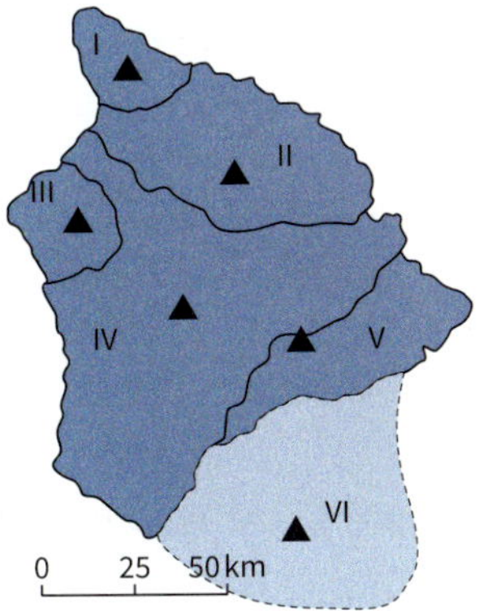

I Kohala 1670 m – definitiv erloschen

II Mauna Kea 4205 m – nicht mehr aktiv

III Hualalai 2510 m – momentan ruhend

IV Mauna Loa 4169 m – aktiv

V Kilauea – 1247 m aktiv

VI Lo'ihi Seamount (untermeerischer Vulkan: ca. 1000 dem Meeresspiegel) – soll in ca. 1000 Jahren aus dem auftauchen und in ca. 50 000 Jahren mit der heutigen zusammenwachsen

--- hypothetische Küstenlinie in 50 000 Jahren

Abb. 1.4: Big Island Hawaii – Beispiel für einen Hotspot (Entwurf: Waldeck 2012)

1.2 Plattentektonik

Einführung

Durch ein weltweites Netz von Messstationen konnte die Erdbebenforschung (Seismologie) Erkenntnisse über den Aufbau des Erdinnern gewinnen, besonders über den Bau von Erdkruste und Oberem Erdmantel. Dort, wo eine plötzliche Geschwindigkeitsänderung von Erdbebenwellen auftritt, eine sogenannte **Diskontinuität**, muss ein anderes Gesteinsmaterial vorliegen oder ein Phasenwechsel zwischen fest und flüssig (→ Abb. 1.3). Die Meeresforschung ermittelte schließlich seit den 1960er-Jahren das Alter der Ozeanböden und legte damit den Grundstein für die Theorie der **Plattentektonik**.

ALFRED WEGENER (1880 – 1930): Der deutsche Geograf und Polarforscher stellte 1912 seine visionäre Kontinentalverschiebungstheorie vor, die allerdings beim damaligen Stand der Forschung noch nicht bewiesen werden konnte, sondern auf verschiedenen Indizien beruhte.

Die wichtigsten Aussagen dieser Theorie sind:

- Die **Lithosphäre** (Gesteinshülle der Erde) gliedert sich in verschieden große Platten (→ Abb. 1.5), die durch Plattengrenzen voneinander getrennt sind.
- Diese Platten bewegen sich auf der **Asthenosphäre**, der zäh fließenden, plastischen Schicht des Oberen Mantels (→ Abb. 1.3) mit einer durchschnittlichen Geschwindigkeit von etwa 1 bis 10 cm pro Jahr (maximal bis zu 18 cm pro Jahr). In einem kurzen geologischen Zeitraum von einer Million Jahren macht dies bereits 10 bis 100 km aus. Dabei ändern Ozeane und Kontinente ständig ihre Umrisse und ihre geografische Lage verschiebt sich.
- Durch die ständige Neubildung ozeanischer Kruste an den mittelozeanischen Rücken, ausgedehnten untermeerischen Gebirgszügen, dehnen sich die Oze-

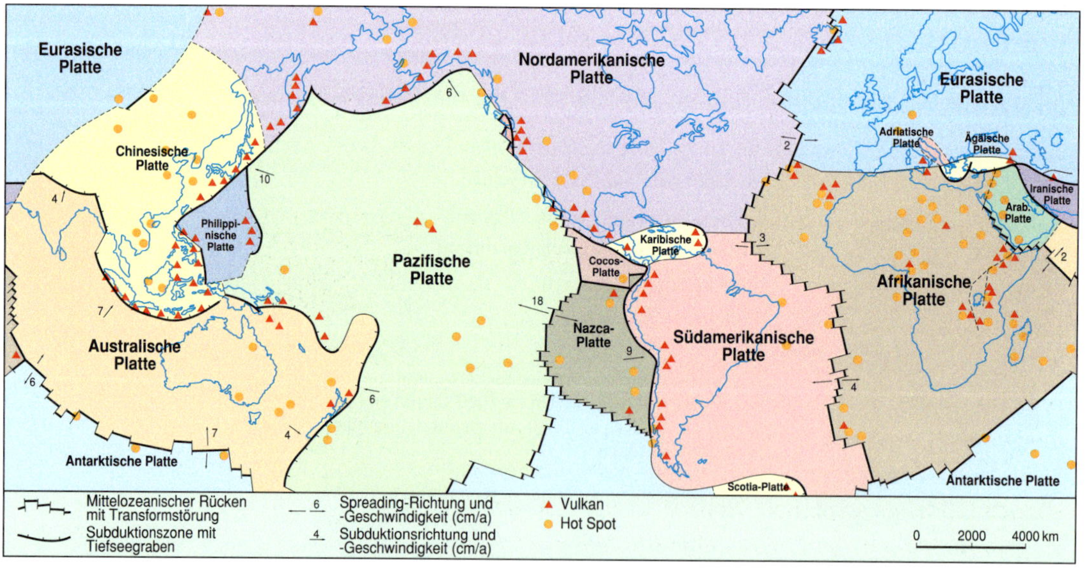

Abb. 1.5: Das Plattenmosaik der Lithosphäre

ane einerseits weiter aus. Andererseits muss die ozeanische Kruste unter die Kontinente abtauchen (**Subduktion**), da die Oberfläche der Erde gleich groß bleibt. Auch die kontinentale Kruste kann durch **Gebirgsbildung** stark verkürzt werden (→ Seite 20 ff.).

Drei Typen von **Plattengrenzen** werden unterschieden:

① **Divergierende Plattengrenzen.** Diese befinden sich zumeist am Scheitel der bereits erwähnten mittelozeanischen Rücken, aber auch in intrakontinentalen Grabenbrüchen wie dem Ostafrikanischen Graben. Dort wird die Kruste gedehnt und somit Lava gefördert (→ Abb. 1.3)

② **Konvergierende Plattengrenzen.** Wenn sich zwei Platten aufeinander zubewegen, taucht meist die schwerere ozeanische Platte ab und es entsteht ein Tiefseegraben. In größerer Tiefe wird die Platte wieder aufgeschmolzen (→ Abb. 1.3). Hier finden generell Kollisionen statt (→ „Gebirgsbildung“ auf Seite 20 ff.).

③ An **Transformgrenzen** werden Platten horizontal gegeneinander verschoben, was aber nicht reibungslos verläuft und starke Erdbeben verursachen kann (Beispiel: San Andreas Fault, Kalifornien).

Erdbeben

Etwa 90 Prozent aller Beben sind tektonische Beben, entstehen also meist an den Plattengrenzen, ganz vereinzelt auch im Innern von Platten. Daher treten sie fast ausschließlich an den mittelozeanischen Rücken (→ Abb. 1.5), an den **Subduktions- und Kompressionszonen** sowie entlang von Transformstörungen auf. Ursache all dieser Beben sind Spannungen zwischen unterschiedlichen Gesteinspaketen an den Plattengrenzen. Die Verschiebung der Platten zueinander verläuft nicht kontinuierlich, sondern meist klemmen die Platten aneinander fest, bis sie sich ruckartig und unter Freisetzung von teilweise großer Energie verschieben.

Neben den Erdbeben gibt es auch Seebeben. Gelegentlich treten im Zusammenhang mit Seebeben **Tsunamis** auf, zerstörerische Flutwellen an den Küsten. Dazu muss das untermeerische Beben z. B. an einer Subduktionszone die Wassersäule über dem Erdbebenherd in Schwingung versetzen. Während Tsunamis auf hoher See kaum zu bemerken sind, laufen sie an den flacheren Küsten zu großer Wellenhöhe auf. Auch im Zusammenhang mit Vulkanismus können Erdbeben entstehen: Wenn es beim Aufstieg von Magma zu Spannungen im umgebenden festen Gestein

Abb. 1.6: Tsunami-Warnschild

kommt, können sich diese ruckartig lösen. Eine weitere Ursache von Erdbeben kann der Einsturz unterirdischer Hohlräume sein, oft auch infolge von Bergbau.

Seismograf = wörtlich: Erdbebenschreiber

Erdbeben werden mithilfe von Seismografen gemessen, die nach dem Massenträgheitsgesetz funktionieren: Während das Gehäuse eines Seismografen fest mit dem Untergrund verbunden ist und im Falle eines Bebens mitschwingt, behält eine frei aufgehängte schwere Kugel mit einem Schreiber im Inneren des Gehäuses ihre Ruhelage bei.

Die **Erdbebenwellen** breiten sich vom Erdbebenherd (Hypozentrum) in alle Richtungen aus, größtenteils auch ins Erdinnere, und können damit auch zur Erforschung des Schalenbaus der Erde genutzt werden:

- Die sogenannten **Primärwellen** (P-Wellen) schwingen genau in der Ausbreitungsrichtung. Es kommt abwechselnd zu Phasen der Verdichtung und damit Belastung und zu Phasen der Entspannung des Gesteins.
- Die **Sekundärwellen** (S-Wellen) schwingen senkrecht zur Ausbreitungsrichtung. Es kommt zur wellenförmigen Hebung und Senkung des Untergrunds.
- Die **Langzeitwellen** (L-Wellen) breiten sich mit geringerer Geschwindigkeit nur auf der Erdoberfläche aus.

Zur Bestimmung der Stärke eines Erdbebens gibt es zwei gebräuchliche Skalen:

- Die nach oben offene **RICHTER-Skala** misst die Energie und damit die Stärke eines Bebens. Die Stärke wird mit einer Dezimalzahl angegeben. Die RICHTER-Skala ist logarithmisch aufgebaut (Zehner-Logarithmus). Daher setzt z. B. ein Erdbeben der Stärke 3 zehnmal soviel Energie frei wie ein Erdbeben der Stärke 2. Das stärkste bislang gemessene Beben hatte die Stärke 8,9 auf der Richterskala.
- Die **MERCALLI-Skala** stuft die Beben dagegen nach ihrer Wahrnehmung durch den Menschen und nach den Auswirkungen auf Gebäude und Landschaften ein.

Auch in Deutschland gibt es Regionen, die durch Erdbeben gefährdet sind. Als besonders gefährdet gilt der südliche Oberrheingraben um die Schweizer Stadt Basel, die 1356 durch ein Beben der Stärke 6 völlig zerstört wurde. Es gab mehrere hundert Tote. Auch die Niederrheinische Bucht zwischen Aachen, Köln und Bonn gilt als stark gefährdet. Dazu kommen Teile der Schwäbischen Alb um Sigmaringen und Hechingen sowie das Vogtland.

BEISPIEL

Das Katastrophenbeben von 1906 in San Francisco wurde zum Ausgangspunkt der modernen Erdbebenforschung. Die wichtigste geologische Störung in Kalifornien ist die San Andreas Fault. Sie beginnt in Mexiko (Baja California), verspringt im Raum Los Angeles nach Westen und verläuft mitten durch die Innenstadt von San Francisco. Somit sind die beiden größten Ballungsräumen Kaliforniens von schweren Erdbeben bedroht.

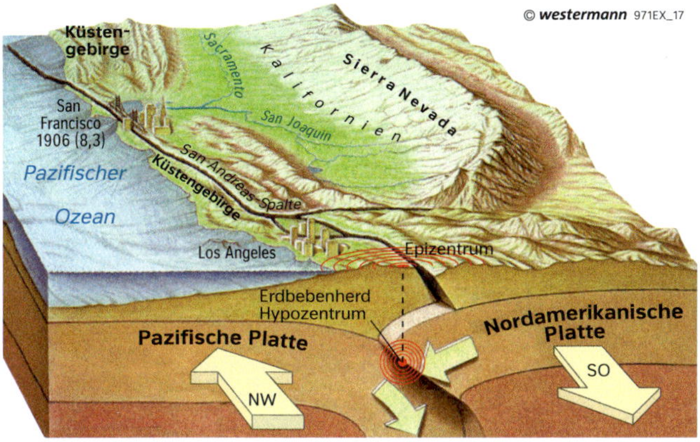

Abb. 1.7: Querschnitt durch Kalifornien

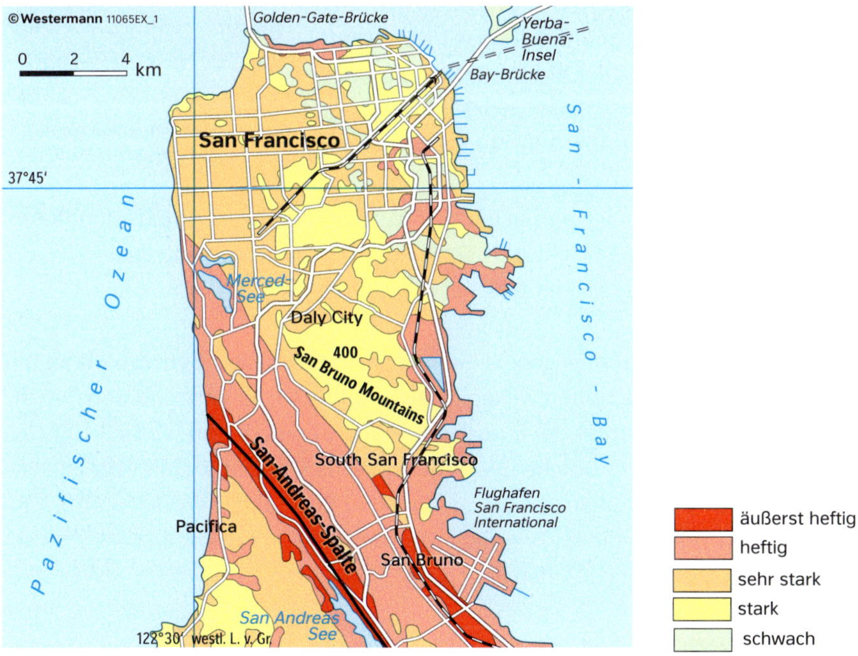

Vorausberechnete größte Erdbebenstärke (auf Basis der Erdbebenschäden von 1906 sowie unter Einbeziehung neuerer geologischer Daten)

Bebenstärke nach der San-Francisco-Skala von 1906

Abb. 1.8: San Francisco: Erdbebengefährdung

Vulkanismus

Ebenso wie die Erdbeben ist auch der Vulkanismus eng mit plattentektonischen Bewegungen verknüpft. Die bedeutendsten vulkanischen Aktivitäten der Erde sind an den Scheitelgräben der mittelozeanischen Rücken zu finden. Letztere haben eine Gesamtlänge von etwa 70 000 Kilometern. Schmelzflüssiges Magma steigt an diesen Dehnungsstrukturen auf (→ Abb. 1.3), erkaltet im Meerwasser und schließt die Lücken, die durch die seitliche Driftbewegung der Platten entstehen. Weltweit werden pro Jahr durchschnittlich ca. 7 km^3 Magma gefördert; davon entfallen allein auf die mittelozeanischen Rücken ca. 5 km^3. Nur an wenigen Stellen reichen die untermeerischen Vulkane über den Meeresspiegel hinaus.

Abb. 1.9: Zentralspalte in Island; links die Nordamerikanische, rechts die Eurasische Platte

Island gilt als Sonderfall, da dort so viel Magma gefördert wurde, dass eine größere Insel entstanden ist (Fläche: 103 000 km^2). Daher wird unter Island von vielen Wissenschaftlern ein **Hotspot** im Erdinneren vermutet, ein heißer Fleck am Äußeren Erdkern, über dem ständig Magma bis an die Oberfläche aufsteigt. Auf Island lassen sich die typischen Vorgänge an einem mittelozeanischen Rücken gut beobachten: Der **Grabenbruch**, der durch die Insel verläuft und teilweise in der Landschaft sichtbar ist, bildet die geologische Grenze zwischen der Nordamerikanischen Platte und der Eurasischen Platte (→ Abb. 1.5). Auch das Alter der für diesen Vulkanismus typischen, basischen Basaltgesteine nimmt nach außen hin zu. Auf Island dominieren **Spaltenvulkane**, längliche vulkanische Strukturen. Dazu kommen einzelne Zentralvulkane, die zum Teil unter dem größten Gletscher Europas liegen, dem Vatnajökull.

Der **Ätna auf Sizilien** dagegen ist ein komplex aufgebauter **Zentralvulkan** mit einem ausgeprägten, hohen Vulkankegel (→ Abb. 1.10). Er entstand dort, wo die Afrikanische Platte unter die Eurasische Platte abtaucht und wo sich zugleich verschiedene kleinere Brüche und Bruchsysteme kreuzen. Damit liegt er – wie zahlreiche andere Vulkane weltweit – in einer Subduktionszone (→ Abb. 1.5). Die meisten Vulkane dieses Typs liegen um den Pazifischen Ozean herum im sogenannten „Zirkumpazifischen Feuerring".

Der vorherrschende Vulkantyp in den Subduktionszonen ist der kegelförmige **Schichtvulkan** (Stratovulkan), der aus übereinandergeschichteten Lavaströmen und vulkanischen Lockermaterialien (vor allem Asche) besteht.

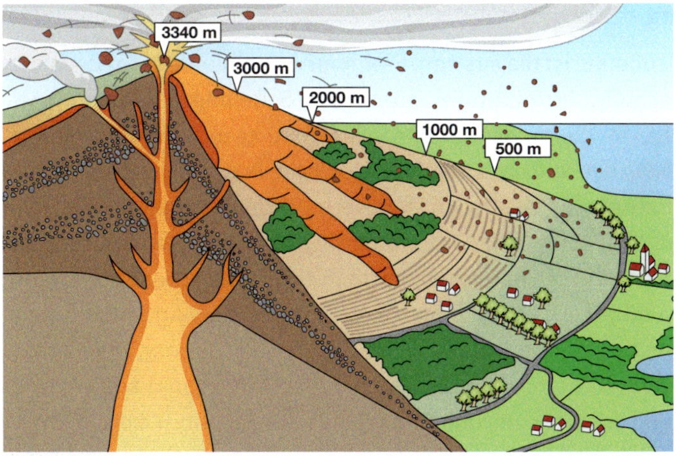

Abb. 1.10: Schnitt durch den Ätna

Abb. 1.11: Der Ätna auf Sizilien

Effusive Ausbrüche (Austritt von Lavaströmen) und explosive Ausbrüche (Asche und vulkanische Bomben werden herausgeschleudert) wechseln einander ab. Damit ist der Ätna keineswegs ein harmloser Vulkan, auch wenn er von den Touristen – im Gegensatz zu den Einheimischen – immer wieder unterschätzt wird. Trotz der damit verbundenen Gefahren – wie vulkanische Beben, Lavaströme, vulkanische Bomben und Glutwolken – werden Vulkanhänge vom Menschen überall dort, wo das klimatisch möglich ist, intensiv agrarisch genutzt. Das liegt an den mineralstoffreichen Böden, die durch vulkanische Asche „gedüngt" werden oder auf älteren Lavaströmen entstanden. So sind nicht nur die Hänge des Ätna dicht besiedelt, sondern auch die Vulkaninsel Java in Indonesien, die Philippinen oder Japan. Im Unterschied zu Erdbeben können Vulkanausbrüche mittlerweile mit großer Wahrscheinlichkeit vorhergesagt werden, sodass die Menschen rechtzeitig evakuiert werden können.

Gebirgsbildung

Motor der Gebirgsbildung ist die aus dem Erdinnern stammende Wärmeenergie, die nach oben aufsteigt (Konvektion) und an den Scheitelgräben der mittelozeanischen Rücken als glutflüssiges Magma die Erdkruste nicht nur durchbricht, sondern auch ständig neu aufbaut. Da keine ozeanische Platte älter ist als 220 Millionen Jahre, bedeutet dies, dass etwa in diesem Zeitraum die gesamte Fläche der Ozeane und damit 72 Prozent der Erdoberfläche in den Subduktionszonen verschluckt werden. In diesen Bereichen taucht die schwerere ozeanische Platte ab, es kommt zu Erdbeben und Vulkanismus (z. B. Westküste Südamerikas).

Auch innerhalb der Kontinente kann es durch aufsteigendes und aufgestautes Magma zur Dehnung der Erdkruste und zur Bildung von Grabenbrüchen kommen. Beispiele sind der Oberrheingraben und der Ostafrikanische Grabenbruch. Diese Gräben können sich weiter öffnen und schließlich ein schmales Meer bilden, wie z. B. das Rote Meer. Öffnet sich dieses Meer immer weiter (Beispiel: Atlantischer Ozean), so sinkt die ältere ozeanische Kruste am Rand weiter ab und wird mit Sedimenten bedeckt.

Irgendwann kann sich der Prozess der Öffnung umkehren: Der Ozean wird dann vom Rand her durch Subduktion langsam wieder eingeengt – so wie heute der Pazifik. Die Einengung geht durch die Subduktion der ozeanischen Kruste immer weiter. So sind das Mittelmeer, das Schwarze Meer und Teile des Kaspischen Meeres Reste der Tethys, eines Randmeeres des früheren Superozeans Panthalassa. Kollidieren schließlich zwei kontinentale Platten, wie die Indische und die Eurasische Platte, dann entstehen hohe Faltengebirge wie der Himalaya.

In 250 Millionen Jahren wird das Mittelmeer vermutlich ganz verschwunden sein und die Afrikanische sowie die Eurasische Platte werden im Bereich eines Hochgebirges zusammengewachsen sein. Der Atlantik könnte dann ein Binnenmeer inmitten eines neuen Superkontinents sein – wie Pangäa (= die gesamte Erde) vor 250 Millionen Jahren. Etwa alle 500 Millionen Jahren sollen sich ein Superkontinent und ein Superozean bilden, bis dann aufgrund des Hitzestaus

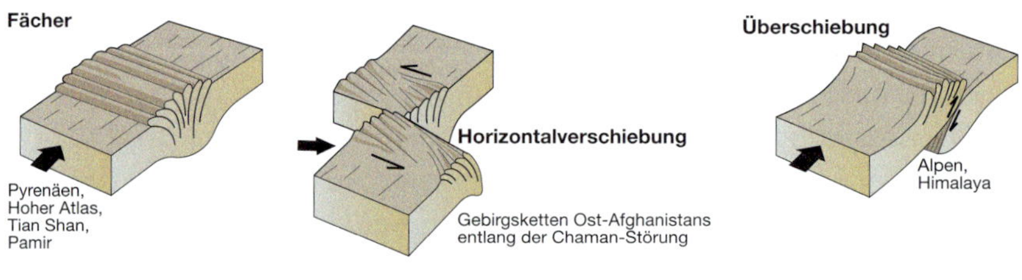

Abb. 1.12: Architektonische Grundbaupläne von Gebirgen

im Untergrund der riesige Kontinent wieder zerfällt. Dieser Vorgang wird nach einem Wissenschaftler **WILSON-Zyklus** genannt.

Gebirge entstehen also durch Kollision an Plattengrenzen. Dabei gibt es fünf Möglichkeiten:

① Kollision **ozeanische Platte – ozeanische Platte**. Eine der beiden Platten muss abtauchen, und es entstehen Inselbögen, verbunden mit Erdbeben und Vulkanismus. Ein Beispiel sind die Antillen.

② Kollision **ozeanische Platte – kontinentaler Schelf**. Die ozeanische Platte taucht ab, und es entstehen Gruppen größerer Inseln wie Indonesien oder Japan, ebenfalls verbunden mit Erdbeben und Vulkanismus.

③ Kollision **ozeanische Platte – kontinentale Platte**. Die ozeanische Platte taucht ab, und es entstehen Gebirgsketten wie die Kordilleren bzw. die Anden an der Westküste Nord-, Mittel- und Südamerikas. Dieser Vorgang ist ebenfalls verbunden mit Erdbeben und Vulkanismus.

④ Kollision **kontinentale Platte – kontinentale Platte**. Bekanntestes Beispiel ist der Himalaya. Da beide Platten etwa gleich schwer sind, kommt es zu einer starken Krustenverdickung, zur Fächerbildung und Faltung oder sogar zur Überschiebung von Gesteinspaketen (→ Abb. 1.12). Dabei treten z. T. sehr schwere Erdbeben auf.

⑤ **Horizontalverschiebung kontinentaler Kruste**. Hierbei können – wie im Osten Afghanistans oder im Norden Anatoliens (→ Beispiel unten) – durch seitlichen Druck Gebirgsketten entstehen.

BEISPIEL

Ein bekanntes Beispiel für eine Transformgrenze ist die **Nordanatolische Verwerfung** im Norden der Türkei. Sie verläuft vom Osten des Landes bis nach Istanbul und zum Marmara-Meer im Nordwesten. Die Anatolische Platte wird zwischen zwei Großplatten förmlich zerrieben: der Eurasischen Platte mit der eingelagerten Schwarzmeer-Platte im Norden und der Afrikanischen Platte sowie der Arabischen Platte im Süden bzw. Südosten. Dabei wird die Anatolische Platte nach Westen gedrückt und bildet die langgezogene Erdbebenzone im Norden (siehe die Jahreszahlen der Erdbeben).

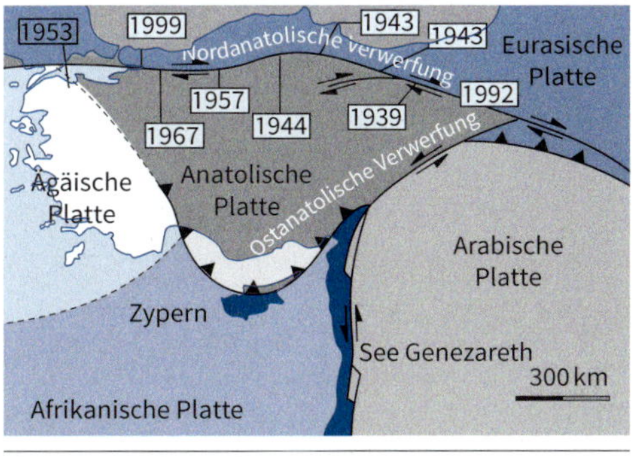

Abb. 1.13: Türkei – Plattengrenzen

1.3 Kreislauf der Gesteine

Lerntipp zum Gesteinskreislauf: Kläre zunächst die Fachbegriffe in der Abb. 1.14 mithilfe von Glossar und Text zu Kapitel 1. Erläutere dann – mündlich oder schriftlich – den Kreislauf der Gesteine, beginnend mit Vulkanismus und Gebirgsbildung als Folge der Plattentektonik.

Der Motor für die Bildung und Abtragung von Gebirgen und damit auch für den **Kreislauf der Gesteine** sind endogene (innenbürtige) Kräfte des Planeten Erde. Sie beruhen auf der Erdwärme aus dem Erdinnern und bewirken an der Erdoberfläche Erdbeben, Vulkanismus und Gebirgsbildung. Dazu kommen die Schwerkraft aufgrund der großen Masse des Planeten und exogene (außenbürtige) Kräfte wie Erosion und Transport von verwittertem Gesteinsmaterial durch fließendes Wasser, Eis und Wind.

Ohne Erdwärme und damit ohne **Plattentektonik** gäbe es keine weitere Gebirgsbildung. Vor etwa 4,1 Milliarden Jahren hatte die Erde ihre höchste Durchschnittstemperatur, seither kühlt sie durch ständige Abgabe von Erdwärme an den Weltraum aus. Der Wärmeverlust eines Himmelskörpers ist abhängig vom Verhältnis der Oberfläche zur Masse. Letztere kann – je nach Größe – eine bestimmte Wärmemenge speichern. Das Verhältnis von Oberfläche zu Masse ist im Vergleich zur Erde (= 1) für den Mond (6) und für den Mars (2,5) wesentlich ungünstiger. Daher kamen auf dem Mond plattentektonische Vorgänge bereits vor etwa einer Milliarde Jahren zum Stillstand, auf dem Mars vor ca. 100 Millionen Jahren. Die Erde befindet sich seit etwa einer Milliarde Jahren in einem plattentektonischen Zeitfenster mit Gesteinskreisläufen, das sich schätzungsweise in 500 Millionen Jahren schließen wird. Das Antlitz der Erde wird dann erstarren.

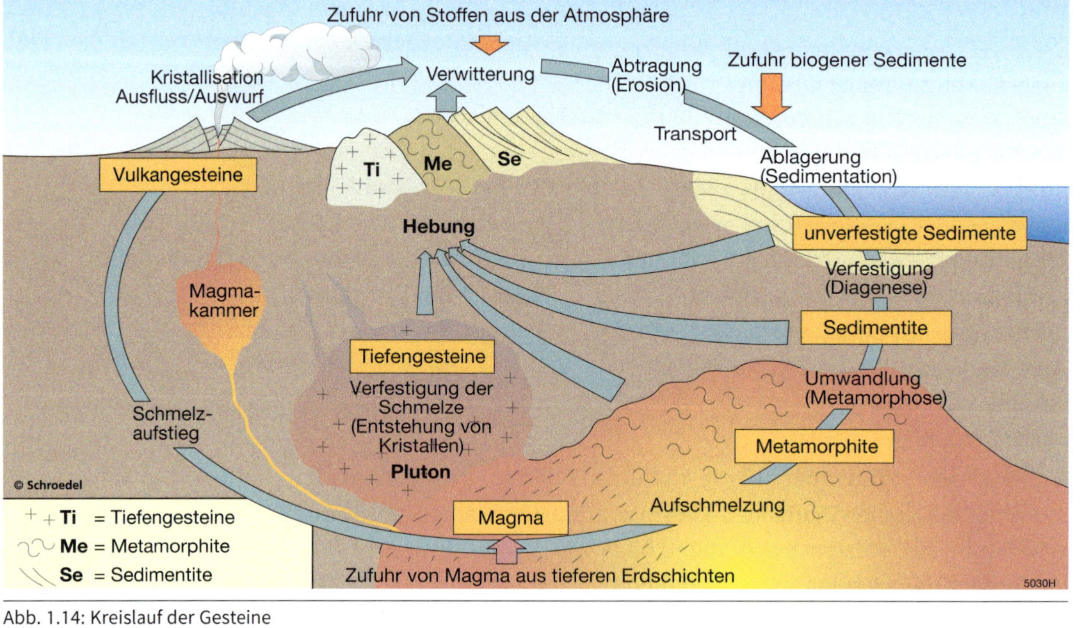

Abb. 1.14: Kreislauf der Gesteine

Abb. 1.15: Wollsackverwitterung im Granit; Cairngorm Mountains, Schottland, in rund 1200 m Höhe

Mit der Hebung von Gesteinen beginnt ihre **Verwitterung**. Grundsätzlich werden dabei die physikalische und die chemische Verwitterung unterschieden, sind aber nicht immer klar zu trennen:

Ein wichtiger Faktor der **physikalischen Verwitterung** ist die Druckentlastung bei der Hebung des Gesteins an die Erdoberfläche. Durch die damit verbundene Ausdehnung können sich Brüche und Klüfte im Gestein bilden. Ein weiterer wichtiger Faktor ist die Frostsprengung, da sich Wasser beim Gefrieren um neun Volumenprozente ausdehnt und in Gesteinsklüften und -rissen einen zerstörerischen Druck entwickeln kann, wenn es von oben zufriert. Die Rolle von starken Temperaturwechseln zwischen Tag und Nacht in der Wüste ist noch umstritten. Einen Grenzbereich zur chemischen Verwitterung spielt das Wachstum von Salzkristallen bei der Verdunstung von Lösungen in Gesteinsklüften.

Bei der **chemischen Verwitterung** wird immer die ursprüngliche chemische Zusammensetzung von Mineralien verändert. Sie läuft fast immer über Substanzen, die in Wasser – auch in Regenwasser – gelöst sind. Beispiele:
- Bei der Oxidation verbinden sich Eisen oder andere Mineralien des Gesteins mit dem Luftsauerstoff.
- Bei der Karbonatisierung werden Kalkgesteine durch Kohlensäure gelöst, die aus Kohlendioxid und Wasser entsteht.
- Bei der Hydrolyse reagiert leicht ionisiertes Wasser mit Silikat-Gesteinen (enthalten SiO_4).

Wenn Gestein verwittert ist, unterliegen lose Gesteinstrümmer zunächst der **Massenbewegung**, das heißt, dem Transport hangabwärts durch die Schwerkraft. Wasser kann eine wichtige Rolle bei der Massenbewegung spielen, da es sowohl als Schmiermittel dienen als auch das Gewicht der Gesteinstrümmer erhöhen kann und dadurch die Bewegung hangabwärts beschleunigt. Nach der zunehmenden Geschwindigkeit der Gesteinstrümmer wird von Bodenkriechen bzw. Bodenfließen (Solifluktion), von Muren und Schlammströmen sowie von Bergstürzen gesprochen. Fast alle verwitterten Gesteinstrümmer werden durch Flüsse vom Oberlauf bis zur sogenannten **Erosionsbasis** transportiert. Meist bis zum Meer, manchmal nur bis zu einem Binnensee.
Im Falle des Rheins ist die erste Erosionsbasis der Bodensee, am Schluss folgt die Nordsee (NN = Normal Null). Sowohl im Bodensee als auch in der Nordsee werden wegen der plötzlich nachlassenden Fließgeschwindigkeit Sedimente an der Mündung abgelagert und es bildet sich ein Flussdelta. Flussaufwärts von der Mündung gräbt sich der Fluss immer tiefer in den Untergrund ein (Tiefenerosion). Als sogenannte Erosionswaffe dient dabei das transportierte Gesteinsmaterial, das sich sogar in Felsen einschneiden kann. Die eiszeitlichen Gletscher haben die

Böden und den Gesteinsuntergrund Skandinaviens flächenhaft abgehobelt und bis zum Rand der Mittelgebirge transportiert (→ Abb. 3.1, Seite 74). Abtragung und Transport durch Wind und Wellen sind dagegen nur von regionaler Bedeutung.

Auf Verwitterung, Abtragung und Transport folgt schließlich die **Sedimentation**:

- Der Wind kann je nach Geschwindigkeit Schluffe bzw. Sande mit einem Korndurchmesser von 0,01 bis hin zu 2 mm transportieren und lagert diese in Form von Dünen ab.
- Die Korngröße der Flusssedimente wird bei abnehmendem Gefälle und damit bei nachlassender Fließgeschwindigkeit immer kleiner. Im Oberlauf werden noch – durch den Transport gerundete Gerölle – abgelagert, flussabwärts folgen Kies, Sand, Schluff und Ton.
- Gletscher übernehmen die Schwerarbeit bei Erosion und Transport. Der größte vom skandinavischen Gletschereis nach Norddeutschland transportierte „erratische Block" oder **Findling** ist der Buskam in der Ostsee vor Rügen mit einem geschätzten Gewicht von 1500 Tonnen und einem Umfang von ca. 40 Metern an der Wasseroberfläche. Durch Gletscherflüsse wurden im unmittelbaren Gletschervorland meist Sande abgelagert, es entstanden **Sanderflächen**.

Abb. 1.16: Findlinge an der Ostseeküste

Nach der Ablagerung (Sedimentation) kann die **Verfestigung der Sedimentgesteine** (Diagenese) durch Auspressung von Wasser bzw. durch Verkittung erfolgen. Wird das Gestein anschließend unter hohem Druck bzw. hoher Temperatur umgewandelt, so liegt eine **Metamorphose** vor. Die völlige oder teilweise Wiederaufschmelzung der Sediment- oder Tiefengesteine wird als Anatexis bezeichnet.

GESTEINSARTEN

I. Magmatische Gesteine

- Plutonite (Tiefen- oder Intrusivgesteine): Sie sind in der Erdkruste erstarrt und wegen der langsamen Erkaltung grobkörnig. Einzelminerale konnten auskristallisieren und sind erkennbar.
  Beispiel: Granit – Hauptminerale: Feldspat, Quarz und Glimmer.
- Vulkanite (Erguss- oder Effusivgesteine): Sie sind an der Erdoberfläche erstarrt. Wegen der raschen Erkaltung haben sie eine feinkörnige Grundmasse mit größeren Einsprenglingen. Beispiel: Basalt.

II. Sedimentgesteine (aus Ablagerungen entstanden, z. B. Sandstein)

III. Metamorphe Gesteine

- Sie entstehen durch Umwandlung von magmatischen und von Sedimentgesteinen unter hohem Druck und hoher Temperatur.
  Beispiele sind Tonschiefer (aus Tonen und vulkanischen Tuffen), Gneise (aus Graniten) und Marmor (aus Kalksteinen).

1.4 Wasserkreislauf

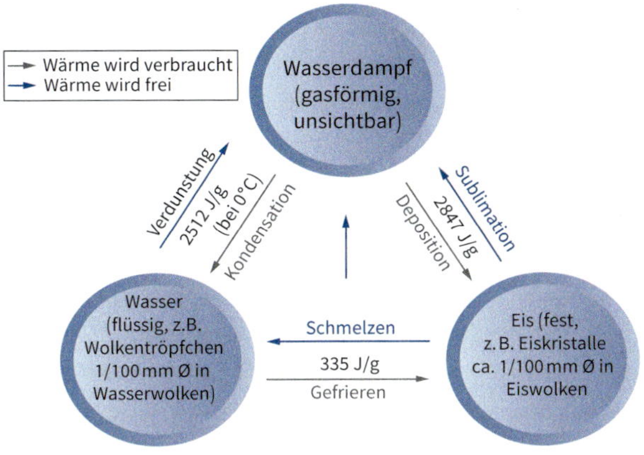

Abb. 1.17: Wasser in der Atmosphäre

Wasser ist in reiner Form eine durchsichtige, geruchslose und geschmacksneutrale Flüssigkeit mit der chemischen Formel H_2O. In natürlichen Vorkommen enthält es Mineralstoffe und Salze in unterschiedlicher Konzentration. Das reinste Wasser nach dem Regenwasser ist das Wasser des Baikalsees in Ostsibirien. Wasser ist die Grundlage des Lebens auf der Erde, denn es ist für alle biochemischen Prozesse erforderlich. Wasser in den Weltmeeren und in der Atmosphäre ist der wichtigste Faktor des Wärmetransports auf der Erde – durch Meeresströmungen und durch die atmosphärische Zirkulation. Außerdem verhindert es durch den **natürlichen Treibhauseffekt** eine zu starke Ausstrahlung in den Weltraum und damit eine zu starke Abkühlung der Erde. Als einziger Planet des Sonnensystems hat die Erde Wasser in allen drei **Aggregatzuständen** (→ Abb. 1.17).

Etwa 97 Prozent des Wassers auf der Erde sind in flüssiger Form in den Ozeanen enthalten, nur drei Prozent sind Süßwasser in Gletschern, Flüssen und Seen sowie im Boden als Grundwasser. Ein großer Teil des Süßwassers ist derzeit in Form von Gletschereis gebunden – vor allem im Antarktischen und im Grönländischen Eisschild. Dass das Wasser auf der Erde überwiegend in flüssiger Form vorkommt, ist für das Leben ein glücklicher und zugleich notwendiger Umstand. Nur maximal zehn Prozent des Süßwassers sind potenziell als **Trinkwasser** und damit als das wichtigste Lebensmittel verfügbar – allerdings nicht überall auf der Welt in gleicher Menge und Qualität. So entfallen z. B. 20 Prozent der **Süßwasserreserven** der Erde allein auf den Baikalsee. Russland insgesamt kontrolliert damit 25 Prozent der globalen Süßwasservorräte. Sauberes Süßwasser gilt wegen seiner regionalen Knappheit als Rohstoff der Zukunft.

Motor für den Wasserkreislauf ist die Sonnenenergie, die für die Verdunstung von Wasser- und Bodenoberflächen sowie von der Vegetationsdecke (Transpiration) verantwortlich ist und das Wasser unter hohem Energieaufwand vom flüssigen in den gasförmigen Zustand umwandelt. So verdunstet jährlich über den Weltmeeren – vor allem in den Tropen – eine Wassermenge von 425 000 km³ (→ Abb. 1.18). Davon fallen nur 385 000 km³ als Niederschlag ins Meer zurück. Die fehlenden 40 000 km³ gehen als Regen oder Schnee über den Kontinenten nieder. Damit wird nicht nur Feuchtigkeit transportiert, sondern auch latente Wärme, die wegen des Energieverbrauchs bei der Verdunstung im Wasserdampf enthalten ist und bei der Kondensation wieder an die Umgebung abgegeben wird. Deshalb ist dieser Teil des Wasserkreislaufs äußerst wichtig für den Wärmetransport z. B. aus den Tropen in die außertropischen Klimazonen.

Über dem Festland selbst werden durch Verdunstung bzw. durch die Transpiration der Pflanzen pro Jahr 71 000 km³ Wasser an die Atmosphäre abgegeben. Somit stehen insgesamt 111 000 km³ Wasser für Niederschläge über den Kontinenten zur Verfügung. Davon fließen etwa 41 000 km³ über die Flüsse und über Grundwasserströme ins Meer zurück. Damit ist der Wasserkreislauf geschlossen.

Ohne den Wasserkreislauf wäre der Gesteinskreislauf mit Verwitterung, Erosion, Transport und Sedimentation nicht denkbar. Wasser – in flüssiger und zum Teil auch in fester Form – ist somit für die Modellierung der Erdoberfläche von herausragender Bedeutung. Für mindestens die letzte Milliarde Jahre, also im plattentektonischen Zeitfenster, war die Wassermenge auf der Erde konstant. Allerdings ist der Wasserkreislauf heute an vielen Stellen durch Eingriffe des Menschen unterbrochen. So mündet z. B. der Gelbe Fluss im Norden Chinas an mehr als 200 Tagen nicht ins Meer, sondern versiegt vorher. Der Rio Grande del Norte zwischen den USA und Mexiko existiert nur noch abschnittsweise.

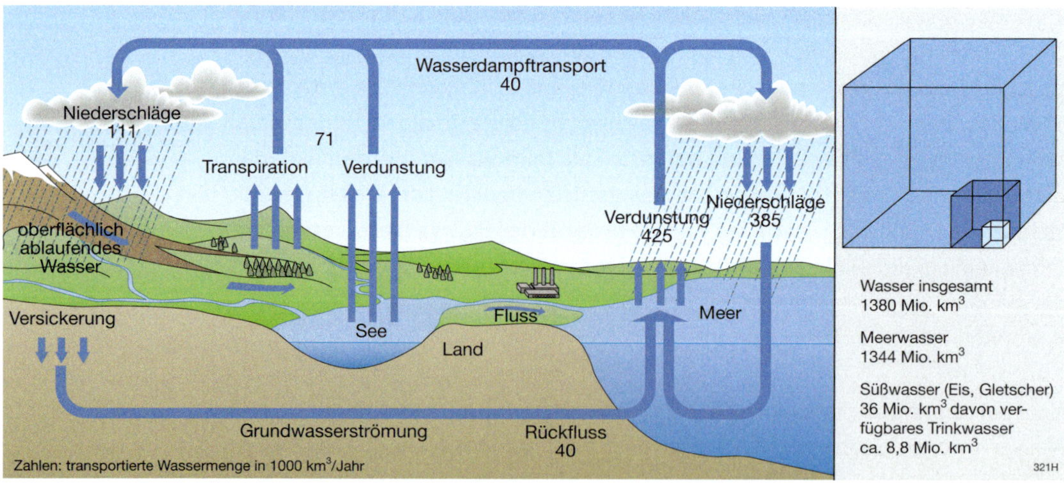

Abb. 1.18: Wasserkreislauf und Wasservorräte

Die Menge Wasserdampf (in g pro m³), die die Luft aufnehmen kann, ist abhängig von ihrer Temperatur. Je wärmer sie ist, desto mehr Feuchtigkeit kann sie aufnehmen. Dieser Zusammenhang wird auch im Alltag beim Föhnen der Haare genutzt. Die Aufnahmekapazität variiert sehr stark: 1,4 g/m³ sind es bei minus 20 °C, knapp 40 g/m³ dagegen bei plus 36 °C.

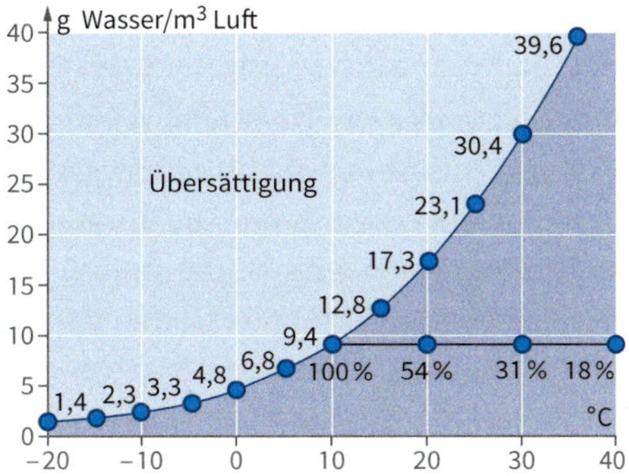

Abb. 1.19: Taupunktkurve

Werden bei einer bestimmten Lufttemperatur 100 Prozent Luftfeuchtigkeit erreicht, so kondensiert der Wasserdampf an **Aerosolen**, kleinsten Partikeln in der Luft. In einem komplexen Wachstumsprozess können sich aus den kleinen Wassertröpfchen (Nebel bzw. Wolken) auch Regentropfen, Schneeflocken oder Hagel bilden, die schließlich als **Niederschlag** fallen.

Ab dem Erreichen des **Kondensationsniveaus** nimmt die Temperatur aufsteigender Luftmassen mit der Höhe nicht mehr trockenadiabatisch ab (minus 1 °C pro 100 m), sondern **feuchtadiabatisch** (minus 0,5 °C pro 100 m → Abb. 1.20). Der Grund für die geringere Temperaturabnahme nach dem Einsetzen der Kondensation liegt im Freiwerden der bei der Verdunstung verbrauchten Energie (→ Abb. 1.20). Haben sich die Luftmassen abgeregnet, so erfolgt der anschließende Temperaturanstieg beim Absinken wieder **trockenadiabatisch** und erzeugt so den Föhneffekt, der auch für die Tropische Zirkulation wichtig ist (→ Abb. 1.26).

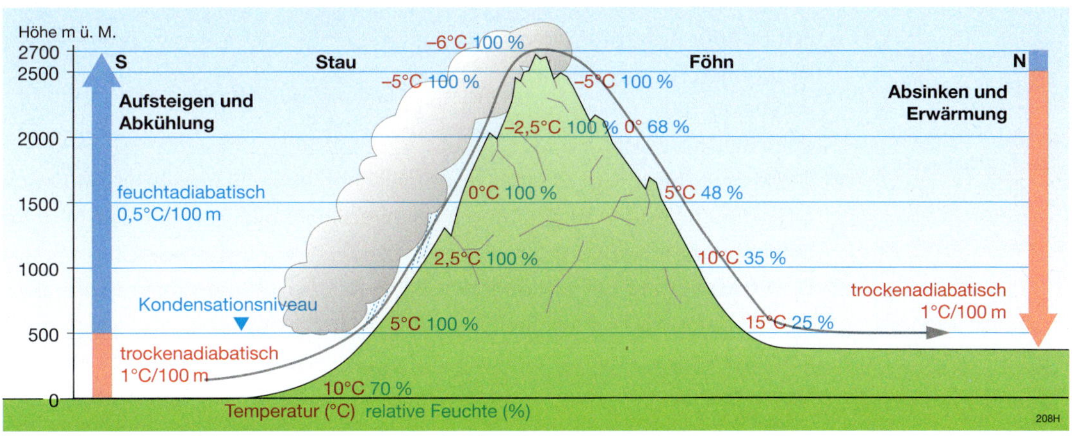

Abb. 1.20: Steigungsregen und Föhn

1.5 Atmosphäre

Die Atmosphäre ist die Lufthülle der Erde. Sie wird durch die Schwerkraft festgehalten und macht die Rotationsbewegung der Erde mit. Daher merken wir nicht, dass sich die Erde z. B. am Äquator mit einer Geschwindigkeit von knapp 1700 km/h um ihre Achse dreht. Die Atmosphäre ist auch ein Schutzschild vor kleineren festen Himmelskörpern (Meteoriten), von denen die meisten beim Eintritt in die Erdatmosphäre aufgrund der Reibungshitze verglühen. Sie ist in verschiedene Stockwerke gegliedert, die klar voneinander abgegrenzt sind.

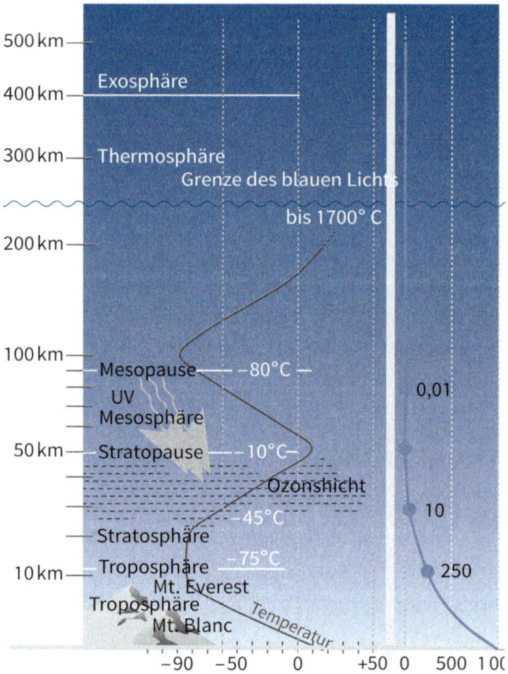

Abb. 1.21: Stockwerkbau der Atmosphäre

- Die **Exosphäre** beginnt in ca. 400 km Höhe und ist die oberste Schicht der Atmosphäre. In 800 km Höhe werden im Van-Allen-Strahlengürtel Temperaturen von mehreren 1000 Grad Celsius erreicht, hervorgerufen durch den Sonnenwind. In etwa 1000 km Höhe geht die Exosphäre in den luftleeren und extrem kalten Weltraum über.
- Die **Ionosphäre** beginnt in etwa 90 km Höhe. An ihrer Untergrenze beträgt der Luftdruck nur noch ein Hundertstel des Luftdrucks am Boden. Aufgrund der sehr hohen Temperaturen von bis zu 1000 °C wird sie auch als Thermosphäre bezeichnet.
- Die **Mesosphäre** liegt in einer Höhe zwischen etwa 50 und 90 km. Mit nach oben abnehmenden Temperaturen bis minus 80 °C bildet sie die kalte mittlere Schicht der Atmosphäre.
- Die **Stratosphäre** beginnt über den Polen in etwa 10 km Höhe und über dem Äquator in etwa 18 km Höhe. Sie reicht bis in 50 km Höhe, wird kaum noch vom Wettergeschehen beeinflusst und ist fast frei von Wasserdampf. Auch die **Ozonschicht** gehört zur Stratosphäre.

Die Atmosphäre, die Gashülle der Erde, ist aus zwei Gründen an den Polen abgeplattet: a. wirkt die Fliehkraft auf die Atmosphäre (mit hoher Rotationsgeschwindigkeit am Äquator) und b. ist die Luft an den Polen kälter und am Äquator wärmer (geringere bzw. stärkere Ausdehnung).

- Die **Troposphäre** ist die unterste Schicht der Atmosphäre, die an den Polen bis in 10 km Höhe, am Äquator bis in 18 km Höhe reicht. Die Troposphäre enthält die atmosphärische Luftfeuchtigkeit und ist der Bereich des Wettergeschehens (Atmosphärische Zirkulation). Die Troposphäre wird kaum von der Sonne direkt erwärmt, sondern in erster Linie von der Erdoberfläche her. Daher nimmt die Temperatur im Mittel um 0,65 °C pro 100 m ab und fällt bis zur Tropopause, der Grenzschicht zur Stratosphäre, auf minus 50 bis minus 80 °C ab.

Ihre **höchste Dichte** hat die Atmosphäre auf Meeresniveau (NN). Dort übt sie – dem Gewicht einer Wassersäule von 10,13 m Höhe entsprechend – einen Druck von 1013 Hektopascal (hPa) aus. In 5500 m Höhe ist nur noch etwa die Hälfte des Normaldrucks vorhanden, in 11 000 m Höhe ein Viertel. Das kann z. B. beim Höhenbergsteigen zu gesundheitlichen Problemen führen, da mit der Höhe der Sauerstoffgehalt der Luft entsprechend abnimmt. In 5500 m Höhe liegt er bei 50 Prozent des Wertes in Meereshöhe. Verkehrsflugzeuge mit einer Flughöhe zwischen 10 000 und 11 000 m benötigen daher spezielle Druckkabinen.

Abb. 1.22: Blick auf den schneebedeckten Hohen Norden Kanadas aus 11 000 Meter Flughöhe

Das Gasgemisch der Atmosphäre besteht in trockenem Zustand aus folgenden Bestandteilen (Volumenprozente; Werte leicht gerundet):

- Stickstoff 78 %
- Sauerstoff 21 %
- Argon 0,94 %
- Kohlendioxid 0,03 %

Dazu kommen sogenannte Spurengase: Neon, Helium, Methan, Krypton, Wasserstoff, Lachgas, Xenon, Kohlenmonoxid, Schwefelwasserstoff und Ozon. Ihre Anteile werden in Millionstel bzw. Milliardstel gemessen (ppm = parts per million oder ppb = parts per billion – amerikanisches Englisch für Milliarde).

Der Wasserdampf aus der Atmosphäre sammelte sich in den Urozeanen. Der **Wasserkreislauf** begann (→ Seite 25 ff.). Durch die Niederschläge konnte immer mehr Kohlendioxid aus der Atmosphäre ausgewaschen werden und wurde in den Ozeanen, in kalkigen Sedimentgesteinen, in fossilen Brennstoffen, im Boden und in der Vegetation gelagert. Im Laufe der letzten 3,8 Milliarden Jahren sorgte die pflanzliche Fotosynthese für die Produktion des atmosphärischen Sauerstoffs. Aus freien Sauerstoffatomen konnte sich auch die Ozonschicht der Erde bilden.

Im Zusammenhang mit der Erdatmosphäre ist immer wieder die Rede vom **Treibhauseffekt**. Dieser Begriff ist eine bildhafte Umschreibung für die Erwärmung der Atmosphäre. Die Wirkungen der Treibhausgase der Atmosphäre sind vom Prinzip her vergleichbar mit der Glasabdeckung eines Treibhauses: Die kurzwellige Sonnenstrahlung kann fast ungehindert durch die Atmosphäre bis zur Erdoberfläche gelangen, wo sie in langwellige Wärmestrahlung umgewandelt wird. Dann geht die Erwärmung der Atmosphäre von der Erdoberfläche aus. Dabei wird durch die **Treibhausgase** verhindert, dass die infrarote Wärmestrahlung komplett an den Weltraum abgegeben wird. Im Unterschied zum Treibhaus ist die Erdatmosphäre nämlich nach oben offen und es kann durchaus Wärmeverluste durch Ausstrahlung geben, besonders in klaren Nächten. Diese Zwischenspeicherung von Wärmeenergie durch den natürlichen Treibhauseffekt war Voraussetzung für die Entstehung von insgesamt gemäßigten, positiven Temperaturen, für den Wasserkreislauf und für die Entstehung des Lebens.

Am **natürlichen Treibhauseffekt** sind vor allem Wasserdampf (zu 65 %), Kohlendioxid (zu 15 %), und Ozon (zu 10 %) beteiligt. Beim sogenannten anthropogenen, also vom Menschen verursachten Treibhauseffekt dagegen spielen die Spurengase Kohlendioxid und Methan sowie die vom Menschen hergestellten, chemisch äußerst stabilen FCKW die Hauptrolle (→ Tab. 1.1). Die FCKW sind Fluorchlorkohlenwasserstoffe, die lange Zeit als Kühlmittel benutzt wurden und inzwischen verboten sind. Sie wirken nicht nur als langlebige Treibhausgase, sondern tragen erheblich zur Zerstörung der Ozonschicht vor allem über den Polargebieten der beiden Erdhalbkugeln bei. Um die Erzeugung von Treibhausgasen v. a. in den Industriestaaten zu reduzieren, fanden seit 1992 mehrere **Klimakonferenzen** der Vereinten Nationen statt. Die nächste Weltklimakonferenz soll vom 11. bis zum 22. November 2024 in Baku/Aserbaidschan stattfinden.

Treibhausgase	CO_2	CH_4	N_2O	Ozon	FCKW
Aktuelle Konzentration (in ppm)	419	1,87	0,33	0,05	0,00052
Verweildauer in der Atmosphäre in Jahren	5–200 *) s. u.	12	114	0,1	90
Beitrag zum Treibhauseffekt in Prozent	66,4	16,3	6,5	8,8	2,3
Klimawirksamkeit (bezogen auf ein Molekül CO_2)	1	32	150	2000	16000
Anthropogene Hauptquellen (Auswahl)	fossile Brennstoffe, Waldrodung, Bodenerosion	Reisanbau, Rinderhaltung, Mülldeponien, Verbrennen von Biomasse, Auftauen von Permafrostböden	fossile Brennstoffe, Verbrennung von Biomasse, Stickstoffdünger	z.B. durch Stickoxide aus Verbrennungsmotoren plus Energie durch Sonneneinstrahlung	Kältemittel, Schäumungsmittel, Treibgase
*) Verweildauer von CO_2	Diese variiert in Abhängigkeit von der Absorption durch sog. CO_2-Senken: Vegetationsformationen (v. a. Regenwälder und intakte Moore) sowie Ozeane				

Tab. 1.1: Charakteristische Daten der Treibhausgase
Quellen: www.bundesumweltamt.de – Zugriff am 09.10.2023; IPCC 2022

1.6 Atmosphärische Zirkulation

Grundlagen

Den größten Anteil der einfallenden Sonnenenergie erhalten die Tropen. Die Gründe dafür liegen vor allem in der Kugelgestalt der Erde. So fällt die Strahlung in den Tropen fast immer senkrecht bzw. mit einem sehr steilen Winkel ein. Der Flächenanteil zwischen 20° N und 20° S beiderseits des Äquators liegt bei einem Drittel der gesamten Erdoberfläche. Außerdem ist der Meeresanteil in den Tropen relativ hoch, wodurch die Aufnahme von Wärme begünstigt wird. An den Polen dagegen ist die **Rückstrahlungskapazität** (**Albedo**) aufgrund der Eisbedeckung großer Flächen sehr hoch und die Sonne steht selbst während der Polartage nicht sehr hoch am Himmel. Ohne den globalen Wärmetransport durch Luft- und Meeresströmungen läge die Jahresdurchschnittstemperatur am Äquator bei +39 °C und an den Polen bei −44 °C. Tatsächlich aber liegt die Jahresdurchschnittstemperatur am Äquator bei +26 °C, am Nordpol bei −23 °C und am Südpol bei −33 °C.

Wenn z. B. durch den Klimawandel das arktische Meereseis schmilzt, verringert sich die Albedo deutlich, und die Erwärmung des arktischen Meerwassers wird durch die offenen Meeresflächen weiter verstärkt.

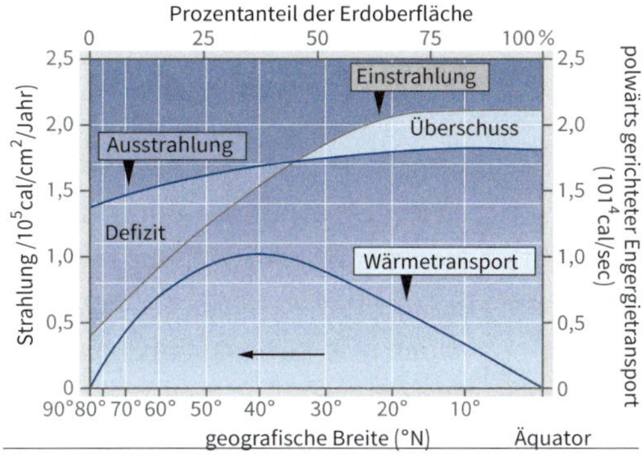

Abb. 1.23: Wärmebilanz und Wärmetransport

Theoretisch müsste die atmosphärische Zirkulation daher einem einfachen Muster folgen: In den Tropen wird die Luft vom Boden her sehr stark erwärmt, dehnt sich aus und steigt auf (Konvektion). Am Boden bildet sich aufgrund des Luftmassendefizits ein Tiefdruckgebiet (Bodentief), die äquatoriale Tiefdruckrinne. In der Höhe entsteht ein Luftmassenüberschuss und dadurch ein Hochdruckgebiet (Höhenhoch). An den Polen kühlt die Luft am Boden aus und wird dichter – es entsteht ein Hochdruckgebiet (Bodenhoch). Aus der Höhe sinkt ständig Luft nach, dort entsteht ein Tiefdruckgebiet (Höhentief).

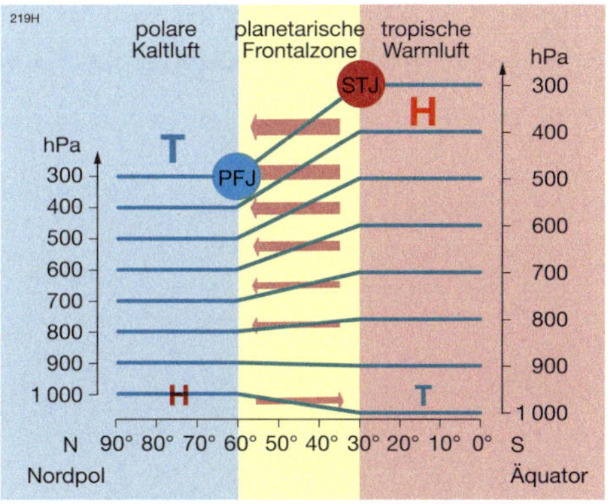

Abb. 1.24: Planetarische Druckverteilung in der Atmosphäre

Da der Wind wegen der Gradientkraft immer vom Hoch zum Tief weht, sollte ein einfacher Kreislauf entstehen (→ Abb. 1.25).

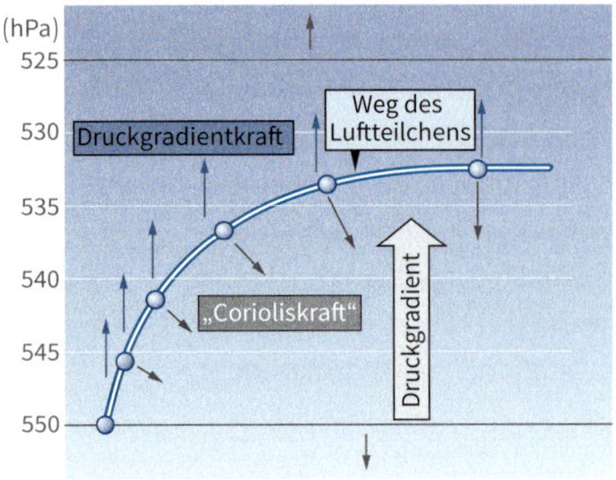

Abb. 1.25: Isobarenparalleler Wind in großer Höhe

Doch so einfach ist es nicht: An der planetarischen Frontalzone, im Bereich des stärksten Luftdruckgefälles in der Höhe – auch wegen der unterschiedlichen Höhenausdehnung der Troposphäre – wird der polwärts wehende Wind durch die **Corioliskraft** nach rechts umgelenkt und weht isobarenparallel (→ Abb. 1.25). Dieser Höhenwind umströmt die Erde als **Jetstream** mit einer Geschwindigkeit von 100 bis 500 km/h und kann auch wellenförmig verlaufen.

In der Realität ergibt sich daher ein komplizierterer Aufbau der atmosphärischen Zirkulation (→ Abb. 1.26): Am Äquator wird der Boden durch die im Zenit stehende Sonne stark aufgeheizt und damit auch die Luft darüber. Diese feuchte Luft steigt auf, und der darin enthaltene Wasserdampf kondensiert und verstärkt den Aufstieg der Luft. Es bilden sich hohe **Gewitterwolken** (Cumulonimbus), zum Teil auch **Gewittercluster** mit einem Durchmesser von 100 und mehr Kilometern, die aus einem weiten Umkreis feuchte Warmluft in die äquatoriale Tiefdruckrinne saugen. Beim **feuchtadiabatischen** Aufstieg kühlt sich die labil geschichteten Luft um 0,5 °C pro 100 Meter ab. In der Höhe strömt die Luft polwärts aus den Gewitterwolken aus und sinkt im Bereich der Wendekreise ab. Beim Absinken erwärmt sie sich **trockenadiabatisch**, das heißt um 1 °C pro 100 Meter. Diese sehr

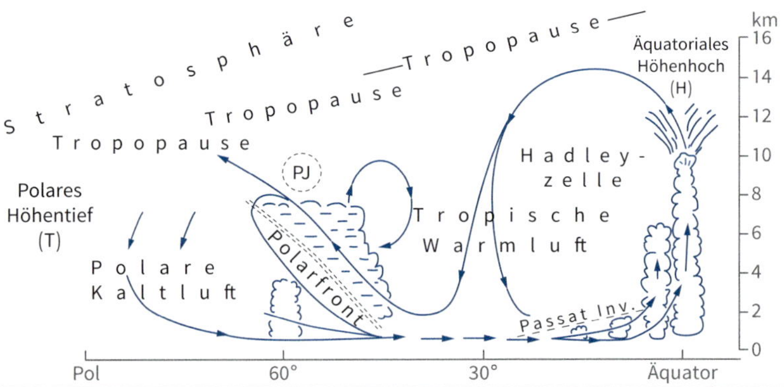

Polares Kältehoch (H)	Subpolare Tiefdruckrinne (T)	Suptropischer Hochdruckgürtel (H)	ITC (H)	Druckgürtel
Polare Ostwinde	Außertropische Westwinde	Passatkreislauf		Windgürtel

Abb. 1.26: Vertikalschnitt durch die meridionale Querzirkulation

warmen, absinkenden Luftmassen liegen wie ein Deckel über den bodennahen Luftschichten, die trotz starker Erwärmung nicht aufsteigen und kondensieren können. Diese Sperrschicht wird als **Passatinversion** bezeichnet. Sie ist der wichtigste Grund für die Entstehung der ausgedehnten Wendekreiswüsten (bekanntestes Beispiel: die Sahara). Die Passate strömen als Nordostpassate (auf der Nordhalbkugel) bzw. als Südostpassate (auf der Südhalbkugel) zur ITC zurück, wo sie aufeinandertreffen. Genau dies meint der Begriff ITC: An der **Innertropischen Konvergenzzone** strömen Nordost- und Südostpassat zusammen und durchbrechen die Passatinversion.

Abb. 1.27: Bis zu 100 Millionen Tonnen Wasser können große Cumulonimbuswolken wie diese über Afrika enthalten. Sie bringen heftige Gewitter.

Auch in den Polargebieten sind die thermischen Prozesse entscheidend: Über der kalten Meeres- oder Eisoberfläche entsteht ein Kältehoch, in der Höhe darüber ein polares Höhentief. Die Durchmischung der tropischen und der polaren Luftmassen wird dagegen durch dynamische Tiefdruckgebiete, wandernde **Zyklonen**, an der planetarischen Frontalzone verursacht (→ Abb. 1.28). Innerhalb der Zyklonen gibt es eine **Warmfront**, an der wärmere Luftmassen auf kühlere aufgleiten, und eine **Kaltfront**, an der kältere polare bzw. subpolare Luftmassen vorstoßen. Die dynamischen Tiefdruckgebiete entstehen unterhalb des **Jetstreams** bei dessen Aufstieg, werden zunächst von diesem mitgerissen und scheren in der Regel polwärts aus der Höhenströmung aus. Voraussetzung für ihre Entstehung ist eine horizontale Temperaturdifferenz von mindestens 6 °C am Boden. Auch dynamische Hochdruckgebiete entstehen unterhalb des Jetstreams – jedoch bei dessen Absinken. Sie scheren in der Regel äquatorwärts aus der Höhenströmung aus und verbinden sich danach mit dem subtropischen Hochdruckgürtel.

Die Zirkulation in den Mittelbreiten

Als Mittelbreiten wird der Bereich zwischen den Subtropen und der subpolaren Zone bezeichnet. Sie werden bestimmt durch den von West nach Ost wehenden Jetstream in etwa 10 km Höhe und durch westliche Winde in den unteren Luftschichten. Hier beherrschen dynamische Tiefdruckgebiete (Zyklonen) mit ergiebigen Niederschlägen das Wettergeschehen im größten Teil des Jahres.

Da die Zyklonen mit der Höhenströmung von West nach Ost wandern und sich gegen den Uhrzeigersinn drehen, ergibt sich für den Beobachter in Westeuropa eine charakteristische Abfolge beim Wettergeschehen:

① An der Warmfront gleitet leichtere Warmluft subtropischen Ursprungs auf kältere stationäre Luftschichten auf. In der Höhe kündigen zunächst dünne Schleierwolken aus Eis, sogenannte Cirren (Einzahl: Cirrus) die herannahende Zyklone an. Anschließend bezieht sich der Himmel mit hoher Schichtbewölkung (Altostratus), zumeist noch ohne Niederschläge. Erst die dann folgende, dichte und tiefer hängende Schichtbewölkung mit hoher vertikaler Erstreckung (Nimbostratus) bringt länger anhaltende, ergiebige Niederschläge in Form des sogenannten Landregens.

② Nach dem Durchzug des ausgedehnten Niederschlagsgebietes folgt auch am Boden der Warmluftsektor. Das Wetter beruhigt sich, die Temperaturen steigen und es können sich verbreitet Schönwetterwolken (Cumuluswolken = Haufenwolken) bilden, ohne dass Niederschläge fallen.

③ Nach der Wetterberuhigung folgt der Vorstoß von frischer, kalter Polarluft in den Warmluftsektor. Die Warmluft wird rasch nach oben verdrängt und es bilden sich hoch reichende Schauerwolken (Cumulonimbus), zum Teil mit Hagel und Gewittern, die den Wetterumschwung begleiten. Die Temperatur sinkt hinter der Kaltfront rasch ab und es bilden sich weiter Regenschauer, bis sich die Wetterlage schließlich wieder stabilisiert.

Wenn die Kaltfront mit ihren dichteren Luftmassen die Warmfront einholt, entsteht eine sogenannte **Okklusion**, ein Zusammenschluss der kälteren Luftmassen am Boden. Die Warmluft wird wie in einer nach oben offenen Schale in die Höhe gehoben und es kann sich vorübergehend ein durchgehendes Niederschlags-

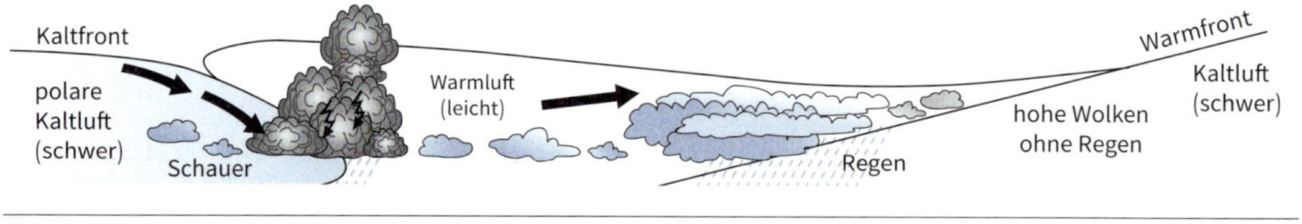

Abb. 1.28: Querschnitt durch eine Zyklone

gebiet oberhalb der Okklusion bilden. Wenn die Temperaturunterschiede völlig ausgeglichen sind, löst sich die Zyklone auf.

Auf der **Bodenwetterkarte** vom 31. Dezember 1993 (→ Abb. 1.29) sind die beiden für Westeuropa wichtigen, gegensätzlichen Druckgebilde gut zu erkennen: das Islandtief im Nordwesten und das Azorenhoch im Südwesten. Außerdem ist im äußersten Norden mit Kern über Spitzbergen ein junges Tiefdruckgebiet zu erkennen. Das Tiefdruckgebiet mit Kern über der Nordsee befindet sich im Reifestadium, da es sowohl Warm- und Kaltfront besitzt als auch teilweise bereits okkludiert ist. Die Okklusion über dem Bottnischen Meerbusen und dem Baltikum ist als Überrest einer Zyklone anzusehen, die sich schließlich völlig auflösen wird. Die Auflösung wird voraussichtlich über dem Weißen Meer nordwestlich von Archangelsk im Norden Russlands erfolgen. Das Weiße Meer gilt als „Zyklonenfriedhof" Europas. Somit sind auf der Wetterkarte fast alle Entwicklungsstadien

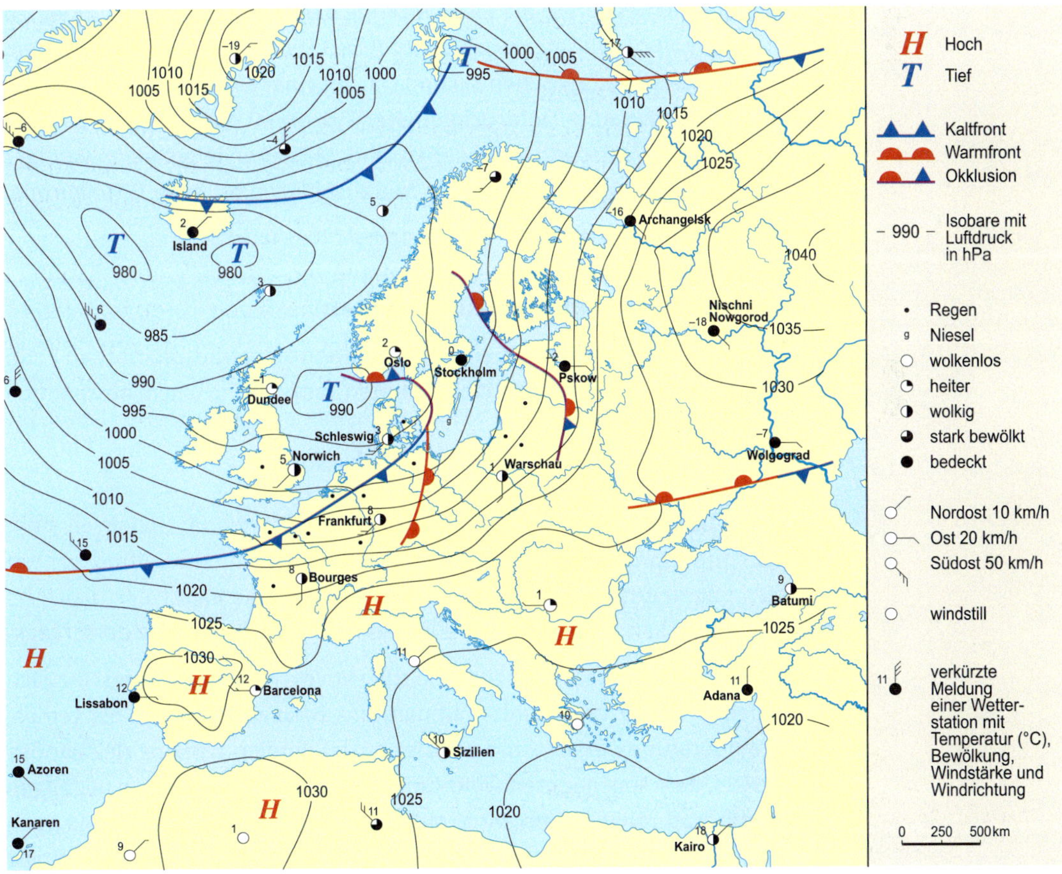

Abb. 1.29: Bodenwetterkarte (31.12.1993)

einer Zyklone zu erkennen, die auch als „Zyklonenfamilie" bezeichnet werden. Die Hochdruckgebiete im Mittelmeerraum gehören zum subtropischen Hochdruckgürtel und weisen Temperaturen im zweistelligen positiven Bereich auf. Dagegen ist das Hochdruckgebiet im Nordosten Grönlands mit minus 19 °C bereits ein polares Kältehoch. Über der eurasischen Landmasse haben sich aufgrund der geringen Wärmespeicherkapazität der Kontinente und aufgrund der nächtlichen Ausstrahlung in den Weltraum Hochdruckgebiete mit sehr geringen Temperaturen gebildet, so z. B. das Hoch im Osten bei Nischni Nowgorod (– 18 °C). Die Windrichtung zeigt immer zu den Symbolen der Stationen hin. In der Regel weht der Wind gegen den Uhrzeigersinn in Tiefdruckgebiete hinein und im Uhrzeigersinn aus Hochdruckgebieten heraus.

Wichtige Hinweise zum **Klimawandel** im Rückblick: Diese Bodenwetterkarte von 1993 verdeutlicht den früheren Normalfall von Wetter und Witterung vor dem starken Anstieg der Klima-Erwärmung durch Treibhausgase in den letzten Jahrzehnten. Damals sorgte die Eisbedeckung des Nordpolarmeeres für einen starken Temperaturgegensatz zwischen Nord- und Südeuropa. Und nur bei einem Temperaturunterschied zwischen 3,5 und 6°C auf einer Entfernung von 1000 km können sich dynamische Tiefdruckgebiete (Zyklonen) entwickeln, wie sie in dieser Wetterkarte beispielhaft zu sehen sind. Mittlerweile gelangen weniger dynamische Tiefdruckgebiete mit ihren Niederschlägen bis nach Mitteleuropa, sodass die Dürre- und Waldbrandgefahr dort stark angestiegen sind.

Vom Wettergeschehen zum Klimasystem

Wetter kann definiert werden als eine Kombination von atmosphärischen Parametern (Messgrößen), die zu einem bestimmten Zeitpunkt an einem bestimmten Ort gemessen werden:

- Lufttemperatur als Ergebnis von Ein- bzw. Ausstrahlung
- Luftdruck und Drucksystem
- relative Luftfeuchtigkeit und Verdunstung
- Bewölkung und Niederschlag
- Windgeschwindigkeit und -richtung

Es gibt ein objektives (messbares) und ein subjektives (individuell unterschiedlich empfundenes) Wetter. Die gefühlte Temperatur z. B. ist abhängig von der gemessenen Temperatur einerseits und von der auskühlenden Wirkung des Windes andererseits, dem sogenannten Wind-Chill-Faktor, der besonders bei negativen Außentemperaturen wirksam wird und sowohl von der Windstärke als auch von der Luftfeuchtigkeit abhängt. Mit dem Begriff **Wetterlage** wird das aktuelle Wettergeschehen in einer größeren Region zusammengefasst, z. B.:

- Niederschlags- und Temperaturverhältnisse
- Drucksystem (Hoch- oder Tiefdruckgebiet)
- Luftströmung (Richtung u. Geschwindigkeit)
- Bewölkungsgrad und Strahlungsintensität

Mit dem Begriff **Klima** werden die für eine Klimastation bzw. für eine unterschiedlich große Region typischen atmosphärischen Parameter und bodennahen Witterungsbedingungen für einen längeren Zeitraum zusammengefasst – in der Regel für mindestens 30 Jahre. Dabei werden vor allem die Durchschnittswerte der Temperatur und die Niederschlagssummen aufgezeichnet. Auch Extremwerte werden erfasst, fallen aber wegen der Bildung von Mittelwerten über einen längeren Zeitraum nicht so stark ins Gewicht.

Der Begriff **Witterung** umfasst einen längeren Zeitraum (mind. mehrere Tage) innerhalb einer für die jeweilige Jahreszeit charakteristischen Großwetterlage, wie z. B. kaltes Hochdruckwetter mit Frosttagen im mitteleuropäischen Winter. Da die Witterungsperioden eines Jahres von den Einstrahlungsbedingungen (Sonnenstand und Bewölkung) sowie von der atmosphärischen Zirkulation bestimmt werden, leitet der Begriff Witterung über zu dem des Klimas.

Am weitesten verbreitet ist die sogenannte **effektive Klimaklassifikation**, die auf den beiden wichtigsten Messgrößen beruht, Temperatur und Niederschlag. Die **genetische Klimaklassifikation** unterscheidet dagegen die Klimate nach ihrer Entstehung im System der atmosphärischen Zirkulation. Die genetische Klimaklassifikation kann stark vereinfacht in einem Modell dargestellt werden:

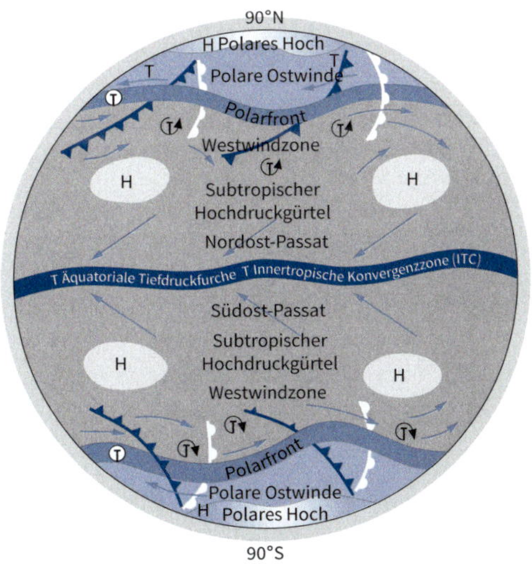

Drucksystem:	Windgürtel:
Polares Kältehoch	---
---	Polare Ostwinde
Subpolare Tiefdruckrinne	---
---	Westwindzone
Subtropischer Hochdruckgürtel	---
---	Passatwinde
Äquatoriale Tiefdruckrinne	---

Abb. 1.30: Luftdruckgebiete und Windgürtel der Erde im März und im September

Durch die jahreszeitliche Verschiebung der **Windgürtel**, durch die unterschiedliche Verteilung von Land und Meer auf der Erde, durch warme bzw. kalte Meeresströmungen sowie durch die Lage und Höhe von Gebirgen wird dieses Modell in der Realität stärker differenziert.

1 Physische Geografie

PLANET ERDE

- Das „Raumschiff Erde" rast mit einer durchschnittlichen Geschwindigkeit von 107000 km/h um die Sonne.
- Die Rotationsgeschwindigkeit der Erde liegt am Äquator bei 1670 km/h.

PLATTENTEKTONIK

- Erdbeben: ca. 90 % aller Beben sind tektonische Beben, sie entstehen zumeist an den Plattengrenzen
- Vulkanismus: meist am mittelozeanischen Rücken und an den Subduktionszonen
- Gebirge entstehen v.a. durch Kollisionen an Plattengrenzen, aber auch durch Horizontalverschiebung kontinentaler Kruste

GESTEINSKREISLAUF

- Aufstieg von glutflüssigem Magma aus dem Erdinneren
- dieses erstarrt an der Erdoberfläche zu Gestein
- und wird schließlich durch Verwitterung (Hitze, Kälte, Regenfälle) wieder abgetragen.

WASSERKREISLAUF

- Wasser verdunstet, wird zu Wasserdampf,
- kondensiert, wird wieder zu flüssigem Wasser
- flüssiges Wasser kann gefrieren

DIE ATMOSPHÄRE

- ist die Lufthülle der Erde.
- Sie wird durch die Schwerkraft festgehalten und macht die Rotationsbewegung der Erde mit.
- Sie ist ein Schutzschild vor kleineren Himmelskörpern (Meteoriten), die beim Eintritt in die Erdatmosphäre verglühen.

ATMOSPHÄRISCHE ZIRKULATION

- Den größten Teil der einfallenden Sonnenenergie erhalten die Tropen – dort fällt die Strahlung fast immer senkrecht ein.
- Der Flächenanteil zwischen 20° Nord und 20° Süd beiderseits des Äquators liegt bei einem Drittel der gesamten Erdoberfläche.
- Aufgrund des hohen Meeresanteils wird dort die Wärmeaufnahme begünstigt.
- An den Polen dagegen ist die Rückstrahlungskapazität aufgrund der (noch) vorhandenen Eisbedeckung sehr hoch.

Geozonen

2

Die Lage eines Ortes, einer Region oder eines Staates in einer bestimmten Geozone ist entscheidend für die Lebensbedingungen der dort lebenden Menschen: Je nach Geozone unterscheiden sich die klimatischen Bedingungen und somit auch Pflanzen- und Tierwelt, Bodentyp und agrarisches Potenzial. Eingriffe des Menschen in das Ökosystem können zu schwerwiegenden, irreparablen Schäden führen (Syndrom-Konzept).

2.1 Ökosysteme und ihre Gefährdung

Unter einem **Ökosystem** versteht man die Wechselwirkungen zwischen Lebewesen und ihrem Lebensraum. Der Lebensraum von Pflanzen und Tieren (Flora und Fauna) wird als **Biotop** oder Habitat bezeichnet. Einerseits leben Pflanzen und Tiere – darunter auch die Bodenlebewesen – in Abhängigkeit von folgenden abiotischen oder leblosen Faktoren: Bodensubstrat (als Verwitterungsprodukt des Ausgangsgesteins), Relief, Wasser und Klima. Andererseits können sie ihren Lebensraum auch entscheidend verändern. So sind z. B. für die Bildung und Entwicklung von Böden Bodenlebewesen erforderlich, und das Klima wird durch Art und Dichte der Vegetationsdecke entscheidend beeinflusst (vgl. → Abb. 2.1 und Abb. 2.2).

Die Zusammenhänge zwischen den Lebewesen und ihrer natürlichen Umwelt können in einem ganz einfachen Modell dargestellt werden (→ Abb. 2.1). Dabei bildet die waagerechte mittlere Fläche einen Landschaftsausschnitt der Erdoberfläche und mithin ein Biotop. Das Klima steuert die Entwicklung des Ökosystems dieses Landschaftsausschnittes, der auf einem bestimmten geologischen Bau basiert. Klima und geologischer Bau gemeinsam steuern die Entwicklung des Reliefs. Die Verbindungen zwischen den sechs grundlegenden Strukturelementen dieses Modells stehen für die wechselseitigen bzw. einseitigen Beziehungen innerhalb eines Systems. Das Modell besticht durch seine klare und einfache Form und prägt sich daher besonders gut ins Gedächtnis ein.

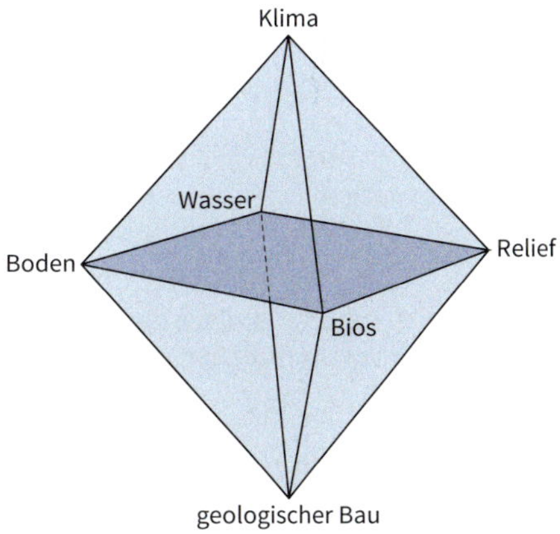

Abb. 2.1: Allgemeines Strukturmodell der Landschaft

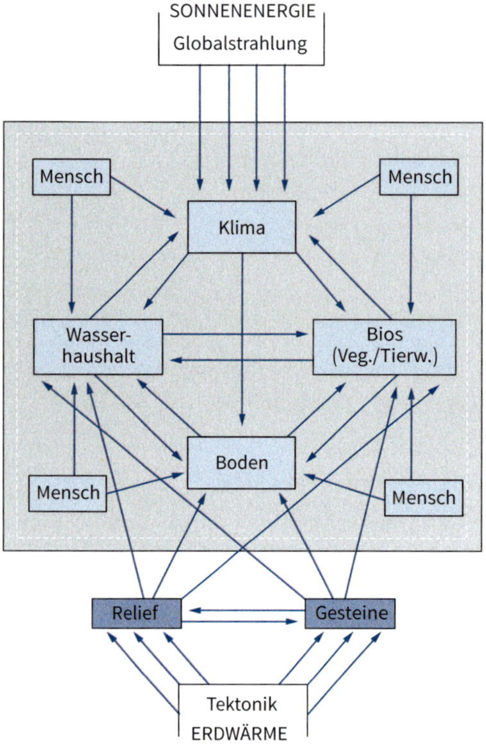

Abb. 2.2: Wirkungsgefüge der Landschaft

Komplexer ist demgegenüber das zweite Modell (→ Abb. 2.2), in dem Relief und Gesteine als geologischer Bau herausgezogen werden. Dafür wird das Klima in das Modell integriert und der Begriff Bios wird in der Klammer als Vegetation bzw. Tierwelt erläutert. Die ausschlaggebenden Prozesse sind weit nach oben bzw. unten versetzt worden: die von der Sonne als gigantischem Kernfusionsreaktor ausgehende Globalstrahlung und die von der Erdwärme – Restwärme aus der Entstehungszeit der Erde und radioaktive Zerfallsprozesse – angetriebene Plattentektonik. Letztere ist sowohl für die Gebirgsbildung (Relief) als auch für die Ausgangsgesteine in einer Landschaft verantwortlich. Die wichtigsten Verflechtungen im natürlichen Ökosystem werden durch Pfeile gekennzeichnet.

Als weiteres, die Landschaft gestaltendes bzw. zerstörendes Element taucht in diesem Modell der **Mensch** als gesonderter Faktor auf. Seit dem Erscheinen des Menschen werden Landschaften und damit auch Ökosysteme grundlegend verändert bzw. zerstört, zunächst durch das Feuer, später dann durch die Viehzucht (anfangs als Nomadismus) und – noch wichtiger – durch den Ackerbau seit der sogenannten neolithischen Revolution in der Jungsteinzeit. Durch die Landwirtschaft entstehen Kultur- anstelle der Naturlandschaften. Auch ökologische Probleme treten bereits früh auf, so z. B. durch den Holzraubbau während der Antike im Mittelmeerraum.

Die Eingriffe des Menschen in die natürliche Umwelt sind so stark, dass man inzwischen in der Geologie auch vom **Anthropozän** spricht (= Zeitalter des Menschen).

Mit der industriellen Revolution, mit der Bevölkerungsexplosion und mit der weltweiten Verstädterung beginnt die grundlegende Umgestaltung weiter Teile der Erde zu einer technisch geprägten künstlichen Umwelt: Eisenbahnen, Autobahnen, Kanäle, Industrie- und Stadtlandschaften. Fossile Brennstoffe wie Steinkohle, Erdöl und Erdgas werden innerhalb kürzester geologischer Zeiträume zur Energiegewinnung verbrannt. Dadurch werden Luftschadstoffe und Treibhausgase freigesetzt, die das globale ökologische Gleichgewicht gefährden.

Die massiven Eingriffe des Menschen in die natürlichen Ökosysteme werden vom „Wissenschaftlichen Beirat der Bundesregierung Globale Umweltveränderungen (WBGU)“ als **Syndrome** bezeichnet, als anthropogene Schädigungsmuster. Diese Schädigungsmuster stehen einer nachhaltigen, zukunftsorientierten Nutzung entgegen und sind zumeist auf komplexe Ursachen zurückzuführen. Dabei werden **sechs drängende globale Umweltprobleme** genannt:

- Klimawandel (anthropogener Treibhauseffekt, → Seite 242)
- Umweltschäden durch Chemikalien: Ozonabbau in der Stratosphäre und Eintrag langlebiger organischer Schadstoffe in die Umwelt
- Gefährdung der Weltmeere
- Verlust biologischer Vielfalt und Entwaldung
- Bodendegradation (= Bodenschädigung oder sogar Bodenzerstörung)
- Verknappung und Verschmutzung der Süßwasserreserven

Sechzehn wichtige Schädigungsmuster, die auf Übernutzung, Fehlentwicklungen oder Entsorgungsprobleme zurückzuführen sind, werden mit einprägsamen geografischen bzw. inhaltlichen Bezeichnungen aufgelistet (→ Tab. 2.1). Am bekanntesten dürfte aus dem Erdkunde-Unterricht das sogenannte **Sahel-Syndrom** sein, das nach der gleichnamigen Ökozone in Westafrika benannt wurde.

Viele Syndrome (wörtlich: Krankheitsbilder) der Erde lassen sich am deutlichsten aus dem Weltall erkennen, mithilfe von Satellitenbildern, so z. B. die Schrumpfung des Aralsees, die Abholzung der Regenwälder oder die flächenhafte Ausbreitung der Megastädte.

Übernutzungssyndrome	① **Sahel-Syndrom:** landwirtschaftliche Übernutzung marginaler Standorte
	② **Raubbau-Syndrom:** Raubbau an natürlichen Ökosystemen
	③ **Landflucht-Syndrom:** Umweltschädigung durch Strukturwandel traditioneller Anbaumethoden
	④ **Dust-Bowl-Syndrom:** nichtnachhaltige industrielle Bewirtschaftung von Böden und Gewässern
	⑤ **Katanga-Syndrom:** Umweltschädigung infolge Ausbeutung nicht erneuerbarer Ressourcen
	⑥ **Massentourismus-Syndrom:** Umweltschädigung durch Erschließung und Umgestaltung von Naturregionen für Tourismus
	⑦ **Verbrannte-Erde-Syndrom:** Umweltschädigung durch militärische Nutzung
Entwicklungssyndrome	⑧ **Aralsee-Syndrom:** fehlgeleitete oder gescheiterte Großprojekte mit zielgerichteter Umgestaltung der Umwelt
	⑨ **Grüne-Revolution-Syndrom:** Umweltschädigung durch Transfer standortfremder landwirtschaftlicher Produktionsmethoden
	⑩ **Kleine-Tiger-Syndrom:** Umweltschädigung durch Wirtschaftswachstum mit hoher Eigendynamik
	⑪ **Favela-Syndrom:** Urbanisierung und umweltgefährdendes Verhalten in menschlichen Siedlungen
	⑫ **Suburbia-Syndrom:** Zersiedelung und Ausweitung von Infrastruktur als Kennzeichen umweltbelastender Agglomerationen (Ballungsräumen)
	⑬ **Havarie-Syndrom:** lokale, singuläre Industriekatastrophen mit längerfristigen Auswirkungen
Entsorgungssyndrome	⑭ **Hohe-Schornstein-Syndrom:** Umweltschädigung infolge von Entsorgung durch Verdünnung von Schadstoffen in Luft und Wasser
	⑮ **Müllkippen-Syndrom:** Umweltprobleme bei Entsorgung durch Verdichtung und Lagerung von Abfallstoffen
	⑯ **Altlasten-Syndrom:** Umweltschädigung durch lokale Kontamination, Anhäufung von Abfällen und Altlasten

Tab. 2.1: Übersicht über die Syndrome des globalen Wandels
Quelle: WBGU Jahresgutachten 1999

2.2 Geozonen und ihre Gefährdung

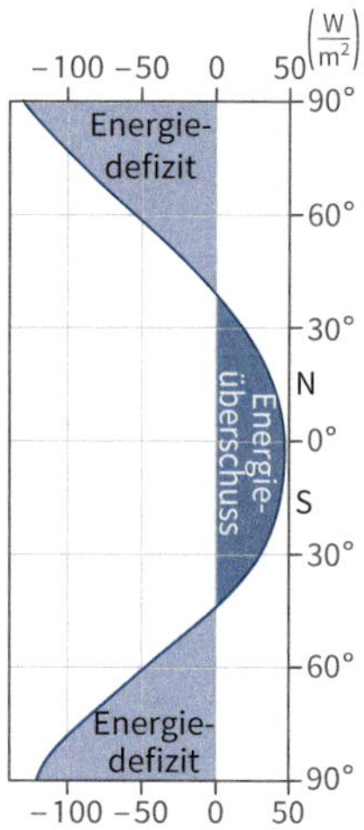

Strahlungsbilanz der Erde (Nettostrahlung)

Eine **Geozone** oder Landschaftszone ist ein Großraum der Erde in einer bestimmten geografischen Breitenlage mit weitgehend einheitlichen Bedingungen für Flora und Fauna sowie für den wirtschaftenden Menschen. Dass die Anordnung der Geozonen von der Breitenlage abhängt, liegt an der Kugelgestalt der Erde und an der Schiefe der Ekliptik, der Neigung der Erdachse gegenüber der Erdbahnebene um 23,5° (→ Abb. 1.2, Seite 11). So erhalten die mathematischen Tropen (von 23,5° N bis 23,5° S) den höchsten Anteil der Strahlungsenergie von der Sonne. Über diesem Bereich der Erdoberfläche steht die Sonne immer fast senkrecht, zweimal im Jahr sogar genau senkrecht (Zenitstand). Genau über den Wendekreisen steht sie jeweils nur einmal im Jahr im Zenit, außerhalb der Tropen nie. In den Polargebieten (66,5 bis 90° Nord bzw. Süd) geht die Sonne mindestens einen Tag lang nicht auf (Polarnacht) bzw. nicht unter (Polartag). An den Polen selbst geht sie ein halbes Jahr nicht auf und ein halbes Jahr nicht unter. In dem Zeitraum, in dem sie nicht untergeht, steht sie in einem so flachen Winkel am Himmel, dass die Sonnenstrahlen einen weitaus längeren Weg durch die Atmosphäre haben als in den Mittelbreiten oder gar in den Tropen. Aus den bislang genannten Gründen ergibt sich die einfachste Gliederung der Erde in mathematisch abgegrenzte Klimazonen:

- Tropen: 0 – 23,5° Nord bzw. Süd
- Mittelbreiten: 23,5 – 66,5° Nord bzw. Süd
- Polargebiete: 66,5 – 90° Nord bzw. Süd

Aufgrund des Wärmetransportes und des jahreszeitlich wechselnden Sonnenstandes entstehen in der Realität mindestens vier große thermische Klimazonen:

- Polare und subpolare Klimate: Jahresmitteltemperatur um und unter 0 °C
- Klima der gemäßigten Breiten: Jahresmitteltemperatur um 8 °C
- Subtropisches Klima: Jahresmitteltemperatur um 18 °C
- Tropisches Klima: Jahresmitteltemperatur um 25 °C

Werden diese Klimazonen weiter nach ökologischen Merkmalen und damit Bedingungen unterteilt, so ergeben sich **neun Geozonen** der Erde (→ Abb. 2.3). Diese Einteilung ist das einfachste und zugleich noch realistische Modell der Geozonen. Es lässt sich wegen seiner Anschaulichkeit gut einprägen. Die wichtigsten Merkmale der neun Klima- bzw. Geozonen werden in Form einer Tabelle aufgelistet (Tab. 2.2). Einzelne dieser Geozonen werden im Laufe dieses Kapitels noch genauer betrachtet. Im vorliegenden, stark vereinfachten Modell kommen bereits die Form und Größe der Kontinente, das Relief und der Einfluss der Meeresströmungen zum Tragen. So fehlt z. B. auf den Südkontinenten die boreale (nördliche) Nadelwaldzone, die sich auf den großen Landmassen der Nordkontinente durch deren schnelle Erwärmung im Sommer als breiter Gürtel herausbildet.

Aus Gründen der Anschaulichkeit wurde bei den Subtropen nicht unterschieden zwischen dem Westseiten- bzw. Mittelmeerklima (mit Winterregen und trockenen Sommern) einerseits und dem Ostseitenklima (mit ganzjährig auftretenden Niederschlägen und vor allem mit feuchten, warmen Sommern) andererseits.

- **Westseitenklima** oder **mediterranes Klima**: Mittelmeerraum und Teile des Nahen Ostens, Kalifornien, Mittelchile, Kapland in Südafrika, Südwest- und Südaustralien
- **Ostseitenklima**: Südchina, Südosten der USA, Südbrasilien, Uruguay und Argentinien um den Rio de la Plata, Ostküste der Republik Südafrika, Südostaustralien und die Nordinsel Neuseelands

Auf das Westseitenklima folgen die subtropischen Steppen, z. B. in Nordafrika, dann die subtropischen Bereiche der Wüsten, in denen nachts auch Fröste auftreten können. Im vorliegenden, stark vereinfachten Modell wurden die subtropische und die tropische Trockenzone unter Einschluss der Halbwüsten und der Dornsavanne zu den großen Wüsten bzw. Halbwüstengebieten im Bereich der Wendekreise zusammengefasst. Feucht- und Trockensavannen wurden zur sogenannten wechselfeuchten Tropenzone zusammengefasst. Höhenstufen (→ Glossar) der Vegetation fehlen aus Gründen der Übersichtlichkeit in dieser Darstellung ganz.

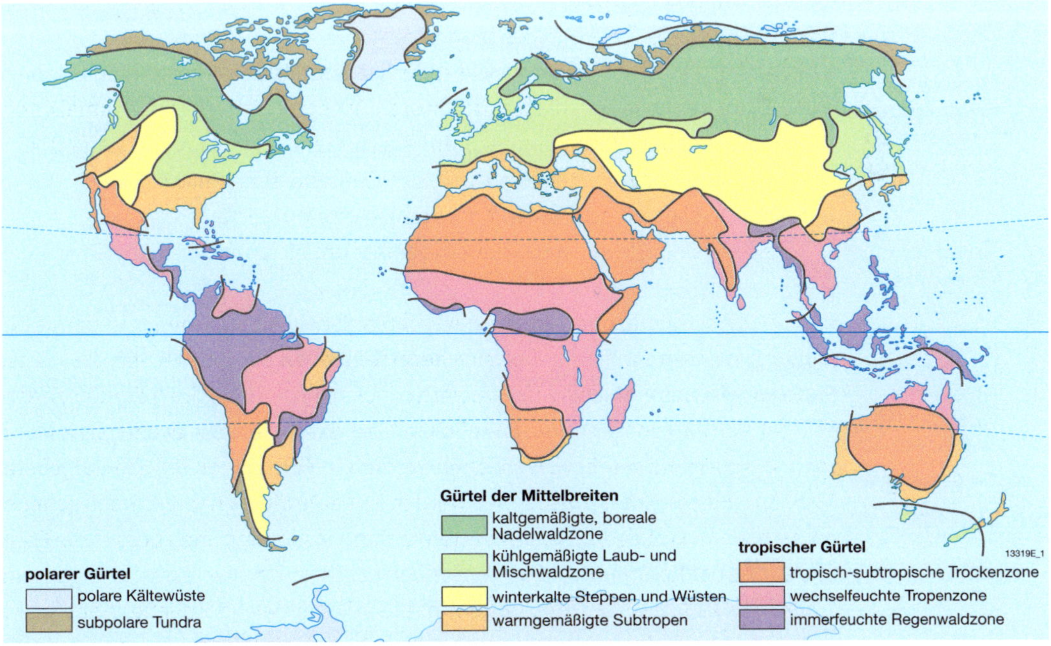

Abb. 2.3: Geozonen im Überblick

geogr. Gürtel	Geozone	Klimazone JT (°C) NS (mm)	humide Monate	Boden	natürliche Vegetation	agrare und forstliche Nutzung
polarer Gürtel	polare Kältewüste	polares Eisklima < –15 < 200	12	Strukturböden weitgehend ohne Bodenbildung	weitgehend pflanzenfrei; Kältewinde	ohne landwirtschaftliche Nutzung
	subpolare Tundra	subpolares Klima < –10 < 300	12	Tundragley und braune arktische Böden, Moorböden	Tundra; subpolare Wiesen; flechtenreich	ohne Anbau; nomadische Weidewirtschaft
	kaltgemäßigte boreale Nadelwaldzone	kaltgemäßigte Zone ± 0 300 – 600	12	Podsole und Moorböden	Taiga; artenarme Nadelwälder, Moore	Waldwirtschaft; kleinflächige Landwirtschaft mit schnellreifenden Kulturpflanzen (Roggen, Kartoffeln)
Gürtel der Mittelbreiten – gemäßigte Zone	kühlgemäßigte Laub- und Mischwaldzone	kühlgemäßigte Zone 6 – 12 400 – 700	12	Braunerde, Lessiv (Fahlerde), Rendzina	sommergrüne Laub- und Mischwälder mit Heiden	großflächig Ackerbau, Milchviehhaltung, Waldwirtschaft, Sonderkulturen
	winterkalte Steppen und Wüsten	kühlgemäßigte Steppen und Wüstenklimate 5 – 15 100 – 500	2 – 8	Schwarzerden, Salzböden, Wüstenböden	kalte Steppen (artenreich, Gräser und Kräuter bis Zwergstrauch), Halbwüsten	großflächig Ackerbau, Getreide und Sonderkulturen, extensive Weidewirtschaft
Gürtel der Mittelbreiten – subtropische Zone	warmgemäßigte Subtropen	warmgemäßigte Subtropenzone 12 – 21 400 – 1200	6 – 12	braune und rote mediterrane Böden, Rendzina	artenreiche Hartlaubflora, Hochgrasfluren	Landwirtschaft mit frostempfindlichen und trockenresistenten Kulturen, z. T. Bewässerungswirtschaft
	tropisch-subtropische Trockenzonen	subtropisch-tropische Trockenklimate 18 – 28 100 – 400	0 – 4	braune und rotbraune Böden, Vertisole, Wüsten- und Halbwüstenboden	Dornstrauch- und Sukkulentenflora, artenarm, offene Kurzgrasfluren	Anbau mit Bewässerungswirtschaft, nomadische Viehhaltung, Anbau trockenheitsresistenter Kultupflanzen
tropischer Gürtel	wechselfeuchte Tropenzonen	sommerfeuchtes Tropenklima 21 – 28 400 – 1000	4 – 10	rotbraune Böden, Roterden	Trocken- und Feuchtsavanne mit halbimmergrünen Regenwäldern, Hochgrasfluren	Wanderfeldbau, Mischkulturen mit wärmeliebenden Kulturpflanzen
	immerfeuchte Regenwaldzone	tropisches Regenwaldklima 26 – 29 > 1500	12	Rotlehme, Laterite	artenreicher, immergrüner Regenwald, Mangrove	Wanderfeldbau, Plantagenwirtschaft, feuchte- und wärmeliebende Kulturpflanzen

Tab. 2.2: Die Geozonen der Erde im Überblick

TIPP

Damit du dir die Karte (→ Abb. 2.3) besser einprägen kannst, solltest du den jeweiligen Geozonen mithilfe von geeigneten Atlaskarten wichtige Staaten bzw. Großlandschaften zuordnen. Beispiele für die immerfeuchte Regenwaldzone: Kolumbien, Ecuador, Peru, Brasilien (Amazonien), D.R. Kongo, Indonesien (Borneo)

2.3 Bodenbildung und Bodentypen

Böden entstehen auf verwittertem Ausgangsgestein unter dem Einfluss von Klima und Vegetation. Sie bilden die oberste, belebte Schicht der Erdkruste zwischen Lithosphäre (Gesteinshülle) und Atmosphäre. Diese **Pedosphäre** (Bodenschicht) ist die dünnste aller Schichten bzw. Hüllen der Erde. Dennoch ist sie von herausragender Bedeutung als Standort der Pflanzen (Produzenten) und damit als Lebensgrundlage für Tiere und Menschen (Konsumenten). Zugleich enthalten die Böden eine Vielzahl von Bodenlebewesen als sogenannte Destruenten, die das anfallende organische Material wieder abbauen und für den Nährstoffkreislauf aufbereiten. Böden sind darüber hinaus wichtig als Filter für die Neubildung von Grundwasser mit Trinkwasserqualität durch Versickerung.

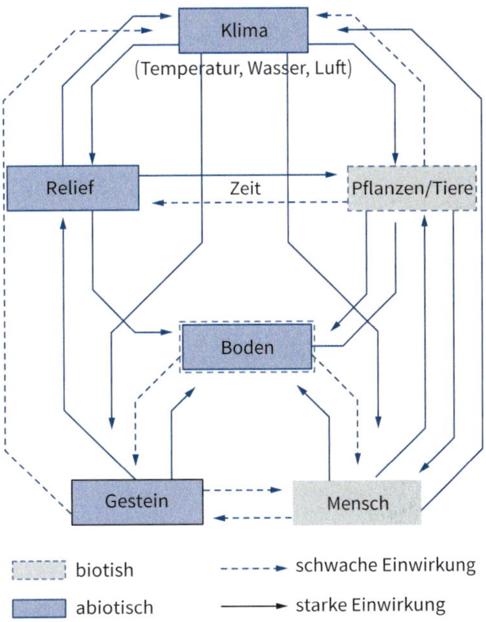

Abb. 2.4: Bodenbildende Faktoren

Die **Bodenbildung** ist ein extrem langsamer Vorgang, denn die Entwicklung von einem Zentimeter Humusschicht benötigt 100 bis 300 Jahre. Daher hat die Entstehung eines fruchtbaren Ackerbodens in Mitteleuropa mit einer Humusschicht von 30 bis 40 cm Mächtigkeit mindestens 3000 Jahre erfordert. Angesichts der langsamen Bodenentwicklung stellt die **Bodenerosion**, die Abtragung der fruchtbaren Ackerkrume, vor allem durch Wasser, aber auch durch Wind, ein gravierendes Problem dar. Ebenso stellt die Vergiftung der Böden

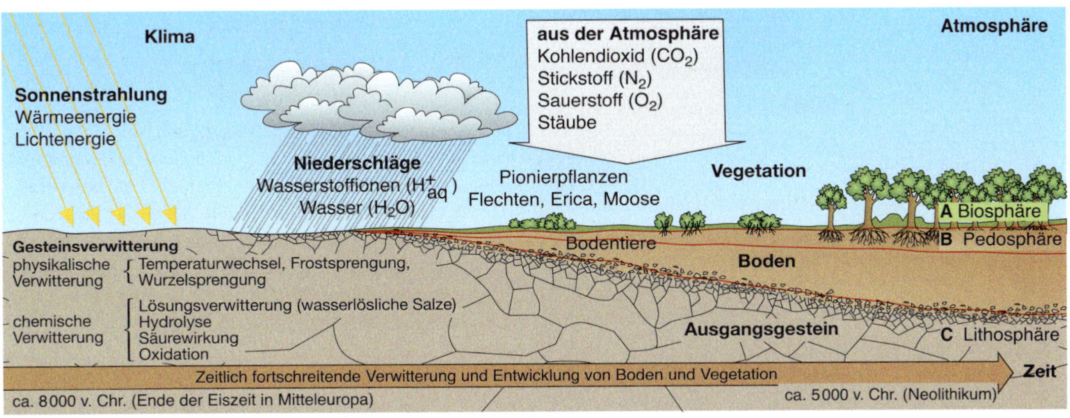

Abb. 2.5: Schema für Bodenbildungsprozesse

durch Schadstoffe aus der Industrie, aus dem Verkehr und aus der modernen Landwirtschaft die Lebensgrundlage der Menschheit infrage.

Nach dem Durchmesser des verwitterten Materials werden die **Bodenarten** unterschieden:

- Steinböden (> 200 mm)
- Kiesböden (2 bis 200 mm)
- Sandböden (0,02 bis 2 mm)
- Schluff- und Tonböden (< 0,02 mm)

Lehmböden enthalten Sand sowie 20 bis 50 % Schluff und Ton. Mergel und Löss haben einen Kalkanteil von 20 bis 40 % und sind daher sehr fruchtbar. Kalkböden (Rendzina, Plural: Rendzinen) haben zwar einen Kalkanteil von mehr als 40 %, sind aber nicht so fruchtbar wie Mergel bzw. Löss.

Humus besteht aus umgebauter organischer Substanz und aus anorganischen Verwitterungsprodukten, vor allem aus Tonmineralen. Zusammen bilden sie große und stabile Ton-Humus-Komplexe, die in der Lage sind, Ionen anzulagern und damit Nährstoffe vorübergehend an sich binden zu können, sie also pflanzenverfügbar zu machen. Bei den Tonmineralen wird zwischen Zweischicht- und Dreischicht-Tonmineralen unterschieden:

- Die **Zweischicht-Tonminerale** der Tropen können nur an ihren Außenflächen Kationen als Nährstoffe für Pflanzen vorübergehend an sich binden. Daher ist ihre Kationen-Austausch-Kapazität (KAK) und somit ihre Fruchtbarkeit gering.
- Die **Dreischicht-Tonminerale** der gemäßigten Breiten können dagegen sowohl an den Innenflächen, als auch an den Außen- und Bruchflächen Kationen vorübergehend absorbieren. Ihre Kationen-Austausch-Kapazität ist hoch und somit auch ihre Fruchtbarkeit.

Zweischicht-Tonmineral	Dreischicht-Tonmineral
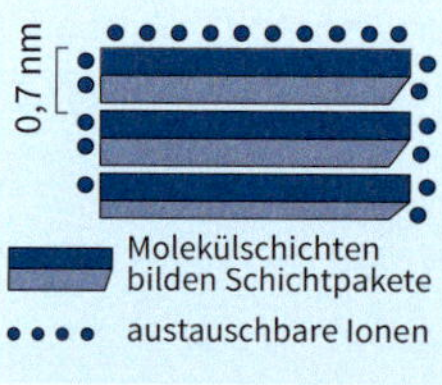	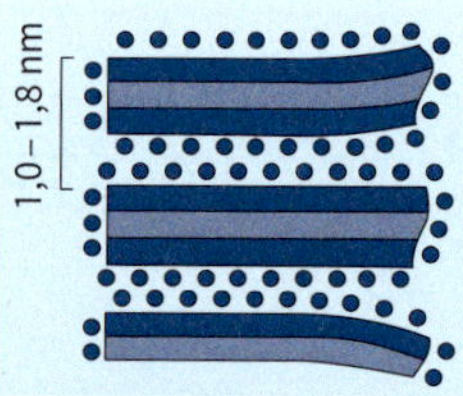
z. B. Kaolinit (von Kau ling, Berg in China, Fundort von Porzellanerde = Kaolin)	z. B. Montmorillonit (von Montmorillon, Ort in Frankreich, hier erstmals festgestellt)
Schichtenabstand nicht variabel, nicht quellbar, Ionen-Adsorption nur an Außen- und Bruchflächen	Schichtflächenabstand variabel, gut quellbar durch Eintritt von Wasser, Ionen-Adsorption vorwiegend an „inneren" Oberflächen sowie an Außen- und Bruchflächen

Abb. 2.6: Tonminerale

Die wichtigsten **Bodenhorizonte** sind der A-, der B- und der C-Horizont. Entscheidend für die Fruchtbarkeit ist der A-Horizont (→ Abb. 2.5). Nach der Art und Abfolge der Bodenhorizonte werden die **Bodentypen** der großen Klimazonen unterschieden (→ Tab. 2.3).

A-Horizont
= Oberboden
B-Horizont
= Unterboden
C-Horizont
= Ausgangsmaterial

Beispiel Podsolboden:

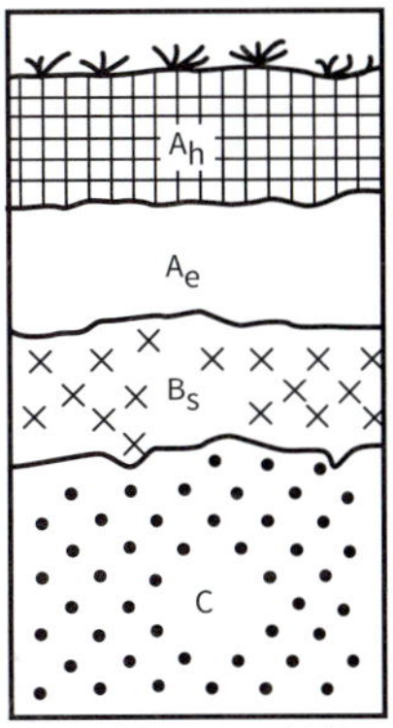

A_h = Rohhumusschicht
A_e = Bleichhorizont
B_s = Ortsteinschicht
C = Sandiger Untergrund

Podsol – boreale Nadelwälder und kühl-humide Bereiche der Mittelbreiten
Russisch für Bleicherde. Voraussetzung für die Entstehung sind niedrige Temperaturen und hohe Niederschläge, eine saure Rohhumusschicht (besonders bei Nadelwäldern) und ein nährstoffarmes Ausgangsgestein. Die Rohhumusschicht wird kaum zersetzt, die Huminsäuren schwemmen Nährstoffe, Tonminerale sowie Eisen- und Aluminiumverbindungen aus dem Oberboden (Bleichhorizont) in den Unterboden, wo sie eine harte, wasserundurchlässige und nicht durchwurzelbare Ortsteinschicht bilden.

Braunerde – feuchte Mittelbreiten
Diese Böden bilden sich auf kalkarmen Ausgangsgesteinen. Aus eisenhaltigen Mineralien entstehen Eisenoxide bzw. -hydroxide, die für die braune Färbung sorgen. **Dreischicht-Tonminerale** dominieren. Auf die dunkle Humusdecke (A-Horizont) folgt ein brauner, verlehmter Oberboden (B-Horizont), der kaum merklich in das Ausgangsgestein (C-Horizont) übergeht.

Schwarzerden – kontinentale winterkalte Steppen der Mittelbreiten
Die Schwarzerden gelten als fruchtbarste Böden der Erde. Sie entstehen v. a. auf mineral- und kalkreichem, feinkörnigem Löss. Die Gras- und Krautvegetation liefert im Frühjahr und Frühsommer eine große Menge leicht zersetzbaren organischen Materials, das im Laufe der Zeit einen bis zu 80 cm mächtigen humosen A-Horizont bildet. Dreischicht-Tonminerale, mächtige Tonhumus-Komplexe und Kalkgehalt sorgen für die hohe Bodenfruchtbarkeit. Auswaschung und Zersetzung sind wegen des niederschlagsarmen Klimas begrenzt.

Rotbraune Savannenböden – Tropen: wechselfeuchte Savannen
Die in der Regenzeit vorherrschende chemische Verwitterung zersetzt das Ausgangsgestein tiefgründig. Zweischicht-Tonminerale wie Kaolinit herrschen vor. Eisen und Aluminium bleiben im Oberboden und sorgen für die Färbung. Da auch Silikat-Verbindungen im Oberboden erhalten bleiben, sind sie fruchtbarer als die Tropischen Roterden. Bezeichnung: Fersiallitische Böden (Ferrum-Silizium-Aluminium)

Tropische Roterden – immerfeuchte Tropen und Feuchtsavannen mit kurzer Trockenperiode
Hohe Niederschläge und hohe Temperaturen sorgen für eine tiefgründige chemische Verwitterung des Ausgangsgesteins (bis 50 m tief). Auch Silikate werden zersetzt und vom ständigen Sickerwasserstrom ausgewaschen, ebenso die Nährstoffe. Aluminium- und Eisenoxide reichern sich im Oberboden an, daher auch die Bezeichnung ferrallitische Böden. Zweischicht-Tonminerale mit geringer Bodenfruchtbarkeit entstehen.

Tab. 2.3: Bodentypen

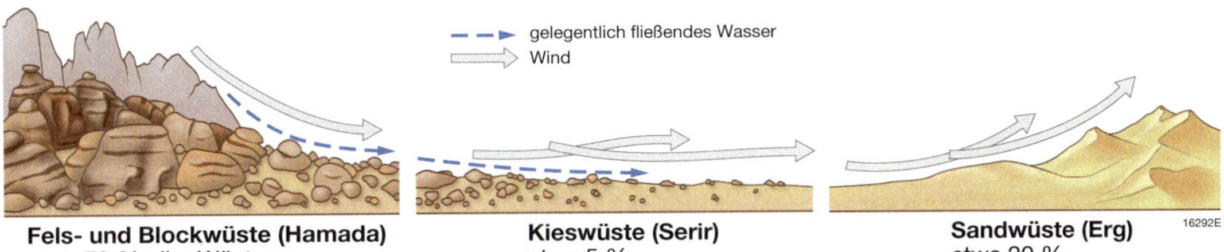

Abb. 2.7: Wüstenformen und Skelettböden ohne Bodenhorizonte in der Sahara

2.4 Tropischer Regenwald

Das Ökosystem

Der tropische Regenwald liegt in den immerfeuchten Gebieten beiderseits des Äquators. Die Niederschläge erreichen meist Werte von 2000 bis 4000 mm/Jahr. Die Maxima liegen kurz nach dem Zenitstand der Sonne im April bzw. im Oktober, also nach der Tag- und Nachtgleiche am 21. März bzw. 23. September eines Jahres. Die mittleren Tagestemperaturen betragen zwischen 25 und 27 °C. Alle Tage sind wegen der äquatornahen Lage fast gleich lang. Mit einer Fläche von rund 12,5 Mio. km² nahm der tropische Regenwald zu Beginn des 20. Jahrhunderts noch 8,4 % des Festlandanteils der Erde ein. Noch heute sind hier rund 60 % aller Pflanzenarten, 80 % aller Insektenarten und 90 % aller Primatenarten der Erde zu finden. 25 % aller Arten kommen nur in den tropischen Regenwäldern vor. Wegen ihrer biologischen Vielfalt (Fachbegriff: **Biodiversität**) gelten die tropischen Regenwälder als **biologische Hotspots** der Erde.

Mit der Vernichtung des tropischen Regenwaldes sterben vermutlich bis zu 50 000 Arten pro Jahr aus. Viele von diesen Arten sind noch nicht erforscht und hätten aufgrund der in ihnen enthaltenen Wirkstoffe vielleicht eine wichtige Rolle in der Medizin spielen können. So ist z. B. das Chinin aus dem Chinarindenbaum in Amazonien seit langem ein bekanntes Heilmittel gegen Malaria.

Wegen der starken Bewölkung und des hohen Wasserdampfgehaltes in der Luft ist der Anteil der diffusen Sonneneinstrahlung mit 40 % sehr hoch. Der weitaus größte Teil der hohen Einstrahlung dient wiederum der Verdunstung, die mehr als 1000 mm/Jahr erreicht, maximal 1200 mm. Damit enthält die Luft in den immerfeuchten Tropen sehr viel Verdunstungswärme (latente Wärme). Fast täglich

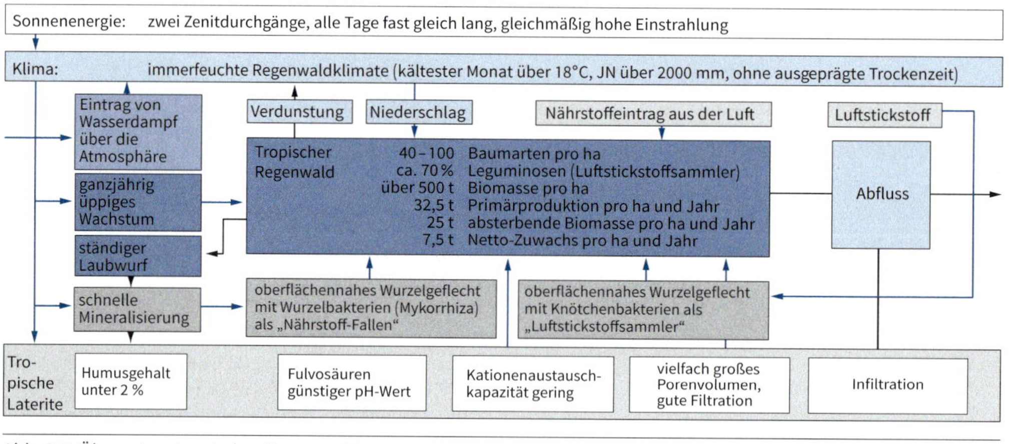

Abb. 2.8: Ökosystem tropischer Regenwald

entstehen hohe Gewitterwolken (Cumulonimbus) oder sogar mächtige Gewittercluster, aus denen Tagesniederschläge von bis zu 50 mm fallen können. Das feuchtwarme Klima ruft ein üppiges Pflanzenwachstum mit einem Trockengewicht der Pflanzenmasse von 21 bis 29 Tonnen pro Hektar und Jahr hervor. In diesem Zusammenhang wird auch von einer hohen **Phytomassenproduktion** gesprochen. Zum Vergleich: In den Wäldern der feuchten Mittelbreiten West- und Mitteleuropas liegt dieser Wert bei 8 bis 13 t/ha/a, in den Nadelwäldern der Borealen Zone bei 4 bis 8 t. Der **Blattflächenindex**, also die (einseitige) Blattfläche in Quadratmetern bezogen auf die Grundfläche in Quadratmetern, liegt im tropischen Regenwald bei 8 bis 12. Charakteristisch sind der Stockwerk-Aufbau und die Brettwurzeln (→ Abb. 2.9) sowie zwei besondere Pflanzenarten:

- **Lianen** sind holzige Rankgewächse, die mit geringem Stoffumsatz große Höhen und damit günstige Lichtverhältnisse erreichen, da sie sich auf hohe Bäume stützen.
- **Epiphyten** sind Aufsitzerpflanzen wie die Orchideen oder Bromelien, die vor allem auf Ästen wachsen und von der hohen Luftfeuchtigkeit profitieren.

Unter den Klimabedingungen der immerfeuchten Tropen findet eine tiefgründige **chemische Verwitterung** des Ausgangsgesteins statt. Bis in 30 m Tiefe entstehen als Umwandlungsprodukte sowohl Eisen- und Aluminium-Oxide als auch Tonerden aus Zweischicht-Tonmineralen, wie z. B. Kaolinit. Das unverwitterte Ausgangsgestein mit Silikatverbindungen steht erst in Tiefen von 50 bis maximal 100 m an. Der vorherrschende Umwandlungsprozess der chemischen Verwitterung im sauren und daher aggressiven Sickerwasserstrom ist der Abbau von Silikaten (Desilifizierung). Die tropischen Böden sind daher chemisch sauer bis sehr sauer, und die Aluminium-Oxide wirken toxisch auf die Pflanzen.

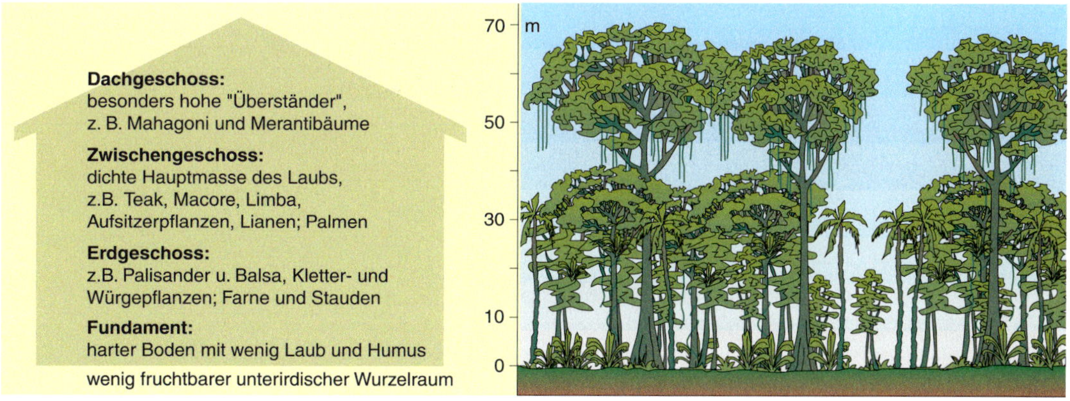

Abb. 2.9: Stockwerk-Aufbau des Regenwaldes

Die Bodenfruchtbarkeit ist gering. Die Nachlieferung mineralischer Nährstoffe erfolgt nur in Gebieten mit aktivem Vulkanismus oder durch Zersetzung von Laub und anderen Pflanzenresten bzw. durch Nährstoffeinträge aus der Luft. So konnte z. B. festgestellt werden, dass Wüstenstaub aus der Sahara den Amazonas-Regenwald düngt. Der kräftige Nordostpassat weht den aufgewirbelten Staub nach Westen auf den Atlantik hinaus und bis nach Südamerika, wo er von den Gewitterzellen über dem tropischen Regenwald angesaugt wird. Die Staub- und Sandpartikel bestehen aus verwittertem und zerriebenem Gestein sowie aus Resten organischer Substanzen, sind also sehr fruchtbar. Schätzungsweise 500 Mio. t Staub werden jährlich von Nordafrika über den Atlantik nach Südamerika verfrachtet. Nur so können letztlich die hohen Verluste im angeblich „geschlossenen Nährstoffkreislauf" des tropischen Regenwaldes ausgeglichen werden.

GEO-PRAXIS: DIAGRAMM AUSWERTEN

Thermoisoplethendiagramme sind eine besondere Form des Flächendiagramms, die auch in Abiturprüfungen vorgelegt wird. Innerhalb des Diagramms kann für jede beliebige Tages- und Jahreszeit einer Klimastation die Durchschnittstemperatur abgelesen werden. Auf der x-Achse sind alle Monate des Jahres eingetragen, auf der y-Achse ist die Uhrzeit von 0 bis 24 Uhr eingetragen. Die Zeitpunkte mit gleicher Temperatur sind durch Linien (Isoplethen) miteinander verbunden. Aus Gründen der Übersichtlichkeit werden die Flächen zwischen den Isoplethen meist farbig abgestuft.

Bei **Pará** handelt es sich um ein **Tageszeitenklima** der Innertropen, denn die Temperaturunterschiede innerhalb eines Tages sind größer als innerhalb eines Jahres (7 °C gegenüber 2 – 3 °C). Die Tageszeiten von Sonnenaufgang, Sonnenhöchststand und Sonnenuntergang sind durch waagerechte, gestrichelte Hilfslinien angegeben, der Zenitstand der Sonne (zweimal im Jahr) durch senkrechte, punktierte Linien.

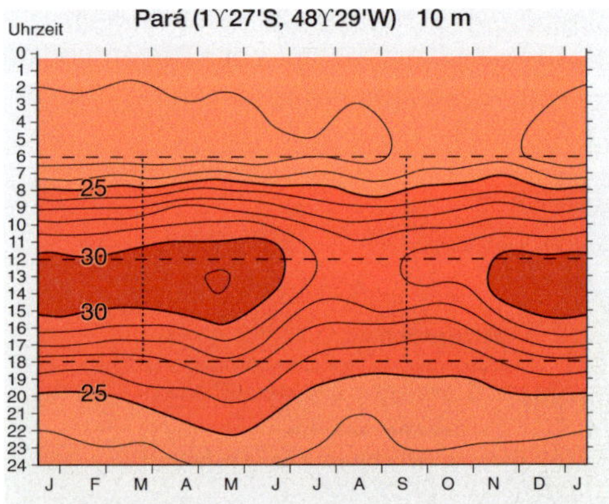

Abb. 2.10: Thermoisopletendiagramm Pará

Abholzung des Regenwaldes – das Raubbau-Syndrom

Von der einfallenden Globalstrahlung (= 100 %) gehen im geschlossenen Regenwald 75 % in die Verdunstung, in die Transpiration der Pflanzen und in den Wärmetransport. Nur 15 % werden in den Weltraum reflektiert, 10 % gehen als langwellige Wärmestrahlung in den Weltraum verloren (= Ausstrahlung, → Abb. 2.11).

Vom gesamten Jahresniederschlag fließen nur 5 % oberflächlich ab, 35 % versickern. Der geringe Anteil des Oberflächenabflusses ist auf die **Interzeption** zurückzuführen, das Auffangen der Niederschläge durch das geschlossene und mehrfach übereinander gestaffelte Blätterdach der dichten Vegetation (→ Stockwerk-Aufbau, Abb. 2.9). Damit ist auch die Erosionsrate sehr gering. Kohlendioxid wird hauptsächlich in der großen Pflanzenmasse gebunden und gespeichert.

Wird der Regenwald abgeholzt und großflächig für den Ackerbau mit einjährigen Kulturen genutzt, wie z. B. Reis, Mais, Hirse, Maniok oder Yams, so ist das ökologische Gleichgewicht gestört (→ Abb. 2.12). Von der einfallenden Globalstrahlung werden nun je 25 % reflektiert bzw. ausgestrahlt. Es fällt weniger als die Hälfte der vorherigen Niederschläge (45 %). Je fast die Hälfte davon versickert bzw. fließt oberflächlich ab und trägt den tiefgründig verwitterten Boden ab. Die Erosionsrate liegt bei 2 bis 5 Tonnen pro Hektar und Jahr. Die Flüsse trüben sich durch die Sedimentfracht. Auf den kahlen, abgeholzten und abgeernteten Flächen bilden sich Windhosen, die die oberste dünne Bodenkrume forttragen (**Deflation**). Außerdem wird durch die Brandrodung Kohlendioxid an die Atmosphäre abgegeben und verstärkt den Treibhauseffekt.

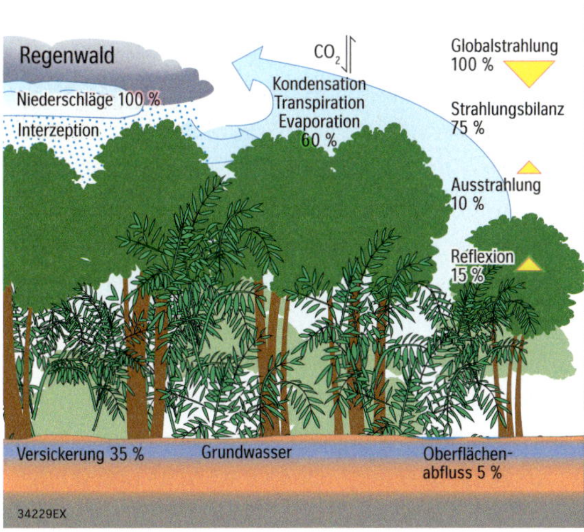

Abb. 2.11: Wasserkreislauf und Strahlungsbilanz vor…

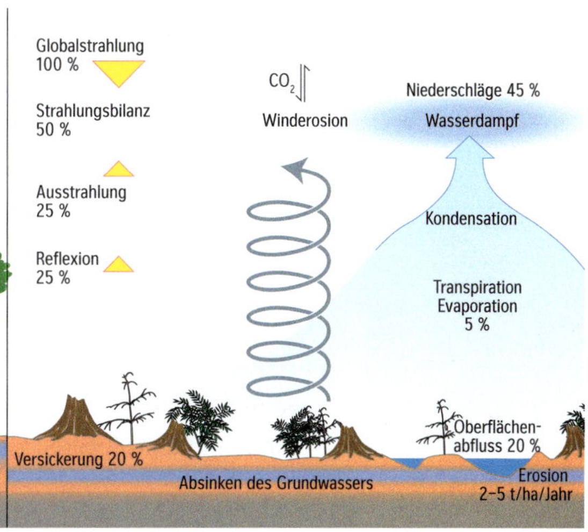

Abb. 2.12: … und nach der Abholzung

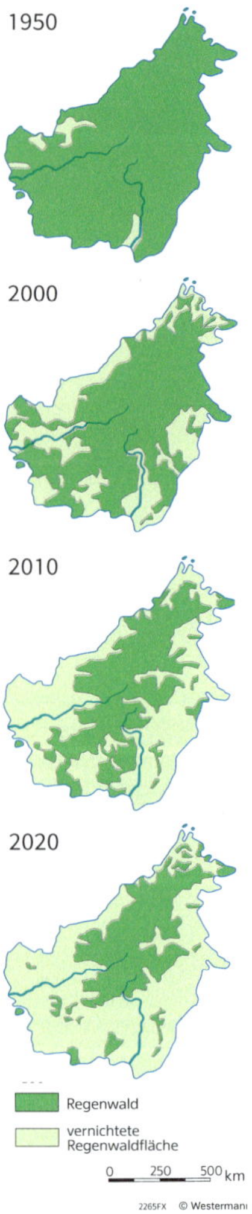

Abb. 2.33: Regenwald-abholzung in Borneo

Abb. 2.34: Utan-Mutter mit Jungem

Die Vernichtung des tropischen Regenwaldes schreitet unaufhaltsam voran. So übertraf im Zeitraum von 2002 bis 2023 allein die abgeholzte Regenwaldfläche in Brasilien die Gesamtfläche Belgiens (30 700 km^2). Auf den Plätzen zwei und drei folgten Indonesien mit 10 500 km^2 und die Demokratische Republik Kongo mit 6900 km^2. Die Insel Borneo (Kalimantan) gehört zu drei Staaten (Atlas): zu Malaysia und Brunei im Norden sowie zu Indonesien im Süden.

Für die Abholzung gibt es verschiedene **Ursachen**:

- Das hohe Bevölkerungswachstum und die weit verbreitete Armut in allen tropischen Entwicklungsländern, die ungerechte Landbesitzverteilung vor allem in Brasilien und die ungleiche Bevölkerungsverteilung in Indonesien sind wichtige Gründe für den zunehmenden **Siedlungsdruck** auf die letzten verbliebenen Regenwaldflächen unseres Planeten.
- Straßenbauprojekte und die forstwirtschaftliche Nutzung zuvor unerschlossener Regenwaldgebiete machen den Weg frei für den **Brandrodungswanderfeldbau** durch Kleinbauern oder ehemals Landlose. In Indonesien wird die Agrarkolonisation der Regenwaldgebiete im Transmigrasi-Programm sogar staatlich gefördert.
- Bei zu kurzen Brachezeiten – je nach Bodenqualität sind 8 bis 30 Jahre erforderlich – verringert sich die **Bodenfruchtbarkeit** drastisch und viele Kleinbauern müssen abwandern.
- Vor allem in Amazonien roden große **Viehwirtschaftsbetriebe** den Regenwald vom Rand her, von der Feuchtsavanne, um den wachsenden und lukrativen Markt für Rindfleisch zu bedienen. Durch die Viehweiden wird die Biomasse pro Hektar auf 20 Tonnen reduziert. Dabei ernährt ein Hektar weniger als ein Rind.
- In Südostasien werden große Regenwaldflächen abgeholzt und anschließend in Palmöl-Plantagen umgewandelt, da die Nachfrage nach **Palmöl** für die Nahrungsmittel- und vor allem für die Kosmetikindustrie weltweit stark steigt. Inzwischen werden die Regenwälder verstärkt für die Gewinnung von Biodiesel aus Palmöl gerodet: Weltweit wurden 2022/23 über 77 Millionen Tonnen Palmöl produziert, 56 Prozent davon in Indonesien, knapp $\frac{1}{3}$ in Malaysia. Europa kauft 28 Prozent der Ölmenge. Problematisch ist die Ökobilanz der Palmölproduktion: Bei der Brandrodung von Regenwaldflächen wird so viel CO_2 frei, wie der erzeugte Biodiesel in 300 Jahren theoretisch einsparen könnte.
- Der Bau von **Staudämmen** und der Abbau von **Bodenschätzen** – so z. B. im Gebiet von Grande Carajas in Brasilien – verursacht regional eine erhebliche Zerstörung des tropischen Regenwaldes. Bei der Goldgewinnung wird zumeist Quecksilber verwendet, das zunächst die Flüsse, dann die Fische und schließlich die Menschen vergiftet.

Raumbeispiel Brasilien I: Amazonas-Regenwald in Gefahr

Tropische Regenwälder benötigen ein feuchtes, regenreiches Klima mit Jahresniederschlägen von zumeist 2000 mm und mehr. Fruchtbare, mineralische Böden wie in den Vulkangebieten Südostasiens oder der Kleinen Antillen (Karibik) begünstigen das Wachstum. Sie sind aber nicht unbedingt erforderlich, denn die Mineralstoffe des Waldes sind überwiegend in seiner Biomasse gespeichert und zirkulieren in einem kurzgeschlossenen Kreislauf. Die bei der Zersetzung des toten organischen Materials freigesetzten Mineralstoffe werden über ein dichtes Wurzel-Pilz-Geflecht (Mykorrhiza) der mehrjährigen Bäume und Sträucher größtenteils von den Pflanzen wieder aufgenommen.

So wächst der tropische Regenwald immer wieder quasi aus sich selbst heraus. Er benötigt in der Regel keinen Mineralstoffnachschub aus dem Untergrund. Mineralstoffe werden eher von den Passatwinden aus den Wüsten- (Sahara) und Trockengebieten (Sahel) Afrikas nach Südamerika verfrachtet und fördern somit dort die Fruchtbarkeit der Böden des Amazonas-Regenwaldes. Auch mit den Quellflüssen des Amazonas werden Mineralstoffe in das Regenwald-Gebiet transportiert.

Gleichzeitig erzeugt der tropische Regenwald auch sein eigenes, feuchtwarmes und belastendes Klima. Etwa drei Viertel des Niederschlags gibt der Wald über Verdunstung und Transpiration (Fachbegriff: Evapo-Transpiration) ständig an die Atmosphäre zurück. Diese dort angereicherte Feuchtigkeit kann z. B. als Regen oder Nebel über derselben Fläche dem Wald wieder zugeführt werden oder auch woanders abregnen. Die Konkurrenz um Licht, Mineralstoffe, Wasser und Raum hat während der Entwicklung des Ökosystems Tropischer Regenwald zu zahlreichen Spezialisierungen bei Tieren und Pflanzen geführt und letztlich seine für ein kontinentales Gebiet einzigartige Biodiversität begründet.

Alleinstellungsmerkmale Amazoniens – Rund $\frac{1}{5}$ des Süßwassers der Erde fließt durch das Amazonasbecken. Hier wächst der größte tropische Regenwald der Erde. Gigantische Mengen von Kohlenstoff, Sauerstoff und Wasser werden in diesem Raum umgesetzt. Der Amazonasregenwald ist dadurch eine der wichtigsten Wetter- und Klimamaschinen der Erde. Zudem beinhaltet das Amazonasgebiet 14 Prozent der globalen **Kohlenstoffdioxidsenken** und stellt neben den Weltmeeren einen der wichtigsten Puffer gegen die Erderwärmung dar. 120 Gigatonnen Kohlenstoff sind hier gespeichert. Das entspricht der Menge von 12 Jahren aktueller anthropogener Emissionen (9,9 Gigatonnen).

anthropogen = von Menschen verursacht

Dimensionen und Biodiversität – Mit einer Fläche von 6,7 Mio. km^2 ist der Amazonasregenwald so groß wie die USA. Neun Staaten haben Anteil an seiner Fläche, rund $\frac{2}{3}$ der Fläche entfallen auf Brasilien. Allein dort leben über 400 indigene Bevölkerungsgruppen. Der Wald ist mit etwa 10 Prozent aller terrestrischen Tier- und Pflanzenarten auch ein globaler Hot Spot der Biodiversität. Er beherbergt einen sehr großen Artenreichtum: Erfasst sind bereits mehr als 400 Säugetierarten, 1200 Vogelarten, 3000 Fischarten, über eine Million Insektenarten und mindestens 40 000 Pflanzenarten. Viele davon sind endemisch, d. h., dass sie nur hier vorkommen – im Amazonasgebiet.

endemisch = nur an einem bestimmten Ort vorkommend

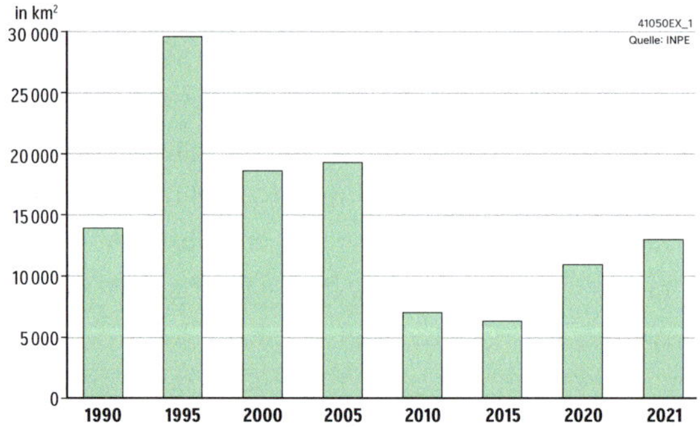

Abb. 2.13: Waldverluste im brasilianischen Amazonasgebiet

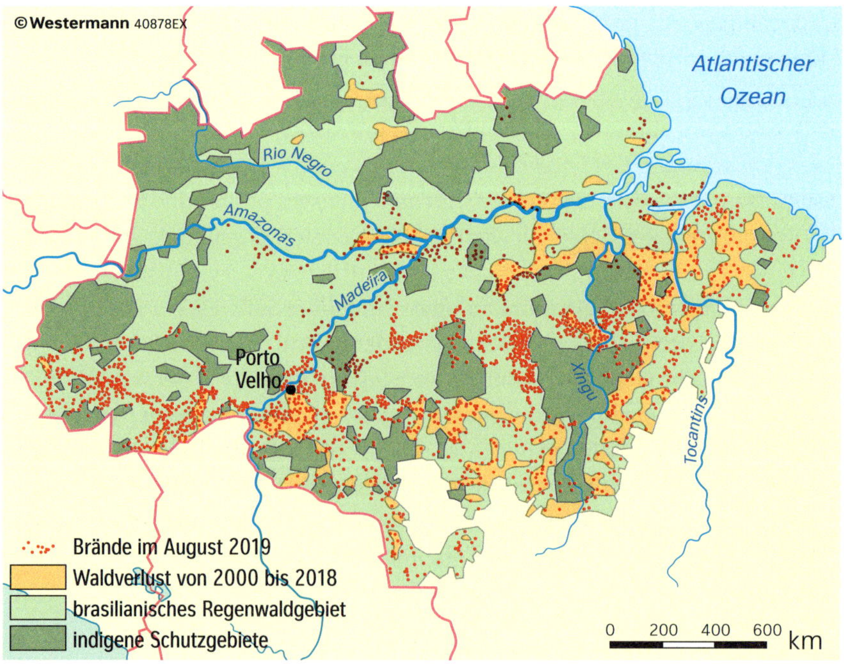

Abb. 2.14: Karte der Waldverluste im brasilianischen Amazonasgebiet

Raumbeispiel Brasilien II: Das Pantanal – Artenreichtum in Gefahr

Das Pantanal erstreckt sich größtenteils über den mittleren Südwesten von Brasilien und ist eines der größten Feuchtgebiete der Welt. Mit einer Gesamtfläche von etwa 230 000 km^2 ist es mehr als fünfmal so groß wie die Schweiz und besteht aus einem verzweigten System von Flüssen und Seen. Es ist Heimat zahlreicher, seltener Tierarten. Das Biosphärenreservat wurde im Jahr 2000 durch die UNESCO zum Welterbe erklärt. Für die ungewöhnlich heftigen Brände seit Juli 2020 – von der NASA wurden vom 1. Januar bis Mitte Oktober 2020 rund 11 000 Brandherde im Pantanal entdeckt – werden die anhaltende Dürre als Folge des Klimawandels sowie illegale Brandrodungen verantwortlich gemacht.

Von Oktober 2019 bis März 2020 gab es im Pantanal 40 Prozent weniger Niederschlag als in den Vorjahren. Ursache für die schlimmste Trockenzeit seit fast 50 Jahren ist unter anderem, dass seit den 1980er-Jahren die Waldfläche im brasilianischen Amazonasgebiet um ein Zehntel, und im Pantanal sogar um ein Viertel zurückging, während sich die landwirtschaftliche Fläche in beiden Gebieten mehr als verdoppelt hat. Wie das Amazonasgebiet ist auch das Pantanal durch Landnahme für Rinderweiden und für den Soja-Anbau bedroht. Weniger Waldfläche führt zu einem regionalen Temperaturanstieg und zu einer kürzeren Regenzeit. Der Amazonas-Regenwald, der normalerweise durch Verdunstung eine Wolkendecke bildet, die wie ein Schirm verhindert, dass die Sonneneinstrahlung die Landmassen zu stark aufheizt und austrocknet, kann daher seine Funktion als „Klimaanlage“ nur eingeschränkt wahrnehmen.

Wissenschaftliche Dienste für den Deutschen Bundestag – „Brände im Pantanal“ – Nr. 14/20 vom 18.11.2020.

Aufgrund seiner Lage im zentralen Bereich Lateinamerikas befindet sich das Pantanal im neotropischen (neuweltlichen) Savannengürtel (brasilianische Bezeichnung: Cerrado), der sich über ca. 2500 km in Nord-Süd- und knapp 3000 km in Ost-West-Richtung erstreckt. Im Norden wird er durch den dauerfeuchten Amazonas-Regenwald begrenzt, und im Westen und Süden durch die semihumide (halb-feuchte) Baumsavanne des Gran Chaco. Obwohl die ca. 2 Mio. km^2 bedeckende natürliche Vegetation des Cerrado insbesondere durch den Einsatz der modernen Agro-Industrie Brasiliens bereits um 50 % bis 80 % (letztere Angabe stammt vom WWF 2010) reduziert wurde, ist der Cerrado immer noch ein Zentrum der globalen Biodiversität. Seine Vegetation ist sehr vielseitig und wird v. a. durch die Böden und durch klimatische Faktoren großräumig bestimmt.

Biodiversität = Artenvielfalt

Zwei maßgebliche klimatische Barrieren bestimmen die Zusammensetzung und den Artenreichtum der Vegetation des Cerrados: Das Auftreten von Frost südlich von 20° Süd, sowie von extremen Dürreperioden nördlich von 15° Süd, bzw. östlich von 45° West. Außerdem wirken sich Relief und Exposition stark auf die jeweilige, lokale Vegetationszusammensetzung aus. Die Vegetationsstruktur variiert – je nach Bestandsdichte holziger Arten – von offenem Grasland bis hin zu geschlossenen Waldformationen.

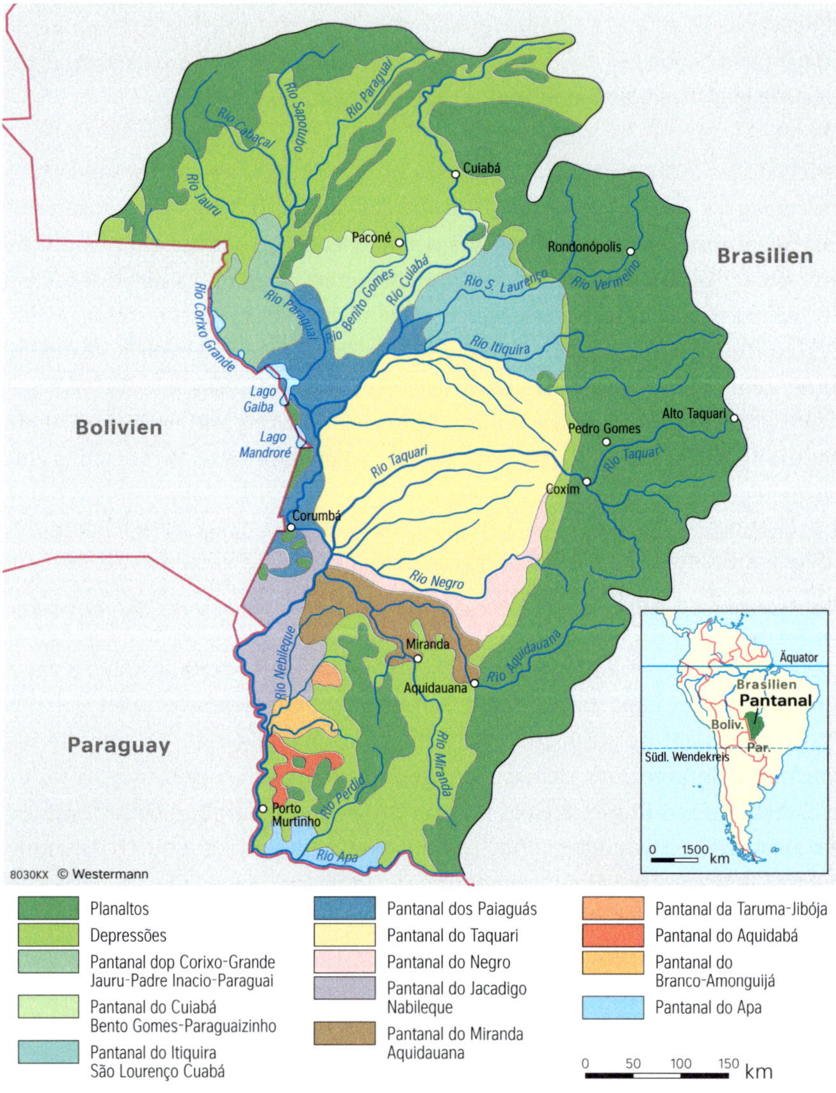

Abb. 2.15: Das brasilianische Pantanal und seine Einteilung in verschiedene hydrogeomorphologische Provinzen (nach Adámoli 1982)
Quelle: WWF Brazil. www.wwf.org.br: Umzeichnung: westermann

Raumbeispiel: Miombo – Afrikas gefährdeter Trockenwald

Die gesellschaftlichen Umbrüche im südlichen Afrika führen zu einer immer stärkeren Degradation (Zerstörung) der Miombo-Wälder. Dabei droht dem weltweit größten, noch zusammenhängenden Trockenwald ein ähnliches Schicksal wie vielen vergleichbaren Ökosystemen der Erde. Der steigende Nutzungsdruck bedingt eine erhebliche Beeinträchtigung seiner ökologischen, ökonomischen und kulturellen Funktionen.

Abb. 2.16: Miombowald in Sambia links und rechts der Great West Road – gut zu erkennen ist das fast geschlossene Blätterdach – untypisch für eine Savanne (eigene Aufnahme des Autors während eines Studienaufenthaltes in Sambia)

Der Name Miombo hat seinen Ursprung in der lokalen Bezeichnung der Baum-Gattung *Brachystegia* in zahlreichen Sprachen des zentralen südlichen Afrikas bis in die Küstenregion Kenias. Insgesamt 19 Brachystegia-Arten prägen durch ihren Schirmwuchs das Erscheinungsbild des Miombo-Trockenwaldes. Die lichte Krone und die Fiederblättrigkeit der Bäume lassen genügend Licht in tiefere Pflanzenstockwerke, sodass in einem idealtypischen Miombo-Wald neben einer Gebüsch- auch eine Gras- und Krautschicht ausgebildet ist.

Der Miombo-Trockenwald im engeren Sinne, der etwa zwischen 2 und 25° südlicher Breite wächst, lässt sich in eine trockene und eine feuchte Variante differenzieren. Feuchter Miombo kommt von Angola über Sambia und Malawi bis Tansania und Mosambik in Regionen mit jährlichen Niederschlägen über 1000 mm vor. Unter ungestörten Bedingungen werden die Bäume des oberen Stockwerks höher als 15 m. Die Vegetation ist sehr artenreich.

Liegen die Niederschläge zwischen 700 und 1000 mm, schließt sich im Osten und im Süden trockener Miombo an. Er ist niederwüchsiger und artenärmer. Die Hauptverbreitung liegt in Höhen zwischen 800 und 1800 m. Oberhalb folgt Bergvegetation. Unterhalb von 800 m wächst Miombo nur auf sehr lockeren Sandböden, z. B. auf Kalahari-Sanden.

Das Klima in der engeren Miombo-Region zeichnet sich durch eine sommerliche Regenzeit von fünf bis sieben Monaten aus. In den südlichen Verbreitungsgebieten und in den höheren Lagen können in den Wintermonaten , besonders im Juli (also im Winter der Südhalbkugel), Nachtfröste auftreten, Die Trockenperiode bedingt Laubfall, allerdings oft nur von kurzer Dauer, der auch nicht bei allen Bäumen gleichzeitig einsetzt.

Die meist granitischen Verwitterungsböden der Miombo-Region sind großteils durch einen sauren, nährstoffarmen und wasserdurchlässigen Charakter gekennzeichnet. Die hier sehr konkurrenzfähigen Miombo-Gattungen werden auf nährstoffreicheren und feinkörnigeren Substraten durch andere Gehölze, besonders durch Akazien und Mopane, ersetzt. Staunasse Böden in Senken sind die einzigen natürlich wirklich baumfreien Standorte.

Abb. 2.17: Vegetationszonen in Afrika

Termiten und Feuer haben in den wechselfeuchten Tropen, nicht nur im Miombo-Wald, einen bedeutenden Einfluss auf die Vegetationszusammensetzung und den Nährstoffhaushalt bzw. Nährstoffkreislauf. Entsprechend der Bedeutung des Feuers sind viele Miombo-Gehölze feuerresistent oder zumindest feuertolerant. Nur bei zu großer Feuerfrequenz und zu starken Feuerverschiebungen kommt es zu einer nachhaltigen Verschiebung des Artenspektrums. Der Miombo und die mit ihm assoziierten Wälder stellten bis etwa zum Jahr 2000 noch den größten weitgehend zusammenhängenden Trockenwald der Erde dar. Die Größenangaben schwankten zwischen 2,7 Mio. km^2 und 3,4 Mio. km^2.

Der Miombo-Wald ist von der Fläche her der größte Trockenwald der Erde. Er bedeckt das südliche Afrika zwischen Tansania und Simbabwe und breitet sich in niederschlagsarmen Gebieten ebenso aus wie in feuchteren. Durch Abholzung und Brandrodung für die Anlage von landwirtschaftlichen Anbauflächen wurden weite Gebiete des ehemaligen Miombo-Waldes vernichtet. Ursache dafür ist auch das exponentielle Bevölkerungswachstum im südlichen Afrika.

Allerdings führten hohe Bevölkerungszuwächse und unangepasste Nutzungen zu immer stärkeren Rückgängen der Waldflächen. Gründe für den Waldverlust sind der noch weit verbreitete Brandrodungsfeldbau, die großflächige kommerzielle Landwirtschaft und die Entnahme von Holz zur Nutzung im Bausektor und in der Möbelherstellung sowie zur Energiegewinnung. Letztere basiert in vielen Ländern des südlichen Afrika noch sehr stark auf Holz und Holzkohle. Die Holzkohle dient besonders auch zur Versorgung der rapide wachsenden städtischen Bevölkerung und wird teilweise über weite Strecken transportiert.

Außerdem wird der lokale Markt mit Bauholz versorgt, zum anderen gelangen die schon angesprochenen Edelhölzer (Teak, Mahagoni) sowohl auf den regionalen Markt als auch nach Übersee. Nicht nur die Ausweitung von Anbauflächen, sondern auch die Ausdehnung von Weideflächen führt zur massiven Störung der Trockenwälder. Betroffen sind auch die Wildtiere, die in den relativ dichten Miombo-Wäldern leben, wie z. B. Elefanten, Nashörner, Giraffen, Antilopen, Gazellen u. a. m.

2.5 Desertifikation – Sahel-Syndrom

Ökosystem Sahelzone

Sahel (arabisch: Ufer) nannten Karawanenreisende den Raum südlich der Sahara, der ihnen nach der gefahrvollen Durchquerung der größten Wüste der Erde wie ein rettendes Ufer vorkam. Als **Sahelzone** im engeren Sinne gilt der Bereich der Dornsavanne (→ Kasten „Savannen“ auf Seite 60 und Abb. 2.18).

Im weitesten Sinne reicht die Sahelzone von der Halbwüste im Norden bis weit in die Trockensavanne im Süden hinein. Als ungefähre Grenzlinien werden dann die 100-mm-Isohyete im Norden und die 1000-mm-Isohyete im Süden verwendet. Dabei ist allerdings zu beachten, dass gerade die hohe Niederschlagsvariabilität, die Schwankung der Niederschlagsmenge von Jahr zu Jahr oder zwischen gewissen Zeiträumen (Dürrejahre bzw. Feuchtjahre), das wichtigste klimatische Merkmal der Sahelzone ist und zugleich das größte Problem für die agrarische Nutzung.

Ursache für die hohe Niederschlagsvariabilität ist das unterschiedlich weite Vorrücken der Innertropischen Konvergenzzone (ITC) mit ihren Gewitterzellen und den feuchten äquatorialen Luftmassen von der Guineaküste nach Norden ins Innere Westafrikas. Eine mittlere Niederschlagsvariabilität von 20 bis 30 % ist kennzeichnend für den nördlichen Kernraum der Sahelzone, insbesondere für die Dornsavanne. Das semiaride Klima schränkt die Nutzungsmöglichkeiten durch den Menschen erheblich ein. Erst ab mindestens vier Regenmonaten mit zusammen mindestens 400 mm Niederschlag ist Ackerbau möglich.

Abb. 2.18: Sahelzone

SAVANNEN

Dornsavanne
- 2 bis 4,5 Monate humid
- 300 bis 500 mm Niederschlag pro Jahr
- fersiallitische Böden (enthalten Eisen, Aluminium und Silikate)
- Vegetation: Dornwälder und Dornsavannen mit kleinen Blättern (z. B. Mimosen) und/oder der Reduktion von Blättern zu Dornen; Wasserspeicherung bei Flaschenbäumen und Euphorbien; Gräser maximal 0,8 m hoch

Trockensavanne
- 4,5 bis 7 Monate humid
- 500 bis 1000 mm Niederschlag pro Jahr
- fersiallitische Böden (s. o.)
- Vegetation: Regengrüne Trockenwälder und Trockensavannen (Savanne = Grasland); tief wurzelnde Bäume können das Grundwasser erreichen und bleiben das ganze Jahr grün (Baumsavanne); Gräser maximal 1 m hoch (Kurzgrassavanne)

Feuchtsavanne
- 7 bis 9,5 Monate humid
- 1000 bis 2000 mm Niederschlag/Jahr
- fersiallitische Böden (s. o.), im feuchteren äquatorialen Klima auch extrem unfruchtbare ferrallitische Böden (Fe und Al, ohne Silikate)
- Vegetation: Regen- und immergrüne Savannen und Feuchtwälder; Baumwuchs höher als in Trockensavanne; Artenvielfalt größer; Graswuchs > 1 m, z. T. über 2 m („Elefantengras“) = Hochgrassavanne

Die **Desertifikation** ist der vom Menschen verursachte Landschaftswandel im Randbereich zu den Trockengebieten der Erde durch agrarische Übernutzung und durch Abholzung, der zur flächenhaften Verwüstung ganzer Landstriche führt (= **Sahel-Syndrom**).

In einer **Strukturskizze** können die wichtigsten Kausalketten, die zur flächenhaften Desertifikation in der Sahelzone führen, anschaulich dargestellt werden (→ Abb. 2.19). Eine Strukturskizze entsteht meist als Ergebnis einer Sachtext-Erschließung. Dabei werden die wichtigsten Fachbegriffe im Sachtext markiert, inhaltlich geklärt und dann in einer verallgemeinernden und zugleich übersichtlichen Strukturskizze dargestellt. Logische Zusammenhänge (Ursachen – Folgen – Randbedingungen) werden durch Pfeile oder Verbindungslinien verdeutlicht. Zur vereinfachten Darstellung komplexer Zusammenhänge und auch als visuelle Unterstützung für das Gedächtnis eignen sich Strukturskizzen daher besonders gut. Allerdings kann eine solche Vereinfachung auch andere Erklärungsansätze für eine Problematik völlig ausblenden, wenn sie nur auf dem Sachtext eines Autors mit einer ganz besonderen Sichtweise bzw. Erklärung der Problemzusammenhänge beruht. Eindimensionale Erklärungsansätze berücksichtigen z. B. nur die klimatischen bzw. naturräumlichen Bedingungen (**geodeterministischer Ansatz**). Oder aber sie stellen – wie im vorliegenden Fall – das Bevölkerungswachstum als Hauptursache der Desertifikation heraus. Komplexere Erklärungsansätze für die Sahel-Problematik berücksichtigen darüber hinaus folgende Zusammenhänge:

- Zusammenwirken physisch-geografischer (naturräumlicher) und anthropogener (vom Menschen verursachter) Faktoren
- Einflüsse historisch-politischer Faktoren, z. B. die Rolle der Kolonialmacht Frankreich
- Bedeutung interner und externer Ursachen für die gesellschaftliche, wirtschaftliche und politische Entwicklung in den Sahelstaaten
- Erklärung der regionalen Umweltzerstörung in der Sahelzone durch globale wirtschaftliche und politische Entwicklungen (= Syndrom-Ansatz)

Jahr	Einwohner (in Mio.)
1950	2,6
1970	4,3
1990	7,3
2017	15,8
2024	17,76

Tab. 2.4: Bevölkerungsentwicklung Senegal, nach DSW-Datenreport 2024

Trotz dieser Einwände ist die vorliegende Strukturskizze durchaus berechtigt, da sie die Einflüsse des Bevölkerungswachstums auf die Desertifikationsprozesse im Ökosystem Sahelzone erläutert.

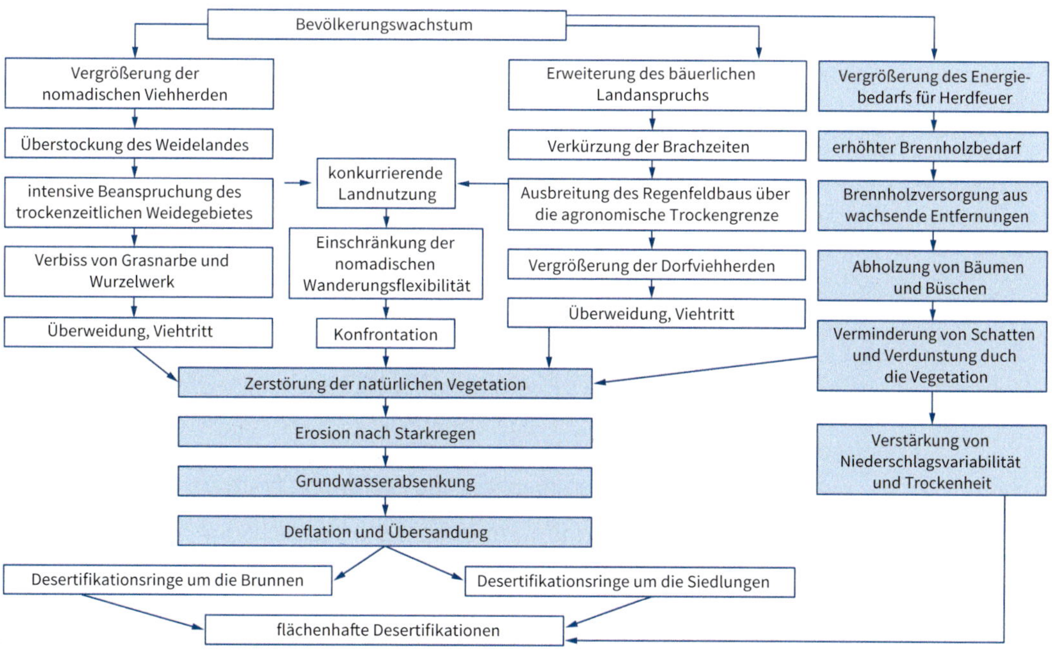

Abb. 2.19: Sahelzone und Desertifikation – Strukturskizze

2.6 Mediterrane Subtropen

MITTELMEERRAUM

Die natürliche Vegetation des Mittelmeerraumes wurde durch Abholzung, Ackerbau und Weidewirtschaft vor allem seit der Antike sowohl zurückgedrängt als auch verändert. Die gesamte Waldfläche ging in den letzten zwei Jahrtausenden um etwa zwei Drittel zurück. Eine Übernutzung durch ungeregelte Abholzung und Weidewirtschaft führte zu einer **Schädigung** der natürlichen Vegetation, also zu einer stufenweise erfolgenden Verarmung. Folgende Stufen der Schädigung werden unterschieden:

- Hartlaubwälder
- Strauchgesellschaften (Macchie)
- Zwergstrauchgesellschaften (Garrigue)
- Kraut- und Grasgesellschaften (Trift)
- vegetationsarme Felsfluren
- vegetationsfreie Felsfluren

Wird die übermäßige Nutzung eingestellt, so kann in langen Zeiträumen wieder eine schrittweise **Sukzession** der Vegetationsformationen erfolgen. Die vegetationsarmen bzw. -freien Stufen werden auch als **Verkarstung** bezeichnet, wegen der im Mittelmeerraum vorherrschenden und dann (fast) völlig freiliegenden Flächen aus hellem Kalkstein. Durch Lösungsvorgänge im Gestein entstanden und entstehen weiterhin die typischen Landschaftformen des Karstes. Die Böden wurden im Laufe der Zeit durch die beträchtlichen winterlichen Niederschläge abgetragen (erodiert), sodass sowohl die natürliche Sukzession als auch die anthropogene Aufforstung stark erschwert werden. Aufforstungen erfolgten zumeist durch teilweise exotische Kiefernarten oder durch trockenheitsresistente Eukalyptusarten aus Australien.

Das Ökosystem

Keine andere Geozone ist so kleinräumig und zugleich so weit über die Erde verteilt wie die **mediterranen Subtropen**. Ihr Vorkommen beschränkt sich auf die Westseite der Kontinente zwischen 30° und 45° Nord bzw. zwischen 30° und 38° Süd. Das größte zusammenhängende Teilgebiet bildet der gesamte **Mittelmeerraum**, nach dem diese Klimazone benannt wurde. Im Gegensatz zu den Tropen herrscht hier ein Jahreszeitenklima mit deutlichen Unterschieden in der Tageslänge zwischen den heißen Sommern und den relativ milden Wintern. Um das subtropische Klima gegen die Tropen abzugrenzen, wird die 13°-Isotherme des kältesten Monats herangezogen. Als Abgrenzung gegen die gemäßigten Breiten gilt dagegen die 2°-Isotherme des kältesten Monats. In den mediterranen Subtropen gibt es neben den genannten thermischen auch **hygrische Jahreszeiten**, also Jahreszeiten, die durch das unterschiedliche Niederschlagsangebot bestimmt werden: In den heißen und trockenen Sommermonaten stehen sie unter dem Einfluss der tropisch-subtropischen Hochdruckgürtel, in den milden und regenreichen Wintern dagegen beherrschen wandernde Tiefdruckgebiete (Zyklonen) der subpolaren Tiefdruckrinne das Wettergeschehen.

Weitere Regionen mit Mittelmeerklima sind: Kalifornien, Mittelchile, Südafrika (Kapland) und Südwestaustralien (um Perth).

Die Vegetation musste sich an diese ungünstigen klimatischen Bedingungen anpassen, denn im Sommer, zur Zeit der hohen Temperaturen, fallen keine Niederschläge. In den relativ milden Wintern können dennoch Fröste und Schneefall bis in die Ebenen auftreten. Als Anpassung entwickelte sich die sogenannte **Hartlaubvegetation**, deren Blätter die Transpiration, die Wasserabgabe zur Kühlung, im Sommer auf ein Minimum reduzieren können. Die dicke und verdichtete Blattoberseite schützt die Pflanzen sowohl vor Verdunstung als auch vor Frösten. Die Spaltöffnungen auf der Blattunterseite sind als Schutz vor Verdunstung verengt und tief versenkt. Zugleich können die Pflanzen im Sommer ihre Zellsaftkonzentration erhöhen und damit Wasser auch aus trockeneren Bodenschichten bzw. aus tieferen Bodenschichten ziehen. Wichtige Vertreter der Hartlaubvegetation sind der Ölbaum als Charakterpflanze des Mittelmeerklimas schlechthin, die Steineiche und der Oleander. Andere Anpassungsformen an die Sommerhitze und -trockenheit sind schirmähnliche Kronen sowie Nadeln bei der Pinie, kleine Blätter wie bei der Zypresse oder ein Verdunstungsschutz aus Wachs wie beim Lorbeer.

Abb. 2.20: Ölbaum (Olivenbaum)

Wichtige traditionelle **Nutzpflanzen** sind der Ölbaum (s. o.) und die Weinrebe, die als Tiefwurzler Feuchtigkeit aus tieferen Bodenschichten zu ziehen vermag.

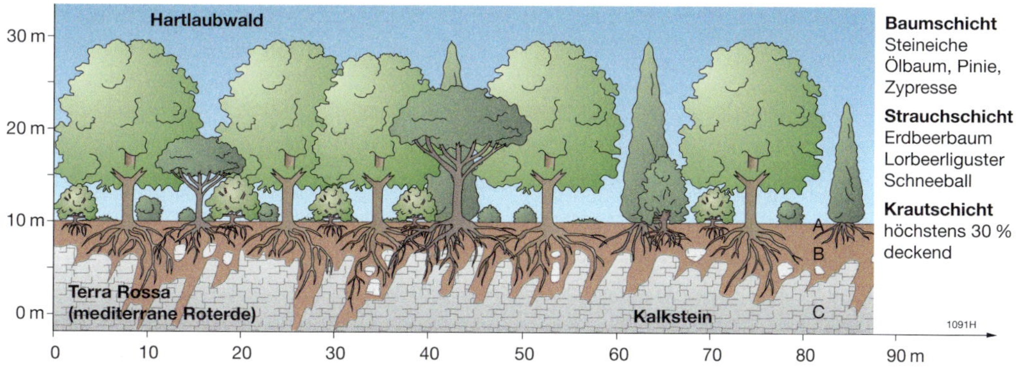

Abb. 2.21: Vegetation und Boden in den mediterranen Subtropen

Der Hartweizen entwickelt sich im relativ milden Winter aus dem Samenkorn zur Pflanze und ist im Frühling oder Frühsommer erntereif, bevor die oberen Bodenschichten wieder völlig ausgetrocknet sind. Durch die Mauren wurde der ausgeklügelte traditionelle Bewässerungsfeldbau eingeführt. Seither werden im Mittelmeerraum auch Nutzpflanzen mit hohem Wasserbedarf im Sommer kultiviert, wie Orangen oder Tomaten. Neuere Entwicklungen der Landwirtschaft sind Foliengewächshäuser mit dem Anbau von Salat und Gemüse auch im Winter und der Einsatz von motorbetriebenen Tiefpumpen, so z. B. in der Region um Almería (Spanien).

BEISPIEL

Das Klimadiagramm von Valencia an der spanischen Mittelmeerküste zeigt die Merkmale des mediterranen Klimas und die agrarischen Nutzungsmöglichkeiten sehr deutlich. Mit einem Mittelwert von 10 °C im Januar und 24 °C im August kann das Klima von Valencia als ausgesprochen mild bezeichnet werden. Allerdings ist der Zeitraum von Anfang Mai bis Anfang September zu trocken für die Landwirtschaft. Das größte Niederschlagsdefizit (V > N) herrscht im Juli. Die mittlere Niederschlagssumme liegt mit 422 mm knapp über dem Grenzwert für den Regenfeldbau (Hartweizen), wobei die Niederschlagsvariabilität ein Problem darstellt.

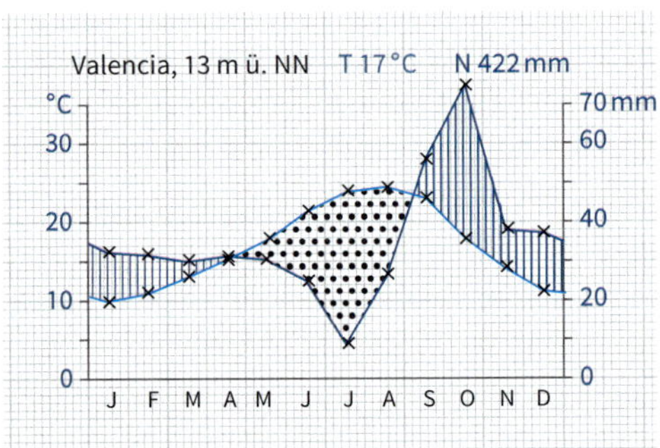

Abb. 2.22: Klimadiagramm von Valencia

Prinzipiell ist die Region für den Bewässerungsfeldbau geeignet, es fehlen aber die ständig Wasser führenden Flüsse. Auch die Versorgung der städtischen Bevölkerung und der Industrie mit Trink- bzw. Brauchwasser ist in einer Großstadt mit knapp 800 000 Einwohnern ein großes Problem.

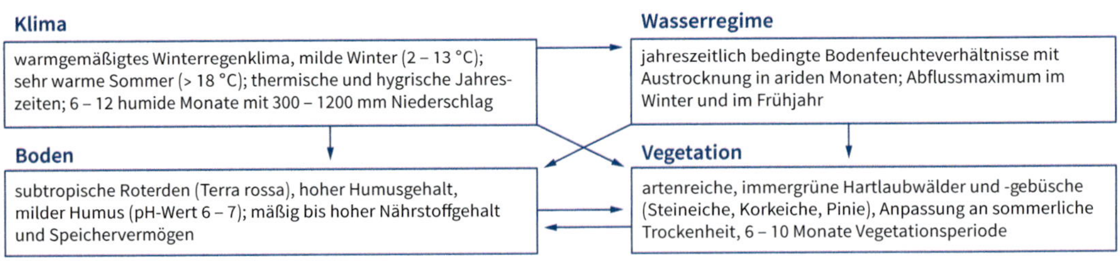

Abb. 2.23: Ökologische Faktoren „mediterrane Subtropen“

Massentourismus im Mittelmeerraum

Abb. 2.24: Benidorm

Nach dem Zweiten Weltkrieg entwickelte sich der Mittelmeerraum schrittweise zum wichtigsten Urlaubsziel Europas. Inzwischen besuchen jährlich mehr als 100 Mio. Touristen die Küsten des Mittelmeeres, das zur „Badewanne Europas" wurde. Mehrere Voraussetzungen waren für diese Entwicklung erforderlich:

- Die Einführung des bezahlten Urlaubs und die wachsende Urlaubszeit,
- der langsam steigende Wohlstand in Westeuropa nach 1950 (Massenkonsumgesellschaft),
- die mit dem wachsenden Wohlstand einsetzende Motorisierung breiter Bevölkerungsschichten in Verbindung mit einem niedrigen Öl- und damit auch Benzinpreis,
- der Bau von Autobahnen v. a. in Frankreich, Italien und Spanien sowie die Entwicklung komfortabler Wohnwagen und Wohnmobile,
- der seit 1965 einsetzende Charterflugverkehr zusammen mit dem Angebot von Pauschalreisen; dadurch Reduzierung der Reisezeiten, der Reisekosten und der Übernachtungskosten; ebenso Erweiterung der Reisedistanzen,
- weitere Kostensenkung durch Billigflugangebote v. a. auf den Mittelstrecken seit etwa 2000,
- Preissenkungen durch großes Hotelangebot und Konkurrenz sowohl der Zielländer am Mittelmeer als auch der Reiseanbieter untereinander.

Heute ist beispielsweise fast die gesamte spanische Mittelmeerküste von der Costa Brava (Wilde Küste) im Norden bis zur Costa del Sol (Sonnenküste) im Süden für den Tourismus erschlossen (→ Abb. 2.25). Dort reihen sich Campingplätze,

Abb. 2.25: Mittelmeerraum: beliebte Ferienziele

Das Massentourismus-Syndrom lässt sich gut verdeutlichen an Inseln wie z. B. Mallorca oder auch Malta mit ihren klar abgegrenzten Ökosystemen und mit ihren begrenzten Ressourcen (Wasser, Nahrungsmittel, Energie). Dabei ist die Situation auf Malta mit seiner extrem kleinen Fläche und mit seinen begrenzten Grundwasservorräten noch kritischer als auf Mallorca.

Ferienhaussiedlungen, Zweitwohnsitze, Apartmentanlagen, Yachthäfen, Hotels, Pensionen, Restaurants, Bars und Diskotheken scheinbar endlos aneinander und verdichten sich örtlich zu regelrechten **Bandstädten** mit Hochhauskomplexen, wie z. B. Benidorm. Infolge der Übererschließung ergeben sich folgende Probleme im Mittelmeerraum:

- **Ökologische Probleme** entstehen durch den hohen Wasser- und Energieverbrauch der Urlauber, durch den anfallenden Müll, durch das Abwasser und durch die Luftverschmutzung infolge des motorisierten Individualverkehrs (z. B. Mietwagen). Auch die Ökobilanz der Urlaubsflüge gilt als problematisch. Dazu kommen die **Flächenversiegelung** durch Bebauung, Straßen und Autobahnen sowie der Verlust natürlicher Lebensräume entlang der Küste.
- **Wirtschaftliche Probleme** in den Zielgebieten entstehen durch die marktbeherrschende Stellung der großen Reisekonzerne, durch die Konkurrenz der Zielländer untereinander und durch die Abhängigkeit von der Konjunktur und vom Ölpreis.

Massentourismus-Syndrom im Mittelmeerraum – Fallbeispiel Mallorca

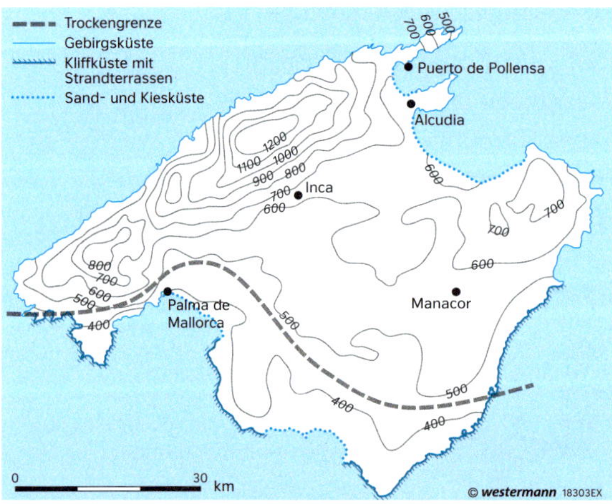

Abb. 2.26: Mallorca – Naturfaktoren

In der Inselhauptstadt Palma de Mallorca lebten 2022 rund 410 000 Einwohner, d. h. knapp die Hälfte der mallorquinischen Bevölkerung. Zugleich kamen 2022 rund 14 Mio. Touristen aus verschiedenen europäischen Staaten. Die meisten von ihnen waren Deutsche. Die wichtigsten Probleme, die sich aus dem Massentourismus ergeben, sind die Trinkwasser- sowie die Brauchwassergewinnung. Insbesondere der Golftourismus verursacht einen hohen Wasserverbrauch durch die Bewässerung der Rasenflächen („Greens".) Anreise und Aufenthalt der Urlauber haben zudem erhebliche negative Auswirkungen auf die Ökobilanz: Der sogenannte „touristische Klima-Fußabdruck" beläuft sich pro Person auf rund 1200 kg CO_2, also auf mehr als eine Tonne. Allein auf den Flug von Hamburg nach Palma de Mallorca und zurück entfallen pro Person rund 900 kg CO_2-Äquivalente. Zehn Übernachtungen in einem Hotel schlagen mit rund 150 kg CO_2-Äquivalenten zu Buche, davon entfallen allein auf die Vollpension (mit zwei warmen Mahlzeiten pro Tag) ca. 90 kg. Mietwagen-Fahrten verursachen zusätzlich rund 40 kg CO_2 pro Person und Aufenthalt. Fazit: Zusammen macht das deutlich mehr als eine Tonne CO_2 pro Person für einen vierzehntägigen Urlaub auf Mallorca.
(Berechnung nach: „Der touristische Klimafußabdruck" – www.wwf.de).

2.7 Borealer Nadelwald

Das Ökosystem des borealen Nadelwaldes

Mit einer Fläche von knapp 20 Mio. km² und einem Festlandsanteil von rund 13 % bildet die boreale Klimazone eine der größeren Geozonen. Als einzige Ökozone kommt sie nur auf der Nordhalbkugel der Erde vor, die sie in einem Gürtel von 700 bis maximal 2000 km Breite (Nord – Süd) völlig umspannt. Dass sie nur auf der Nordhalbkugel vorkommt, liegt an der Verteilung der Landmassen: Mit Nordamerika und der eurasischen Landmasse konzentrieren sich die Festländer der Erde auf der Nordhalbkugel. Das Festland erwärmt sich im Sommer so schnell, dass die Wachstumszeit (100 bis 170 Tage mit mehr als 5 °C) trotz des kalten Winters für die Entstehung ausgedehnter Nadelwälder ausreicht.

Abb. 2.27: Borealer Nadelwald

Die immergrünen Nadelbäume der borealen Klimazone besitzen kälte- und trockenheitsresistente Nadeln, die mindestens zwei Jahre am Baum bleiben. Die Nadeln können sofort zu Beginn des kurzen, aber warmen Sommers (→ Abb. 2.30) mit der Photosynthese beginnen. Durch eine Frosthärtung im Spätherbst können die Nadeln Wintertemperaturen von bis zu – 40 °C aushalten – statt normalerweise maximal – 7 °C. Im Frühjahr findet dann eine Enthärtung statt und die Photosynthese beginnt.

Abb. 2.28: Boden und Vegetation im borealen Nadelwald

Klima

sehr kalte Winter (bis – 40 °C); mäßig warme Sommer (10 – 20 °C); deutlich thermische Jahreszeiten; vollhumid bei 300 – 600 mm JN

Wasserregime

über Permafrost starke Vernässung an der Oberfläche; Stauwasser, Sümpfe und Moore ohne Permafrost Sickerwasserbildung; Frühjahrsüberschwemmungen

Boden

Podsole auf sandig-lehmigen Substraten; Nadelstreu mit Fulvosäurenbildung (pH-Wert 3,5); Rohhumusauflage; schwache Mineralisierung; geringe Nährstoffversorgung und -speicherung

Vegetation

artenarmer, einschichtiger, immergrüner Nadelwald (Fichte, Lärche, Tanne, Kiefer); kurze Vegetationsperiode (3 – 4 Monate); Waldtundra und Moore

Abb. 2.29: ökologische Faktoren der borealen Nadelwaldzone

Seit 2014 sind auf der Halbinsel Jamal im Norden Westsibiriens mehrere Explosionskrater entdeckt worden, die sehr wahrscheinlich von Methangasausbrüchen im Permafrostboden herrühren, ausgelöst wahrscheinlich durch den Temperaturanstieg in Sibirien infolge des Klimawandels. Die humusreichen Permafrostböden in Sibirien enthalten große Mengen von Methan, das zuvor zusammen mit Wasser fest im Permafrostboden gebunden war. Durch die Ausbrüche des hoch klimawirksamen Methans (vgl. die Tabelle auf Seite 30) könnte der Klimawandel beschleunigt werden.

Dort, wo die Wintertemperaturen unter –40 °C liegen, werden die Fichten und Kiefern durch nadelabwerfende Lärchen abgelöst, die in Ostsibirien und vor allem in Jakutien ein großes Verbreitungsgebiet besitzen. Die winterliche Schneedecke schützt die Wurzeln vor der extrem niedrigen Lufttemperatur.

Große Gebiete besonders im Norden des borealen Nadelwaldes liegen im Bereich des Dauerfrost- oder Permafrostbodens. Dieser schadet dem Wald nicht, sondern reguliert in kontinentalen Gebieten mit relativ geringen Niederschlägen von 200 bis 500 mm den Wasserhaushalt der Pflanzen. Die Herbstniederschläge werden über den Winter im Dauerfrostboden gebunden und erst im frühen Sommer, wenn die obere Bodenschicht taut, wieder an die Baumwurzeln abgegeben. Durch die isolierende Wirkung schützen der Nadelwald und die teils mächtige Streuauflage den Permafrostboden vor der starken sommerlichen Einstrahlung und damit vor dem tiefgründigen Auftauen. Wenn der Wald durch Abholzung oder durch Feuer vernichtet wird, kann es in Permafrostgebieten zur Bildung von Sümpfen und Seen kommen.

Der größte Teil des borealen Nadelwaldgürtels liegt auf ehemals vergletscherten Gebieten, die keinen oder nur einen dünnen mineralischen Oberboden besitzen. Die meisten Nährstoffe sind in der Streuschicht gebunden, die wegen der Gerbstoffe bzw. Harze der Nadeln Fulvosäuren bildet, Huminsäuren mit gelbbrauner oder

BEISPIEL

Das **Thermoisoplethendiagramm** von Irkutsk zeigt die mittleren Temperaturen nach Jahreszeit bzw. Tageszeit. Es handelt sich um ein typisches Jahreszeitenklima, denn die Temperaturunterschiede innerhalb eines Jahres sind sehr viel höher als die innerhalb eines Tages. Erkennbar ist das am fast senkrechten Verlauf der Linien gleicher Temperatur innerhalb des Diagramms. Als mittleres Maximum werden im Juli mehr als +25 °C am frühen Nachmittag erreicht. Das Minimum der mittleren Temperaturen liegt bei –26 °C frühmorgens Anfang Januar. Die **Temperaturamplitude** zwischen Sommer und Winter liegt also bei 50 K, daher handelt es sich um ein hochkontinentales Klima mit starker Auskühlung im Winter und schneller Erwärmung im Sommer. Der Grund: Irkutsk liegt inmitten der größten Landmasse der Erde, in Asien, auf 52° 16′ Nord. Die Jahresmitteltemperatur liegt bei nur –1 °C, daher gehört Irkutsk zur Klimazone des **borealen Nadelwaldes**.

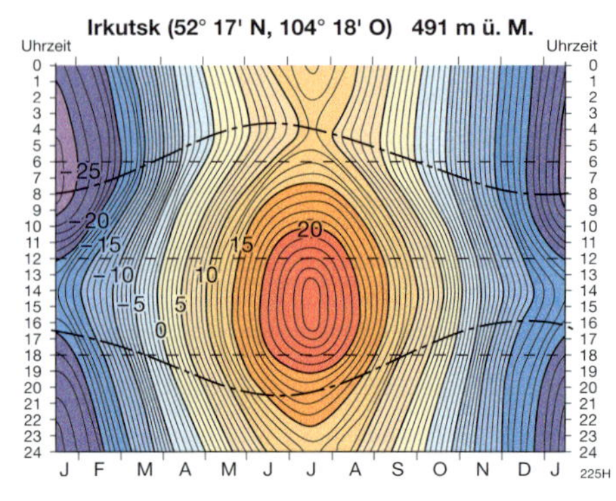

Abb. 2.30: Irkutsk

rotbrauner Färbung. Durch den sauren Sickerwasserstrom werden die Eisen- und Aluminiumoxide im Boden gelöst und abwärts transportiert. Es entstehen die für diese Klimazone charakteristischen Podsolböden.

Die Zersetzung der Nadelstreu dauert mit rund 350 Jahren fast hundertmal so lange wie in Laubwäldern der gemäßigten Breiten. Daher spielen natürlich entstandene Feuer – z. B. durch Blitzschläge – eine wichtige Rolle für die Freisetzung der in der Streu enthaltenen Nährstoffe (u. a. Stickstoff) und für die Regeneration des Ökosystems.

TAIGA IN GEFAHR

Abb. 2.31: Rodung

Die Bezeichnung **Taiga** für den borealen Nadelwald Russlands stammt aus dem Jakutischen, einer Turksprache in Ostsibirien. Das Holz der Taiga ist eine der wertvollsten natürlichen **Ressourcen** Russlands. Problematisch ist die Abholzung der Taiga im Kahlschlagverfahren in Sibirien und im Fernen Osten des Landes. Dieser Ausverkauf der natürlichen Ressourcen Russlands ist auch aus ökologischer Sicht zu kritisieren: In den Permafrostgebieten hat sich schon die Hälfte der abgeholzten Flächen in Sumpfland verwandelt, und bei stärkerer Hangneigung wird die dünne Bodendecke schnell abgetragen. Eine Regeneration des ursprünglichen borealen Nadelwaldes ist nach der Versumpfung bzw. **Bodenerosion** nicht mehr bzw. nur in sehr langen Zeiträumen möglich.

Weitere Gefahren drohen der Taiga durch das Waldsterben, also vor allem durch Emissionen von Schwefeldioxid, Stickoxiden, Fluorwasserstoff und Ammoniak aus veralteten Industriebetrieben. Durch die Schadstoffe wird der ohnehin schon saure Podsolboden noch saurer und aggressiver, die Feinwurzeln werden geschädigt und der Nährstofftransport zu den Nadeln wird gestört. Durch die Bildung von schwefliger Säure bei Niederschlägen werden die Nadeln direkt geschädigt. Da die Taiga allein in Sibirien und im Fernen Osten doppelt so groß ist wie der Regenwald am Amazonas, haben Eingriffe in dieses Ökosystem Folgen für das Weltklima, denn die Nadelbäume und die Streuschicht sind wichtige Senken für Kohlendioxid.

2.8 Höhenstufen Tropen/Außereuropa

Als offizielle Hauptstadt Boliviens gilt Sucre am südlichen Ostabhang der Anden mit 360 544 Einwohnern. Regierungssitz und damit eigentliche Hauptstadt ist La Paz im Norden (siehe Atlas). Die größte Stadt und zugleich wirtschaftliches Zentrum des Entwicklungslandes ist Santa Cruz de la Sierra im südlichen Andenvorland mit mehr als einer Million Einwohnern. La Paz ist der am höchsten gelegene Regierungssitz der Welt. Der höchste Punkt liegt bei 4100 Meter, der niedrigste rund 1000 m tiefer, was gleichzeitig einen Temperaturunterschied von rund 10 °C ausmacht. In dieser extremen Höhe ist die Luft nicht nur dünn (Atemprobleme bei den meisten Touristen), sondern auch kalt. Die Sonne wärmt sie selbst im Sommer auf kaum mehr als 20 °C.

Wer in der Dämmerung La Paz erreicht, vor dem breitet sich ein eindrucksvolles Lichtermeer im tief eingeschnittenen Tal des Río Choqueyapu aus, während in der Ferne die drei schneebedeckten Gipfel des mächtigen, 6439 m hohen Illimani im letzten Tageslicht rosa aufleuchten. Tradition und Moderne verschmelzen in dieser Stadt: Indigene Märkte (= Märkte der Ureinwohner), die koloniale, von den spanischen Eroberern angelegte Altstadt, moderne Boutiquen und repräsentative Geschäftshäuser wechseln sich ab. Die verschiedenen Bevölkerungsgruppen leben hier in der Regel friedlich nebeneinander, wenn nicht gerade mal wieder ein Staatsstreich oder ein Generalstreik für Unruhe sorgen. Die Alltagskriminalität ist wie in vielen Ländern der Erde problematisch. Sogenannte No-Go-Areas (Stadtgebiete mit verbreiteter Armut, mit großen sozialen Spannungen und mit hoher Kriminalität) sollten unbedingt gemieden werden.

Katharina Nickoleit: „Bolivien kompakt". Reise Know-How-Verlag 2017. 7. aktualisierte Auflage 2019, S. 80 ff.

Informationen über die Gefährdung in verschiedenen Staaten der Erde findet man unter www.auswaertigesamt.de – Reisehinweise.

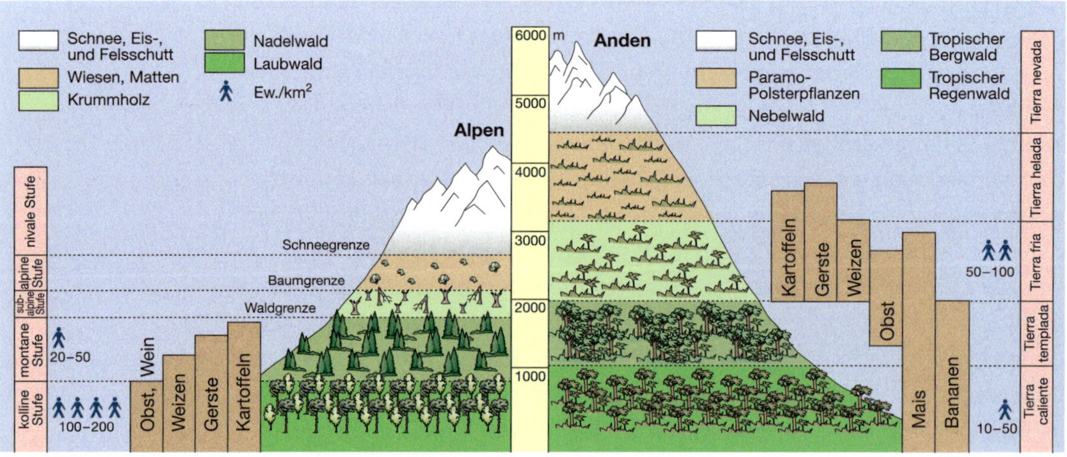

Abb. 2.32: Höhenstufen der Vegetation in außertropischen und tropischen Hochgebirgen

Geozonen

2

ÖKOSYSTEME UND IHRE GEFÄHRDUNG

Raumbeispiel Sahelzone

- Als Sahelzone im engeren Sinne gilt der Bereich der Dornsavanne;

Merkmale:

- nur 2 bis 4,5 humide Monate – nur 300 bis maximal 500 mm Niederschlag pro Jahr.
- Die Böden enthalten Eisen, Aluminium und Silikate – sie sind wenig fruchtbar.
- Die Gräser der Sahelzone werden maximal 0,8 m hoch.
- Gefahr der Überweidung und der Abholzung (für Brennholz) hohe Bevölkerungsdichte.

BODENBILDUNG UND BODENTYPEN

Fersiallitische Böden (enthalten Eisen, Aluminium und Silikate)

Vegetation:
Dornwälder und Dornsavannen mit kleinen Blättern/ggf. Reduktion von Blättern zu Dornen.
Wasserspeicherung bei Flaschenbäumen und Euphorbien

GEOZONEN UND IHRE GEFÄHRDUNG

Bevölkerungswachstum

- Verkürzung der Brachezeiten
  - Ausbreitung des Regenfeldbaus über die agronomische Trockengrenze
    - Vergrößerung der Viehherden
      - Überweidung und Erosion
- Erhöhter Brennholzbedarf
  - Brennholzversorgung aus wachsenden Entfernungen
    - Zunehmende Abholzung, mehr Trockenheit und Niederschlagsvariabilität

TROPISCHER REGENWALD

- Der tropische Regenwald liegt in den immerfeuchten Gebieten beiderseits des Äquators.
- Die Niederschläge errecihen meist Werte von 2000 bis 4000 mm/Jahr.
- Die mittleren Tagestemperaturen betragen zwischen 25 und 27 °C.
- Noch heute sind hier rund 60 % aller Pflanzenarten, 80 % aller Insektenarten und 90 % aller Primatenarten der Erde zu finden.
- 25 % aller Arten kommen nur in den tropischen Regenwäldern vor.

2 Geozonen

DESERTIFIKATION – SAHEL-SYNDROM

Das Sahel-Syndrom ist die Folge der Übernutzung marginaler Standorte des Ackerbaus und der Viehhaltung in Entwicklungsländern der Tropen und der Subtropen, denen es an fruchtbaren Böden einerseits und an Wasser zur Bewässerung andererseits mangelt. Dazu kommt meist ein starkes Bevölkerungswachstum, das zur Desertifikation (Wüstenbildung) führen kann. Vom Sahel-Syndrom ist insbesondere die Sahelzone betroffen, die in Westafrika von der Halbwüste im Norden bis weit in die Trockensavanne im Süden hineinreicht. Als ungefähre Grenzlinien der Sahelzone gilt im Norden die 100-mm-Isohyete (= Linie gleichen Niederschlags), sowie im Süden die 1000-mm-Isohyete. Dabei ist aber auch zu beachten, dass gerade die hohe Niederschlagsvariabilität, also die Schwankung der Niederschlagsmenge von Jahr zu Jahr oder zwischen gewissen Zeiträumen das wichtigste klimatische Merkmal der Sahelzone ist und zugleich das größte Problem für die agrarische Nutzung.

MEDITERRANE SUBTROPEN

Die natürliche Vegetation des Mittelmeerraumes wurde durch Abholzung, Ackerbau und Weidewirtschaft v.a. seit der Antike (unter der Herrschaft der Römer) sowohl zurückgedrängt als auch verändert:
Die Waldfläche des Mittelmeerraumes ging während der letzten zwei Jahrtausende um etwa zwei Drittel zurück.
Eine Übernutzung durch ungeregelte Abholzung und durch Weidewirtschaft führte zu einer Degradation (Verarmung) der natürlichen Vegetation.

BOREALER NADELWALD

Mit einer Fläche von knapp 20 Mio. km^2 und einem Festlandsanteil von rund 30 % bildet die boreale Klimazone eine der größeren Geozonen. Sie kommt nur auf der Nordhalbkugel der Erde vor, die sie in einem Gürtel von 700 bis maximal 2000 km Breite (Nord-Süd) umspannt. Dass sie nur auf der Nordhalbkugel vorkommt, liegt an der Verteilung der Landmassen: Mit Nordamerika und mit der Eurasischen Landmasse konzentrieren sich die Festländer der Erde auf der Nordhalbkugel. Trotz der Kälte können ausgedehnte Nadelwälder entstehen.

HÖHENSTUFEN TROPEN/AUSSEREUROPA

- → Vergleiche die Höhenstufen des Ackerbaus in den außertropischen sowie in den tropischen Hochgebirgen. (→ Siehe Abb. 2.32 auf Seite 70)
- → Vergleiche auch die Schneegrenzen sowie die Waldgrenzen.

Deutschland

3

Deutschland besitzt in Europa die größte Wirtschaftskraft sowie – nach Russland – die zweitgrößte Bevölkerung.
Am Anfang dieses Kapitels werden der Aufbau, die Entwicklung und die Verteilung der Bevölkerung in Deutschland vorgestellt. Anschließend wird das Problem der räumlichen Disparitäten in vorgestellt, mit der Theorie der zentralen Orte erweitert und anhand verschiedener Raumtypen vertieft.
Auch im Bereich der Landwirtschaft sind räumliche Disparitäten festzustellen.

3.1 Naturraum und Naturschutz

An der **Nordseeküste** liegen Düneninseln, zum Teil mit Geestkernen, die zu den touristisch attraktivsten Landschaften Deutschlands gehören. Zwischen den Inseln und dem durch Seedeiche gegen Sturmfluten geschützten Festland liegt das einzigartige **Wattenmeer**, das in Deutschland als **Nationalpark** geschützt ist. Die eingedeichten Küstengebiete der Nordsee bestehen aus Meeresablagerungen. Es handelt sich um die teilweise unter dem Meeresspiegel liegenden Marschgebiete. Auch die **Ostseeküste** weist streckenweise eine Dünenküste mit Sandstränden auf, die ebenfalls intensiv touristisch genutzt wird. Der größte Teil des **Norddeutschen Tieflandes** wurde erst in den Eiszeiten durch Gletscherablagerungen aus Skandinavien aufgebaut (→ Abb. 3.1). Die Ablagerungen des Gletschers werden als **Moränen** bezeichnet. Nach der Entstehungszeit werden folgende Gebiete unterschieden:

- Das **Jungmoränenland** mit dem Nördlichen Landrücken und einem bewegten Relief entstand in der Weichsel-Eiszeit (Alpenraum: Würm-Eiszeit) von 72 000 bis 8000 vor Christus.
- Das **Altmoränenland** mit dem Südlichen Landrücken und einem ausgeglicheneren Relief entstand in der Saale-Eiszeit (Alpenraum: Riß-Eiszeit) von 280 000 bis 125 000 vor Christus.

Die typische Landschaftsabfolge in einem durch Eiszeiten geprägten Raum wird als **glaziale Serie** bezeichnet (→ Abb. 3.1):

- Die flache bis kuppige **Grundmoränenlandschaft** lag unter dem Gletscher und weist vor allem wenig entkalkte, fruchtbare Böden auf.
- Im Bereich der **Endmoränenzüge**, die die Eisrandlagen markieren und vor allem beim Vorstoß der Gletscher aufgeschoben wurden, entstanden durch die Gletscherzungen auch Vertiefungen, die zum Teil bis heute von Seen gefüllt sind, sogenannten **Zungenbeckenseen**. Diese Seen bilden zusammen mit den

Um die folgenden Beschreibungen richtig zu verstehen, werden eine physisch-geografische und eine geologische Karte von Deutschland benötigt. Beide finden sich in jedem guten Schulatlas.

Ganz vereinfacht gesehen kann Deutschland von Norden nach Süden in vier große naturräumliche Einheiten gegliedert werden: Norddeutsches Tiefland, Mittelgebirgsschwelle, Alpenvorland und Nördliche Kalkalpen.

Höhenzügen der Endmoränen touristisch attraktive Landschaften, wie z. B. die Mecklenburgische Seenplatte. Die Böden sind größtenteils sandig bis steinig. Daher herrschen hier Waldgebiete vor.

- Vor den Endmoränenzügen wurden durch die Gletscherflüsse im Sommer bzw. am Ende der Eiszeiten die flach geneigten **Sanderflächen** aufgeschüttet, die nur sehr karge Sandböden besitzen.
- Die Gletscherflüsse mündeten in die breiten **Urstromtäler**, die das Norddeutsche Tiefland in die Nordsee entwässerten und teilweise noch heute entwässern, wie das Elbe-Urstromtal. Die Sand- und Moorböden sind zum Teil vernässt und von Dauergrünland, Wald und Mooren bedeckt. Viele Abschnitte dieser Urstromtäler sind heute wichtige **Feuchtbiotope** und **Biosphärenreservate**.
- Am Rand der Mittelgebirge und in deren Senken wurde von den Gletscherwinden feiner Sand und Staub abgelagert, der sogenannte Löss. Die **Lössbörden** gehören zu den fruchtbarsten Agrarräumen Deutschlands.

Die geologisch ältesten und am höchsten aufragenden Teile der **Mittelgebirgsschwelle** gehören dem sogenannten **Grundgebirge** an und bestehen aus Granit, Gneis und Schiefer.

- Der Harz mit dem 1142 m hohen Brocken ragt weit aus der Norddeutschen Tiefebene heraus und ist touristisch gut erschlossen.
- Das **Rheinische Schiefergebirge** gliedert sich in Sauerland, Rothaargebirge, Westerwald und Taunus östlich des Mittelrheins sowie Eifel und Hunsrück westlich davon.

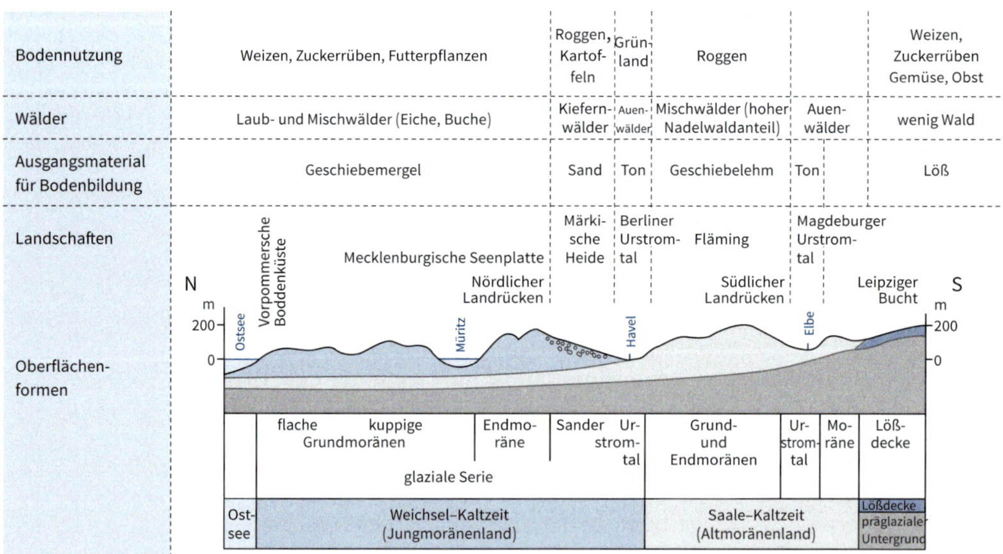

Abb. 3.1: Schematisches Profil durch das norddeutsche Tiefland

- Im Osten bzw. Südosten Deutschlands bilden Erzgebirge, Thüringer Wald, Fichtelgebirge, Oberpfälzer Wald und Bayerischer Wald die markantesten und zugleich höchsten Mittelgebirgszüge. Im Bayerischen Wald liegt an der Tschechischen Grenze der gleichnamige Nationalpark.
- Schwarzwald und Odenwald bilden im Südwesten eine scharfe Begrenzung zum Grabenbruch der Oberrheinischen Tiefebene.

Große Gebiete der Mittelgebirgsschwelle entstanden erst später, im **Erdmittelalter**:

- Teile des Weserberglandes (unter anderem der Solling), Hessisches Bergland und Pfälzerwald werden aus Buntsandstein aufgebaut, der unter Wüstenbedingungen entstanden ist und nur unfruchtbare Böden besitzt.
- Teile der **Buntsandsteingebiete** bilden zusammen mit Muschelkalk-, Keuper- und Juraschichten das Schwäbisch-Fränkische Schichtstufenland. Schwäbische und Fränkische Alb begrenzen die Mittelgebirgsschwelle nach Südosten.

Der **Grabenbruch der Oberrheinischen Tiefebene** setzt sich über die Hessische Senke und den Leinegraben (Raum Göttingen) nach Norden fort und bildet neben dem tief eingeschnittenen Tal des Mittelrheins und dem Elbtal bei Dresden eine der wichtigsten Leitlinien des Nord-Süd-Verkehrs in Deutschland. Die Oberrheinische Tiefebene und ihre Randgebiete sind neben der **Niederrheinischen Bucht** bei Köln und dem **Zollernalbgraben** auf der Schwäbischen Alb die am stärksten durch **Erdbeben** gefährdeten Regionen Deutschlands.

Das jüngste und noch immer aktive **Vulkangebiet** ist die Eifel, insbesondere der Bereich um den Laacher See. Weitere Vulkangebiete sind z. B. der Westerwald, die große Vulkanruine des Vogelsberges in Mittelhessen und der Kaiserstuhl bei Freiburg im Breisgau.

Eine geologische Besonderheit ist das Nördlinger Ries zwischen Schwäbischer und Fränkischer Alb: Es entstand durch einen **Meteoriteneinschlag (Impact-Struktur)**.

Das **Alpenvorland** war im Tertiär Senkungsgebiet und zeitweise vom Meer bedeckt. Es wurde durch Sedimente aus dem Alpenraum aufgeschüttet (Molassebecken), die am Alpenrand eine Mächtigkeit von bis zu 5000 Metern erreichen. Im Süden überprägte der jüngste Eisvorstoß aus den vergletscherten Alpen, die Würmeiszeit (s. o.), die Landschaft. Es entstanden fruchtbare Grundmoränengebiete, markante Endmoränenzüge und Schotter, Kies- und Sandablagerungen als Teile der glazialen Serie (s. o.). Wichtige Zungenbeckenseen des Alpenvorlandes sind der Bodensee, der Starnberger See und der Chiemsee, die heute touristische **Schwerpunkträume** bilden.

In den schroffen **Nördlichen Kalkalpen**, einer für den Tourismus sehr attraktiven Hochgebirgslandschaft, wird mit der Zugspitze (2963 m über NN) die größte Höhe in Deutschland erreicht.

3.2 Disparitäten in der Landwirtschaft

Die Landwirtschaft in Deutschland ist gekennzeichnet durch große Unterschiede in den naturräumlichen Voraussetzungen, in der Betriebsgrößenstruktur und in den Betriebsformen.

Naturräumliche Vorraussetzungen

Der fruchtbarste Bodentyp ist die Schwarzerde, die in Deutschland in einem Gebiet von Braunschweig und Magdeburg im Norden bis nach Leipzig und Erfurt im Süden reicht. Wichtige Voraussetzung für ihre Entstehung waren geringe Niederschläge von unter 500 mm/Jahr (Regenschatten des Harzes) und feinkörnige, kalkreiche Lössablagerungen der letzten Vereisung als Ausgangsmaterial für die Bodenbildung.

In der Magdeburger Börde werden die höchsten Bodenwertzahlen in Deutschland erreicht, die den Wert 100 (= 100 % natürliche Ertragsfähigkeit) erhielten. Alle anderen Böden haben eine geringere Ertragsfähigkeit, und halbwegs akzeptable Bodenwertzahlen liegen bei mindestens 40 bis 50. Böden mit geringen Bodenwertzahlen erfordern hohe Düngergaben, was die Betriebskosten erhöht und gegebenenfalls die Frage nach der Rentabilität eines Betriebes aufwirft.

Sind die Bodenwertzahlen sehr gering (unter 40), so spricht man von **Grenzertragsböden**. Dies sind vor allem Podsolböden auf sandigen Ablagerungen der Geest in Norddeutschland. Zum Bodenprofil des Podsolbodens vergleiche die Abbildung auf Seite 46.

Auch die Höhenlagen der Mittelgebirge leiden unter hohen Niederschlägen mit starker Nährstoffauswaschung sowie unter einer kurzen Vegetationszeit (Frostgefahr im Frühjahr und im Herbst: Spätfröste bzw. Frühfröste).

Die Höhenlagen über 500 m haben z. B. in Frankreich den Status benachteiligter Berggebiete mit entsprechenden Fördermaßnahmen.

Abb. 3.2: Börden- und Gäulandschaften in Deutschland

Börden- und Gäulandschaften

Löss ist ein extrem feinkörniges (Schluff), gelblich-braunes und kalkhaltiges Lockersediment, das während der Eiszeiten aus dem Moränenschutt des Gletschervorlandes durch heftige, von den Gletscherflächen stammende Fallwinde ausgeweht wurde. Am Rand der Mittelgebirge oder in Beckenlandschaften innerhalb der Mittelgebirge wurde das äolische Sediment bei nachlassender Windgeschwindigkeit abgelagert. In den letzten 10 000 Jahren verwitterte der Lössstaub zu fruchtbarem Lösslehm mit hohen Bodenwertzahlen. Lössböden sind reich an Mineralstoffen und können sehr gut Wasser speichern. Da die **Zuckerrübe** hohe Ansprüche an die Bodenqualität stellt, findet sie in den Gäulandschaften Süddeutschlands bzw. in den Lössbörden Norddeutschlands optimale Anbaubedingungen. Wegen der hohen Subventionen im Rahmen der EU-Zuckermarktverordnung steht der Zuckerrübenanbau in Europa in der Kritik. So werden auf den deutlich billigeren, importierten Rohrzucker hohe Zölle erhoben. Allerdings werden für den Anbau z. B. des brasilianischen Zuckerrohrs weiterhin Regenwälder gerodet.

GEO-PRAXIS: LORENZKURVEN-DIAGRAMM

Die **Lorenzkurve** ist eine bekannte Form des Diagramms, die die Konzentration bestimmter Sachverhalte aufzeigt. Sie ist am leichtesten von den beiden Enden her zu verstehen: Am unteren Ende stehen die Kleinbetriebe ① von 2 bis 10 ha, die 34 % aller Betriebe ausmachen, aber zusammen nur 4 % der landwirtschaftlichen Nutzfläche (LF) besitzen. Am oberen Ende stehen die Großbetriebe ⑤ mit 100 ha und mehr, die nur 7 % aller Betriebe ausmachen, aber 48 % der LF besitzen. Das ausgeglichenste Verhältnis besteht bei der Gruppe ③ (20 bis 50 ha): 24 % der Betriebe besitzen 18 % der LF. Hätten alle Betriebe gleich viel Land, also z. B. 50 % der Betriebe 50 % der LF, so wäre die Lorenzkurve identisch mit der Geraden der Gleichverteilung. Je weiter die Lorenzkurve von der Gerade entfernt ist und sich den Achsen annähert, desto ungleicher ist die Besitzgrößenverteilung in der Landwirtschaft und desto größer ist auch der **Gini-Koeffizient**.

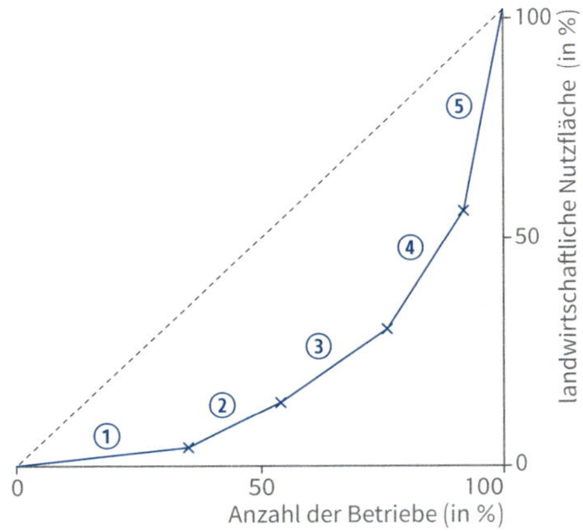

Abb. 3.3: Lorenzkurve: Betriebsgrößenkonzentration

Betriebsgrößenstruktur

Die **Betriebsgrößenkonzentration** in der Landwirtschaft nimmt weiter zu. Inzwischen werden nur noch Betriebe mit einer landwirtschaftlichen Nutzfläche (LF) von mehr als 100 Hektar (ha) als zukunftsfähig eingeschätzt. Regional variiert die durchschnittliche Betriebsgröße zwischen 25 ha im Südwesten und ca. 270 ha im Nordosten (Vorpommern).

Mit der wachsenden Flächengröße stellt sich auch die Frage nach der Zukunft des landwirtschaftlichen **Familienbetrieb**es. Schon heute stammen viele billige Nahrungsmittel in den Supermärkten und Discountern aus sogenannten Agrarfabriken. Dies gilt insbesondere für Eier und Geflügel (Brathähnchen und Putensteaks) sowie für Schweinefleisch. Nach dem Wunsch der meisten Verbraucher dürfen Nahrungsmittel kaum etwas kosten.

Die sogenannte **Massentierhaltung** führt aber zur schnellen Ausbreitung von Tierseuchen, zu ethischen Problemen bei der engen Stallhaltung und nicht zuletzt zu ökologischen Problemen im Zusammenhang mit der Entsorgung der in großen Mengen anfallenden Gülle.

Betriebsformen

Konventionelle Großbetriebe produzieren als **offene Systeme**. Sie kaufen in großem Umfang Futtermittel zu, die meist nicht aus der Region, sondern, wie z. B. Soja, aus den USA oder aus Brasilien stammen. Soja aus den USA kann gentechnisch verändert sein und der Sojaanbau in Südbrasilien verdrängt dort die Kleinbauern. Diese wiederum sind bereits zahlreich nach Amazonien abgewandert und haben dort Teile des Regenwaldes gerodet (Brandrodung).

Die **ökologische Landwirtschaft** dagegen strebt **geschlossene Kreisläufe** an, um dadurch die Umwelt zu entlasten.

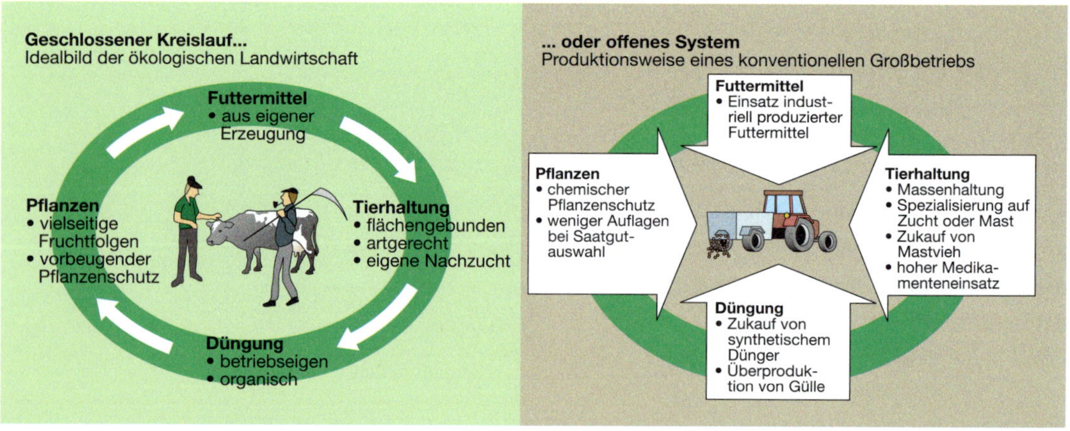

Abb. 3.4: Geschlossener und offener Kreislauf

Der ländliche Raum in Deutschland: Funktionen und Probleme

Ein Blick auf die Raumstrukturkarte Deutschlands verdeutlicht sehr anschaulich seine dominierende Rolle – insbesondere im Osten und im Nordosten Deutschlands sowie in peripheren ländlichen Räumen der alten Bundesländer. Er ist Lebensraum und Heimat für einen großen Teil der Bevölkerung. Das Spektrum reicht von peripher gelegen – vielfach auch strukturschwach und oft landwirtschaftlich geprägt. Auch wirtschaftlich prosperierende und landschaftlich attraktive Regionen gehören zum ländlichen Raum, der z. T. auch vom Tourismus geprägt wird. Er sollte als eigenständiger Lebens-, Kultur- und Wirtschaftraum anerkannt werden.

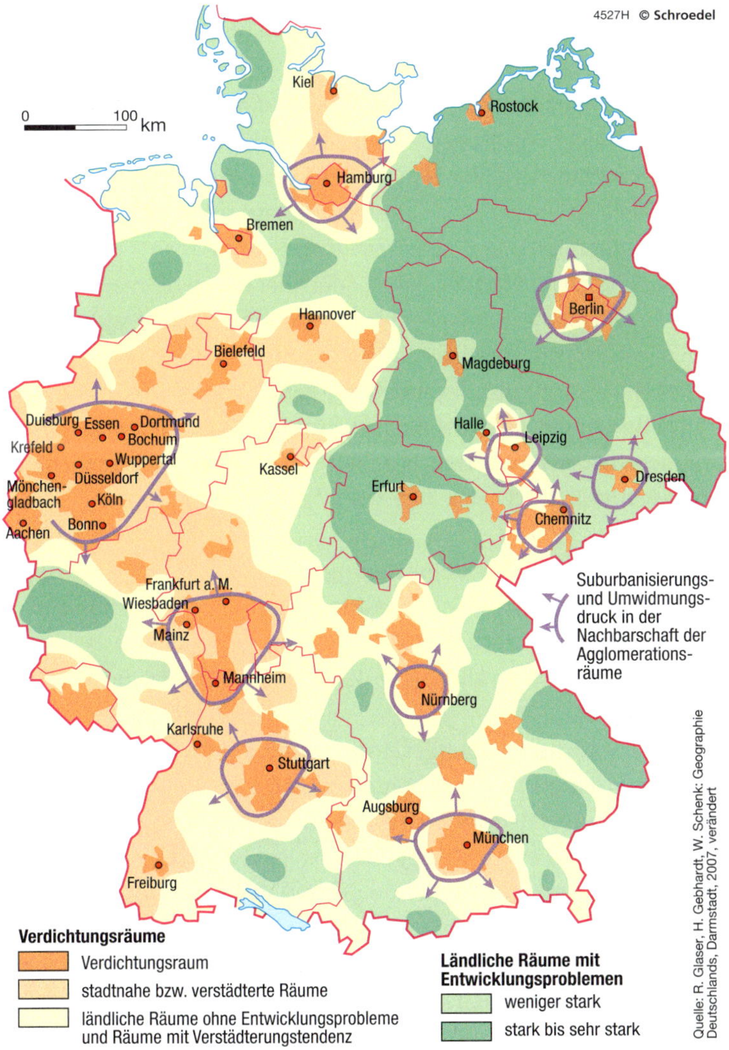

Abb. 3.5: Raumstruktur in Deutschland

3.3 Bevölkerung

Nach Russland mit rund 143 Millionen Einwohnern im Jahr 2024 ist Deutschland mit rund 84,5 Millionen Einwohnern 2024 der bevölkerungsreichste Staat Europas. Allerdings soll die Bevölkerungszahl eher stagnieren. Bevölkerungsprognosen unter Einbeziehung einer deutlichen Zuwanderung sehen folgende Einwohnerzahlen für Deutschland voraus:

- 84,3 Millionen Einwohner (2030)
- 83,2 MillionenEinwohner (2050)

Als entscheidend für die Bevölkerungsentwicklung eines Staates gilt die **Gesamtfruchtbarkeitsrate** *(Total Fertility Rate – TFR)*. Diese Rate steht für die tatsächliche Zahl der Geburten pro Frau in der sogenannten reproduktiven Altersphase von 15 bis 45 Jahren. Um die Bevölkerungszahl stabil zu halten, ist eine TFR von 2,1 erforderlich. In Deutschland liegt die TFR nur bei 1,5. Die Geburtenrate liegt bei 9 Promille, die Sterberate dagegen bei 11 Promille. Daraus resultiert ein negativer Bevölkerungssaldo von minus 0,2 Prozent. Viele junge Menschen – Frauen und Männer – entscheiden sich für Kinderlosigkeit oder aber für ein bis maximal zwei Kinder. Der Hauptgrund für diese Entscheidung sind die sogenannten **„Opportunitätskosten“**, das heißt, die Einkommensverluste durch die Erziehungszeiten und den finanziellen Versorgungsaufwand für die Kinder. Damit verbunden sind Einbußen beim Lebensstandard sowie Einschränkungen beim Lebensstil.
Die durchschnittliche **Lebenserwartung** liegt bei 79 Jahren (Männer) beziehungsweise 83 Jahren (Frauen).

Mit sinkender Geburtenrate wird die **Überalterung** weiter zunehmen. Schon heute ist der Anteil älterer Menschen in der Gesamtbevölkerung in Deutschland sehr hoch. So waren im Jahr 2021 nur etwa 800 000 Personen jünger als 15 Jahre, mehr als 1,2 Millionen Menschen waren älter als 55 Jahre (vgl. → Abb. 3.6 auf Seite 81).

Nach Prognosen des Statistischen Bundesamtes könnte 2050 mehr als die Hälfte der deutschen Bevölkerung älter als 48 Jahre sein und etwa ein Drittel 60 Jahre und älter. In der Zukunft verschlechtert sich daher der sogenannte **Altersquotient**, die Relation der 15- bis 64-Jährigen (= Bevölkerung im erwerbsfähigen Alter) zu den über 65-Jährigen (= Rentner und Pensionäre). Während der Altersquotient 1995 noch 4,4 betrug, so wird er im Jahr 2050 ohne Zuwanderung aus dem Ausland bei 1,8, mit einer Nettozuwanderung von 200 000 bis 500 000 Personen pro Jahr bei 2,1 liegen. Das bedeutet zugleich hohe Lasten für die erwerbstätige Bevölkerung: Auf je zwei Erwerbstätige kommt 2050 rechnerisch ein Rentner, bei hoher Arbeitslosigkeit sind es entsprechend mehr. Daher ist eine gezielte Einwanderungs- und Integrationspolitik von großer Bedeutung für die Bevölkerungsentwicklung.

ALTERSAUFBAU

Der Altersaufbau eines Staates wird in der Regel mit einem speziellen Balkendiagramm dargestellt, das die prozentuale oder absolute Verteilung nach Altersgruppen zeigt.

Die sogenannte **Urnenform** (links und in der Mitte) ist typisch für hoch entwickelte Industrieländer oder Massenkonsumgesellschaften wie Deutschland (1990) oder Japan mit stark sinkender Geburtenrate und hoher Lebenserwartung.
Bei der **Pilzform** (rechts) mit starker Überalterung handelt es sich für Deutschland um eine reine Prognose für das Jahr 2030. Die Bevölkerungszahlen des Jahres 2010 wurden fortgeschrieben, ohne allerdings die mögliche Zuwanderung zu berücksichtigen.

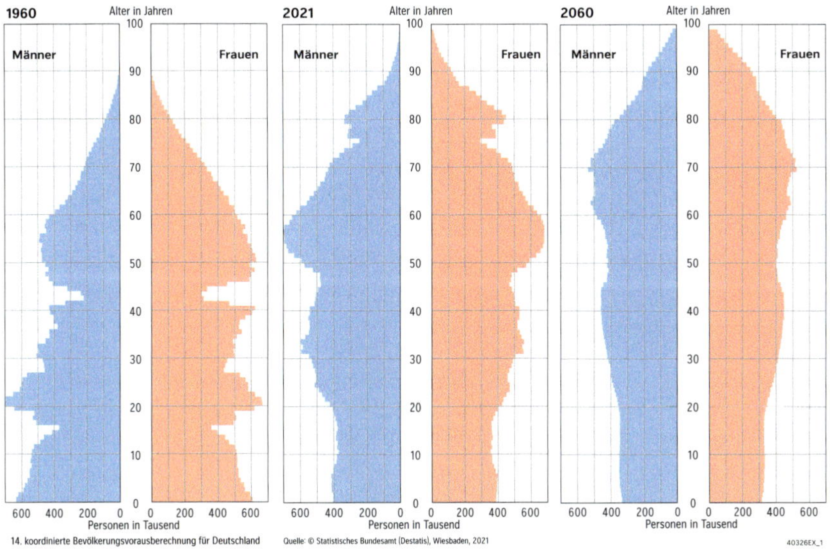

Abb. 3.6: Entwicklung der Bevölkerung nach Alter und Geschlecht

Aktuelle Zahlen der aus dem Ausland stammenden Einwohner in Deutschland:

Türkei: 2 750 000	Polen: 2 180 000
Russland: 1 300 000	Kasachstan: 1 250 000
Syrien: 1 050 000	Rumänien: 1 010 000
Italien: 920 000	Bosnien u. Herzegowina: 500 000
Kosovo: 460 000	Griechenland: 450 000

Quelle: Bund-Länder-Demographie-Portal (Wikipedia) - Zugriff am 06.06.2024

DEMOGRAFISCHES GEWICHT

Der demografische Wandel wird innerhalb Deutschlands regional sehr unterschiedlich ausfallen (→ Abb. 3.7):

- In einem breiten Keil von Rostock über Hannover bis ins Ruhrgebiet und von dort aus über die Rhön bis nach Passau wird die Bevölkerung bis 2025 deutlich abnehmen. Dasselbe gilt für periphere Küstenräume am der Nordsee, das Saarland und die Pfalz sowie den mittleren Schwarzwald.
- In einem Streifen von den Niederlanden über Bremen und Hamburg bis Ostholstein wird die Bevölkerung deutlich zunehmen. Dasselbe gilt für die Rheinschiene in Nordrhein-Westfalen sowie für die Ballungsräume Rhein-Main, Rhein-Neckar und Mittlerer Neckar. Dazu kommen u. a. Ober- und Niederbayern. Hier kann die Infrastruktur eher aufrechterhalten werden, und die Immobilienpreise dürften hoch bleiben.
- In weiten Gebieten Deutschlands wird die Zahl der Hochbetagten massiv zunehmen und damit auch der Pflegebedarf und die Kosten für das Gesundheitssystem. Viele Großstädte werden vor allem durch Zuwanderung aus dem Ausland wachsen und dadurch internationaler.

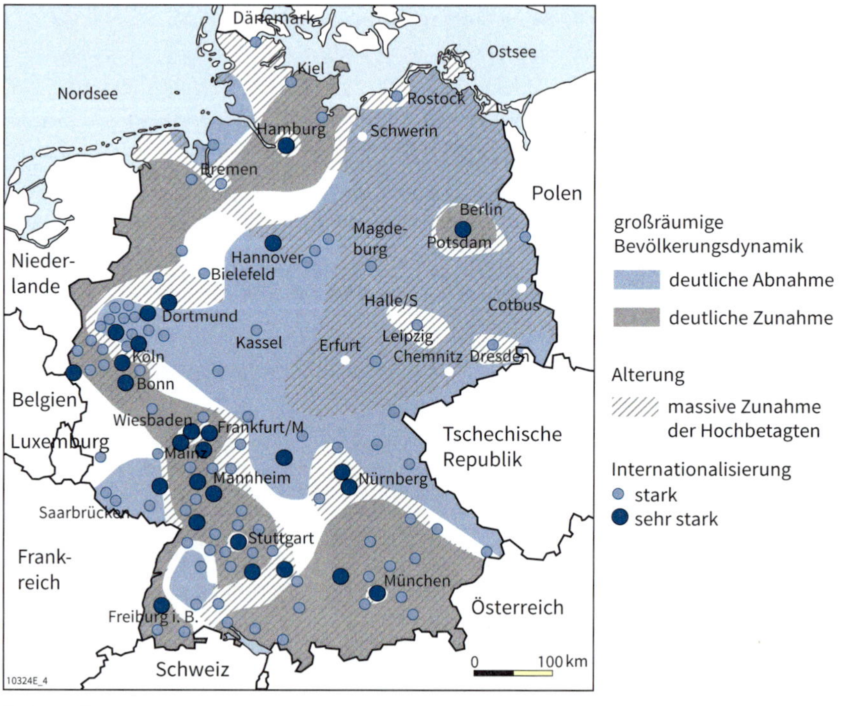

Abb. 3.7: Ausprägung von Komponenten des demografischen Wandels bis 2025
Quelle: BBR-Bevölkerungsprognose 2005 – 2025/bbw

3.4 Räumliche Disparitäten

Einführung und Überblick

RÄUMLICHE DISPARITÄTEN

Unter dem Begriff „räumliche Disparitäten" versteht man jene Unterschiede in der Entwicklung von Staaten bzw. Regionen, die sich entscheidend auf Lebenserwartung, Lebenschancen, Lebensstandard, Lebensqualität und Lebensstil ihrer Bewohner auswirken.

Wichtige Ursachen für die Entstehung räumlicher Disparitäten sind Ungleichheiten zwischen Staaten bzw. Regionen

- in der naturräumlichen Ausstattung (Klima, Böden, Ressourcen);
- in der infrastrukturellen Ausstattung (Autobahnen, schnelle Bahnverbindungen, Flughäfen, Güterverteilzentren, Datenautobahnen);
- in der zentralörtlichen Ausstattung (Dienstleistungs- und Versorgungsangebot, Arbeitsplatzangebot, Bildung und Kultur);
- in der wirtschaftlichen Entwicklung (Bedeutung der Wirtschaftssektoren, Branchenstruktur und -vielfalt);
- in den politischen Einfluss- und Durchsetzungsmöglichkeiten (Wählerpotenzial, damit Zahl der politischen Repräsentanten).

Räumliche Disparitäten sind historisch gewachsen und wirken sich nachhaltig – in Entwicklungsländern sogar existenziell – auf die Lebensbedingungen der Menschen in verschiedenen Staaten bzw. Regionen aus. Die räumlichen Disparitäten sind nicht statisch zu betrachten, sondern sie können sich durch selbstverstärkende wirtschaftliche Prozesse verschärfen oder aber durch neuere wirtschaftliche Entwicklungen verringern.

Auch durch das politische System eines Staates können räumliche Disparitäten eher verstärkt (Zentralismus) oder eher abgebaut werden (Föderalismus). Die Wirksamkeit von Raumplanung und Subventionen in Bezug auf den Abbau räumlicher Disparitäten ist aber durchaus umstritten.

Räumliche Disparitäten existieren auf verschiedenen räumlichen Ebenen: global, zwischen verschiedenen Staaten, regional, intraregional und – innerhalb von Städten – auch lokal. Im letzteren Fall spricht man von **sozialräumlichen Disparitäten**. Ihre Erfassung ist abhängig von der Qualität der statistischen Daten und ihrer räumlichen Basis. Die beiden Karten → Abb. 3.8 und → Abb. 3.9 bieten einen guten Überblick über das Problem der räumlichen Disparitäten in Deutschland. In beiden Karten ist die Hauptwirtschaftsachse von Köln bis nach München zu erkennen.

Wichtige ökonomische, soziale und demografische **Indikatoren** für die Beschreibung und Analyse räumlicher Disparitäten sind unter anderem folgende:

- BIP absolut und pro Einwohner
- Anteil der Wirtschaftssektoren am BIP
- Anteile der Beschäftigten in den Wirtschaftssektoren
- Branchenstruktur in Industrie und Dienstleistungen
- Arbeitslosenquote und Sozialhilfequote
- Lebenserwartung und Kindersterblichkeit
- Einwohner pro Krankenhaus/Arzt/Facharzt
- Analphabetenrate sowie Anteile mittlerer bzw. höherer Bildungsabschlüsse (z. B. Abitur oder Universitätsabschluss)
- Erreichbarkeit zentralörtlicher Einrichtungen (Entfernung in km bzw. Zeitaufwand)
- Bevölkerungszahl absolut und Bevölkerungsdichte
- Altersstruktur (Bevölkerungsaufbau)
- Natürlicher Bevölkerungssaldo (Geburten minus Sterberate) und Wanderungssaldo (Zuwanderung minus Abwanderung)

In der → Abb. 3.8 werden drei Raumkategorien unterschieden. Kriterien der Abgrenzung sind die Erreichbarkeit der Zentren, vor allem der wichtigeren Zentren mit bedeutenden Metropolfunktionen, und die Bevölkerungsdichte, die für die Entstehung eines kreativen Milieus (→ Seite 98) benötigt wird.

Der größte **Zentralraum** ist die Metropolregion Rhein-Ruhr im Westen, innerhalb derer Düsseldorf, Köln, Bonn und Essen die meisten Metropolfunktionen besitzen. Es folgen die Ballungsräume Rhein-Main um Frankfurt, Mittlerer Neckar um Stuttgart und München im Süden. Die meisten Metropolfunktionen besitzen im Norden Berlin, Hamburg und Hannover. Zu erwähnen ist auch noch Leipzig. Alle anderen Metropolregionen sind dagegen eher zweitrangig.

Zwischenräume haben eine hohe Bevölkerungsdichte und gute Verkehrsverbindungen zu den Zentren. In diesen Zwischenräumen, die auch als **intermediäre Räume** bezeichnet werden, sind die Lebensbedingungen oftmals besser als in den großen Zentren selbst mit ihren Umweltproblemen und sozialen Spannungen.

Peripherräume mit dünner Besiedlung und schlechter Verkehrsanbindung nehmen die größte Fläche in Deutschland ein. Sie haben keine bedeutenden Städte und gelten als **Passivräume**.

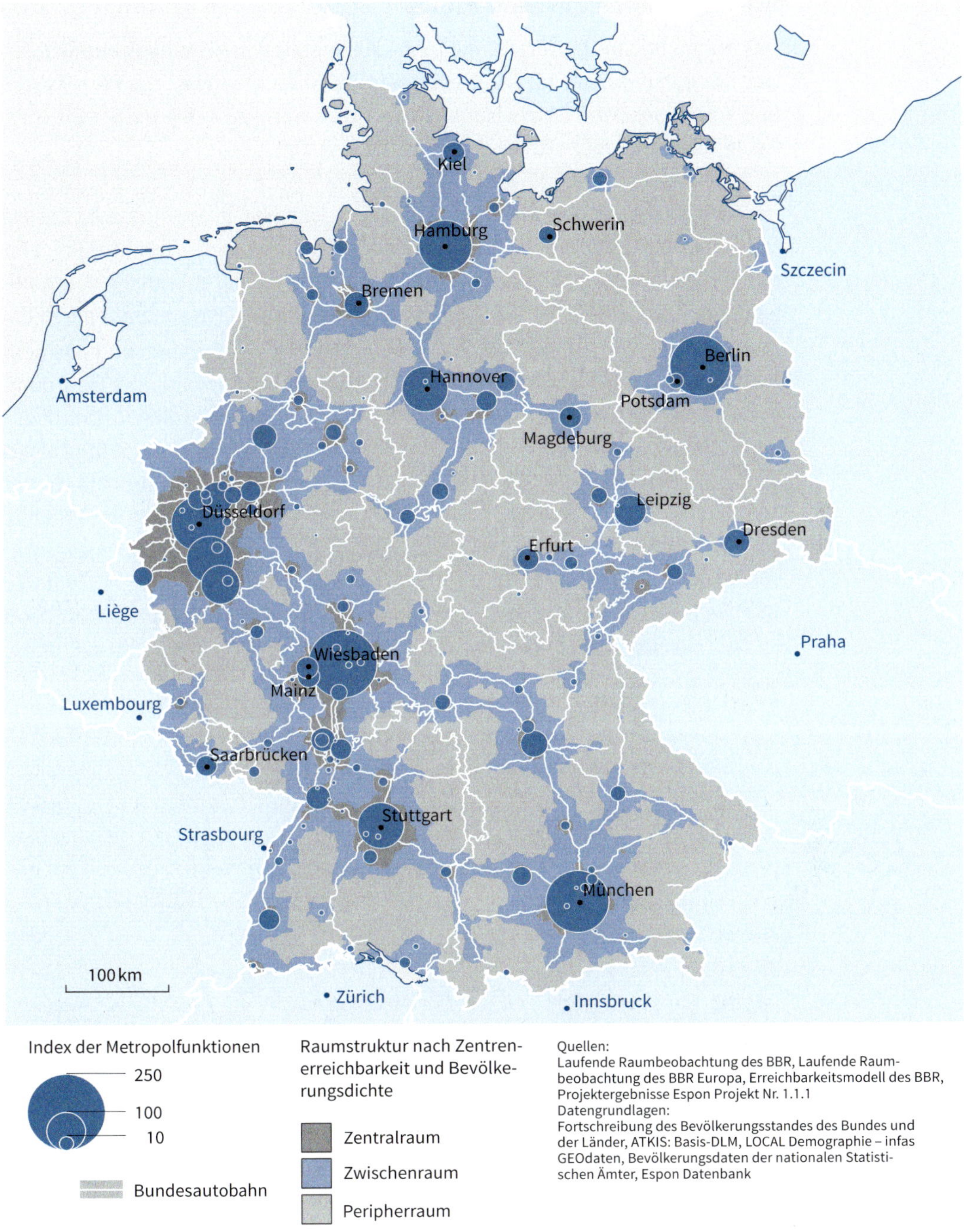

Abb. 3.8: Metropolfunktionen von Städten
Quelle: BBR Bonn – Informationen zur Raumentwicklung

Strukturwandel im Ruhrgebiet

Das Ruhrgebiet im engeren Sinne umfasst die polyzentrische **Agglomeration** – also den Ballungsraum mit vielen städtischen Zentren – zwischen Moers im Westen und Hamm im Osten. Dazwischen liegen als wichtigste Großstädte Duisburg, Essen, Bochum und Dortmund (→ Abb. 3.8 und → Abb. 3.9).

Um 1840, also vor Beginn der Industrialisierung, lebten im Ruhrgebiet etwa 230 000 Menschen. Die meisten von ihnen waren noch in der Landwirtschaft tätig. Erst mit der beginnenden Industrialisierung nach 1850 auf der Grundlage des Steinkohlenbergbaus stieg die Bevölkerungszahl schnell an, insbesondere durch die Zuwanderung von Arbeitskräften aus dem ostelbischen Preußen und aus dem heutigen Polen. Frühere Ackerbürgerstädte wie Essen, Bochum oder Dortmund entwickelten sich zu Industriestädten. So wuchs z. B. die Bevölkerungszahl der Stadt Essen von gut 10 000 (1852) über 65 000 (1885) und 230 000 (1905) auf ein Maximum von knapp 750 000 (1961). Seit 1961 ist die Bevölkerungszahl wieder auf 580 000 (2020) gesunken. Andere Städte entstanden quasi aus dem Nichts, so z. B. Oberhausen, das es 1852 noch nicht gab und dessen Bevölkerungszahl von 20 000 (1885) über 52 000 (1905) bis auf 257 000 (1961) stieg. 2020 hatte Oberhausen 208 000 Einwohner. Insgesamt leben heute im Ruhrgebiet rund 5,1 Mio. Menschen auf 4 440 km^2 – die größte Ballung von Großstädten in Europa.

Quelle: RVR – Metropole Ruhr

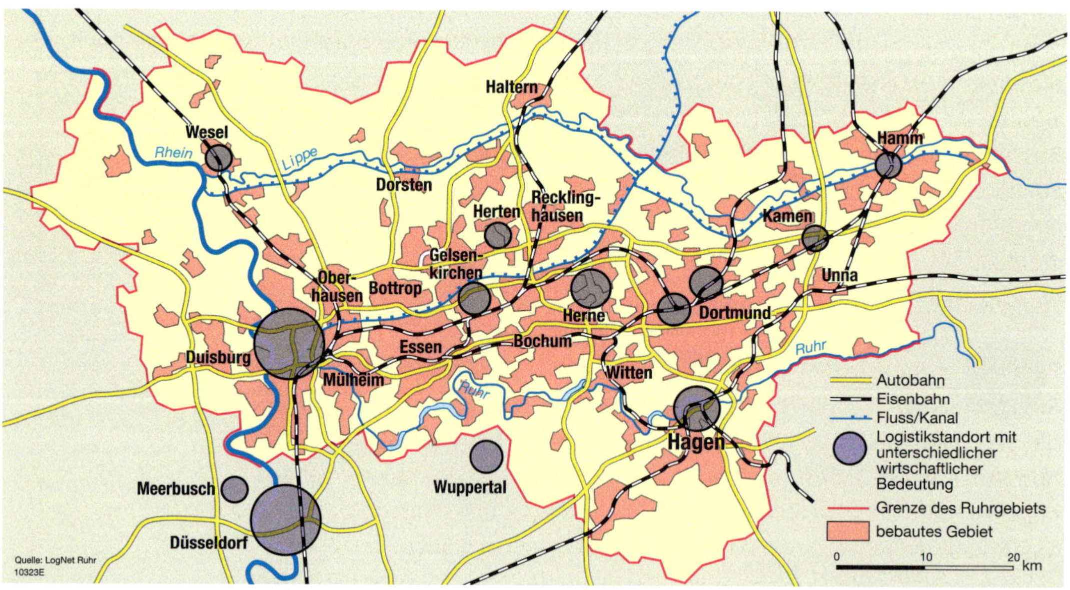

Abb. 3.9: Das Ruhrgebiet im Überblick

Die **Krise der Eisen- und Stahlindustrie** begann ab 1975 mit einem deutlichen Rückgang der Nachfrage nach deutschem Stahl. Dieser Nachfragerückgang hatte verschiedene Ursachen:

- Viele Länder der Dritten Welt hatten nach der Unabhängigkeit eigene Stahlindustrien aufgebaut, so z. B. Indien. Daher gingen traditionelle Absatzmärkte verloren.
- Gleichzeitig stieg der Importanteil z. B. von Walzstahl auf dem deutschen Markt von 24 % (1973) auf fast 50 % (1993). Vor allem die staatlichen Subventionen der Stahlindustrie in Frankreich und Italien verzerrten den Wettbewerb innerhalb der EU.
- Auch regionale Subventionen der Stahlwirtschaft durch das Saarland (Saarstahl), Bayern (Maxhütte), Bremen (Klöckner) und Niedersachsen (Georgsmarienhütte) waren problematisch und erzwangen einen Schrumpfungs- und Konzentrationsprozess im Ruhrgebiet: Fusion Krupp – Klöckner 1984, Krupp – Hoesch 1991 und Krupp – Thyssen 1998.
- Gleichzeitig erfolgte eine Spezialisierung auf hochwertige Stahlsorten und eine räumliche Konzentration auf die Rheinschiene (Duisburg). Dort können die Eisenerze aus Übersee mit Schubschiffen von Rotterdam direkt zu Hochöfen transportiert werden.
- Nicht zuletzt wurde Stahl im Laufe der Zeit durch andere Materialien wie Kunststoffe, Keramik oder Aluminium ersetzt. Erst nach 2005 stieg die weltweite Nachfrage nach Stahl wegen des chinesischen Wirtschaftsbooms wieder an.

Abb. 3.10: Stillgelegte Zeche Zollverein (UNESCO-Welterbe)

Der **wirtschaftliche und soziale Strukturwandel** im Ruhrgebiet war einschneidend und kam in einigen Gebieten einer **Deindustrialisierung** gleich, ohne dass die entsprechende Zahl von Ersatzarbeitsplätzen im Tertiären Sektor geschaffen werden konnte. Prozentual ergab sich folgende Verschiebung der Anteile der Beschäftigten nach **Wirtschaftssektoren** in Prozent (I = Primärer Sektor; II = Sekundärer Sektor; III = Tertiärer Sektor):

- 1960: I = 2 II = 61 III = 37
- 1980: I = 1 II = 52 III = 47
- 2016: I = 0 II = 27 III = 73

Parallel zum industriellen Schrumpfungsprozess sank die Bevölkerungszahl des Ruhrgebiets von 5,7 Mio. (1961) über 5,6 Mio. (1980) auf zuletzt 5 Mio. (2020). Für das Jahr 2040 wird mit einer Bevölkerungszahl von 4,8 Mio. gerechnet. Durch die Abwanderung besonders von jungen, gut ausgebildeten Menschen ergeben sich negative Folgen sowohl für die Bevölkerungsstruktur und -entwicklung als auch für die künftige wirtschaftliche Entwicklung der Region. Städten und Gemeinden gehen Kaufkraft und Steuereinnahmen verloren, gleichzeitig steigen die Ausgaben für Sozialhilfeempfänger. Zukunftsinvestitionen in die Infrastruktur sind nur

Abb. 3.11: Der Tetraeder – eine Landmarke auf einer Bergehalde (Abraumhalde)

noch eingeschränkt möglich, sodass die Wettbewerbsfähigkeit des Ruhrgebiets im Vergleich mit anderen deutschen und europäischen Regionen abnimmt. Besonders betroffen von einer hohen Arbeitslosigkeit sind Hagen, Duisburg und Gelsenkirchen mit einer Arbeitslosenquote von 11 bis 14 % (2022). Damit ist die Problematik der hohen Arbeitslosigkeit im Ruhrgebiet durchaus vergleichbar mit der in den neuen Bundesländern.

Ursprünglich aufbauend auf der Kohlechemie, haben sich an einigen Standorten im Norden des Ruhrgebiets chemische Industrien entwickelt. Diese wurden zumeist in petrochemische Betriebe mit dem Grundstoff Erdöl umgewandelt. Wichtig ist weiterhin die „Verstromung" der Kohle, also ihre Umwandlung in elektrische Energie in Kohlekraftwerken. Große Energiekonzerne im Ruhrgebiet sind heute EON-Ruhrgas, die Ruhrkohle AG (RAG) und die Rheinisch-Westfälischen Elektrizitätswerke (RWE) mit Verwaltungssitz in Essen. In Essen werden 60 % des deutschen Energieverbrauchs abgerechnet.

Auf der **Tertiärisierung des Ruhrgebiets** ruhen die größten Hoffnungen für die Zukunft. Mit erheblichen Anstrengungen wurde eine dichte Hochschullandschaft geschaffen. Nach der Ruhr-Universität Bochum (s. o.) entstanden die Universität Dortmund und die Gesamthochschulen Essen und Duisburg. Letztere wurden zur Universität Duisburg-Essen zusammengelegt. 1974 wurde die FernUniversität Hagen gegründet, mit bundesweit über 70 000 eingeschriebenen Studierenden (2022) die größte Hochschule nicht nur des Ruhrgebiets, sondern ganz Deutschlands. Zu den sechs Universitäten kommen die Folkwang-Hochschule für Musik, Theater und Tanz in Essen sowie acht Fachhochschulen mit Abteilungen in verschiedenen Städten des Ruhrgebiets. Damit entstand hier die dichteste Hochschullandschaft in Europa mit über 160 000 Studierenden. Von diesen stammen 80 % aus der Region, 10 % kommen aus dem Ausland. Allerdings hat nur etwa ein Drittel der Unternehmen im Ruhrgebiet Kontakte zu den Forschungsbereichen von Hochschulen, die meisten von ihnen sogar nur zu Hochschulen außerhalb des Ruhrgebiets. Trotz der zahlreichen Technologie- und Gründerzentren im Ruhrgebiet mangelt es daher weiterhin an einer sinnvollen Zusammenarbeit von Wirtschaft und Forschung im Ruhrgebiet.

Dagegen begann während der Laufzeit der Internationalen Bauausstellung (IBA) Emscherpark von 1989 bis 1999 die konsequente Umwandlung des Ruhrgebiets in eine **Freizeit- und Erholungslandschaft**. Dazu gehörte die Einrichtung des Emscher Landschaftsparks mit einer Fläche von 320 km², in dem die Emscher ökologisch umgebaut wurde, Biotop-Verbundsysteme geschaffen, Industriebrachen entsiegelt und renaturiert wurden sowie Industriedenkmäler erhalten und nachgenutzt werden. Image-Kampagnen des Regionalverbandes Ruhr (RVR) zielen auf eine veränderte Außenwahrnehmung des Ruhrgebiets.

Das bekannteste Beispiel für die Tertiärisierung im Ruhrgebiet ist die „Neue Mitte Oberhausen", mit der Kurzbezeichnung „CentrO". Auf der Fläche eines 1979 stillgelegten Stahlwerks entstand ein Einkaufszentrum mit drei Warenhäusern und 200 Einzelhandelsgeschäften als **Urban Entertainment Center (UEC)**.

Dieses Einkaufszentrum auf einer Industriebrache ersetzt eine innerstädtische Einkaufszone und übernimmt zentralörtliche Funktionen, ähnlich wie eine nordamerikanische Mall (vgl. Seite 90).

Das **Flächendiagramm** zeigt ein Modell für die Entwicklung der Beschäftigtenanteile in den drei Wirtschaftssektoren:

- Primärer Sektor: Land- und Forstwirtschaft, Fischfang sowie – nicht immer – Bergbau
- Sekundärer Sektor: Bergbau (s. o.) und Energie, Handwerk und Industrie
- Tertiärer Sektor: Verkehr, Handel und Dienstleistungen

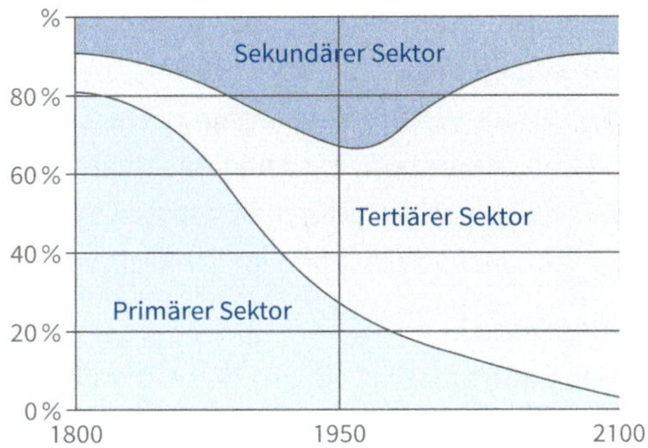

Abb. 3.12: Entwicklung der Beschäftigtenanteile in den Wirtschaftssektoren (nach FOURASTIÉ)

Die Zuordnung des Bergbaus ist wegen des hohen technischen Aufwands nicht immer eindeutig. Dennoch lässt sich aus dem Diagramm die vom französischen Wirtschaftswissenschaftler Fourastié zwischen 1952 und 1954 entwickelte Theorie der Veränderung der Beschäftigtenstruktur ablesen:

- Der Anteil der Beschäftigten im Primären Sektor war demnach von 80 % im Jahr 1800 auf 25 % im Jahr 1950 gesunken und soll bis zum Jahr 2100 auf unter 5 % sinken.
- Der Anteil der Beschäftigten im Sekundären Sektor war von 10 % im Jahr 1800 auf etwa 30 % im Jahr 1950 gestiegen und soll schließlich wieder auf etwa 10 % sinken.
- Der Anteil der Beschäftigten im Tertiären Sektor war von 10 % im Jahr 1800 auf 40 % im Jahr 1950 gestiegen. 2100 soll der Anteil bei 85 % liegen.

Da das Modell am Beispiel Frankreichs entwickelt wurde, ist es nicht ohne weiteres auf andere Staaten übertragbar, zeigt aber allgemeine Tendenzen des **Strukturwandels**.

BEISPIEL

Das CentrO Oberhausen – Beispiel für einen gelungenen Strukturwandel?

Verkehrsanbindung

Direkter Anschluss an die Autobahnen A2, A3, A42, A40, A516
Neue Straßenbahn- und Bustrasse mit eigener Haltestelle
Fahrtzeit zum Flughafen Düsseldorf: 30 Minuten
14 000 kostenlose Parkplätze

Einzugsgebiet

5 Mio. Menschen erreichen das CentrO in 30 min. Fahrzeit
13 Mio. Menschen erreichen das CentrO in 60 min. Fahrzeit
30 Mio Menschen erreichen das CentrO in 2 Std. Fahrzeit
60 Mio. Menschen leben im Umkreis von 250 km um das CentrO

Angebote

Das Centro besitzt ein großes und modernes Einkaufszentrum, das ehemalige Gasometer mit wechselnden Ausstellungen und Veranstaltungen, die Arena mit 12 000 Sitzplätzen, das Multiplexkino CineStar, den Abenteuerpark, das Sea Life Oberhausen, das Legoland Discovery Centre, die Marina und das Metronom Theater. Über 250 Einzelhandelsgeschäfte verteilen sich auf zwei Ebenen auf einer Nettoverkaufsfläche von 116 000 Quadratmeter. Mit einer Gesamtgröße des Areals von 83 ha ist das Centro das größte Einkaufs- und Freizeitzentrum in Europa. Jährlich wird es von Millionen Gästen besucht. Gut 23 Jahre nach der Eröffnung ist das CentrO längst viel mehr als ein Einkaufszentrum. Es ist der Kern dessen, was Fachleute ein „Urban Entertainment Center“ nennen und Kritiker eine seelenlose Konsumlandschaft. Ein Ballungsraum von Geschäften, Gastronomie, Unterhaltung. (...)

Fazit

Bei der Stadt Oberhausen betrachtet man das CentrO als ein Vorzeigeprojekt des Strukturwandels. Heute ist die Industrie aus Oberhausen, der „Wiege der Ruhrindustrie“, die Industrie weitgehend verschwunden. Für das CentrO als Job- und Tourismusmotor ist man daher dankbar, trotz einiger Wermutstropfen: Der Niedergang der „alten Mitte“, den das CentrO sicher befördert hat, ist einer davon. Auch was die Beschäftigung angeht, blieb der „Konsumtempel“ hinter den Erwartungen zurück. Das CentrO gibt die Zahl der entstandenen Arbeitsplätze heute mit 4000 an. Nimmt man Zulieferer und andere Dienstleister hinzu, kommt man aber in die Nähe jener 10 000, mit denen das Projekt seinerzeit angepriesen wurde. Kritiker sprechen dagegen von Verlagerungen und bemängeln die Qualität der Jobs.

>>

>> BEISPIEL

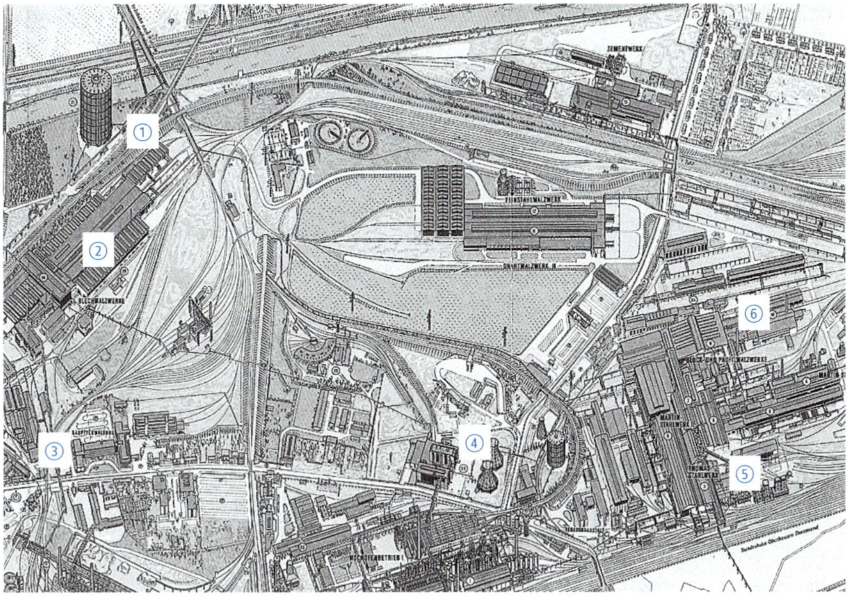

① Gasbehälter,
② Blechwalzwerke,
③ Hauptverwaltung,
④ Dampfkraftwerk,
⑤ Stahlwerke,
⑥ Block- und Profilwalzwerke,
⑦ Draht- und Feinwalzwerke,
⑧ Zementwerk

Abb. 3.13: Oberhausen – Hüttenwerk 1965

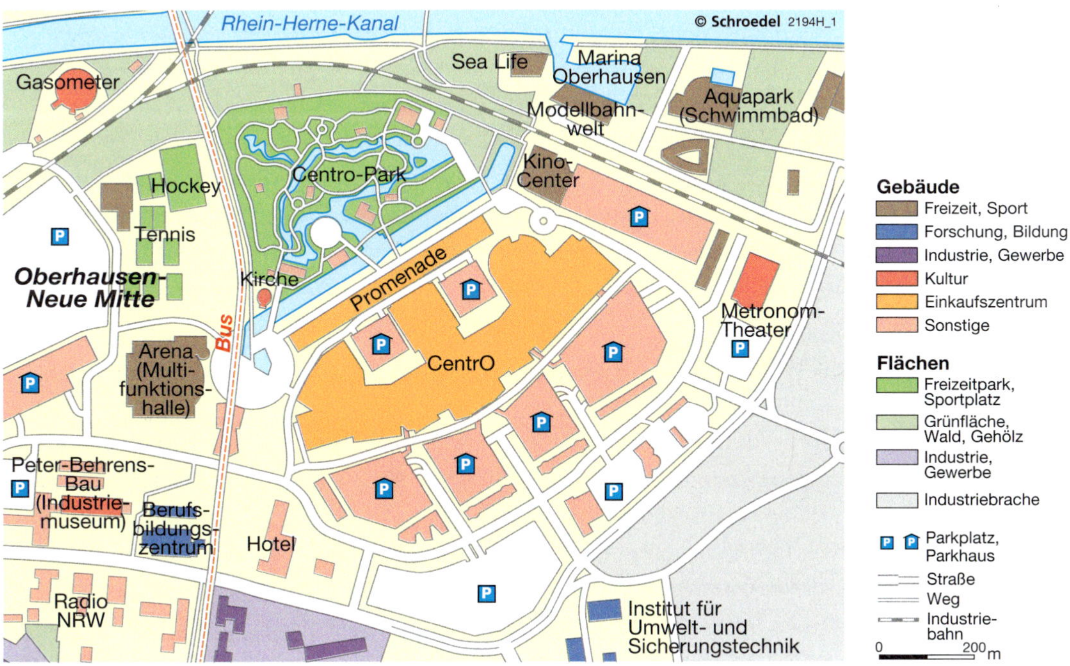

Abb. 3.14: Oberhausen – Einkaufs- und Freizeitpark CentrO 2014

Durch den umfangreichen Bergbau kam es verbreitet zu Bergsenkungen von stellenweise um bis zu 20 m – und somit unter den Grundwasserspiegel. Ohne die zahlreichen Pumpwerke stünden rund 20 % der Fläche des Ruhrgebiets unter Wasser. Das Abpumpen kostet rund 220 Mio. € pro Jahr – bis in die ferne Zukunft. Das sind die sogenannten „Ewigkeitslasten".

Die **Krise des Steinkohlenbergbaus** im Ruhrgebiet begann nach 1957 und hatte verschiedene Ursachen:

- Importkohle aus Übersee, zunächst vor allem aus den USA, war wesentlich leichter abzubauen – oft im Tagebau – und konnte daher trotz des weiten Transportweges noch im Ruhrgebiet billiger angeboten werden als die Ruhrkohle.
- Mit der Nordwanderung des Bergbaus im Ruhrgebiet musste die Kohle in immer größerer Tiefe abgebaut werden – derzeit bei mehr als 1000 Meter Tiefe. Außerdem sind die Kohle führenden Schichten, die **Flöze**, sehr dünn und kompliziert gelagert (Faltungen und Verwerfungen der Gesteinsschichten im Untergrund).
- Die Lohnkosten waren und sind im internationalen Vergleich sehr hoch.
- Die Nachfrage nach Kohle sank aufgrund des Einsatzes neuer Technologien in Kraftwerken, des sinkenden Koksbedarfs in der schrumpfenden Stahlindustrie und wegen der Elektrifizierung der Eisenbahn.
- Um 1970 war die Steinkohle als Energieträger vom Erdöl und um 1995 auch vom Erdgas überrundet worden.

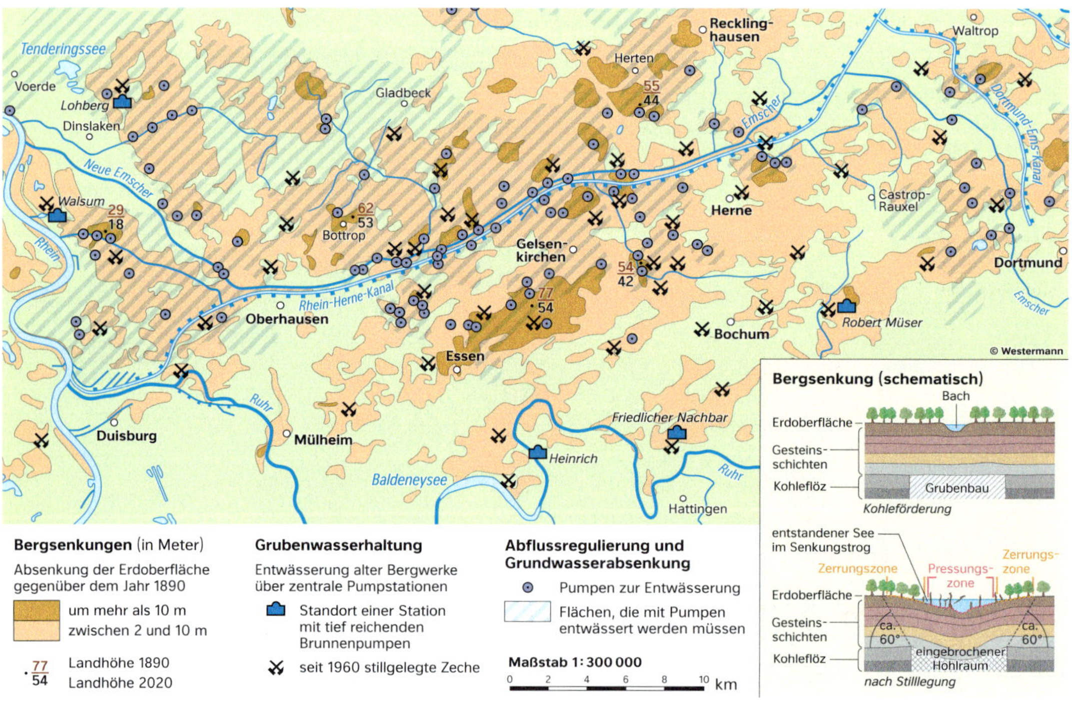

Abb. 3.15: Bergsenkungen

High-Tech-Region München

Im Unterschied zum Ruhrgebiet ist München ein Verdichtungsraum mit nur einem großstädtischen Kern, es dominieren im Gegensatz zum Ruhrgebiet die sogenannten **weichen Standortfaktoren** (→ Abb. 3.16). Im Falle von München sind dies insbesondere die hohe Lebensqualität (Freizeitwert, Kulturangebot und immer noch der Wohnwert) sowie das positive Image als Wirtschaftsstandort. Nach den Ergebnissen der verschiedenen PISA-Studien gehört sicherlich auch das Bildungsangebot (Schulen und Universitäten) zu den wichtigen weichen Standortfaktoren. Zusätzlich zu den in → Abb. 3.16 genannten weichen Standortfaktoren sind auch die Agglomerations- und Fühlungsvorteile in der Region München zu nennen:

- **Agglomerationsvorteile** sind Standortvorteile für Unternehmen unterschiedlicher Branchen, die sich bei der Ansiedlung in einem Ballungsraum oder an dessen Rand durch das Vorhandensein hoch spezialisierter zentralörtlicher Einrichtungen ergeben, wie z. B. Universitäten und Technische Hochschulen, verschiedene große Bankinstitute, Steuer- und Finanzberater, Werbeagenturen und Logistik-Unternehmen. Dazu kommen die Marktnähe (z. B. als Testmarkt), ein großes Angebot von Arbeitskräften und besonders von Hochschulabsolventen sowie gute Verkehrsverbindungen (in München etwa der internationale Flughafen).
- **Fühlungsvorteile** sind Standortvorteile für Unternehmen derselben Branche, die sich am gleichen Standort ansiedeln. Diese ergeben sich aus dem Vorhandensein eines spezialisierten Angebots von Arbeitskräften und von hoch spezialisierten Zulieferbetrieben, Dienstleistungs- und Transportunternehmen, die sich auf diese Branche eingestellt haben.

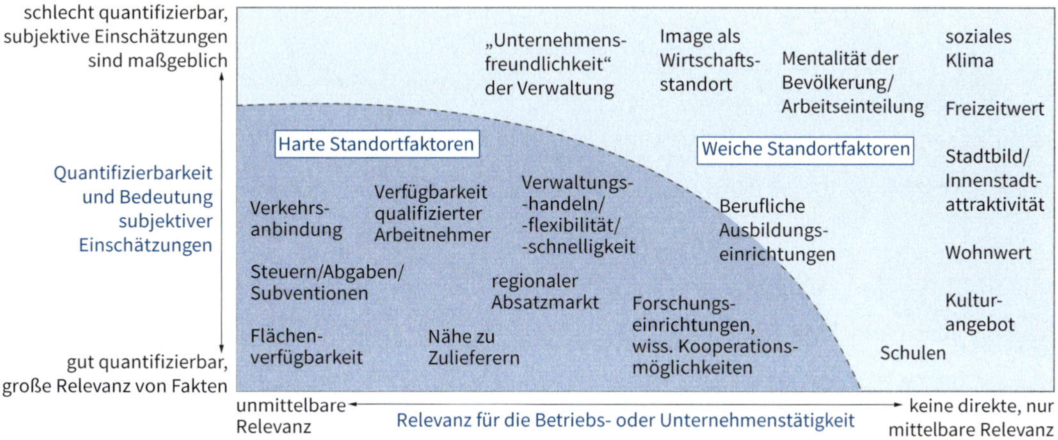

Abb. 3.16: Kontinuum der harten und weichen Standortfaktoren

In München hat sich beginnend mit der Ansiedlung des ursprünglich in Berlin ansässigen Siemens-Konzerns nach dem Zweiten Weltkrieg ein **High-Tech-Cluster** gebildet, eine räumliche Konzentration von Hochtechnologie-Unternehmen vor allem der folgenden drei Branchen:

- Biotechnologie (Biochemie und Gentechnik)
- Informationstechnologie (Information, Kommunikation und Software-Entwicklung)
- Luft- und Raumfahrttechnologie

Innerhalb solcher Cluster ist aufgrund der räumlichen Nähe die **Bildung vertikaler und horizontaler Netzwerke** leichter möglich. Dabei arbeiten die Groß- und Kleinunternehmen gleicher (horizontale Kooperation) bzw. aufeinanderfolgender (vertikale Kooperation) Produktionsstufen eng zusammen. Ein hohes Innovationspotenzial entsteht innerhalb eines Clusters sowohl durch intensive Kommunikation und Kooperation zwischen allen Unternehmen der gesamten Wertschöpfungskette eines Technologiebereichs, als auch durch den hohen Wettbewerbsdruck, der von der Nähe der Konkurrenz ausgeht. Die meisten High-Tech-Betriebe im Raum München (über 500) haben ihren Standort in der Stadt München. Dazu kommen viele Betriebe im Umland (30-km-Radius, → Abb. 3.17).

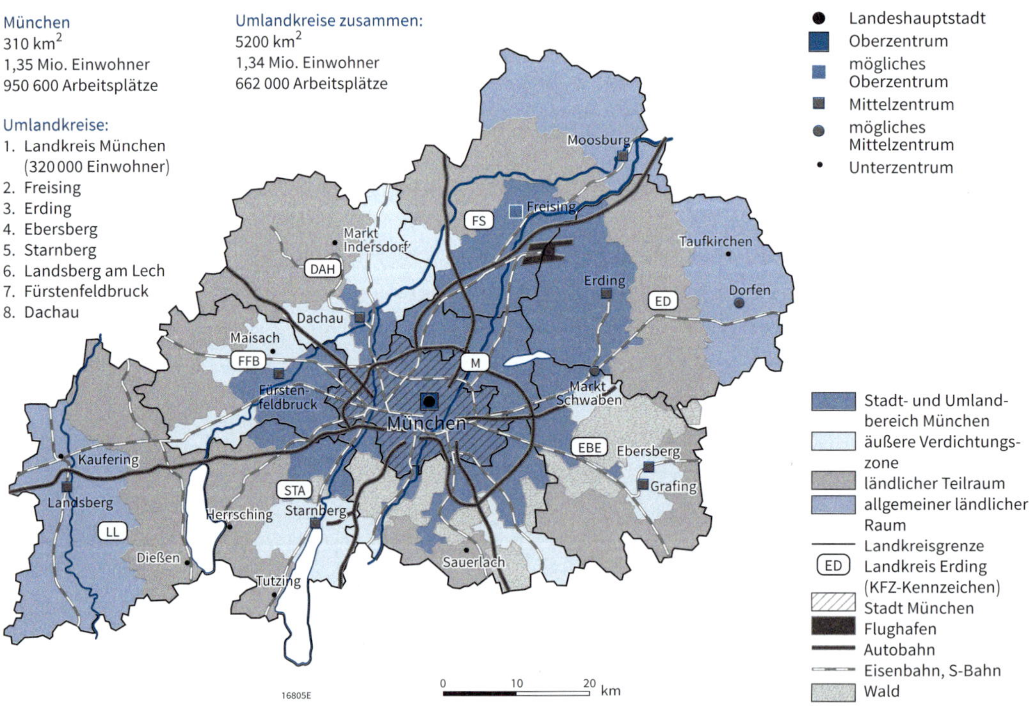

Abb. 3.17: Metropolregion München
Quelle: nach Planungsverband Äußerer Wirtschaftsraum München (vereinfacht)

München ist auch als Standort des Tertiären Wirtschaftssektors bedeutend: 82 Prozent aller Beschäftigten in der Stadt München sind in diesem Bereich tätig. 22 Prozent aller Beschäftigten arbeiten im Bereich Grundstückswesen, Beratung, Dienstleistungen für Unternehmen, 18 Prozent im Bereich Handel, Gastgewerbe, Verkehr, 11 Prozent im Bereich Gesundheit und Soziales. Die Finanz- und Versicherungsdienstleistungen beschäftigen gut 8 Prozent. Ein hoher Anteil von Beschäftigten in den unternehmensbezogenen Dienstleistungen sowie bei Banken und Versicherungen gilt als Merkmal von Metropolen, daher spricht man auch von **metropolitanen Funktionen**. In Amerika hat sich der Begriff **FIRE-Sektor** durchgesetzt (*Finance, Insurance and Real Estate* = Finanzen, Versicherungen und Immobilien), der besonders hochwertige Tätigkeiten mit hohen Umsätzen kennzeichnet.

Neben dem Begriff FIRE-Sektor ist auch der Begriff ICE-Sektor geläufig – als Abkürzung für „Intellectual, Cultural and Educational Assets“ (= kreatives Milieu: Intellektuelle, Kulturschaffende und im Bildungsbereich Tätige).

Als Finanzplatz steht München heute nach Frankfurt an zweiter Stelle in Deutschland, mit aufsteigender Tendenz. Die zweitgrößte Bank, die Hypo-Vereinsbank, hat hier ihren Sitz. Und die drittgrößte Bank, die Dresdner Bank, wird nach ihrer Übernahme durch die Allianz von München aus gelenkt. Mit der Allianz und der Munich Re haben zwei der größten Versicherungsunternehmen der Welt ihren Hauptsitz in München. Außerdem werden im bundesweiten Vergleich im Raum München die höchsten Grundstücks- und Immobilienpreise bezahlt.
Mehrere Universitäten und Fachhochschulen mit zusammen etwa 95 000 Studierenden machen München zu einem der bedeutendsten Zentren für Bildung und Forschung in Deutschland – auf qualitativ hohem Niveau mit internationalem Ruf. Dazu kommen staatliche und private Forschungsinstitute sowie das Universitätsklinikum. Auch das Europäische Patentamt ist ein wichtiger Wirtschaftsfaktor.

Im **Städtetourismus** steht München mit rund 16 Millionen Übernachtungen in Deutschland an zweiter Stelle nach Berlin (ca. 29,6 Mio.) und knapp vor Hamburg. Wichtigstes Großereignis ist das Oktoberfest mit über 7 Millionen Besuchern jedes Jahr. Auch als **Kulturzentrum** spielt München eine wichtige Rolle:

- München als ehemalige bayerische Residenzstadt besitzt Prachtstraßen, repräsentative Gebäude und Adelspalais, die noch heute das Stadtbild prägen.
- In der Innenstadt konzentrieren sich auf engem Raum viele öffentliche Theater mit hohen Besucherzahlen und mit hoher Auslastung.
- Die bekanntesten Museen sind das Deutsche Museum, eines der größten technischen Museen der Welt, sowie Kunstmuseen und Museen der bildenden Künste.
- Die Bayerische Staatsbibliothek ist die größte Bibliothek in Deutschland.

Peripherraum Mecklenburg-Vorpommern

Mit durchschnittlich 69 Ew./km^2 ist Mecklenburg-Vorpommern das am dünnsten besiedelte Bundesland. Rechnet man noch die größeren Städte Schwerin, Wismar, Rostock, Stralsund, Greifswald und Neubrandenburg heraus, so ergibt sich für viele Landkreise eine Bevölkerungsdichte von weniger als 50 Ew./km^2. Dies ist der kritische Schwellenwert für eine flächendeckende **Versorgung der Bevölkerung** (Arbeit, Bildung, Einkauf) im nächstgelegenen zentralen Ort in einer zumutbaren Entfernung, das heißt mit einem bestimmten maximalen Zeitaufwand (ÖPNV oder Pkw). Die Aufrechterhaltung akzeptabler **Verkehrsverbindungen** (ÖPNV, Bau und Unterhaltung von Straßen) wird mangels Auslastung sehr teuer.

Gleiches gilt für die **Verwaltung**. So wurde im Jahr 2011 – nach der ersten Gebietsreform der 1990er-Jahre, bei der zahlreiche kleinere Kreise aus der DDR-Zeit zusammengelegt wurden, eine zweite Gebietsreform beschlossen, die als Ergebnis nur noch fünf große Landkreise für ganz Mecklenburg-Vorpommern vorsah (→ Abb. 3.18). In Westmecklenburg wurden mehrere Landkreise und die kreisfreie Stadt Wismar zusammengelegt. In Vorpommern entstanden aus vier Landkreisen zwei große Landkreise mit den Hauptstädten Stralsund bzw. Greifswald.

Auch mit dieser Gebietsreform, die allerdings den Zeitaufwand für die Bürger bei Behördengängen erhöht, bleiben die Herausforderungen für die Zukunft groß: So soll sich allein in Vorpommern bis zum Jahr 2030 die Bevölkerungszahl gegenüber 2001 um 16,7 % verringern.

Abb. 3.18: Bevölkerungsentwicklung, Prognose bis 2030

In der Karte der prognostizierten Bevölkerungsentwicklung ist ein deutliches **West-Ost-Gefälle** zu erkennen, was unter anderem mit der zunehmenden Entfernung der nordöstlichen Gebiete Mecklenburg-Vorpommerns von den benachbarten westlichen Bundesländern Schleswig-Holstein, Hamburg und Niedersachsen erklärt werden kann. Viele jüngere Menschen haben den Nordosten endgültig verlassen.

Auf dem **Tourismus als Entwicklungsfaktor** liegen große Hoffnungen für die Zukunft Mecklenburg-Vorpommerns. Dabei könnten sich die geringe Bevölkerungsdichte und der hohe Anteil naturnaher Flächen als wichtigstes Kapital erweisen. In Mecklenburg-Vorpommern werden verschiedene touristische **Schwerpunkträume** unterschieden:

- Die Mecklenburgische Ostseeküste reicht von der Lübecker Bucht im Westen bis zur Halbinsel Zingst im Osten.
- Die Vorpommersche Ostseeküste umfasst die touristisch erschlossenen Küstenbereiche der Inseln Rügen und Usedom.
- Die Mecklenburgische Seenplatte erstreckt sich im Binnenland von Schwerin im Westen nach Neubrandenburg im Osten und schließt den Nationalpark Müritz (Müritz = slawisch für „Kleines Meer") mit ein.
- Dazu kommen sehenswerte Städte, wie z. B. die alten Residenzstädte Schwerin und Neustrelitz. Die Hansestädte Wismar und Stralsund gehören zum **Welterbe** der UNESCO.

Allerdings ist die Auslastung der touristischen Einrichtungen und damit auch die Belastung der Natur noch sehr unterschiedlich. Während sich an der Ostseeküste bereits Überlastungserscheinungen zeigen, leiden die Gebiete im Binnenland unter einer zu geringen Auslastung.

Das **touristische Potenzial einer Region** wird mithilfe von drei Kategorien analysiert:

① Das **natürliche Angebot** umfasst die für den Tourismus relevante Naturausstattung einer Region. Dazu gehören z. B. Meeresküsten, Binnenseen, Flüsse, Flora und Fauna eines Gebietes (z. B. besondere Vegetationsformationen oder seltene Tierarten), Gesteinsformationen und die **Reliefenergie**. Unter dem Begriff Reliefenergie werden die Höhenunterschiede (Steigung des Geländes) in einer Region zusammengefasst. Besondere Naturlandschaften werden vor allem in Nationalparken geschützt.

② Das **anthropogene Angebot** beinhaltet die vom Menschen im Laufe der Geschichte geschaffenen Kulturlandschaften, Städte, Dörfer und Baudenkmäler. Manche Landschaften sähen ohne menschliche Eingriffe eher langweilig aus. Interessante Kulturlandschaften sind durch einen kleinräumigen Wechsel von Wiesen, Weiden, Feldern und Wäldern geprägt. Besonders erhaltenswerte Natur- und Kulturlandschaften werden zusammen in **Biosphärenreservaten der UNESCO** geschützt, wertvolle Städte, Dörfer und Baudenkmäler als **Weltkulturerbe** der UNESCO.

③ Zum **abgeleiteten Angebot** gehören alle für den Tourismus geschaffenen Einrichtungen wie Feriendörfer, Hotels, Restaurants, Rad-/Reitwege, Golfplätze, Freizeitparks. Der Standard des abgeleiteten Angebots ist wichtig für das **Image einer Region**.

3.5 Zentrale Orte und Metropolen

Die Bedeutung von Städten hängt nicht automatisch von ihrer Größe ab, sondern vor allem von den Funktionen für ihre Einwohner selbst und für die Bewohner des Umlandes, ihres **Einzugsbereichs**. Städte besitzen also einen Bedeutungsüberschuss, der Fachbegriff dafür lautet **Zentralität**.

Die **Theorie der Zentralen Orte** untersucht die Funktionen von Städten und ihre Stellung in der **zentralörtlichen Hierarchie** einer Region, eines Staates und darüber hinaus auch supranational (z. B. europäische Metropolen) oder weltweit (Global Cities). Seit Mitte der 1990er-Jahre gelten Städte mit Metropolfunktionen als höchste Stufe der zentralörtlichen Hierarchie in Deutschland. Sie haben nationale und vor allem auch internationale Verflechtungen. Ihr Einzugsbereich wird als **Metropolregion** bezeichnet und hat mehrere Millionen Einwohner. Die Metropolregion Hamburg z. B. wurde 2012 erweitert. Sie umfasst jetzt rund 30 000 km² und fast 5,4 Millionen Einwohner in Hamburg, Schleswig-Holstein, Niedersachsen und Mecklenburg-Vorpommern. Die Zusammenarbeit umfasst die Bereiche Planung, Verkehrsinfrastruktur, Umweltschutz, Tourismus und Marketing.

Zum Vergleich: Die Metropolregion Berlin-Brandenburg hat eine Fläche von rund 30 000 km² und rund 6 Millionen Einwohner.

Metropolen haben folgende Funktionen:

- **Entscheidungs- und Kontrollfunktionen:** Unternehmenszentralen nationaler oder transnationaler Unternehmen (Global Player) haben hier ihren Sitz. Dazu kommen staatliche oder regionale Regierungsfunktionen und Verwaltungen sowie unter Umständen supranationale Organisationen wie die Europäische Zentralbank in Frankfurt.
- **Funktion als Innovationszentrum:** Durch die hohe Dichte von Wissenschafts- und Forschungseinrichtungen sowie wissensintensiver Dienstleister entsteht ein hohes Innovationspotenzial. Außerdem ist ein vielfältiges kulturelles Angebot vorhanden. Aus einem **„kreativen Milieu“** heraus mit vielen persönlichen Kontakten entstehen Innovationen.
- **Gateway-Funktionen:** Eine gute nationale und internationale Erreichbarkeit durch eine hochrangige Verkehrsinfrastruktur (Flughafen, Autobahnknoten, ICE-Haltepunkt, Datenautobahnen) muss gegeben sein. Medien und Kongresse sollten eine große Rolle spielen für den Zugang zu Wissen. Als Zugang zu Märkten dienen vor allem nationale und internationale Messen und Ausstellungen.

In Deutschland gibt es neben **monozentrischen Metropolregionen** (Berlin, Hamburg und München) auch **polyzentrische Metropolregionen** wie Rhein-Ruhr und Rhein-Main (→ Abb. 3.8).

THEORIE DER ZENTRALEN ORTE

Die Theorie der Zentralen Orte wurde 1933 vom deutschen Geografen WALTER CHRISTALLER entwickelt. Sie fand nach dem Zweiten Weltkrieg internationale Verbreitung und Anerkennung und wurde auch für die Raumplanung nutzbar gemacht. Ein Zentraler Ort versorgt demnach nicht nur die eigene Bevölkerung, sondern auch die Bevölkerung seines Umlandes, des sogenannten Einzugsbereiches, mit Gütern und Dienstleistungen. Er besitzt also einen Bedeutungsüberschuss (= Zentralität).
Die Einzugsbereiche sind umso größer, je spezialisierter eine zentralörtliche Einrichtung ist. Somit entwickelt sich eine zentralörtliche Hierarchie, eine Abstufung der Zentralen Orte nach ihrer Bedeutung.

- Oberzentrum = Standort hochwertiger, spezialisierter zentraler Einrichtungen im wirtschaftlichen, politischen, sozialen und kulturellen Bereich. Mindestens 100 000 Einwohner im Zentralen Ort und 250 000 – 500 000 Einwohner im Verflechtungsbereich (Erreichbarkeit in maximal 90 Minuten mit dem ÖPNV).
- Mittelzentrum = Standort zentraler Einrichtungen, die ein vielfältiges Infrastrukturangebot für Bevölkerung und Wirtschaft mit regionaler Bedeutung bereitstellen. Mindestens 10 000 Einwohner im Zentralen Ort und 20 000 – 40 000 Einwohner im Verflechtungsbereich (Erreichbarkeit in maximal 60 Minuten mit dem ÖPNV).
- Grundzentrum = Standort wesentlicher Versorgungseinrichtungen zur Grundversorgung der Bevölkerung. Mindestens 2000 Einwohner im Zentralen Ort und 5000 Einwohner im Verflechtungsbereich (Erreichbarkeit in maximal 30 Minuten mit dem ÖPNV).

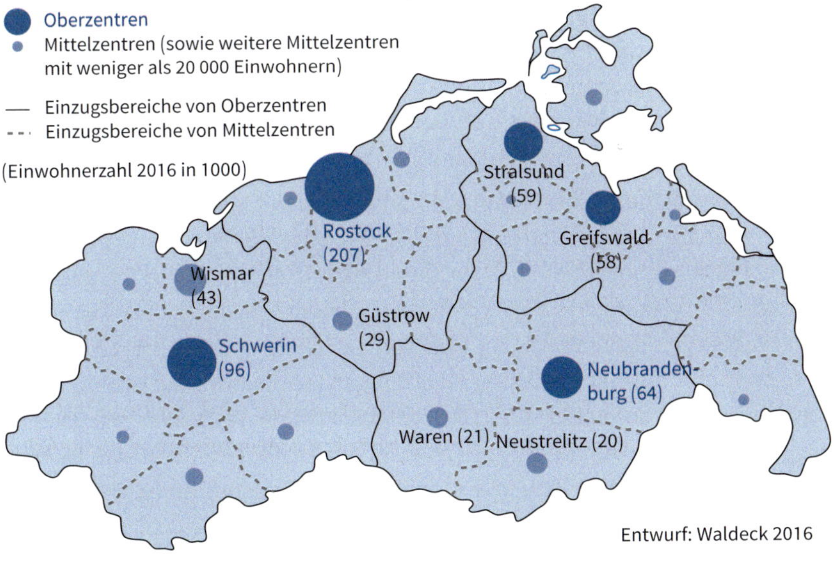

Abb. 3.19: Wichtige Zentrale Orte in Mecklenburg-Vorpommern

Metropolregion Berlin-Brandenburg

Der Begriff „Europäische Metropolregion“ wurde Mitte der 1990er-Jahre durch die Ministerkonferenz für Raumordnung (MKRO) eingeführt. Damit wurde die traditionelle Hierarchie der zentralen Orte durch die Kategorie der Metropolregion nach oben erweitert. Auf dieser Ebene steht nicht so sehr die Versorgungsfunktion, sondern die Innovations- und Entwicklungsfunktion für eine größere Region mit mehreren Millionen Einwohnern im Mittelpunkt. Die Metropolregion Berlin-Brandenburg hat insgesamt rund 6,1 Mio. Einwohner.

Metropolregionen sind Standortballungen höchstrangiger Steuerungs-, Dienstleistungs- und Infrastrukturfunktionen mit großräumigen, nationalen und v. a. auch internationalen Verflechtungen. In Deutschland gibt es neben monozentrischen Metropolregionen wie Berlin-Brandenburg, Hamburg und München auch polyzentrische Metropolregionen wie Rhein-Ruhr (siehe oben) und Rhein-Main.

Durch das Leitziel der dezentralen Konzentration soll die Schaffung gleichwertiger Lebensverhältnisse in allen Teilen der Metropolregion Berlin-Brandenburg erreicht werden. Dies gilt v. a. für die peripheren Regionen Brandenburgs im Nordwesten, Nordosten und Südwesten. Hier ist die Versorgung mit oberzentralen Einrichtungen in zumutbarer Entfernung bzw. in zumutbarer Zeitdistanz nicht gewährleistet.

Angesichts der knappen Finanzmittel des Landes Brandenburg wurden räumliche Prioritäten gesetzt und sieben „regionale Entwicklungsschwerpunkte“ als Förderschwerpunkte auf Zeit vorgeschlagen (vgl. die Karte):

① Die Oberzentren Brandenburg, Cottbus und Frankfurt (Oder)
② Die Mittelzentren mit Teilfunktionen eines Oberzentrums Neuruppin und Eberswalde/Finow,
③ Die Mittelzentren in Funktionsteilung Luckenwalde/Jüterbog sowie Lübben/Lübbenau.

Die Förderschwerpunkte sollen untereinander und mit Berlin durch überregionale Verkehrsachsen verbunden werden, um sie in ihrer Funktionsfähigkeit zu stärken. Die Metropole Berlin und das Oberzentrum Potsdam wurden mit ihren differenzierten Versorgungsangeboten und Funktionen bewusst ausgeklammert. Dafür besteht im engeren Verflechtungsraum um Berlin und um Potsdam herum ein besonderer raumplanerischer Handlungsbedarf, damit die nachholende Suburbanisierung aus Berlin heraus (seit 1990) in geordnete Bahnen gelenkt wird.

Auch die Ansiedlung von Industrie- und Dienstleistungsbetrieben am Berliner Autobahnring erfordert eine vorausschauende Standortplanung mit Schwerpunktbildung. Dazu eignen sich die bereits vorhandenen Mittelzentren im unmittelbaren Berliner Umland sowie die ausgewiesenen gewerblichen Schwerpunktstandorte. Nur so kann eine Zersiedlung vorhandener Freiräume und Biotope verhindert werden.

Besonders interessant ist die gemeinsame Raumplanung für die Metropolregion Berlin-Brandenburg: Um die Millionenstadt Berlin zu entlasten, wurden regionale Entwicklungszentren sowohl im sogenannten „Städtekranz" (Ober- und Mittelzentren mit Teilfunktionen eines Oberzentrums), als auch im äußeren Entwicklungsraum" (v. a. Mittelzentren – z. T. in Funktionsergänzung) eingerichtet. Damit soll die Grundversorgung auch im peripheren Regionen gewährleistet werden.

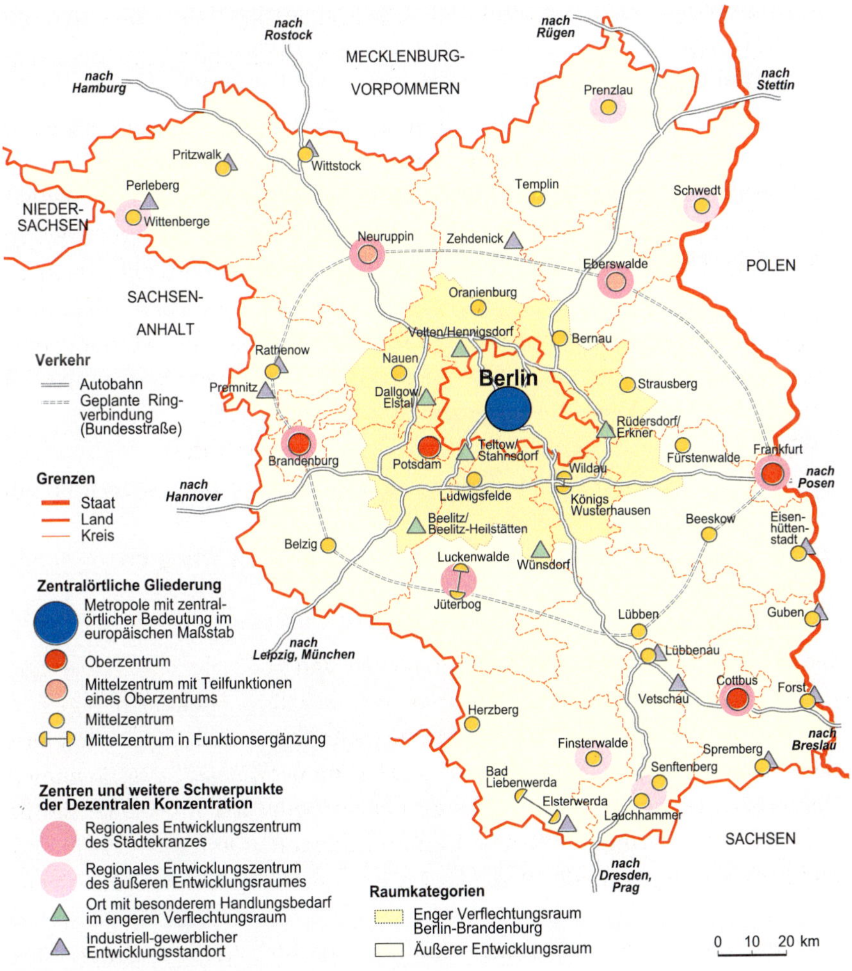

Abb. 3.20: Raumplanung in der Metropolregion Berlin-Brandenburg

Berlin – Citybereiche

Die untenstehende Karte zeigt die **Zentrumsbereiche** innerhalb der Stadtgrenzen von Berlin: Wilmersdorfer Str. (1) – Kurfürstendamm/Tauentzienstraße (2) – Potsdamer Platz/Leipziger Platz (3)– Friedrichstraße (4) und Alexanderplatz (S).

Für das gesamte Stadtgebiet werden außerdem Hauptzentren, Stadtteilzentren und Ortsteilzentren unterschieden. Das entspricht in etwa der Hierarchie, also der Rangordnung der Zentralen Orte, wie sie außerhalb von Großstädten zu beobachten ist:

- **Oberzentrum:** Innerhalb der Hierarchie Zentraler Orte besitzt ein Oberzentrum die höchste Zentralitat und versorgt die Bevölkerung mit hoch- bis höchstwertigen Gütern und Dienstleistungen v. a. des langfristigen bzw. episodischen Bedarfs. Innerhalb einer Großstadt ist dies das *Hauptzentrum*.
- Ein **Mittelzentrum** versorgt die Bevölkerung seines Einzugsgebietes mit Gütern und Dienstleistungen des mittelfristigen gehobenen Bedarfs. Innerhalb einer Großstadt spricht man von *Stadtteilzentren*.
- Ein **Grundzentrum** versorgt die Bevöllkerung seines zumeist relativ kleinen Einzugsbereiches mit Gütern und mit Dienstleistungen des täglichen Bedarfs. Innerhalb einer Großstadt spricht man von *Ortsteilzentren*.

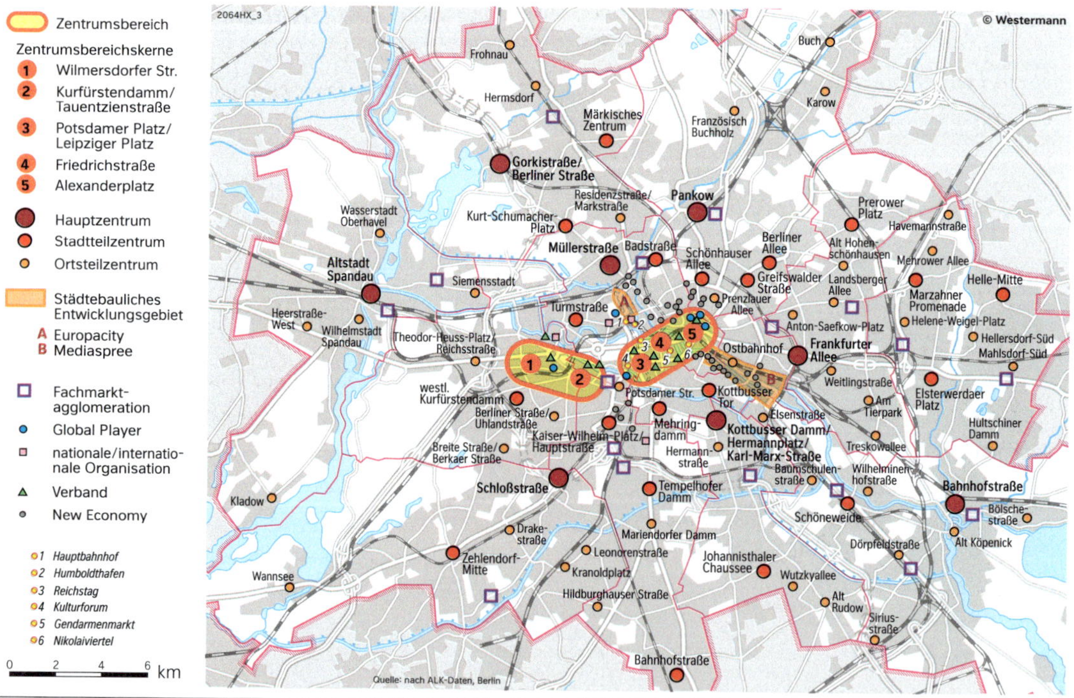

Abb. 3.21: Zentrumsbereiche Berlin

Deutschland

3

NATURRAUM DEUTSCHLAND

Wichtige Elemente des Naturraumes in Deutschland sind die Nord- sowie die Ostseeküste. Das Wattenmeer ist nicht nur Naturschutzgebiet, sondern auch UNESCO-Welterbe.
Weitere Naturräume sind das Norddeutsche Tiefland, die Mittelgebirge, der Grabenbruch der Oberrheinischen Tiefebene, das Alpenvorland und die Nördlichen Kalkalpen (mit der Zugspitze – 2963 m über NN).

LANDWIRTSCHAFT

- → Die Landwirtschaft in Deutschland ist in Bezug auf naturräumliche Bedingungen, Betriebsgrößenstruktur und Betriebsformen durch große Unterschiede gekennzeichnet: → Abb. 3.2 auf Seite 76 und geeignete Atlaskarten.
- → Die Lorenzkurve veranschaulicht die Betriebsgrößenstruktur (→ Abb. 3.3 auf Seite 77).

BEVÖLKERUNG

In diesem Zusammenhang solltest du die Begriffe **Gesamtfruchtbarkeitsrate**, **Opportunitätskosten**, und **Lebenserwartung** erklären können.

Der Altersdurchschnitt liegt aktuell bei 44,8 Jahren, die Lebenserwartung bei Frauen beträgt 83 Jahre, bei Männern beträgt sie 79 Jahre.

RÄUMLICHE DISPARITÄTEN

„Räumliche Disparitäten" sind Unterschiede in der Entwicklung von Staaten bzw. Regionen, die sich entscheidend auf Lebenserwartung, Lebensstandard, Lebensqualität und Lebenschancen auswirken.

ZENTRALE ORTE

Zentrale Orte haben nicht nur Funktionen für den Ort selbst, sondern auch für ihr Umland, den sog. Einzugsbereich. Die zentralen Orte besitzen also einen Bedeutungsüberschuss, der je nach Ausstattung mit Geschäften bzw. Behörden weit über die Stadtgrenzen hinausreichen kann (→ Seite 98).

4 Europa

In diesem Kapitel liegt der Schwerpunkt zunächst auf dem Kulturerdteil Europa, seinen Merkmalen und dem europäischen Einigungsprozess. Danach werden die Bevölkerungsentwicklung in Europa und die Zuwanderung nach Europa betrachtet. Die räumlichen Disparitäten in Europa insgesamt, die räumliche Polarisierung im zentralistischen Frankreich sowie der Massentourismus im Alpenraum sind weitere Schwerpunktthemen.

4.1 *Europa im Überblick*

Merkmale Europas

Physisch-geografisch betrachtet ist Europa eigentlich nur eine stark gegliederte Halbinsel der großen **Eurasischen Landmasse** und von dieser durch den Ural weniger scharf getrennt als Südasien durch den Himalaya. Auch ist die Bevölkerungszahl Europas mit rund 740 Millionen weniger als halb so groß wie die Südasiens (Indien und Nachbarstaaten) mit rund 1,6 Milliarden. Dennoch wird Europa – vorwiegend aus historisch-politischen Gründen – seit jeher als eigener Kontinent betrachtet:

- In der Antike entwickelte sich ein erstes Bewusstsein von der Besonderheit des **Okzidents** (Westen) im Gegensatz zum **Orient** (Osten). Hierzu gehört auch die Entwicklung von Demokratie und Philosophie im antiken Griechenland (Athen).
- Im Mittelalter wurde durch den Gegensatz von religiöser Macht (Papst) und weltlicher Macht (Kaiser und Könige) die absolute Vorherrschaft der Religion allmählich gebrochen und der Weg freigemacht für die Aufklärung und für die Rückbesinnung auf die Antike in der Neuzeit (seit 1500).
- Die Entwicklung unabhängiger Städte mit freien Bürgern und einer eigenen Verfassung gelang nur in Europa (Freie Reichsstädte in Deutschland und Stadtrepubliken in Italien).
- Vor allem in Westeuropa entwickelten sich seit der Neuzeit wissenschaftlich-technische und philosophische Innovationszentren.
- Die europäischen Seemächte (vor allem Spanien, Großbritannien und Frankreich) entdeckten und unterwarfen andere Erdteile. Sie bauten Kolonialreiche auf und prägten und besiedelten große Gebiete in Übersee.
- Nach dem verheerenden Dreißigjährigen Krieg (1618 – 1648) fiel Mitteleuropa in seiner Entwicklung weit zurück. Der Westfälische Frieden von 1648 war erstmals in der Geschichte völkerrechtlich verbindlich.

- Erst nach den leidvollen Erfahrungen und den großen Zerstörungen in beiden Weltkriegen (1914 – 18 bzw. 1939 – 45) begann die wirtschaftliche und politische Zusammenarbeit in Europa.
- Heute kann Europa nur noch gemeinsam in der globalen Konkurrenz der großen Weltwirtschaftsmächte bestehen.

Staaten und Grenzen

Bis zum Ersten Weltkrieg (1914 – 1918) existierten viele der heutigen Staaten Europas noch nicht: Irland gehörte zu Großbritannien, Polen war unter Russland, Österreich-Ungarn und dem Deutschen Reich aufgeteilt worden. Finnland, die Ukraine, Weißrussland, Moldau und die Baltischen Staaten gehörten zum Zarenreich. Tschechien, die Slowakei, Slowenien, Kroatien und Bosnien waren Teilgebiete der Doppelmonarchie Österreich-Ungarn. Als Folge der Pariser Friedensverträge von 1919 entstanden viele der heutigen Staaten, um bis 1990/91 zum Teil wieder in der neu entstandenen Sowjetunion oder in Jugoslawien aufzugehen.

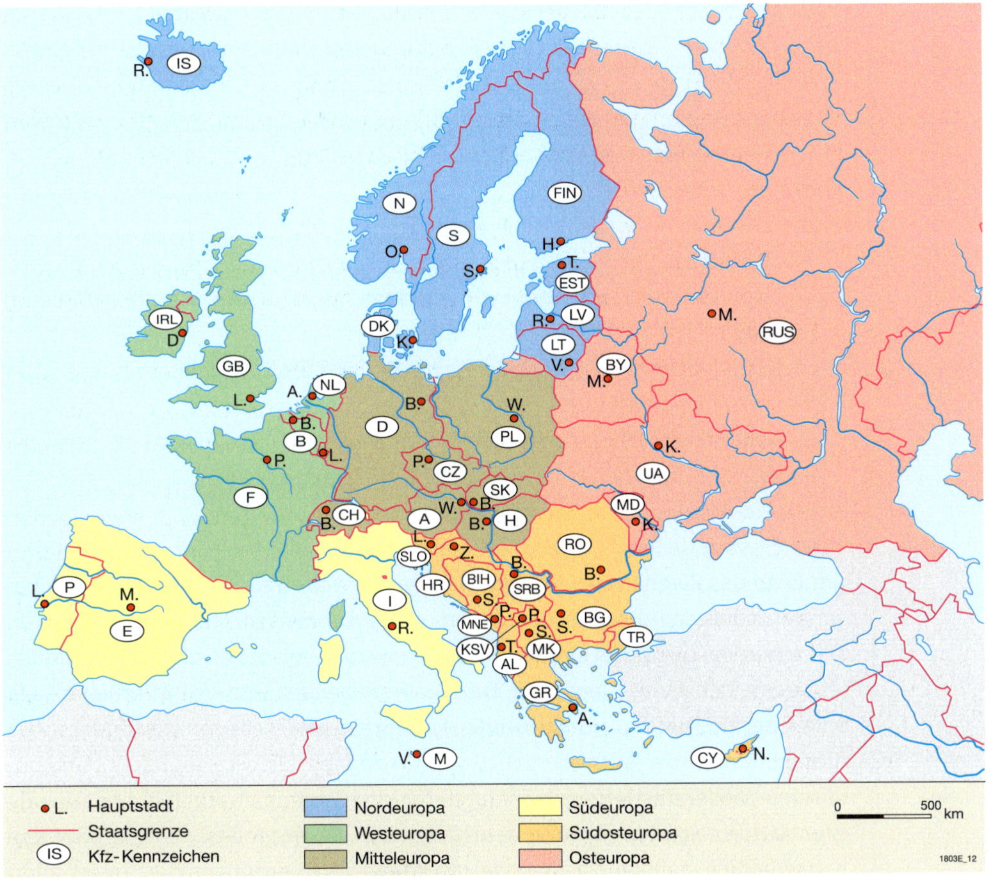

Abb. 4.1: Gliederung Europas nach Teilräumen und Staaten

4.2 Der europäische Einigungsprozess

1957	Unterzeichnung der Römischen Verträge. Diese gelten als Gründungsdokument der Europäischen Wirtschaftsgemeinschaft (EWG). Mitgliedsstaaten sind: Frankreich, Deutschland, Italien, die Niederlande, Belgien und Luxemburg (= Gründungsmitglieder)
1967	Zusammenfassung von EWG, Montanunion und Euratom zur Europäischen Gemeinschaft (EG)
1973	Beitritt des Vereinigten Königreichs, Irlands und Dänemarks zur EG (= **Westerweiterung**)
1978	Schaffung eines Europäischen Währungssystems (EWS) mit Verrechnungseinheit ECU (European Currency Unit)
1979	erste Direktwahlen zum Europäischen Parlament
1981	Beitritt Griechenlands zur EG
1986	Beitritt Spaniens und Portugals zur EG (= **Süderweiterung** der Gemeinschaft)
1987	Einheitliche Europäische Akte mit dem Ziel der Schaffung eines einheitlichen Binnenmarktes
1990	Beitritt der fünf neuen Bundesländer zur EG (= **kleine Osterweiterung**)
1992	Vertrag von Maastricht über die Europäische Union mit dem Ziel einer „Gemeinsamen Außen- und Sicherheitspolitik" (GASP) und einer engeren Zusammenarbeit in der Innen- und Rechtspolitik
1993	Verwirklichung des Europäischen Binnenmarktes mit freiem Waren-, Kapital- und Dienstleistungsverkehr
1995	Beitritt Schwedens, Finnlands und Österreichs zur EU (= **Norderweiterung**) **EU der 15**
2002	Einführung des Euro als gesetzliches Zahlungsmittel in zwölf Staaten der EU
2004	Große Osterweiterung: Beitritt der baltischen Staaten Estland, Lettland und Litauen sowie von Polen, Tschechien, der Slowakei, von Ungarn, Slowenien, Malta und Zypern (= **große Osterweiterung**) **EU der 25**
2007	Beitritt von Rumänien und Bulgarien zur EU (= **Südosterweiterung**)
2013	Beitritt von Kroatien zur EU
2017	Austrittsverhandlungen mit Großbritannien (Brexit bis 2019) – Die Beitrittsverhandlungen mit der Türkei liegen bislang weiterhin auf Eis.

Tab. 4.1: Entwicklung und Erweiterung der EU

Am Ende des Zweiten Weltkrieges 1945 waren weite Teile Europas zerstört, besonders Großstädte, Industrieanlagen und Verkehrswege. Mehr als 50 Millionen Menschen waren getötet worden, Millionen wurden vertrieben und viele Millionen lebten im Elend und hungerten. Dazu kamen die desolate wirtschaftliche Lage sowie der politische und kulturelle Niedergang eines ganzen Kontinents. Aus dieser Situation heraus kam es zu einem Umdenken: Ein wirtschaftlicher und politischer Wiederaufstieg erschien nur durch eine Zusammenarbeit über nationale Grenzen hinweg möglich. Außerdem hatten die USA ein großes Interesse an einem wirtschaftlich stabilen Westeuropa, um das weitere Vordringen der Sowjetunion

zu verhindern. Sie unterstützten daher die Kooperation und den Wiederaufbau in Westeuropa zwischen 1947 und 1952 mit ca. 13 Mrd. US-$.
Die Integration der Bundesrepublik Deutschland in die **Westeuropäische Union (WEU)** und in die NATO ab 1955 wäre ohne amerikanische Hilfe niemals gelungen. Während die WEU eine politische Wertegemeinschaft ist, ist die NATO ein Verteidigungsbündnis.

Den Ausgangspunkt für die wirtschaftliche Kooperation bildete die Gründung der **Europäischen Gemeinschaft für Kohle und Stahl** (EGKS – auch als „**Montanunion**" bezeichnet) im Jahr 1951. Aus ihr entwickelte sich die 1957 gegründete Europäische Wirtschaftsgemeinschaft (EWG), die 1958 in Kraft trat. Die **Gründungsmitglieder** waren die Benelux-Staaten, Deutschland, Frankreich und Italien. 1967 wurden EGKS, EWG und die Europäische Atomgemeinschaft (EURATOM) zur Europäischen Gemeinschaft zusammengefasst. Schrittweise sollte ein gemeinsamer Wirtschaftsraum entwickelt werden, zunächst im Bereich der Landwirtschaft. Durch den Abbau der Zölle nahm der Handel zwischen den Mitgliedsstaaten zu, und besonders die deutsche Industrie profitierte vom großen gemeinsamen Markt. Ab 1973 begann die Erweiterung der Europäischen Gemeinschaft (→ Tab. 4.1), die sich zu einem Erfolgsmodell für Frieden und Wohlstand entwickelte und bis heute eine hohe Anziehungskraft besitzt. Ein weiterer bedeutsamer Schritt hin zur Schaffung eines einheitlichen Wirtschaftsraumes gelang der EG 1987 mit der Einheitlichen Europäischen Akte. Bis 1992 sollte demnach ein einheitlicher Binnenmarkt entstehen. Dazu sollten noch vorhandene Handelshemmnisse beseitigt werden. Die **vier Freiheiten des Binnenmarktes** sind (Zielvorgaben):

Freier Personenverkehr: Wegfall von Grenzkontrollen (dafür aber verstärkte Außenkontrollen) und Niederlassungs- sowie Beschäftigungsfreiheit für EU-Bürger ebenso wie für Unternehmen der EU
Freier Dienstleistungsverkehr: Liberalisierung der Finanzdienstleistungen sowie Öffnung der Transport- und Telekommunikationsmärkte
Freier Warenverkehr: Wegfall von Grenzkontrollen und Umsetzung von EU-Normen und Vorschriften.
Freier Kapitalverkehr: Größere Freizügigkeit für Geld- und Kapitaltransfers, Liberalisierung des Wertpapierhandels

Tab. 4.2: Die vier Freiheiten des Binnenmarktes

Der **Maastrichter Vertrag** von 1992 war die Grundlage für die Errichtung der Europäischen Union, die schrittweise erfolgen soll. Der bereits bestehenden europäischen Gemeinschaftspolitik sollten damit zwei weitere Säulen hinzugefügt werden: eine gemeinsame Außen- und Sicherheitspolitik und die Zusammenarbeit in der Innen- und Rechtspolitik. Von einer einheitlichen Außen- und Sicherheitspolitik ist die EU derzeit aber noch weit entfernt.

4.3 Bevölkerung und Migration

Ohne den asiatischen Teil Russlands ist Europa der am dichtesten besiedelte Kontinent. Rund 745 Millionen Menschen leben heute in Europa. Das sind – einschließlich der Russischen Föderation – 9,9 % der Weltbevölkerung, während es im Jahr 1900 noch knapp 27 % waren. Die zehn bevölkerungsreichsten Staaten Europas sind in der angegebenen Reihenfolge (Einwohner in Mio. gerundet):

- Russische Föderation (143)
- Deutschland (84)
- Großbritannien (68)
- Frankreich (65)
- Italien (59)
- Spanien (48)
- Ukraine (37)
- Polen (41)
- Rumänien (20)
- Niederlande (18)

Die Bevölkerungsdichte der Flächenstaaten variiert von 4 Ew./km² in Island bis zu 421 Ew./km² in den Niederlanden. Dabei sind auch räumliche Disparitäten innerhalb von Staaten zu beachten: In Island z. B. lebt etwa die Hälfte der Gesamtbevölkerung im Großraum Reykjavik, auf den Rest des Landes entfallen also durchschnittlich 2 Ew./km². In den regionalen Unterschieden der Bevölkerungsdichte werden einerseits die naturräumlichen Disparitäten in Bezug auf Relief, Klima und Böden deutlich, andererseits die wirtschaftlichen Konzentrationsprozesse auf die großen Ballungsräume (Agglomerationen). In Zukunft wird die Bevölkerungszahl Europas wegen der Zuwanderung zunächst zunehmen. Prognosen mit Zuwanderung gehen von folgenden Zahlen aus: 745 Mio. (im Jahr 2017) – 751 Mio. (im Jahr 2030) – 736 Mio. (im Jahr 2050).

Auswanderung

Nicht nur strenge Heiratsregeln hielten den Bevölkerungszuwachs in Westeuropa in Grenzen, sondern auch die historisch einmalige Möglichkeit der Auswanderung nach Übersee in europäische Kolonien bzw. in europäisch geprägte Staaten.

Wichtige Gründe für die Emigration waren vor allem

- Hungersnöte und Kriege in Europa,
- die Flucht vor religiöser, ethnischer und politischer Unterdrückung und Verfolgung bzw. vor sozialen Zwängen,
- die hohe Bevölkerungsdichte in vielen ländlichen Regionen Europas und damit Landknappheit sowie
- die wirtschaftliche Not vieler Handwerksbetriebe und Heimarbeiter durch die industrielle Konkurrenz nach 1850.

Besonders deutlich sind die Zusammenhänge zwischen der Unterdrückung und Marginalisierung der irischen Bevölkerung während der britischen Herrschaft bis 1921 und darüber hinaus, sowie den Hungersnöten und der massiven Emigration vieler Iren vor allem in die USA. Dadurch sank die Bevölkerungszahl in Irland von 8,1 Millionen auf 4,3 Millionen im Zeitraum von 1841 bis 1951. Wichtigstes Zielgebiet der europäischen Auswanderung waren die USA mit etwa 33 Millionen Menschen (60 %), gefolgt von Argentinien mit etwa 5,4 Millionen (10 %), Kanada mit etwa 4,5 Millionen (8 %) und Brasilien mit etwa 3,8 Millionen (7 %). Mit der Industrialisierung West- und Mitteleuropas sank allmählich die Zahl der Emigranten. Um 1950 ging das „Jahrhundert der großen Auswanderung" in Europa zu Ende. Stattdessen verstärkte sich die Binnenmigration in Europa sowohl innerhalb von Staaten als auch über Staatsgrenzen hinweg. So zogen z. B. zahlreiche Süditaliener in die Industriegebiete des Nordens.

Einwanderung

Grundsätzlich erhalten Flüchtlinge und Asylbewerber Aufenthaltsrecht in der EU, sofern sie ihr Heimatland „aus Furcht vor Verfolgung, aus politischen, religiösen, ethnischen und nationalen Gründen oder wegen der Zugehörigkeit zu einer sozialen Gruppe" verlassen mussten (**Genfer Flüchtlingskonvention von 1951**). Die Gründe für die Migration können sehr unterschiedlich sein, unterscheiden sich aber kaum von denen der Europäer für die Migration nach Übersee im 19. und 20. Jahrhundert: die Hoffnung auf Sicherheit und auf einen gewissen Wohlstand.

Bevölkerungsentwicklung und -verteilung

Als entscheidend für die natürliche Bevölkerungsentwicklung gilt die **Gesamtfruchtbarkeitsrate** (Total Fertility Rate – TFR). Diese Rate steht für die tatsächliche Zahl der Geburten pro Frau in der **reproduktiven Altersphase** von 15 bis 45 Jahren. Um die Bevölkerung stabil zu halten, ist eine TFR von 2,1 erforderlich. Die Rate liegt aber inzwischen in allen europäischen Staaten unter 2,0 – in Deutschland z. B. bei 1,6. Die höchsten Werte erreichten Frankreich und Irland mit 1,8 – gefolgt von Dänemark, Großbritannien und Island mit 1,7. Auch in diesen Staaten Europas wird also die Bevölkerungszahl bis 2050 nur noch durch Zuwanderung steigen.
Die Bevölkerungsentwicklung in einem Staat oder in einer Region kann mit zwei statistisch erfassbaren Faktoren erklärt werden:

- Natürlicher Bevölkerungssaldo pro 1 000 Einwohner (= Geburtenrate minus Sterberate in Promille)
- Internationaler bzw. interregionaler Wanderungssaldo pro 1 000 Einwohner (= Zuwanderung minus Abwanderung in Promille)

4.4 Kulturräume und Minderheiten

Kultur ist ganz allgemein die vom Menschen geschaffene künstliche Umwelt im Unterschied zur natürlichen Umwelt. Aufbauend auf einer geistigen Kultur (Sprache, Religion, Wertvorstellungen und Gesellschaftsnormen, Ästhetik und Wissenschaft) gibt es eine materielle Kultur (Architektur, Technik und Infrastruktur). Der Begriff **Zivilisation** bezeichnet den gesellschaftlichen, wirtschaftlichen oder technologischen Entwicklungsstand. Eine sogenannte **Hochkultur** definiert sich über herausragende wissenschaftliche, literarische, musische oder künstlerische Leistungen der geistigen Elite einer Nation. Im Gegensatz dazu beinhaltet die **Alltagskultur** Werte, Symbole, Helden (besonders im Sport), Idole, Rituale, Verhaltensregeln und Bräuche des Alltags. Diese werden vermittelt über die Sozialisation des Individuums, das heißt über das Hineinwachsen in eine bestimmte Gesellschaft und Kultur sowie über deren Massenmedien.

Wichtige Bereiche der Alltagskultur sind unter anderem:
- Wohnkultur und Esskultur
- Gebrauchsgegenstände (z. B. Autos)
- Mode und Design
- Freizeit und Sport
- Kino, Fernsehen und Internet
- Unterhaltungsmusik und -literatur
- Werbung

Die wichtigsten **Merkmale zur Abgrenzung** unterschiedlicher Kulturen sind Sprache und Religion bzw. Wertvorstellungen. Allerdings gibt es meist keine klaren Grenzlinien, sondern Übergangsräume mit sprachlichen oder religiösen Minderheiten. Viele Staatsgrenzen – nicht nur in Europa – durchschneiden Kulturräume, insbesondere Sprachräume, und trennen Minderheiten ab.

Unter einer **Minderheit** wird eine Bevölkerungsgruppe verstanden, die sich aufgrund folgender Kriterien von der Mehrheit der Einwohner in einem Staat unterscheidet:
- kulturelle Faktoren (Sprache, Religion, Geschichte, Lebensstil, Werte und Normen)
- soziale Identität (Zugehörigkeitsgefühl, Zusammengehörigkeitsgefühl)
- räumliche Konzentration in bestimmten Regionen eines Staates bzw. in Wohngebieten oder sogar in Ghettos innerhalb von Städten, besonders von Großstädten

Eine große Herausforderung für die Erhaltung der kulturellen Vielfalt in Europa stellt der wirksame **Schutz der Minderheiten** gegen Unterdrückung bzw. kulturelle **Assimilation** (= erzwungene Angleichung) dar. In der Geschichte der europäischen Nationalstaaten waren Angehörige religiöser, ethnischer und nationaler Minderheiten Opfer von Diskriminierung, von Vertreibung und sogar von Völkermord (Genozid). Als Ergebnis der Kopenhagener Konferenz der Organisation für Sicherheit und Zusammenarbeit in Europa (OSZE) „Über die menschliche Dimension" von 1990 wurden daher unter anderem folgende individuelle Rechte für Angehörige von Minderheiten in Europa festgelegt:

- Gebrauch der Muttersprache, Schulunterricht in der Muttersprache oder mit der Muttersprache als Unterrichtsfach sowie Freiheit der Religionsausübung
- Garantie grenzüberschreitender Kontakte zu Angehörigen der eigenen Volksgruppe
- Schutz und Förderung der kulturellen Identität nationaler Minderheiten
- Einrichtung regionaler, autonomer Verwaltungseinheiten für Minderheiten

Die Kopenhagener Dokumente wurden wegen des Widerstands einzelner Staaten völkerrechtlich nicht verbindlich, sondern sind nur Vereinbarungen, die als Richtschnur für die Mitgliedsstaaten der **OSZE** dienen sollen. Insbesondere Frankreich und die Türkei wollen wegen ihrer besonderen Auffassung von Staat und Nation die Rechte ihrer Minderheiten nicht anerkennen. Sie fürchten, die nationale Einheit zu gefährden. Ein völkerrechtlich verbindlicher Minderheitenschutz gilt daher bislang nur für anerkannte Minderheiten in bestimmten Staaten, wie z. B. in Deutschland. Hier gibt es folgende Minderheiten mit Sonderrechten (Anzahl in Klammern):

OSZE = Organisation für Sicherheit und Zusammenarbeit in Europa

- Sorben (Wenden) in der Lausitz (60 000)
- Dänen in Südschleswig (50 000)
- Friesen in Nordfriesland und auf Helgoland (10 000)
- Friesen im Saterland (2000)
- Sinti und Roma bundesweit (70 000)

Konflikte zwischen Kulturen entstehen in erster Linie durch soziale Benachteiligung und/oder politische Unterdrückung von Minderheiten. Beispiele für solche Konflikte:

- Sprachkonflikte: Baskenland, Korsika, Kosovo, Krim (Tataren)
- Religionskonflikte: Nordirland, Bosnien, Kosovo, Krim

Die meisten **europäischen Sprachen** sind indoeuropäische Sprachen in einem Verbreitungsgebiet, das von Island im Nordwesten bis nach Bengalen in Südasien reicht. Die meisten Menschen sprechen in Europa das Russische als Muttersprache (rund 170 Millionen), vor allem in Russland selbst (einschließlich Sibirien), aber auch im Osten der Ukraine, in Weißrussland und als Minderheitensprache im Baltikum. Deutsch wird von insgesamt etwa 95 Millionen Menschen als Muttersprache gesprochen. Damit ist Deutsch innerhalb der EU die wichtigste Muttersprache, gefolgt von Französisch, Englisch und Italienisch mit jeweils ca. 60 Millionen Sprechern. Englisch ist in Europa die wichtigste Fremdsprache.

Die wichtigsten Zweige der indoeuropäischen Sprachfamilie sind folgende:
Germanische Sprachen (u. a. Englisch, Deutsch, Niederländisch und die skandinavischen Sprachen ohne Finnisch)
Romanische Sprachen (u. a. Französisch, Italienisch, Spanisch, Portugiesisch, Rumänisch)
Slawische Sprachen (u. a. Russisch, Ukrainisch, Polnisch, Tschechisch, Slowakisch)

4.5 Naturräumliche Grundlagen

Erdgeschichtliche Entwicklung

Nimm zur räumlichen Einordnung für diese Doppelseite eine geologische Karte im Schulatlas zur Hand.

Ur-Europa: Der älteste europäische Festlandskern (**Kraton**) wird in der Theorie der **Plattentektonik** als Baltika bezeichnet. Er entstand bereits im geologischen Zeitalter des Präkambrium. Das Präkambrium umfasst den langen Zeitraum von der Entstehung der Erde vor ca. 4,6 Milliarden Jahren bis 570 Millionen Jahre vor unserer Zeit, also etwa 88 % der bisherigen Erdgeschichte. Der damals entstandene Kraton besteht aus dem Baltischen Schild (Skandinavien ohne Norwegen) und aus der Russischen Plattform, die heute größtenteils von Sedimenten bedeckt ist (→ geologische Karte im Atlas). Die ältesten Gesteine Europas sind auf der Halbinsel Kola im Nordosten Skandinaviens zu finden; sie sind etwa 3,5 Milliarden Jahre alt.

Paläo-Europa (Alt-Europa): Rund 400 Millionen Jahre vor unserer Zeit, im Paläozoikum, kollidiert Baltika mit dem Nordamerikanischen Urkontinent Laurentia (heute: Kanadischer Schild). Teile des Laurentischen Urkontinents werden in der sogenannten Kaledonischen **Gebirgsbildung** fest mit Europa verbunden: das norwegische Gebirge (**Skanden**), die Gebirge in Schottland, in Nordengland und in großen Teilen Irlands. Danach öffnet sich der Vorläufer des Atlantiks, der Iapetus-Ozean, und Europa und Nordamerika driften wieder auseinander.

Meso-Europa: Im Zeitalter des Karbon mit seinen Steinkohle-Wäldern (345 bis 280 Millionen Jahre vor der Gegenwart) kollidiert Europa erneut mit Laurentia. Dabei werden das Armorikanische Gebirge in England und Frankreich, das Variskische Gebirge vom französischen Zentralmassiv bis zur Böhmischen Masse im heutigen Tschechien und die Iberische Scholle (große Teile von Portugal und Spanien) an Europa angefaltet. Gleichzeitig werden die Russische Plattform und die Chinesische Masse mit dem **Kraton** Sibiria verschweißt – die Eurasische Landmasse entsteht. Der Ural bildet eine sogenannte **Sutur** (wörtlich: Schweißnaht).

Kraton = alte, verfestigte und nicht mehr faltbare Bereiche der Erdkruste

Neo-Europa: In der Oberkreide, vor etwa 100 Millionen Jahren, beginnt die Kollision Europas mit der Afrikanischen Platte. Im Zuge der **Alpidischen Gebirgsbildung** entsteht im Mittelmeerraum (und darüber hinaus in Asien) ein ausgedehnter Faltengebirgsgürtel mit zahlreichen Hochgebirgen: Sierra Nevada, Pyrenäen, Alpen, Apennin, Dinarisches Gebirge, Karpaten, Balkan und Pindos. Die zahlreichen **Erdbeben** und der aktive **Vulkanismus** zeigen, dass die Kollision der Eurasischen mit der Afrikanischen Platte bis heute andauert und dass besonders die Menschen in Südeuropa weiterhin von schweren Naturkatastrophen bedroht sind.

Klima und Vegetation

Subpolare Klimazone: Die Jahresdurchschnittstemperatur liegt um und unter 0 °C. In den kalten Wintern herrschen die polaren Ostwinde vor, die aus dem Kältehoch über der Arktis strömen. Entscheidend für die Untergliederung ist die Wachstumszeit, also die Zahl der Tage mit einer Durchschnittstemperatur von mehr als 5 °C: a. baumlose Tundra (unter 100 Tage) mit Flechten, Moosen, Gräsern und Zwergsträuchern sowie b. Taiga = borealer Nadelwald (mit 100 bis 170 Tagen).

Obwohl Europa der zweitkleinste Kontinent ist, sind hier – mit Ausnahme der Tropen – alle großen Klimazonen der Erde vertreten.

Gemäßigte Zone: Die Jahresdurchschnittstemperatur liegt bei 8 °C, die charakteristische Vegetation ist der sommergrüne Laub- und Mischwald, der fast überall der land- und forstwirtschaftlichen Nutzung mit ihren Monokulturen weichen musste. Bei maximal fünf humiden Monaten bilden sich im kontinentalen Bereich winterkalte Steppen mit Gräsern und Zwergsträuchern aus.

Subtropische Zone: Die Jahresdurchschnittstemperatur liegt bei 18 °C. Im Sommer wird das Klima bestimmt vom subtropischen Hochdruckgürtel (Voraussetzung für den Tourismus). Im Winter dagegen bringen Zyklonen der Westwindzone teils ergiebige Regenfälle (Winterregengebiet). Die mediterrane Hartlaubvegetation hat sich in Anpassung an die lang anhaltende sommerliche Trockenzeit entwickelt (vgl. → Seite 62 ff.).

Abb. 4.2: Durch den Klimawandel betroffene Gebiete im Mittelmeerraum

4.6 Europa – Räumliche Disparitäten

Überblick

Die räumlichen Disparitäten in Europa können in einem **Zentrum-Peripherie-Modell** dargestellt werden (→ Abb. 4.3). Der Hauptwirtschaftsraum Europas erstreckt sich vom Südosten Englands über die sogenannte Rheinachse oder Rheinschiene und die Schweiz bis nach Oberitalien. Parallel zu diesem, auch als „Blaue Banane" bezeichneten Raum verläuft die Achse Le Havre – Paris – Lyon – Marseille in Frankreich, die dort die wichtigsten Wirtschaftsräume miteinander verbindet. Lille und Straßburg bilden die Tore zum **Hauptwirtschaftsraum** (s. o.).

Am Rande der EU (und verkehrstechnisch außer mit dem Flugzeug nur schwer erreichbar) liegen die nördliche, die atlantische und die südliche oder mediterrane Peripherie. Im Norden wird die wirtschaftliche Nutzung behindert durch den Mangel an Wärme und Licht (Polarnacht im Winter) und im Süden vor allem durch Hitze und Wassermangel im Sommer. Im Westen sorgen starke Niederschläge für eine Auswaschung der Nährstoffe aus den zumeist armen Böden in Irland, Schottland, Wales und in der Bretagne. Dazu kommen überall politische, wirtschaftliche, soziale und kulturelle Faktoren der Unterentwicklung. Diese können aber durchaus überwunden werden, wie die Beispiele Island, Norwegen, Irland, Malta und Zypern zeigen.

Das gravierendste Entwicklungsgefälle in Europa besteht zwischen der wohlhabenden Westhälfte Europas und der ärmeren Osthälfte mit wirtschaftlichen **Transformationsproblemen**. Unter der Transformation ist der wirtschaftliche Umbau von der Planwirtschaft (genaue Bezeichnung: Zentralverwaltungswirtschaft) in den bis 1990/91 sozialistischen Staaten des ehemaligen Ostblocks hin zu einer funktionierenden Marktwirtschaft zu verstehen. Durch den wirtschaftlichen Aufschwung in den Staaten Ostmitteleuropas (OME) sind dort Einkommen und Lebensstandard deutlich gestiegen, sodass sich am Übergang zu Ost- bzw. Südosteuropa ein neues **Wohlstandsgefälle** gebildet hat.
Mit besonderen Problemen sehen sich die Bewohner der politisch instabilen Gebiete Europas konfrontiert. Hier behindern oder verhindern ethnische, sprachliche oder religiöse Konflikte die wirtschaftliche und soziale Entwicklung. Als **„Sunbelt" Europas** wird ein Gürtel bezeichnet, der sich vom Nordosten Spaniens (Katalonien) über den Süden Frankreichs bis nach Mittelitalien (Toskana) zieht. In Anlehnung an den Sunbelt im Süden der USA (von Florida bis nach Kalifornien) wird damit eine sonnenreiche Region herausgehoben, die durch das mediterrane Klima als besonders attraktiv für Tourismus, Wissenschaft und Forschung gilt. Auch der Zuzug vor allem wohlhabender älterer Menschen ist ein weiteres Merkmal des europäischen Sunbelt.

In → Abb. 4.3 wird die räumliche Konzentration des tertiären Sektors in Europa deutlich, und zwar durch die hierarchisch (nach Bevölkerungszahl bzw. wirtschaftlicher Bedeutung) abgestuften Metropolregionen und durch die wichtigsten Verkehrsachsen.

Als größte **Metropolregionen** sind London, Paris und die Agglomeration Rhein-Ruhr im Westen Europas hervorgehoben, Moskau im Nordosten als größte und bedeutendste Stadt Russlands sowie Istanbul im Südosten als Megastadt am Bosporus und Wirtschaftszentrum der Türkei. Die Hauptstädte Berlin, Rom und Madrid stehen hier auf einer Stufe mit den Wirtschafts- bzw. Finanzzentren Frankfurt, Mailand und Barcelona. Auf derselben Stufe stehen auch z. B. Zürich (Finanzzentrum – nicht auf der Karte) und Brüssel mit dem EU-Parlament sowie der EU-Kommission als inoffizielle Hauptstadt Europas. Name und Lage aller in der Karte abgedruckten Metropolen sollten im Abitur bekannt sein.

Wichtige Verkehrsachsen müssen über leistungsfähige Autobahnen und über schnelle Zugverbindungen verfügen. Außerdem müssen solche Achsen wichtige internationale Verbindungen herstellen, und es sollten große Personenzahlen und/oder große Gütermengen auf ihnen transportiert werden. Der Bau bzw. Ausbau

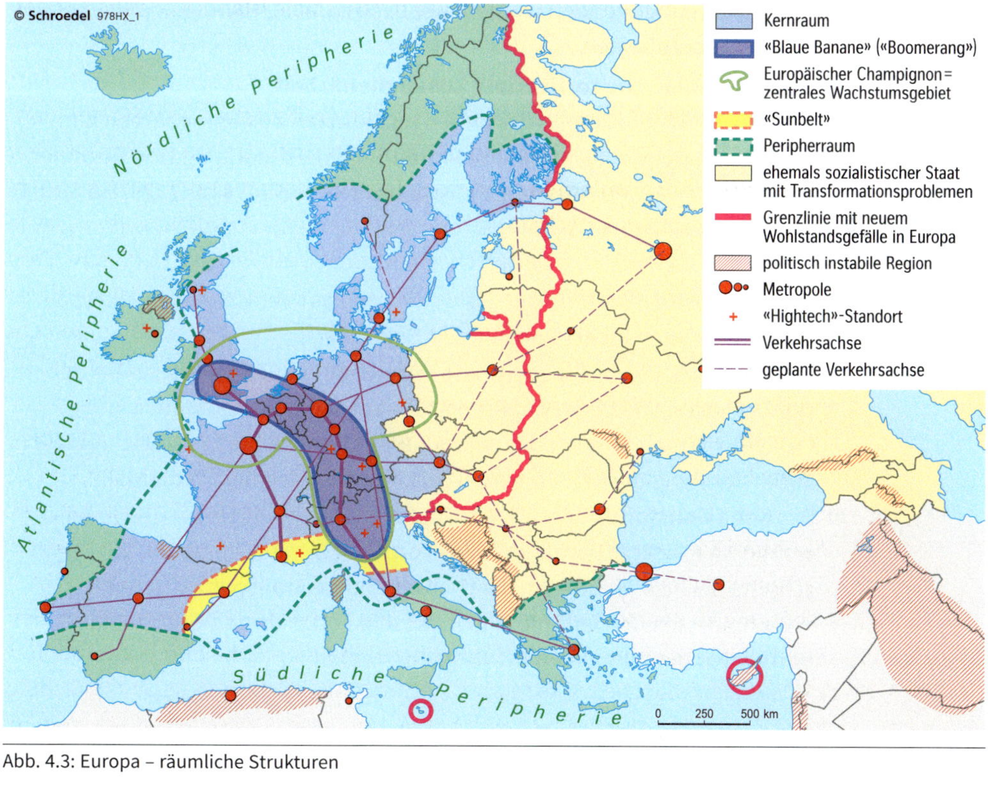

Abb. 4.3: Europa – räumliche Strukturen

bestimmter **transnationaler Achsen** wird durch die Raumordnungspolitik der EU besonders gefördert. Besonders spektakuläre Projekte waren der Eurotunnel oder die Öresundbrücke. In Bau bzw. in Planung sind der Brenner-Basistunnel durch die Österreichischen/Italienischen Alpen und eine Brücke vom italienischen Festland nach Sizilien.

EU-REGIONALPOLITIK

Die größte Herausforderung für die EU in der Zukunft ist weiterhin die wirtschaftliche und politische Integration der Beitrittsländer in Ostmitteleuropa (seit 2004) bzw. in Südosteuropa: Rumänien und Bulgarien seit 2007, Kroatien (seit 2013).

Folgende Ziele der **Regionalpolitik** werden mit den Geldern aus den Strukturfonds der EU verfolgt:

- **Ziel 1: Investitionen in Wachstum und Beschäftigung**
  Die Höhe der Unterstützung aus den beiden Strukturfonds und des nationalen Anteils (Kofinanzierungsanteil 15 bis 50 %) hängen vom Entwicklungsniveau ab:
  Aus dem Gesamttopf von 313,2 Mrd. € in Preisen von 2011 sollten von 2014 bis 2020 mehr als 50 % an weniger entwickelte Regionen vergeben werden (BIP je Einwohner weniger als 75 % des EU-27-Durchschnitts).
- **Ziel 2: Europäische territoriale Zusammenarbeit**
  Stärkung der grenzüberschreitenden territorialen Zusammenarbeit zur Bewältigung gemeinsamer Herausforderungen. Förderfähig sind Regionen der EU an Land- und Seegrenzen. Fördermittel von 2014 bis 2020: 8,9 Mrd. € in Preisen von 2011.

Die Mittel für die Umsetzung der Ziele stammen aus verschiedenen europäischen Struktur- und Investitionsfonds – Beispiele:

- **Europäischer Fonds für regionale Entwicklung (EFRE)** – dieser berücksichtigt insbesondere Maßnahmen zur nachhaltigen Stadtentwicklung, Gebiete mit natürlichen oder demographischen Nachteilen sowie Gebiete in äußerster Randlage (z. B. die französischen Überseedépartements).
- Der **Kohäsionsfonds** unterstützt Mitgliedsstaaten mit einem BNE je Einwohner in Kaufkraftparitäten (KKP) von weniger als 90 % des EU-27-Durchschnitts bei Investitionen in die Umwelt und bei transeuropäischen Verkehrsnetzen (förderfähig sind in diesem Fonds derzeit Griechenland, Portugal und die 13 neuen EU-Mitgliedsstaaten).

Zentralismus und Raum – Beispiel Frankreich

Unter dem Begriff **Zentralismus** versteht man die geschichtlich bedingte Konzentration politischer und wirtschaftlicher Macht sowie von Bevölkerung, Kultur- und Bildungsangeboten in einer Hauptstadtregion, die alle anderen Städte des Landes an Einwohnerzahl und an Bedeutung weit überragt. Hier laufen die wichtigsten Verkehrsachsen des Staates zusammen, und von hier aus werden alle Regionen zentral verwaltet und kontrolliert.

GEO-PRAXIS: INTERPRETATION THEMATISCHER KARTEN

Die nebenstehende thematische Karte zeigt die Verwaltungsgliederung des Großraums Paris sowie dessen funktionale Abgrenzung.
Den Kern bildet die Kernstadt Paris selbst, das Département Seine (75) mit 2,15 Mio. Einwohnern im Jahr 2023/24. Damit hat die Kernstadt Paris weniger Einwohner als Berlin mit 3,4 Mio.
Zur Région Parisienne gehört aber auch die Petite Couronne (kleiner Kranz bzw. Innenring), bestehend aus drei Départements mit zusammen rund 4,6 Mio. Einwohnern.
Wird die Grande Couronne (großer Kranz bzw. Außenring) hinzugenommen mit ihren vier großen Départements und zusammen rund 5,35 Mio. Einwohnern, dann ergibt sich für die Region Ile-de-France eine Bevölkerungszahl von 12,2 Mio. Einwohnern. Dabei ist aber die **Agglomeration** von Paris – der eigentliche verstädterte Ballungsraum – nach der Definition des französischen Statistik-Instituts INSEE deutlich kleiner als die Region Ile de France. Die **administrative Zersplitterung** des Umlandes in 7 Départements mit nicht mehr als jeweils 1,1 bis 1,5 Mio. Einwohnern, war politisch beabsichtigt, um Ungleichgewichte zu vermeiden.

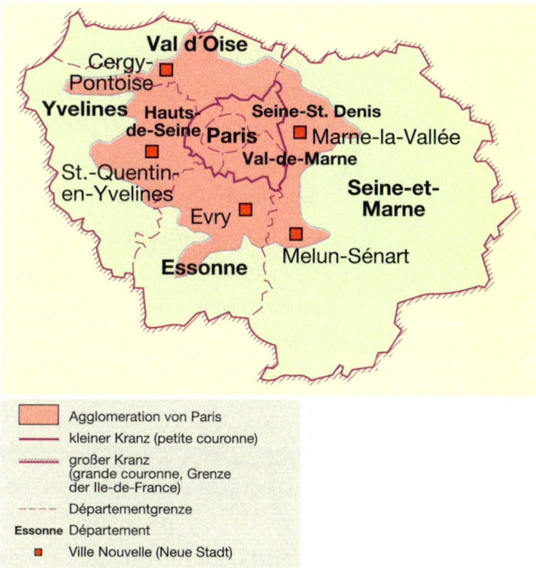

Abb. 4.4: Großraum Paris

Paris liegt zwar im Zentrum des größten agrarischen Gunstraumes Westeuropas und im Schnittpunkt wichtiger Verkehrswege von Nordwesteuropa nach Südwesteuropa. Auf ganz Frankreich bezogen liegt es aber eher dezentral in der Nordhälfte des Landes. Unter römischer Herrschaft war Lyon (Lugdunum) die wichtigste Stadt und der wichtigste Verkehrsknotenpunkt des damaligen Gallien. Der Aufstieg von Paris begann erst mit der Dynastie der Kapetinger im Westfrankenreich. Diese erhoben Paris 987 zu ihrer Residenzstadt, also vor mehr als 1000 Jahren. Von einem relativ kleinen Kernraum um Paris und am Loirebogen dehnten die französischen Könige ihr Herrschaftsgebiet bis 1789 fast an die heutigen Grenzen Frankreichs aus. Die Macht wurde von Anfang an beim Königshaus in Paris konzentriert und der Adel in der Provinz wurde konsequent entmachtet. Nach der französischen Revolution von 1789 und besonders unter der Herrschaft Napoleons I. wurde der Zentralismus als Staatsprinzip durchgesetzt und die Vormachtstellung von Paris wurde weiter ausgebaut. Die Provinzen wurden zerschlagen und durch die vergleichsweise kleinen **Départements** ersetzt. Ihre durchschnittliche Größe beträgt 5700 km^2 und ihre durchschnittliche Einwohnerzahl liegt bei 600 000. An ihrer Spitze stehen bis heute Präfekten, die von der Zentralregierung in Paris eingesetzt werden. Das Streckennetz der Chausseen, später das der Eisenbahnen und heute das der Autobahnen und des Hochgeschwindigkeitszuges TGV *(= Train à Grande Vitesse)* wurde auf Paris ausgerichtet, wo fast alle Verkehrswege zusammenlaufen (→ Abb. 4.5). Mit der Kolonialzeit wuchs Paris zur Metropole einer weltumspannenden Großmacht heran und ist daher bis heute das Ziel von Migranten aus den früheren Kolonien, besonders aus Nord- und Westafrika. Paris entwickelte sich zur Weltstadt und wurde nicht nur mit zahlreichen Behörden ausgestattet, um seine Funktionen erfüllen zu können, sondern erhielt auch ein repräsentatives Stadtbild mit großen Prachtstraßen sowie herausragende Baudenkmäler, z. B. den Eiffelturm oder den Arc de Triomphe.

Abb. 4.5: Das TGV-Netz (Hochgeschwindigkeitsnetz)

Die überragende demografische Bedeutung der Metropolregion **von Paris**, der Region Ile-de-France, wird auch daraus ersichtlich, dass hier heute auf nur 2,2 % der Fläche 18,2 % der Einwohner Frankreichs leben. Noch größer ist die wirtschaftliche Bedeutung: Der Anteil der Region Ile-de-France am Bruttoinlandsprodukt Frankreichs liegt bei 30,4 %, drei Viertel aller Journalisten Frankreichs sind hier tätig und 78 % der Unternehmenszentralen sind hier konzentriert, bei den Banken sind es sogar mehr als 90 %.

Um die Kontrolle über das gesamte Staatsgebiet zu gewährleisten und um die Erreichbarkeit von Paris aus allen Landesteilen zu verbessern, begann die staatliche französische **Eisenbahngesellschaft SNCF** etwa zwanzig Jahre früher als in Deutschland mit dem Bau von Hochgeschwindigkeitsstrecken. In Frankreich wurden für die Hochgeschwindigkeitszüge (TGV, s. o.) relativ schnell ganz neue Trassen geplant und gebaut, so z. B. zwischen Paris und Lyon. Als technisch sehr aufwendig (wegen der Schichtstufenlandschaft) gilt die Strecke Paris - Strasbourg, die im Juni 2007 offiziell eröffnet wurde und sich in Lothringen verzweigt: einerseits über Saarbrücken weiter nach Frankfurt, andererseits nach Strasbourg und von dort weiter nach Stuttgart, München und Wien.

Räumliche Polarisierung in Frankreich

Mit dem Begriff **räumliche Polarisierung** wird der Prozess der Verschärfung räumlicher Disparitäten in einem Staat bzw. in einer Region bezeichnet. So besitzen der Aktivraum Ile-de-France um die Hauptstadt Paris und der Passivraum Limousin an der Westabdachung des Zentralmassivs eine unterschiedliche Verkehrsinfrastruktur und Wirtschaftsstruktur und haben eine gegensätzliche Bevölkerungsentwicklung. An beiden lassen sich positive bzw. negative regionale Entwicklungsprozesse aufzeigen, durch welche die die räumlichen Disparitäten innerhalb Frankreichs weiter verschärft werden. Typische Faktoren und Zusammenhänge positiver, sich selbst verstärkender regionaler Entwicklungsprozesse sind in → Abb. 4.6 dargestellt.

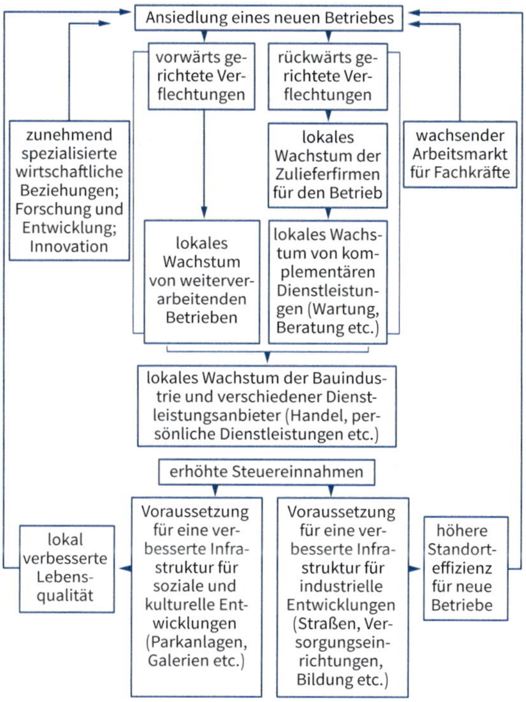

Abb. 4.6: Positive Rückkopplungseffekte

Siedelt sich z. B. ein neuer Industriebetrieb in einer Region an, so entstehen neue Arbeitsplätze und positive Impulse für die Wirtschaft in dieser Region. Über erhöhte Steuereinnahmen sind öffentliche Investitionen in die regionale Infrastruktur möglich, die wiederum die Attraktivität der Region für weitere Industrieansiedlungen erhöhen. Außerdem können vom neuen Betrieb selbst Impulse für die Ansiedlung weiterer Betriebe ausgehen. Die höhere Kaufkraft führt auch zur Ansiedlung privater Dienstleistungsbetriebe, die weitere Arbeitsplätze schaffen und Steuern zahlen.

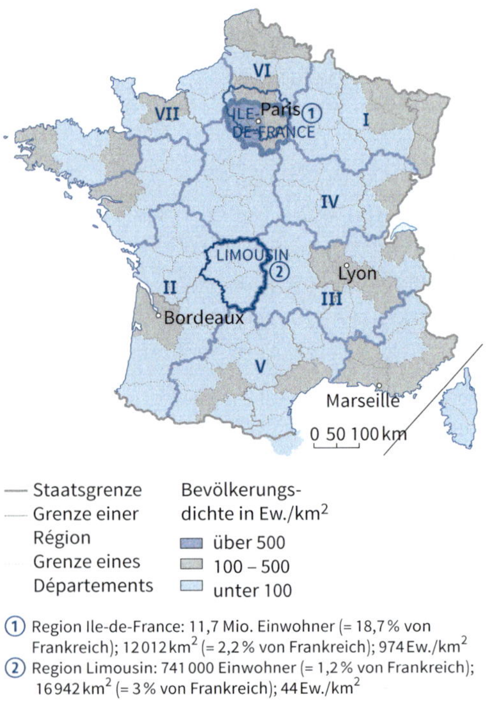

Abb. 4.7: Bevölkerungsdichte nach Départements

In der Region Ile-de-France ist vor allem der **Dienstleistungssektor** (Banken, Versicherungen, Hauptverwaltungen von Konzernen, Forschungs- und Entwicklungsabteilungen großer Konzerne) Auslöser für positive wirtschaftliche Entwicklungsprozesse. Von den hundert größten Unternehmen Europas haben insgesamt 33 ihre Konzernzentrale im Großraum Paris, davon 22 in der Kernstadt. Auch der Tourismus trägt zur positiven Dienstleistungsentwicklung in Paris bei, da die Stadt das wichtigste Touristenziel Frankreichs und sogar Europas ist. Ministerien, untergeordnete Behörden und internationale Organisationen sorgen ebenso für Beschäftigung und Kaufkraft wie die zahlreichen Universitäten und Kultureinrichtungen. So liegt das BIP pro Einwohner in der Region Ile-de-France mit 47 000 Euro fast doppelt so hoch wie in der Region Limousin mit 24 000 Euro (Frankreich insgesamt: knapp 30 000 Euro). Die Dominanz des Dienstleistungssektors zeigt sich auch am Anteil an den Erwerbstätigen mit etwa 82 Prozent (Limousin: unter 70 Prozent).

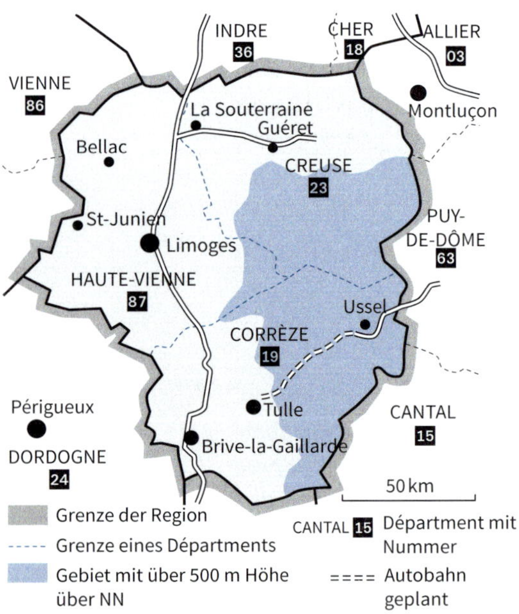

Abb. 4.8: Region Limousin

Das **Limousin** gilt im festländischen Frankreich als der Passivraum schlechthin, denn Korsika mit seiner isolierten Insellage und mit seinen politischen Konflikten ist ein Sonderfall. Innerhalb der Region sind die östlichen **Départements** Creuse und Corrèze mit ihrem hohen Mittelgebirgsanteil sowohl physisch-geografisch als auch strukturell deutlich benachteiligt. Beide haben einen hohen Mittelgebirgsanteil (mehr als 500 m über NN, vgl. → Abb. 4.8) mit erschwerten Bedingungen für die Landwirtschaft. So steigen die Niederschläge im Mittelgebirgsraum auf über 1000 bis zu 1500 mm im Jahr, während gleichzeitig die Temperaturen sinken und die Dauer der Schneebedeckung sowie die Frostgefahr steigen. Im Jahr 2010 waren im Limousin noch mehr als 5 % der Beschäftigten in der Landwirtschaft tätig (Frankreich: 3 %). 1987 waren es noch 16 % (Frankreich: 7,1 %). Die Folgen dieses drastischen Rückgangs sind in → Abb. 4.9 zu sehen, die negativen Auswirkungen auf Wirtschaft und Infrastruktur sowie die Abwanderung. Bei weniger als 50 Einwohnern pro km² wird die Versorgung ländlicher Räume schwierig, ebenso die Finanzierung der Infrastruktur. Dies gilt für alle ländlichen Räume Europas. In den benachteiligten Mittelgebirgsräumen im Osten des Limousin mit seinen **Grenzertragsböden** fand wegen der starken Abwanderung („Exode rural") ein Wüstungsprozess statt. Häuser und ganze Dörfer wurden verlassen, vor allem Weideland wurde aufgegeben. Große Flächen wurden systematisch und mit staatlicher Unterstützung aufgeforstet. Heute bedeckt der Wald etwa ein Drittel der Gesamtfläche der Region, die landwirtschaftliche Nutzfläche (LF) umfasst rund 8000 km².

Neue Großregionen in Frankreich seit Anfang 2016 (Gebietsreform), siehe auch Abb. 4.7:
- I Alsace/Champagne-Ardenne/Lorraine
- II Aquitaine/Limousin/Poitou-Charentes
- III Auvergne/Rhône-Alpes
- IV Bourgogne/Franche-Comté
- V Languedoc-Roussillon/Midi-Pyrénées
- VI Nord-Pas de Calais/Picardie
- VII Normandie

Im Zeitraum von 1990 bis 2000 sank die Bevölkerungszahl der Region Limousin von 720 000 auf 710 000 Einwohner. Der natürliche Bevölkerungssaldo lag bei minus 0,4 % pro Jahr, der Wanderungssaldo dagegen bei plus 0,2 % pro Jahr. Somit ergab sich insgesamt ein negativer Bevölkerungssaldo von minus 0,2 % pro Jahr. Allerdings wanderten und wandern vor allem junge Menschen im Alter von 18 bis 40 Jahren aus der Region ab. Damit entfielen zahlreiche mögliche Familiengründungen. Im Jahrzehnt von 2000 bis 2010 stieg die Bevölkerungszahl durch Zuwanderung von zumeist älteren Menschen (55 +) auf 741 000 an. Inzwischen ist die Bevölkerungszahl wieder leicht gesunken, auf 738 000 (2015). Die älteren Menschen schätzen vor allem die Ruhe, die entspannte soziale Situation im Gegensatz zu den Ballungsräumen, die geringeren Lebenshaltungskosten und die niedrigen Immobilienpreise, die die Bildung von Wohneigentum auch im höheren Alter erlauben. Mittlerweile beträgt der Bevölkerungsanteil der über 60-Jährigen im Limousin mehr als 30 %, die Bevölkerung ist überaltert. Nur bei einer konstanten Zuwanderung kann die Bevölkerungszahl längerfristig über 700 000 gehalten werden.

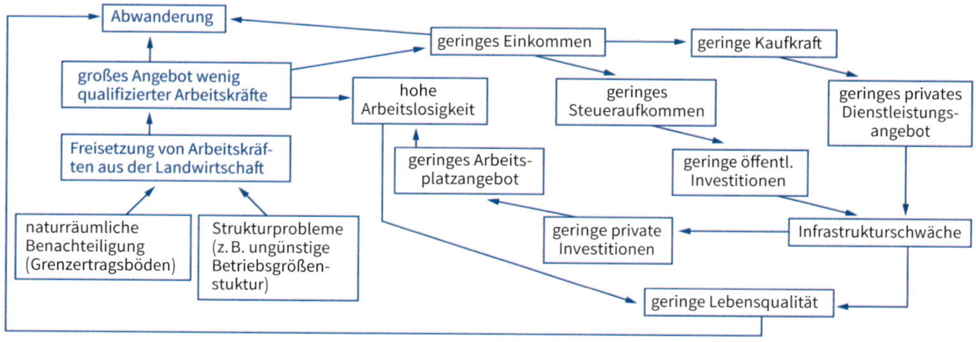

Abb. 4.9: Negative Rückkopplungseffekte

Frankreich – periphere Regionen mit innovativem Milieu

Die Karte in → Abb. 4.10 zeigt die peripheren Regionen Frankreichs, die einen wirtschaftlichen Schwerpunkt im Bereich Forschung und Entwicklung haben („Regionen mit innovativem Milieu"). Der mittelmeerische Bogen (Arc méditerranéen) z. B. erstreckt sich vom italienischen Genua im Osten über Nice (Nizza) und Sophia Antipolis nach Marseille und weiter über Nîmes und Montpellier bis nach Barcelona in Spanien (→ Abb. 4.11). Diese Region wird als Arc Méditerranéen (Mittelmeerischer Bogen) bezeichnet und mit Rom als östlichem Endpunkt etwas überdehnt, zumal Forschung und Entwicklung keinen Schwerpunkt in Italiens Hauptstadt Rom haben. Außerdem wird ein „Alpiner Diamant" (Le Diamant alpin) konstruiert, der vom italienischen Asti bis zur drittgrößten französischen Stadt, Lyon (472 320 Einwohner), reichen soll.

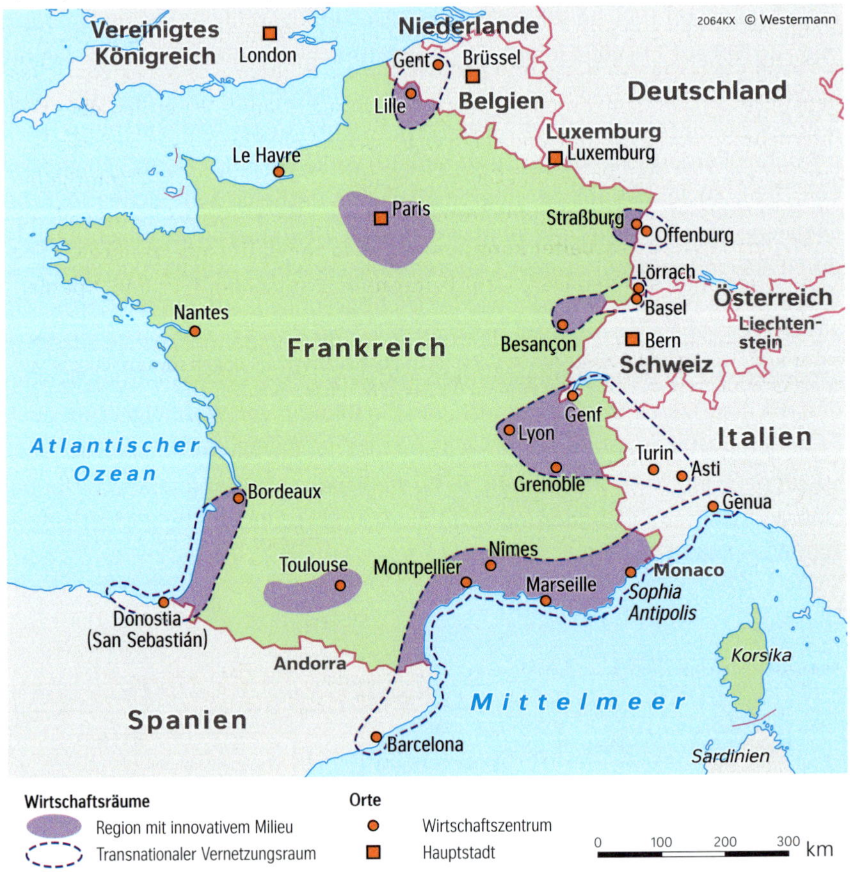

Abb. 4.10: Periphere Regionen mit innovativem Milieu

Weitere grenzüberschreitende Vernetzungsräume reichen laut Karte von Besançon in der Region Franche Comté bis nach Basel (CH) und Lörrach (D). Außerdem gibt es angeblich eine Verbindung zwischen den ungleichen Städten Strasbourg (F) und Offenburg (D). Ebenso werden grenzüberschreitende Verbindungen (und damit eine Zusammenarbeit) für die Achsen Lille (F) – Gent (Belgien) sowie Bordeaux (F) – San Sebastian (Spanien) angegeben.

Industrielle Schwerpunkte des Küstenraumes von Barcelona nach Rom sind demnach die sog. Technologieparks, in denen produzierende und forschende Unternehmen der Elektro-, Elektronik-, Hightech-, IT-, Luftfahrt-, Automobil- und Medizinbranche. Am Standort Toulouse im Süden Frankreichs werden neben Verkehrsflugzeugen (Airbus) auch Raketen (Ariane) entwickelt und gebaut. Der Standort ist somit vergleichbar mit Seattle im Nordwesten der USA (Bau der Boeing-Verkehrsflugzeuge).

Sophia Antipolis, ein Hightech- und Dienstleistungszentrum im Süden Frankreichs, in der Nähe von Nizza und Antibes, hat als Hightech- und elektronisches Dienstleistungszentrum eine besondere Bedeutung erlangt. Unter den über 600 Unternehmen aus einem Dutzend Ländern befinden sich Firmen (Global Player) wie Dow Chemical, L'Oréal, Nestlé und Ganzaz-Logistik. Air France und TGV unterhalten hier ihre weltweit agierenden Buchungszentralen. Die etwa 50.000 meist hoch qualifizierten Wissensarbeiter kommen nur etwa zur Hälfte aus Frankreich. Die übrigen kommen aus den USA, Großbritannien, Deutschland, Italien, Spanien und Japan.

Fred Scholz: „Frankreich herausgefordert“ – Raumstrukturelle Umgestaltungen sowie politische und soziale Verwerfungen. In: Praxis Geographie – Ausgabe 4/2016, S. 4 ff.

Abb. 4.11: Die Goldene Banane

Anamorphotische Karten – Beispiel Frankreich

Die sogenannten anamorphotischen Karten werden verwendet, um mithilfe der Oberflächengestalt (Morphologie) eines Landes die Bevölkerungsverteilung zu verdeutlichen. Dicht besiedelte Gebiete sind größer und wirken herausgewölbt (vgl. das Gitternetz), dünn besiedelte Gebiete wirken schmal, eng und dunkel. (z. B. die Halbinsel der Bretagne im Westen Frankreichs). Dicht besiedelt mit vielen Einwohnern (Größe der Teilfläche und hellere Farbe) wirken neben der Hauptstadt Paris Lille im Norden des Landes, Strasbourg im Nordosten, Lyon südöstlich von Paris, ebenso Marseille und Nice (deutsch: Nizza) im Südosten, Toulouse im Süden. Dazu kommen Bordeaux im Südwesten (in der Karte nicht benannt) sowie Nantes an der Mündung der Loire im Westen.

Die Karte verdeutlicht das **Zentrum-Peripherie-Gefälle** in Frankreich: Die Bevölkerung konzentriert sich im Großraum Paris (= Ile de France – ca. 20 % der Franzosen leben dort (das sind knapp 13 Mio. Menschen. In der Kernstadt Paris (= Département Seine) sind es 2,16 Mio. Menschen. Auch die Wirtschafts- und Finanzkraft Frankreichs konzentriert sich in der Ile de France. Die wichtigsten Verkehrsadern Frankreichs (z.B. Bahnverbindungen und Autobahnen) gehen von der Hauptstadt aus, was den Zentralismus unterstreicht. Dazu kommen die wichtigsten und größten Flughäfen des Landes, wie z. B. die Aéroports Roissy-Charles de Gaule, le Bourget und Orly.

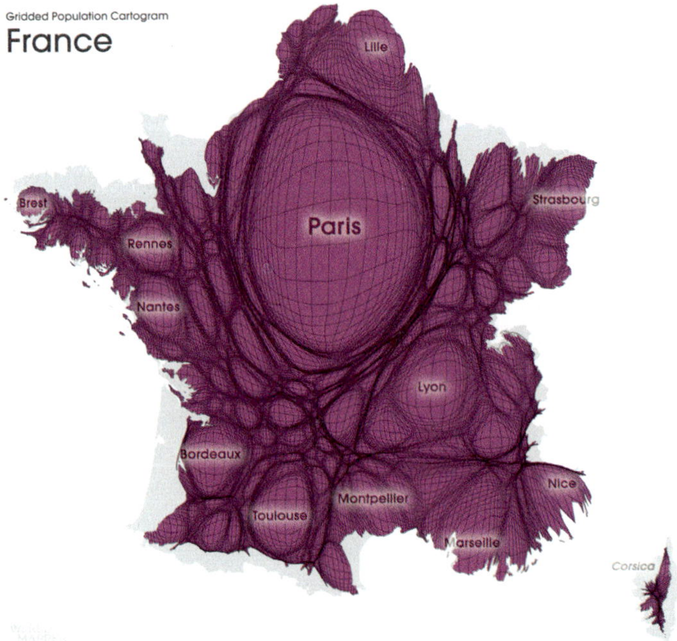

Abb. 4.12: Anamorphotische Karte von Frankreich

Großbritannien

Aktivraum Manchester

Der Manchester Ship Canal wurde 1894 von Königin Victoria feierlich eröffnet. Trotz der 58 km Entfernung zum Meer sollte der Kanal Manchester für lange Zeit zum drittgrößten Hafen Großbritanniens machen. Rund 5000 Schiffe befuhren ihn zu Beginn des 20. Jahrhunderts im Jahr, und mehr als 75 000 Arbeiter waren am Hafen beschäftigt. Im Laufe der Jahre wurden die meisten Frachtschiffe zu groß, um durch den Kanal zu navigieren, der Textilhandel brach zusammen und der Hafen wurde schließlich aufgegeben. In der 1990er-Jahren begann die Wiederbelebung: Mehrere Museen, Restaurants, Geschäfte und Hotels wurden gebaut, und seit die BBC 2011 in die Salford Quays zog (Fachbegriff: „**Tertiärisierung**"), wurde der ehemalige Hafenbezirk zu einer begehrten Wohngegend (Fachbegriff: „**Waterfront Development**").

Abb. 4.13: Manchester: Bürogebäude (BBC links) am Salford Quay

Die größten Städte Großbritanniens im Jahr 2023 in 1000 Einwohner:

London	10 803
Birmingham	2 517
Manchester	2 449
Leeds-Bradford	1 659
Glasgow	1 100
Southhampton	805
Liverpool	835
Newcastle upon Tyne	719

Passivraum Peak District

Der Peak District liegt an der Basis der Pennines, eines Gebirgszuges, der sich von Derby im Süden bis nach Carlisle im Norden erstreckt. Die höchste Erhebung liegt im Norden des Gebirgszuges bei 893 m über NN. Trotz des interessanten Namens findet man im Peak District keine Bergspitzen: der Name stammt vom Altenglischen „peac", der früheren Bezeichnung für einen Hügel. Mit wenigen Ausnahmen sind die Höhen vorherrschend plateau-artig. Diese Plateaus sind aber durch tiefe Täler zerschnitten, so dass es doch große und anstrengende Höhenunterschiede zu bewältigen gilt. Auf den Höhen dominieren zum Teil bizarr verwitterte Sandsteine und Granite (vgl. die → Abb. 4.14). Der nördliche Teil des Peak Districts um den Ort Edale wird als „Dark Peak" bezeichnet. Es gibt dort Moore, grüne Täler und auch Wasser-Reservoire. Die Region ist nur sehr dünn besiedelt und durch Landwirtschaft (v. a. durch Schafhaltung) geprägt mit nur kleinen Orten wie Edale (dort befindet sich ein gutes Informationszentrum zum Peak District und zu möglichen Wanderungen mit spezifischen Anforderungen).

Abb. 4.14: Peak District

Achtung: Das Wetter kann schnell umschlagen, sogar an sonnigen Tagen, und die Orientierung kann höchst problematisch werden, da die Moore dann unter undurchdringlichen Wolken liegen. Die höchsten Punkte überragen 2000 feet (das entspricht ca. 600 m). Schwere Schneefälle sind nicht ungewöhnlich in den Wintermonaten, daher kommen die Touristen fast nur in den Sommermonaten.

Quelle: AA Media Limited 2023 – „50 Walks in the Peak District".

4.7 Die Alpen

Tourismus und Umwelt

Die **Erschließung der Alpen für den Massentourismus** begann nach 1955 im Gefolge von **Massenwohlstand**, Urlaubszeitverlängerung und **Massenmotorisierung**. Dabei fanden räumlich zwei unterschiedliche Prozesse statt: In den französischen Westalpen hatte sich die Landwirtschaft bereits vor der touristischen Erschließung aus den Höhenlagen und den entlegenen Tälern zurückgezogen – damit waren die Westalpen ein Rückzugsraum geworden. Im übrigen Alpenraum kam die touristische Erschließung noch rechtzeitig vor dem Rückzug von Landwirtschaft und Bevölkerung. In den französischen Westalpen herrschen daher heute künstlich geschaffene Wintersportorte vor, sogenannte Skistationen in größerer Höhe mit langer Saison. Die kostspielige Erschließung erfolgte meist durch große Unternehmen von außerhalb der Region. In der Schweiz, in Österreich und in Südtirol dagegen konnte die touristische Erschließung an die noch vorhandenen Bergdörfer anknüpfen, die für diesen Zweck um- bzw. ausgebaut wurden. Neben der Wintersaison spielt hier auch die Sommersaison eine Rolle.

Die **touristische Intensität** wird mit der Zahl der Übernachtungen pro Einwohner und Jahr ausgedrückt und ist auch ein Maß für die Belastung kleiner Orte durch den Tourismus (→ Abb. 4.15).

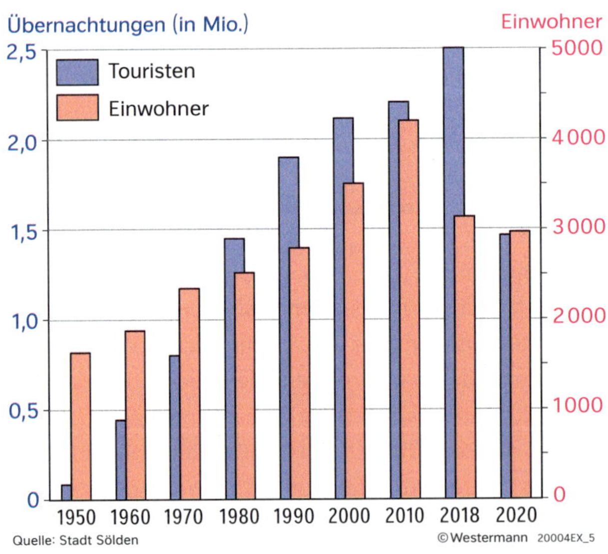

Abb. 4.15: Beispielhafter Vergleich der Einwohnerzahlen mit der Anzahl der Touristen in Sölden Der Einbruch 2020 war durch Corona bedingt.

Es gibt zwei Entwicklungen, die beide eine Verlängerung der Saison zum Ziel haben:

- Um die Wintersaison für Skifahrer zu verlängern, werden in den unteren Höhenlagen sogenannte **Schneekanonen** eingesetzt, die die Skipisten mit **Kunstschnee** befahrbar machen sollen. Die Schneekanonen verbrauchen viel Wasser sowie Energie und verursachen somit hohe Betriebskosten. Dazu kommt das Problem der Beschaffenheit des Kunstschnees. Dieser ist wesentlich kompakter als Naturschnee, taut schlechter ab und verkürzt die Vegetationszeit. Daher kann es zur Schädigung der dünnen Vegetationsdecke auf den Skipisten kommen.
- In größeren Höhen werden zunehmend **Gletscher für den Sommerskilauf** erschlossen, umgestaltet und dadurch geschädigt. Gletscherraupen verändern, verdichten und verschmutzen die Oberfläche der Gletscher. Durch die Verschmutzung verringert sich die Albedo der Gletscheroberflächen und die Gletscher tauen im Sommer stärker ab. Motoren- und Schmieröle der Anlagen (unter anderem mobile Liftanlagen) sowie Sonnenöl und Abfälle der Touristen beeinträchtigen die Funktion der Gletscher als Trinkwasserreservoire des Alpenraumes.

Mit zunehmender **Erwärmung des Erdklimas** werden der Einsatz von Schneekanonen und der Gletscherskilauf vermutlich noch weiter an Bedeutung gewinnen, da sonst die Existenz vieler Touristenorte gefährdet wäre.

Der **Vergleich der beiden thematischen Karten** zeigt die Landschaftsveränderungen durch die touristische Erschließung in den Alpen seit 1955 am Beispiel

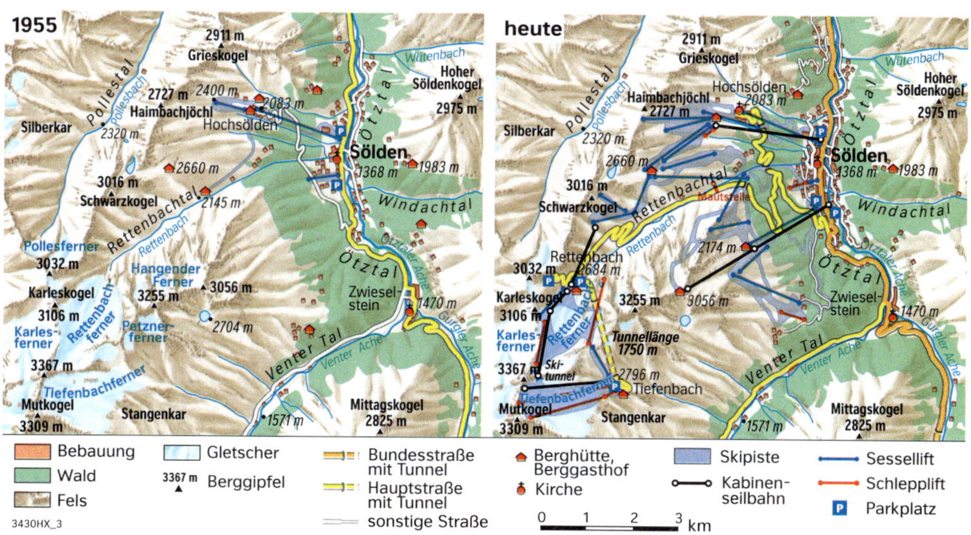

Abb. 4.16: Sölden 1955 und heute

„Drei Dreitausender hintereinander mit der Seilbahn, drei Aussichtsplattformen jenseits der 3000 Meter, dreimal beinahe grenzenlose Fernsicht. 10 000 Höhenmeter und 50 Kilometer. THINK BIG – THINK SÖLDEN."

Dieses Zitat aus einer Fremdenverkehrsbroschüre verdeutlicht, warum Sölden als Inbegriff des Massentourismus in den Alpen gilt.

des Ortes Sölden in Tirol/Österreich. Sölden liegt in den Ötztaler Alpen auf 1368 Metern Höhe und weist sowohl sehr hohe Übernachtungszahlen als auch eine sehr hohe touristische Intensität auf. Die Wintersaison dominiert – und damit der Skitourismus. Die Einwohnerzahl stieg von 1600 im Jahr 1950 auf 4100 im Jahr 2011. Gleichzeitig stieg die Zahl der Übernachtungen von etwa 50 000 (1950) auf über zwei Millionen (2011). Die damit verbundene Siedlungsverdichtung um Sölden ist im Vergleich der beiden Karten gut zu sehen.

Die **Entwicklung des Ortes** zum **Wintersportort** hatte mit dem Bau der ersten Sessellifte begonnen, die bereits in der Karte von 1955 zu erkennen sind. Im Laufe der Jahrzehnte sind als Rückgrat der touristischen Erschließung der Bergwelt westlich von Sölden zwei Kabinenseilbahnen mit einer hohen Transportkapazität entstanden. Diese besitzen an ihren Talstationen mehrere Großparkplätze. Zahlreiche Sessellifte in den Höhenlagen über 2000 m kamen hinzu. Die Skipisten durchziehen nicht nur das Gebiet der Almen (Hochweiden) oberhalb der Waldgrenze, sondern es führen auch Abfahrten durch den **Bannwald (Schutzwald)** über dem Ort bis ins Tal hinunter.

Durch die **Anlage von Skipisten (Planien)** erhöht sich die **Erosionsgefahr** bei Starkregen im Sommer und Herbst, da die Bodenstruktur völlig verändert wird und da die Vegetation den Boden zum Teil nur noch schütter bedeckt. Durch das starke Gefälle können sich bei Starkregen nicht nur Erosionsrinnen bilden, sondern auch Muren entstehen, Schlamm- und Geröllströme, die alles mit sich reißen. Und im Winter kann sich durch die Landschaftsveränderungen die Lawinengefahr erhöhen. Der Schutzwald ist auch durch das hohe Verkehrsaufkommen und die damit verbundenen Schadstoff-Emissionen gefährdet. Die Verkehrserschließung sowohl des Ötztals als auch des Rettenbachtals ist im Vergleich der Kartenbilder gut zu erkennen.

Die **Schädigung der Landschaft** durch den Wintertourismus ist besonders gut im Sommer zu sehen, wenn die Narben der Grasdecken und die Schneisen in den Bannwäldern besonders hervortreten. Nicht zuletzt daher spielt der Sommertourismus im Raum Sölden nur noch eine untergeordnete Rolle.

Um in der **Konkurrenz der Wintersportorte** mithalten zu können, musste Sölden ein umfangreiches Après-Ski-Angebot (= Angebot am Abend nach dem Skifahren) entwickeln. Dazu gehören zahlreiche Bars und Diskotheken. Außerdem werden z. B. große Wintersportveranstaltungen in Sölden durchgeführt, die in den Medien für den Ort werben.

Tourismusregion Zugspitzregion

Garmisch-Partenkirchen ist ein Hotspot des Alpen-Tourismus in Deutschland. Die Entfernung zur Metropolregion München ist mit rund 90 km relativ gering (→ Abb. 4.18) , die möglichen Aktivitäten sind zahlreich und vielschichtig: Baden (Freibad und Wellenbad), Golfen und Gleitschirm-Fliegen, Wandern (im Sommer) und Skilaufen sowie Rodeln (im Winter). Dazu kommen Berg- und Schlucht-Wandern im Sommer.

- 88467 Einwohner (Ende 2018)
- umfasst die Orte Oberau, Farchant, Eschenlohe, Garmisch-Partenkirchen und Grainau
- 14460 Menschen beziehen ihr Einkommen direkt aus dem Tourismusgeschäft
- Trend: stetige Zunahme der Anzahl von Tagestouristen (2019: 10,3 Mio.)

Daten: dWJf, www.statistik.bayern.de

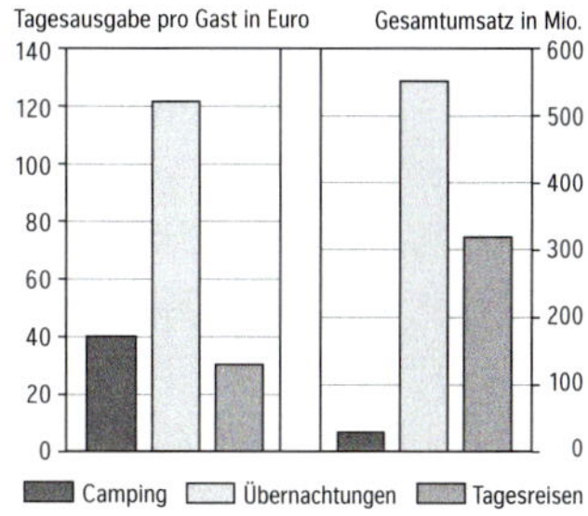

Abb. 4.17: Einnahmen der Zugspitzregion durch Tourismusarten 2019

Ein großes Problem sind die Tagestouristen, die meist mit dem eigenen Auto anreisen, dadurch die Straßen in der Innenstadt verstopfen, die Parkplätze belegen und die Umwelt durch Abgase schädigen. Zudem sind die Ausgaben der Tages-Touristen relativ gering.

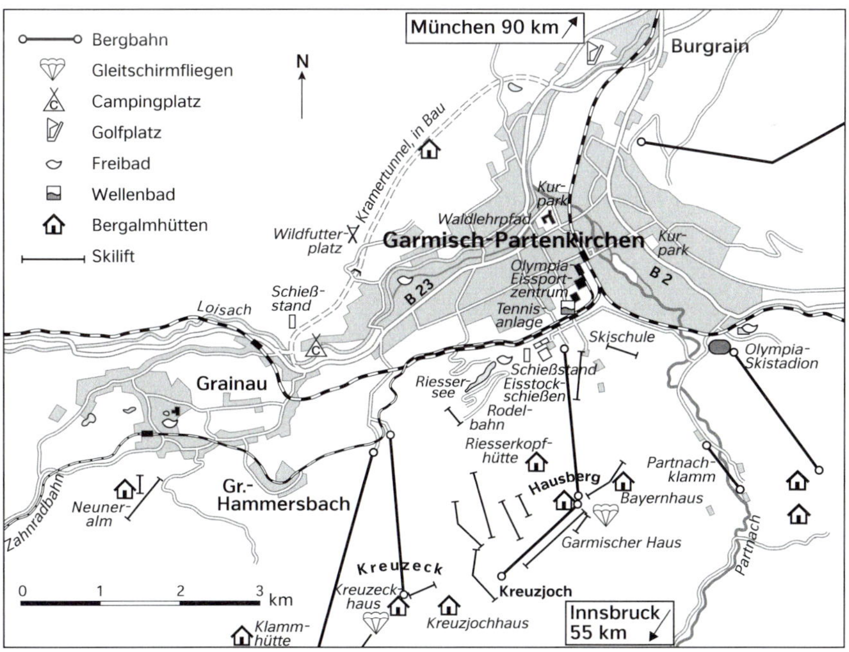

Abb. 4.18: Zugspitzregion

Neue Alpentransversale (NEAT)

Abb. 4.19: Gebirge als Barriere – Gotthardpass in den Schweizer Alpen

Im Unterschied zu den Pyrenäen und zum Kaukasus, die kaum Pässe besitzen und fast geschlossene **Barrieren** für den Verkehr darstellen, besitzen die Alpen eine ganze Reihe von Pässen. Aber nicht alle dieser Pässe sind auch für den Schwerlastverkehr (Gütertransporte per Bahn oder Lkw) geeignet. Letzterer konzentriert sich auf den St.-Gotthard-Tunnel in der Schweiz sowie den Brenner-Pass zwischen Österreich und Italien.

Die Alpen wirken vor allem deshalb als Barriere, weil sie quer zum **Hauptwirtschaftsraum der EU** liegen und den Güter- und Personenverkehr zwischen Nord-, West und Mitteleuropa auf der einen Seite und Süd- bzw. Südosteuropa auf der anderen Seite behindern.

Besonders gravierend wirken sich die Alpen für Italien als Barriere zum Rest der EU aus. Jährlich überqueren ca. 80 Millionen Menschen die Alpen in Pkw, die meisten von ihnen, um Urlaub am Mittelmeer zu machen – vor allem in Italien bzw. Kroatien. Zum größten Problem hat sich der alpenquerende Schwerlastverkehr entwickelt.

Der wichtigste **europäische Güterverkehrskorridor** verläuft von Rotterdam über Köln, Basel und Mailand nach Genua am Mittelmeer. Der schwierigste Abschnitt dieses Korridors mit neuen Tunnelbauten verläuft durch die Schweiz, wo die **Neue Alpentransversale (= Alpendurchquerung) NEAT** bis 2016 weitgehend fertiggestellt wurde.

Abb. 4.20: NEAT – die Neue Alpentransversale

Die meisten Lkw rollen jetzt im sogenannten **Huckepackverfahren** mit der Bahn durch die Alpen – vergleichbar mit dem Verfahren im Eurotunnel zwischen Frankreich und Großbritannien. Die zwei neuen großen Tunnelbauten können jetzt den Transitverkehr durch die Schweiz entzerren und beschleunigen:

- Der neue Lötschberg-Basistunnel zwischen den Kantonen Bern und Wallis südwestlich von Interlaken ist rund 36 km lang und wurde 2007 offiziell eröffnet. Er wird betrieben von der BLS-Lötschbergbahn AG.
- Der neue Gotthard-Basistunnel mit geringem Gefälle und hohen Transportkapazitäten wurde nach 17 Jahren Bauzeit im Juni 2016 eröffnet. Er ist 57 km lang und damit der längste Eisenbahntunnel der Welt. Dieser Alpentunnel gilt als ingenieurtechnische Meisterleistung. Die Durchfahrt dauert regulär rund 20 Minuten. Die neue Strecke liegt nur 550 m über dem Meer, allerdings ragt der Alpenhauptkamm über der Strecke bis zu 2300 m auf. Der neue Tunnel wird betrieben von der Schweizerischen Bundesbahn (SBB).

4.8 Blick Richtung Süden: Italien und Spanien

Italien: Venedig – Massen- und Kreuzfahrttourismus als Problem

Innerhalb der letzten 50 Jahre hat die Altstadt von Venedig viele ihrer Einwohnerinnen und Einwohner verloren. Jährlich verlassen bis zu tausend Menschen die Innenstadt, sodass in der Altstadt um den Markusplatz heute nur noch rund 60 000 Einwohner leben – gegenüber fast dreimal so vielen Venezianern auf dem Festland.

Im gleichen Zeitraum hat die Anzahl der Touristen stark zugenommen: Durchschnittlich rund 9 Millionen Touristen besuchen Venedig pro Jahr, und das bei nur noch rund 250 000 Einwohnern in der gesamten Stadt . So scheint die Stadt tagsüber fast in den gewaltigen Menschenmassen zu ersticken, im Zentrum geht es laut und hektisch zu. Fast jeden Tag erlebt Venedig diesen Ansturm von Touristen, lange Jahre begleitet durch das ständige Dröhnen der riesigen Kreuzfahrtschiffe, die sich soweit wie möglich an die Innenstadt mit dem Markusplatz heranschoben und damit die historischen Bauwerke und ihre Fundamente durch den kräftigen Wellenschlag und vor allem durch mögliche Havarien gefährdeten. Dazu kam der Ausstoß großer Mengen giftiger Abgase des billigen Schiffsdiesels, die die

(Aktuelle Zahlenangaben nach: „Die Zeit" vom 06.07.2023, Seite 42)

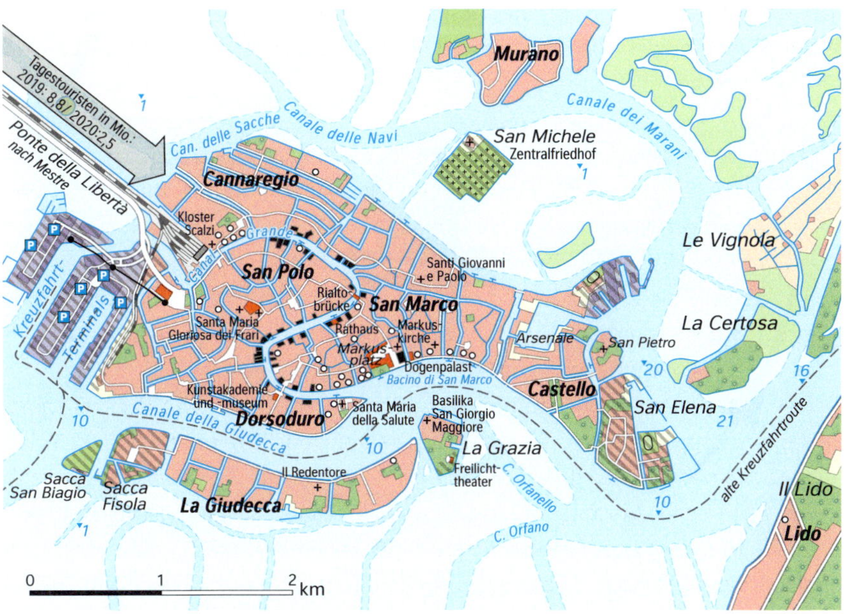

Abb. 4.21: Venedig, die Stadt auf dem Wasser

Gesundheit der Menschen sowohl an Bord der Kreuzfahrtschiffe (!), als auch in der Stadt beeinträchtigen können (z. B. Schädigung der Augen und der Lunge).

Weitere Probleme für die Stadt entstanden durch die fortschreitende Umwandlung von Wohnungen in Bed & Breakfast-Unterkünfte für Touristen und – damit verbunden – der Verlust von bezahlbarem Wohnraum für Einheimische in der Altstadt.

Nach: Frankfurter Allgemeine Zeitung vom 05.07.2022, Seite 17

Für die Probleme durch die Kreuzfahrtschiffe, die früher nahe an die historischen Gebäude heranfuhren (s. o.) und dazu noch mit ihren hohen Aufbauten das Stadtbild verschandelten, hat man mittlerweile eine provisorische Lösung gefunden: Kreuzfahrtschiffe dürfen seit April 2022 nur noch am nahe gelegenen Festlandhafen von Maghera andocken und nicht mehr in das Becken von San Marco vordringen. Die Kreuzfahrtschiffe sollen seit 2022 an einem neuen Terminal anlegen, direkt neben den wenig ansehnlichen Containerschiffen und abseits der Innenstadt.

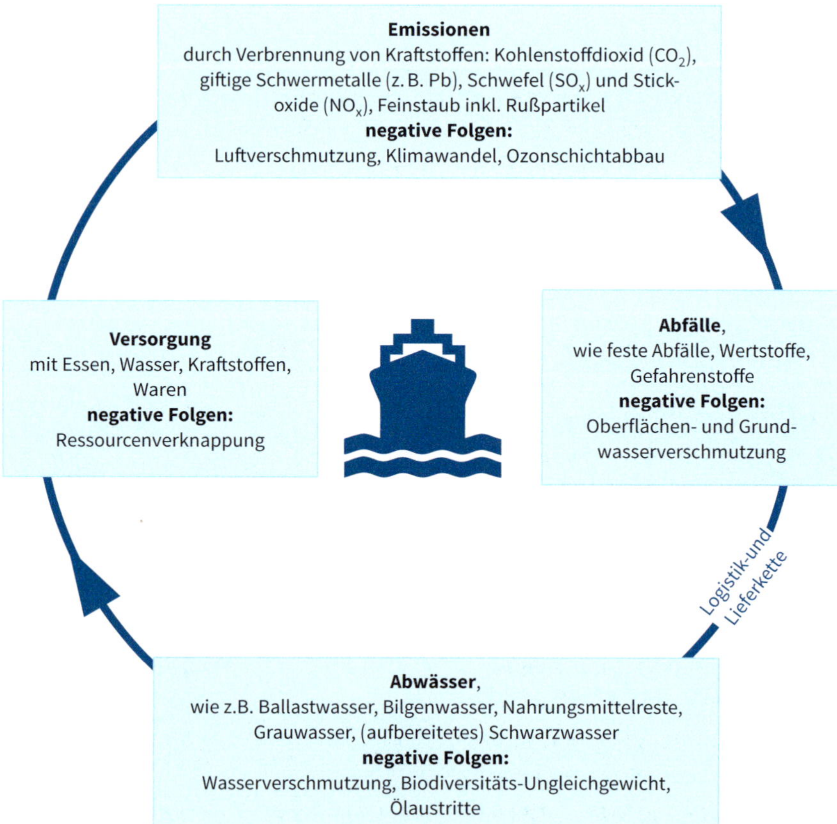

Abb. 4.22: Die Problematik des Kreuzfahrttourismus

4.9 Europa - Herausforderungen für die Zukunft

Der Brexit - Austritt Großbritanniens aus der EU

In einem Referendum am 23.06.2016 lehnte eine knappe Mehrheit der britischen Wählerinnen und Wähler die weitere Mitgliedschaft Großbritanniens in der EU ab. Das EU-Austrittsgesuch vom 28.03.2017 beinhaltete das Verlassen sowohl des Binnenmarktes, als auch der Zollunion. Großbritannien musste die EU am 29.03.2019 verlassen. Mit den Folgeproblemen musste das Land dann allein umgehen:

- **Politik:** Der Friedensprozess in Nordirland (zwischen probritischen Protestanten und prokatholischen Iren), der maßgeblich durch die EU und durch die Mitgliedschaft im Binnenmarkt unterstützt wurde, könnte durch den Austritt gestoppt werden und sich wieder zum Konflikt entwickeln, zumal bei der Wiedereinführung einer geschlossenen Grenze zwischen Nordirland und der Republik Irland (die weiterhin in der EU verbleiben will, vor allem wegen der Förderprogramme und wegen des freien wirtschaftlichen Zugangs zum riesigen Binnenmarkt).
- **Wirtschaft:** Die umfangreichen EU-Agrarsubventionen für die britischen Landwirte entfallen. Etliche europäische Industrie-Unternehmen - darunter auch Airbus - erwägen den Rückzug aus Großbritannien, weil durch die vorgesehenen Zollgrenzen ganze Produktionslinien und Lieferketten unterbrochen würden. London könnte seine Rolle als führendes Finanzzentrum innerhalb der EU verlieren.

Am 1. Januar 2021 wurde der Brexit endgültig vollzogen. Die Folgen, insbesondere für Großbritannien ,waren bislang gravierend:

- Der Handel mit den EU-Staaten brach zeitweise um 40 % ein. Lieferketten wurden unterbrochen.
- Hunderttausende Arbeitnehmer aus der EU verließen das Land. Allein London verlor z. B. im Jahr 2020 rund 700 000 Einwohner.
- Zahlreiche Finanzinstitute verlagerten ihre Zentralen in die EU (v. a. nach Paris und nach Frankfurt) und transferierten rund eine Billion Pfund an Vermögenswerten dorthin.

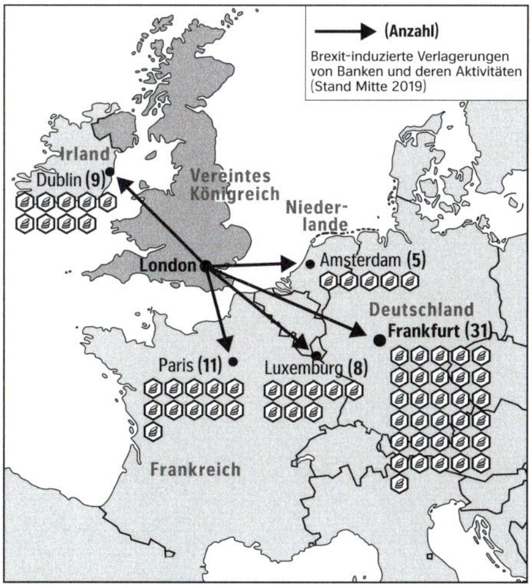

Abb. 4.23: Standortverlagerungen nach dem Brexit

4 Europa

EUROPA IM ÜBERBLICK

Physisch-geografisch betrachtet ist Europa eine stark gegliederte Halbinsel der großen Eurasischen Landmasse, die sich vom Nordkap bis nach Sizilien und vom Ural bis nach Irland erstreckt.
Zugleich ist der Westen Europas eine der wohlhabendsten Regionen der Erde mit einem durchschnittlichen BNE pro Einwohner von 40 000 und mehr bis zu 92 800 US-$.

NATURRÄUMLICHE GRUNDLAGEN

Geologisch betrachtet reicht die Eurasische Platte von der Nordsee im Westen bis zum Ochotskischen Meer im Osten.

RÄUMLICHE DISPARITÄTEN

Der wirtschaftliche Kernraum Europas ist die sog. Blaue Banane, die von London bis nach Norditalien reicht.

DIE ALPEN

- Die Alpen entstanden infolge der Kollision von Europäischer und Afrikanischer Platte.
- Heute sind sie ein wichtiges Touristenziel.
- Durch Tunnelbauten werden Mittel- und Südeuropa verbunden.

DER SÜDEN

Der Süden Europas und v.a. die Küsten und Inseln im Mittelmeer sind eines der wichtigsten Tourismusziele weltweit.

NATURRÄUMLICHE GRUNDLAGEN

- Die naturräumlichen Grundlagen Europas sind je nach Region sehr unterschiedlich (Klima – Relief – Anbauprodukte)
- Die fruchtbarste Region ist das Umland von Paris (Lößboden)

Angloamerika: USA und Kanada

5

Die Vereinigten Staaten von Amerika sind die größte und technologisch am höchsten entwickelte Volkswirtschaft der Erde.
Sie wurden überwiegend von Europa aus besiedelt.
Je nach Ausstattung werden die Naturräume landwirtschaftlich sehr unterschiedlich genutzt. Die Industrie konzentriert sich innerhalb von bestimmten Großregionen (Belts).
Die größte Bedeutung hat heute der tertiäre Sektor mit seinen wissensintensiven Branchen in den großen Stadtregionen.

5.1 *Weltmacht USA*

Nach dem Zerfall der Sowjetunion (UdSSR) 1991 verblieben die Vereinigten Staaten von Amerika (USA) als einzige **Weltmacht**. Eine Weltmacht ist in der Lage, ihre wirtschaftlichen und politischen Interessen global gegen die Interessen anderer Staaten durchzusetzen, gegebenenfalls auch mit militärischer Gewalt. Dazu dient den USA ein weltweites Netz von **Militärstützpunkten**: in der Karibik (z. B. Guantanamo auf Kuba), in Europa, auf der Arabischen Halbinsel (insbesondere am Persischen Golf), im Indischen Ozean (Diego Garcia), in Ostasien und Australien sowie im Pazifischen Ozean (Guam, Hawaii). Flottenverbände mit Flugzeugträgern sichern die amerikanischen Interessen auf allen Weltmeeren sowie im Mittelmeer. Konventionelle und nukleare Raketen sowie Marschflugkörper und bewaffnete Drohnen können weltweit gegen jedes militärische Ziel eingesetzt werden. Spionagesatelliten erfassen die gesamte Erdoberfläche.

Die militärische Macht der USA wäre undenkbar ohne die große **Wirtschaftskraft** des Staates mit seinen umfangreichen Ressourcen und seinem hohen technologischen Entwicklungsstand. Die größten Volkswirtschaften der Erde nach der Höhe des Bruttoinlandsprodukts (BIP) in Billionen US-Dollar:

Land	BIP	Land	BIP
USA	25,46	Kanada	2,14
China (VR)	18,1	Russland	2,22
Japan	4,23	Italien	2,01
Deutschland	4,08	Brasilien	1,92
Indien	3,39	Australien	1,70
GB	3,07	Südkorea	1,67
Frankreich	2,78	Spanien	1,40

Quelle: Der Neue Kosmos Weltalmanach und Atlas 2024

Schon die allgemein übliche Angabe des BIP in US-Dollar zeigt dessen Bedeutung als internationale Leitwährung. Der **US-Dollar** ist nicht nur auf den internationalen Devisenmärkten dominierend, er dient auch als Parallelwährung z. B. in Lateinamerika und in Russland. Der chinesische Yuan ist eng an den US-Dollar gekoppelt. Durch finanzpolitische Maßnahmen der amerikanischen Notenbank (Federal Reserve System, oft als Fed abgekürzt) wird die Weltwirtschaft entscheidend beeinflusst. So hängt z. B. die Wettbewerbsfähigkeit vieler Industriestaaten auf dem US-Markt entscheidend von der Währungsparität zum US-Dollar ab.

RAUMFAHRTTECHNOLOGIE

Die Luft- und Raumfahrttechnologie ist neben Informationstechnologie, Biotechnologie, Medizin und Nanotechnologie eine sogenannte Spitzentechnologie. Insbesondere die bemannte Raumfahrt gilt als aufwendige und anspruchsvolle Spitzentechnologie. Während der früheren Sowjetunion der erste bemannte Flug ins All gelang, setzten sich die Amerikaner beim prestigeträchtigen Wettlauf zum Mond durch. Mehrere erfolgreiche bemannte Mondmissionen begründeten den Führungsanspruch der Amerikaner auch bei der Eroberung des Weltraums. Allerdings gelten die wiederverwendbaren amerikanischen Raumfähren heute als veraltet und nach mehreren schweren Unfällen auch als gefährlich. In Russland basieren bemannte Weltraumflüge auf Raketentechnik aus der sowjetischen Zeit, die als solider und weniger störanfällig gilt. Dazu gehören Landekapseln mit Fallschirmen. Seit 2011 müssen amerikanische Astronauten mit russischen Raketen und Raumkapseln zur Internationalen Raumstation ISS fliegen. Inzwischen hat neben den USA und Russland auch die VR China die bemannte Raumfahrt aufgenommen, um ihre Fähigkeiten unter Beweis zu stellen. Während die chinesische Führung langfristig einen bemannten Flug zum Mond plant, denken amerikanische Wissenschaftler über eine bemannte Mission zum Mars nach. Entscheidend für die globale militärische Vormachtstellung der USA gilt aber die Kontrolle des erdnahen Weltraums, um sich gegen mögliche atomare Raketenangriffe unberechenbarer Staaten – wie z. B. Nordkorea oder der Iran – schützen zu können. Dabei soll ein satellitengestütztes Raketenabwehrsystem gegnerische Atomraketen frühzeitig erkennen und rechtzeitig zerstören.

Abb. 5.1: Raumfähre

5.2 Naturraum und Naturrisiken

Der Kernraum der USA ist naturräumlich auf den ersten Blick sehr einfach gegliedert und entsprechend leicht können die Großlandschaften gelernt werden (→ Abb. 5.2). An der Westküste sorgen plattentektonische Prozesse an Subduktionszonen bzw. Transformstörungen für Vulkanismus bzw. Erdbeben. Bekannt sind vor allem der Mt. St. Helens als aktiver Vulkan und die San Andreas Fault als geologische Störungszone in Kalifornien.

Abb. 5.2: Naturräumliche Gliederung Nordamerikas

Entscheidend für das Klima ist neben der – im Vergleich zu Europa – südlichen Breitenlage der Verlauf der Gebirgsketten in Nord-Süd-Richtung. Das ermöglicht ein weites Vorrücken kalter Luftmassen nach Süden bzw. warmer Luftmassen nach Norden. An der Frontalzone können sich über den inneren Ebenen besonders im Frühling und im Frühsommer **Tornados** herausbilden. Im Winter können heftige Schneestürme auftreten, die sogenannten Blizzards. **Hurricanes**, tropische Wirbelstürme, bedrohen sowohl die Küstenebenen im Südosten als auch Puerto Rico und die Hawaii-Inseln. Als Nordgrenze des Sun Belt mit seinem wintermilden, zumeist subtropischen Klima gilt der 37. Breitengrad Nord. Der Sun Belt umfasst demnach die Südhälfte Kaliforniens, in Nevada den Raum Las Vegas, Arizona, New Mexiko und Texas ebenso wie den gesamten Südosten einschließlich Tennessee und North Carolina. Der 100. Längengrad West trennt den ariden Westen der USA vom humiden Osten. Die Küsten von Nordkalifornien, Oregon und Washington (Staat Washington) liegen aber im Bereich der Westwindzone und haben ein feuchtes Klima.

Die bekanntesten **Beispiele für Naturrisiken** in den USA sind Erdbeben, Hurricanes und Tornados.

Abb. 5.3: Hurricane

Hurricanes sind tropische Wirbelstürme mit einem Durchmesser von 500 bis zu 1000 km. Auf Satellitenbildern sind sie als riesige, spiralförmige Wolkenwirbel mit einem wolkenfreien „Auge" in der Mitte zu erkennen. Um das windstille Auge des Hurricanes herum werden Windgeschwindigkeiten von über 200 km/h, in Böen bis zu 250 km/h erreicht. Wellen mit großer Zerstörungskraft bedrohen daher die Küstenregionen der USA von Texas bis nach Virginia. Dazu kommen extrem hohe Niederschläge und großflächige Überschwemmungen, wie z. B. in Houston/Texas 2017 durch den Hurrican Harvey.

Abb. 5.4: Tornado im Mittleren Westen der USA

Tornados entstehen im Mittelwesten der USA statistisch gesehen besonders häufig, da dort unterhalb des Jetstreams, in der „Tornado Alley", trockene Kaltluft und maritime tropische Luft ungehindert aufeinanderprallen können. Die Zerstörungen werden durch einen sehr schnell rotierenden Thermikschlauch („Rüssel") mit extrem niedrigem Innendruck verursacht. Zieht dieser Rüssel über Häuser in Leichtbauweise (v. a. aus Holz) hinweg, so können die Häuser regelrecht „implodieren". Ganze Dächer werden z. T. kilometerweit mitgerissen. Die Bewohner müssen sich daher während eines Tornados in besonderen, unterirdischen Schutzräumen aufhalten.

Weitere Naturrisiken ergeben sich v. a. aus dem aktuellen Klimawandel. So kommt es in Kalifornien immer wieder zu katastrophalen **Waldbränden** a) aufgrund des Klimawandels und b) wegen der ausgeuferten Bebauung im Umland der Großstädte (Urban Sprawl). Bei den Bränden im Jahr 2021 wurden mehr als zehntausend Häuser zerstört, 33 Menschen kamen ums Leben, Hunderttausende Menschen mussten zeitweise evakuiert werden. Viele entschlossen sich daraufhin zu einem Umzug – v. a. in Richtung Nordosten der USA, weil das Klima dort als gemäßigter gilt. Zum zweiten Mal in Folge war daraufhin der Wanderungssaldo in Kalifornien negativ.

Nach einer Studie der Cornell University rechnen 57 % der Amerikaner damit, wegen klimatischer Veränderungen oder wegen dramatischer Wetterereignisse umziehen zu müssen. Allein im Jahr 2018 wechselten 1,2 Mio. Menschen wegen des Klimawandels ihren Wohnsitz.

Auch **Kanada** wurde vom Klimawandel schwer betroffen: 2023 gab es dort landesweit unzählige Waldbrände, die auch einzelne Häuser sowie ganze Dörfer und Städte bedrohten und gefährdeten – sowohl im Westen als auch im Osten des riesigen Staates.

5.3 Bevölkerung und Besiedlung der USA

Die Besiedlung der USA ging von Europa aus und erfasste schrittweise nach der Ostküste die Gebiete westlich der Appalachen und dann westlich des Mississippi. Die Bedeutung verschiedener Nationen bei der Einwanderung und Besiedlung der USA wird deutlich bei den Angaben zur Herkunft der Vorfahren in einer Studie des U. S. Census Bureau, die auf einer Selbstzuschreibung beruht (Angaben in Millionen; Prozentanteil in Klammern):

- Deutsch 42,8 (15,2 %)
- Irisch 30,5 (10,8 %)
- Afroamerikanisch 24,9 (8,8 %)
- Englisch 24,5 (8,7 %)
- Amerikanisch 20,2 (7,2 %)
- Mexikanisch 18,4 (6,5 %)
- Italienisch 15,6 (5,6 %)
- Polnisch 9,0 (3,2 %)
- Französisch 8,3 (3,0 %)
- Ureinwohner 7,9 (2,8 %)

Die größten **territorialen Erweiterungsprozesse** gelangen den USA nach ihrer Unabhängigkeit im Friedensschluss mit Großbritannien 1783 (Abtretung aller Gebiete bis zum Mississippi), durch den Kauf des Louisiana-Territoriums von Frankreich 1803 (= Verdopplung der Staatsfläche) und in mehreren Schritten gegen Mexiko, das dadurch bis heute die Hälfte seines ursprünglichen Territoriums einbüßte. Im Jahr 1867 kauften die USA Alaska für 7,2 Mio. Dollar von Russland. 1893 wurde das Königreich Hawaii annektiert.

LANDVERMESSUNG

Auf der Grundlage der „Land Ordinance" von 1785 wurde alles Land westlich der Appalachen einheitlich vermessen. Längen- und Breitengrade bildeten das Grundgerüst der quadratischen Landvermessung.
Grundeinheit war die Township, ein Quadrat mit einer Seitenlänge von 6 Meilen. Jede Siedlerfamilie erhielt im „Homestead Act" zunächst eine Quarter Section mit umgerechnet rund 65 ha als Farmland zugeteilt, im ariden Westen später dann auch auch mehr. Das Schachbrettmuster dominiert daher bis heute im Landschafts- und Stadtbild der USA auf über 80 % der Staatsfläche.

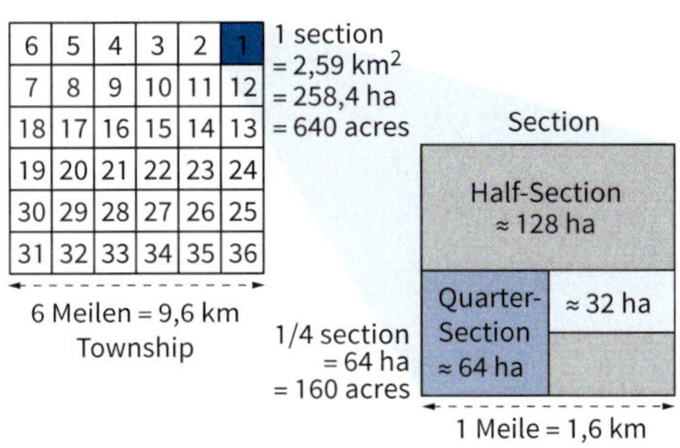

Abb. 5.5: Schema der Landvermessung

5.4 *Landwirtschaft der USA*

Die USA sind der größte Agrarproduzent der Erde, mit einer modernen, weitestgehend mechanisierten und damit auch von günstigen Energiepreisen abhängigen Landwirtschaft. Während die Agrarstruktur in der EU meist nach Betriebsgrößenklassen (Landbesitz) gegliedert wird, wird sie in den Vereinigten Staaten grundsätzlich nach **Einkommensklassen** gegliedert:

Einkommensklasse (Anzahl absolut) Economic Sales Class	Anteil (%) an der Gesamtzahl	Anteil an der LF (in Prozent)	Durchschnittliche Größe (in ha)
$ 1 000 – $ 9 999 (1 020 000)	49,9	9,5	34,0
$ 10 000 – $ 99 999 (618 000)	30,2	21,0	125,1
$ 100 000 – $ 249 999 (145 000)	7,1	14,2	360,9
$ 250 000 – $ 499 999 (98 000)	4,8	14,0	526,1
$ 500 000 – $ 999 999 (82 000)	4,0	17,2	771,1
$ 1 000 000 und mehr (83 000)	4,0	24,2	1077,3

Tab. 5.1: Quelle: United States Department of Agriculture: Farms and Land in Farms 2017 Summary. February 2018

Abb. 5.6: Wichtigste Agrarprodukte der USA-Bundesstaaten

- Die Milchwirtschaft im **Dairy Belt** wird nicht mehr überwiegend mit Weidewirtschaft betrieben, sondern mit Stallhaltung.
- Der **Atlantic Fruit and Truck Belt** (Gemüseanbau und Transport per Lkw) sowie der **Gulf Subtropical Fruits Belt** existieren noch um New York (Marktorientierung) bzw. in Florida (Klimagunst).

- Der **Corn Belt** mit Futtergetreideanbau (Mais und Soja) und vor allem mit Schweinemast ist im Mittleren Westen weiterhin vorhanden.
- Der **Cotton Belt** im Alten Süden der USA (SO) existiert nur noch in Resten und wurde überlagert durch Hähnchenmast und Legebatterien **(Chicken and Egg Belt)** mit hohen Verkaufswerten.
- Der südliche Teil des **Wheat Belt** (Weizenanbau) wurde im Gebiet des Ogallala Aquifers überlagert durch Rinderzucht in Feedlots **(Cattle Belt)** auf der Basis von Bewässerungsfeldbau mit fossilem Grundwasser.
- Insbesondere im Raum New York entwickelt sich das **Urban Farming** auf Flachdächern und auf Brachflächen.

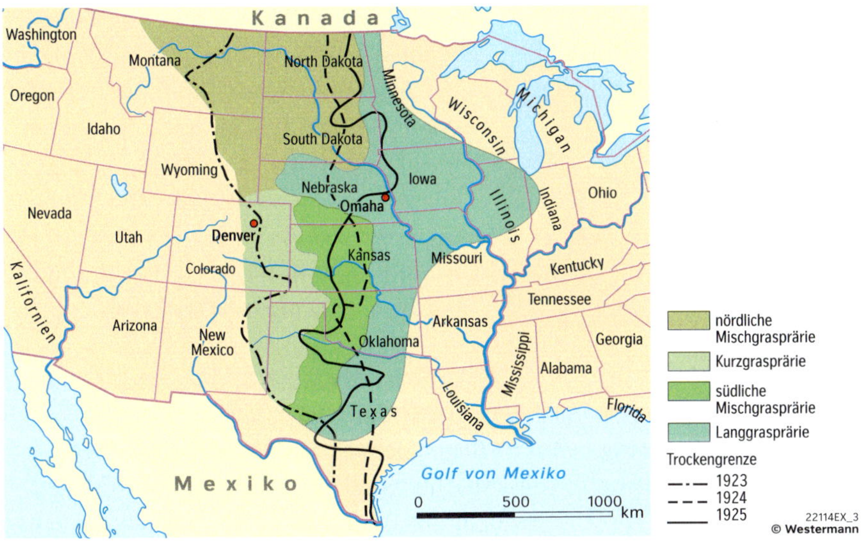

Abb. 5.7: Pendeln der Trockengrenze

Die sogenannte **Dust Bowl** („Staubschüssel") liegt im Bereich der agronomischen Trockengrenze in den mittleren und südlichen Staaten der Great Plains. Aus klimatischer Sicht gehört dieses Gebiet zu den winterkalten bis wintermilden Steppenklimaten mit Starkregen vor allem im Frühsommer. Dabei können bis zu 20 % des Jahresniederschlags innerhalb von nur einer Stunde fallen. Die agronomische Trockengrenze kann von Jahr zu Jahr sehr unterschiedlich verlaufen (→ Abb. 5.7).

Die Great Plains sind zumeist von einer Kurzgrasprärie auf feinkörnigem, zum Teil sogar lösshaltigem Boden bedeckt. Vor allem in den niederschlagsreichen Jahren nach 1870 wurde das Grasland von Farmern schrittweise für den Ackerbau unter den Pflug genommen. Trotz einer Dürrephase in den 1890er-Jahren ging die ackerbauliche Erschließung bis in die frühen 1920er-Jahre ungebremst weiter. Insbesondere die Weizenanbaufläche wurde immer weiter ausgedehnt. Von 1933 bis 1937 wurden die Great Plains von einer Dürreperiode heimgesucht mit jährlichen Niederschlägen von ca. 200 bis 300 mm. Die Folge waren katastrophale Staubstürme, die gelbgraue Staubwolken aufwirbelten und dadurch Milliarden Tonnen fruchtbare Erde bis in den Golf von Mexiko transportierten. Hunderte Menschen erstickten, über 350 000 Familien mussten ihre Farmen aufgeben, die wertlos geworden waren. Diese Bodenzerstörung durch menschliche Eingriffe wird als **Dust-Bowl-Syndrom** bezeichnet.

Abb. 5.8: Badlands

Der Vorgang wiederholte sich in abgeschwächter Form in den 1950er-Jahren. Allerdings war dieses Mal eine weitaus größere Fläche betroffen. Zur Auswehung der fruchtbaren Ackerkrume durch den Wind (Deflation) kommt die Erosion der ungeschützten Bodenoberfläche durch Starkregen hinzu. Wenn die Zerschneidung eines Gebietes durch Erosionsrinnen (Gullies) eine weitere agrarische Nutzung unmöglich macht, spricht man von **Badlands**.

Um die Bildung von Badlands zu verhindern, wurden verschiedene Maßnahmen zum **Bodenschutz** entwickelt:

- **Contour Ploughing** – Durch Pflügen parallel zu den Höhenlinien wird das Versickern des Niederschlags erleichtert und die Erosionsgefahr verringert.
- **Strip Cropping** – Durch den Anbau von Pflanzen mit unterschiedlicher Reife- und damit Erntezeit wird besonders die Abtragung des Bodens durch den Wind vermindert.
- **Stubble Mulching** – Bei der Ernte werden die Pflanzenreste nur teilweise untergepflügt oder bleiben ganz stehen, um den Wind zu bremsen, der in den ebenen Gebieten (= Plains) sehr heftig wehen kann.
- **Dry Farming** – Diese Anbaumethode mit einem oder mehreren Brachejahren hilft zwar bei der Speicherung der Niederschläge im Boden, verhindert aber nicht die Deflation. Beim Dry Farming wird der Boden im Frühjahr zunächst gepflügt, um das Einsickern der Niederschläge zu erleichtern, und nach dem Regen geeggt und so verschlossen.

Mit dem Rindfleisch wird virtuelles Wasser in alle Welt exportiert.

Unter den Great Plains liegt der Ogallala-Aquifer, das größte Grundwasservorkommen der USA, das aus fossilem, nicht erneuerbarem Grundwasser besteht. Jährlich werden rund 27 km^3 Grundwasser gefördert, um Anbauflächen für Futterpflanzen zu bewässern, mit denen dann Rinder gemästet werden. Das Rindfleisch wird großenteils exportiert.

Feedlots in den USA

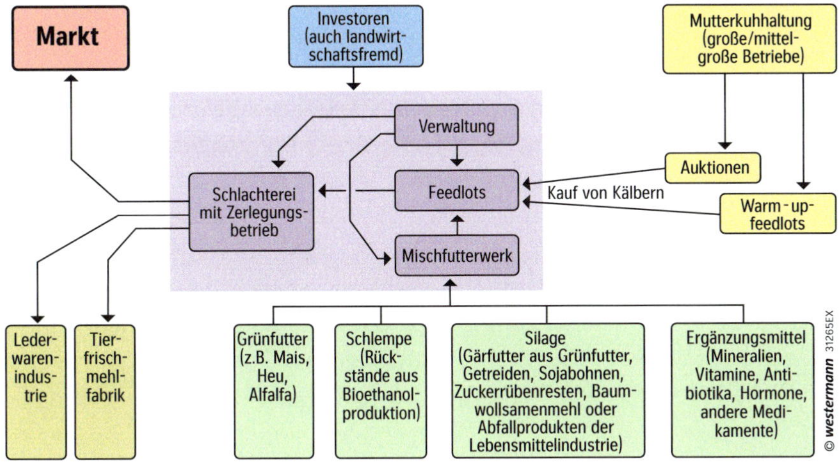

Abb. 5.9: Produktionsverbund der Mastrinderproduktion in den USA

Abb. 5.10: Feedlots

5.5 Industrieräume der USA

Abb. 5.11: Industrieräume der USA

Vom Manufacturing Belt zum Rust Belt: Die wirtschaftliche Blüte des Manufacturing Belt hielt mit Ausnahme der Weltwirtschaftskrise (1929–1933) bis etwa 1970 an. Die zunehmende Rohstoffsubstitution (Eisen und Stahl durch Aluminium und Kunststoffe) ließ die Nachfrage nach Eisen- und Stahlprodukten aber stark sinken. Hinzu kam, dass fast zeitgleich konkurrierende Produkte aus Übersee (z. B. Fahrzeuge) in kurzer Zeit große Marktanteile erobern konnten. Diese Prozesse lösten Krisen im Kohle-, Stahl- und Automobilbereich aus. Großflächige, zum Teil stark belastete Industriebrachen waren die Folge. Fortan wurde die Region „Rust Belt" genannt. Maßnahmen zur Umweltverbesserung und zur Stadterneuerung sorgten jedoch für eine neue Attraktivitat. Die Ansiedlung von Handels- und Dienstleistungsbetrieben sowie von High-Tech-Firmen schuf die Grundlage für einen neuen Aufschwung.

STRUKTURWANDEL DER AUTOMOBILINDUSTRIE

Das wichtigste Zentrum der US-amerikanischen Automobilindustrie ist die „Motortown Detroit“ an der kanadischen Grenze im Bundesstaat Michigan. Hier hatten die Big Three, die drei großen Hersteller Ford, General Motors und Chrysler, ihren Ursprung und diese dominieren bis heute die Wirtschaft im Großraum Detroit. In der Blütezeit der Stadt um 1955 wurden 90 % der US-Automobilproduktion und 50 % aller Autos weltweit hier hergestellt.

In Detroit hatte Henry Ford ab 1908 die Fließbandproduktion entwickelt und umgesetzt. Unter dem Begriff **Fordismus** wird noch heute die standardisierte Massenproduktion mit einer hierarchischen Arbeitsorganisation verstanden. Die Arbeitskräfte waren zumeist nur angelernt und verdienten seit dem Zweiten Weltkrieg trotz ihrer geringen Qualifikation recht gut. Dazu kamen zahlreiche Vergünstigungen und eine hohe Arbeitsplatzsicherheit, die wie die hohen Löhne von mächtigen Gewerkschaften erstritten wurden. Ein hoher Anteil der Bauteile wird im Betrieb selbst oder in Zweigwerken gefertigt (= hohe Fertigungstiefe). Die Krise der US-Automobilkonzerne und damit die Krise Detroits begann in den 1970er-Jahren. Ursachen waren der Ölpreisanstieg, der Rückgang der Produktivität im internationalen Vergleich und vor allem die wachsende Konkurrenz aus Japan.

Der Postfordismus oder **Toyotismus** (benannt nach dem Vorbild des japanischen Herstellers Toyota) setzt im Gegensatz zum Fordismus auf eine flexible Spezialisierung und auf Teamarbeit statt auf starre Hierarchien. Seit den 1990er-Jahren werden immer mehr angelernte Arbeitskräfte durch Roboter ersetzt. Strenge Qualitätskontrollen und eine geringe Fertigungstiefe reduzieren die Automobilproduktion auf das Kerngeschäft: Forschung und Entwicklung, Marketing sowie den Zusammenbau von Karosserie, Motor und weiteren Komponenten, die meist außerhalb hergestellt werden (**Outsourcing**). Komplette Komponenten werden zeitgenau geliefert (**Just in Time**). Die geringe Fertigungstiefe wird als **Lean Production** (schlanke Produktion) bezeichnet. Die Zulieferbetriebe müssen sich strengen Qualitätskontrollen unterwerfen und stehen unter Konkurrenz- und Preisdruck.

Durch die erwartete Ansiedlung von Zulieferbetrieben in der Nähe des Hauptwerkes entstehen sogenannte **Automotive Cluster**, eng miteinander verflochtene Standortgemeinschaften der Automobilindustrie.
Wichtigstes Ziel der Automobilkonzerne ist nicht mehr wie früher ein möglichst hoher regionaler Beschäftigungseffekt, sondern ein hoher Börsenwert des Unternehmens und damit möglichst hohe Gewinne für die Aktionäre (**Shareholder Value**).

5.6 Tertiärer Sektor

Unter dem Oberbegriff tertiärer Sektor werden sehr verschiedene Tätigkeitsfelder und Berufe zusammengefasst, die eines gemeinsam haben: Sie erbringen im Gegensatz zu Landwirtschaft und Industrie immaterielle Leistungen, die allenfalls drucktechnisch oder elektronisch gespeichert werden können. In den meisten Fällen sind direkte Kontakte für **Dienstleistungen** sehr wichtig. In diesem Wirtschaftssektor reicht die Spannbreite von Tätigkeiten mit geringer Qualifikation und geringer Entlohnung, z. B. als Bedienung in Fast-Food-Restaurants, bis hin zu Tätigkeiten mit hoher Qualifikation und hoher Entlohnung, z. B. als Manager eines großen Konzerns.

Mit 80 % der Erwerbstätigen und einem Anteil am BIP von 79 % spielt der Dienstleistungssektor in den USA wirtschaftlich und sozial die führende Rolle. Die USA gelten gemeinhin als Vorbild für die Entwicklung zur Dienstleistungsgesellschaft. Die Ursache für diese Entwicklung wird darin vermutet, dass bei steigenden Einkommen (Massenkonsumgesellschaft) zunächst die Nachfrage nach langlebigen Konsumgütern (Industrieprodukte) überproportional wächst, später dann die Nachfrage nach immer höherwertigen Dienstleistungen. Daher beinhaltet die Tertiärisierung meist – wie in den USA zu beobachten – eine Deindustrialisierung. Allerdings besteht auch im Dienstleistungssektor ein großes Rationalisierungspotenzial, so dass die Prognose ständig wachsender Beschäftigung wahrscheinlich nicht zutreffen wird. Gründe für Rationalisierungsmaßnahmen sind auch im tertiären Sektor der Wettbewerbsdruck, die hohen Lohn- und Lohnnebenkosten sowie neue technologische und organisatorische Entwicklungen. Die Rationalisierung begann mit dem Selbstbedienungsprinzip im Einzelhandel. Viele Büro- und Verwaltungstätigkeiten wurden durch den Computereinsatz grundlegend rationalisiert. Das Internet bietet weitere Möglichkeiten, z. B. durch den E-Commerce.

Durch die Konzentration hoch spezialisierter Dienstleistungen in wenigen Global Cities – in den USA sind dies vor allem New York, Los Angeles und Chicago – verschärfen sich die **räumlichen Disparitäten** innerhalb der USA (→ Abb. 5.16). Besonders problematisch ist die Versorgungssituation in vielen dünn besiedelten, ländlichen Regionen der USA, in denen zentrale Orte fehlen. Ein typisches Beispiel ist der Staat Montana im Bereich der nördlichen Rocky Mountains bzw. der Great Plains. In Montana leben rund 1,04 Mio. Menschen auf einer Fläche von 381 000 km² (D: 357 000 km²). Rein rechnerisch sind das durchschnittlich 2,7 Einwohner pro km². Regional ist die Bevölkerungsdichte noch geringer. Das bedeutet: weite Wege, hoher Zeitaufwand und hohe Kosten.

BEISPIEL

Entwicklungen im Einzelhandel
Die räumliche Verlagerung des Einzelhandels aus der Downtown in die Randbereiche der Kernstadt und später in die Vororte begann mit der Suburbanisierung und mit der Motorisierung breiter Bevölkerungsschichten. Die Entwicklung vollzog sich in mehreren Schritten:

Commercial Strips (Strips = Bänder, Streifen) entstanden zu beiden Seiten der großen Ausfallstraßen der amerikanischen Städte. Hier befinden sich heute Einzelhandelsgeschäfte wie Supermärkte, Autohäuser, Garten-Center und Möbelhäuser. Vor allem aber Versorgungs- und Dienstleistungsbetriebe prägen das Bild der Commercial Strips: Tankstellen, Reparaturwerkstätten, Schnell-Restaurants mit Drive-in-Bedienung, Banken mit Drive-in-Schaltern, Motels und Autokinos.

Einkaufszentren (Shopping Center) entwickelten sich in verkehrsgünstiger Lage am Rande der Kernstadt. Sie müssen bequem mit dem Auto erreichbar sein und wurden anfangs an den Commercial Strips, später auch an Autobahnabfahrten oder -kreuzen gebaut. Shopping Center beinhalten mehrere bis zahlreiche Einzelhandelsgeschäfte und verfügen über große, kostenlose Parkplätze. Im Gegensatz zur Weiterentwicklung, den Shopping Malls (siehe unten), sind alle Geschäfte von außen her zugänglich und nicht unbedingt klimatisiert.

Die **Shopping Malls** entstanden als vollklimatisierte Einkaufszentren, die in den USA auch Teilfunktionen von zentralen Orten ausfüllen, weil dort in den meisten Stadtregionen historisch gewachsene Stadtkerne fehlen. Ihr Einzugsbereich entspricht mit bis zu 250 000 Einwohnern dem von Oberzentren in Europa, bei kleineren Malls aber mindestens dem von Mittelzentren in Europa, da sie wenigstens zwei bis vier Kaufhausfilialen an den Eckpunkten besitzen. Diese bekannten Department Stores haben die Funktion von Magnet- oder Ankergeschäften: Sie ziehen die Kunden an und sorgen für die Entstehung von Kundenströmen im Inneren, in der eigentlichen Mall. Besonders große Malls werden als Mega-Malls bezeichnet. Bekannt ist z. B. die Mall of America südlich von Minneapolis im US-Bundesstaat Minnesota, die Millionen von Besuchern pro Jahr anzieht, darunter auch viele Touristen.

Im Jahr 2018 wurde erstmals ausführlich über die **Krise der Malls** in den USA berichtet: Von einstmals mehr als 1600 Malls waren da nur noch 1100 übrig, und weitere 250 bis 300 Malls sollen in den nächsten Jahren schließen. Ursachen dafür sind der weiter wachsende Online-Handel sowie die Krise der Kaufhausketten, die ihre Magnetgeschäfte in den Malls schließen.

5.7 *Wissensgesellschaft USA*

Abb. 5.12: Campus der Universität Princeton

Nach dem Zweiten Weltkrieg haben sich die USA zur global führenden Wissensgesellschaft entwickelt. Dafür waren im Wesentlichen zwei Gründe verantwortlich:

- Die beginnende Deindustrialisierung, vor allem verursacht durch die Konkurrenten aus Japan und Europa, forderte die Vereinigten Staaten wirtschaftlich heraus.
- Im technologische Wettlauf mit der Sowjetunion während des Kalten Krieges (1945 – 1989) erschien der Aufbau einer Wissensgesellschaft militärisch und strategisch überlebenswichtig.

Die Grundlage dieser Wissensgesellschaft bildet ein Netzwerk von insgesamt 4100 öffentlichen oder privaten Universitäten und von 1400 Forschungszentren. Schon in den 1950er-Jahren förderte der Staat die Aufnahme eines Studiums. Mittlerweile haben 81 Prozent eines Jahrgangs einen Bachelor-Abschluss und 35 Prozent aller Amerikaner besitzen mindestens einen Master-Titel. Dabei ist allerdings zu beachten, dass diese Abschlüsse nicht unbedingt an allen Universitäten ein hohes Niveau aufweisen. Manche Bereiche der Berufsausbildung schließen mit dem Bachelor ab.

25 Prozent aller Ingenieure weltweit und 30 Prozent aller Forscher arbeiten in den USA. Drei Prozent des amerikanischen Bruttonationaleinkommens (BNE)

Abb. 5.13: Cyber Cities in den USA

fließen in die Hochschulbildung. Trotz der Konkurrenz aus Europa und Asien produzieren die USA heute immer noch ein Viertel aller Hochtechnologie-Güter (und 52 Prozent der Software weltweit).

In der US-amerikanischen Wissensgesellschaft kommt es zu einer räumlichen Konzentration von Fachkräften, Kapital und technischer Infrastruktur. Es dominieren einerseits die Megalopolis BosWash und die Region der Großen Seen im Nordosten sowie andererseits Kalifornien im Südwesten. Allein im Bundesstaat Kalifornien konzentriert sich ein Fünftel des wissenschaftlichen Potenzials der USA. Das Silicon Valley gilt als Ausnahmeerscheinung ebenso wie als globales Vorbild. Das Tal von Santa Clara erstreckt sich im periurbanen Raum südlich von San Francisco entlang des Highway 101. Heute leben hier rund zwei Millionen Menschen.

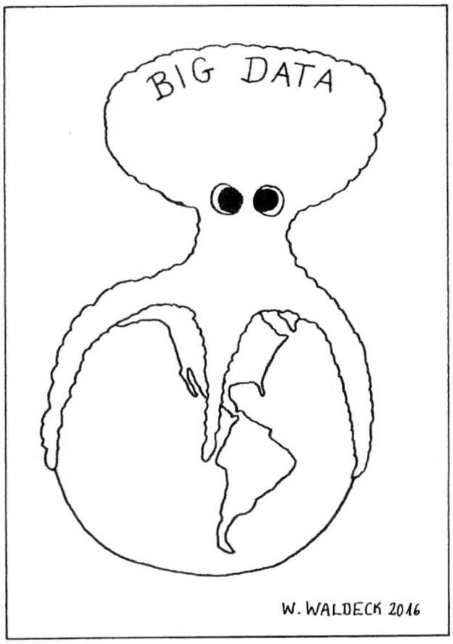

Abb. 5.14: Wissen ist Macht

6000 High-Tech-Unternehmen entstanden seit den 1970er-Jahren, zunächst in Zusammenarbeit von renommierten Universitäten, Gründungsunternehmen (Start Up) und Risikokapital (Venture Capital), später auch mit Unterstützung von großen Unternehmen (Google, Adobe, Cisco, Apple, Intel). Als Entwicklungsmodell war das Silicon Valley Vorbild u. a. für die Regionen Silicon Prairie und Silicon Desert in den USA.

Neben diesen regionalen Clustern nach dem Vorbild des Silicon Valley entstanden in den USA auch sogenannte **Cyber Cities**. Das sind Städte, in denen Risiko-Kapital, hoch qualifizierte Fachkräfte, angesehene Universitäten und vor allem wichtige weiche Standortfaktoren vorhanden sind, wo den Forschern, Fach- und Führungskräften also eine hohe Lebensqualität geboten wird. Als Beispiele für Cyber Cities gelten Atlanta, Durham, Seattle oder Phoenix.

Außer der Entwicklung des eigenen **Humankapitals** durch gute Bildungsmöglichkeiten fördern die USA zusätzlich die Einwanderung hoch spezialisierter Wissenschaftler und Fachkräfte aus dem Ausland, um ihre globale Führungsposition zu halten und weiter auszubauen. Als sogenannte „Designer Migrants“ werden Einwanderer mit einem Hochschulabschluss bevorzugt (inzwischen jeder zweite). Dabei besteht allerdings auch die Gefahr, dass Wissenschaftler aus dem Ausland bei einer späteren Rückkehr in ihre Heimatstaaten auch einen – aus der Sicht der USA – ungewollten Technologietransfer vollziehen, z. B. nach China oder in den Iran.

5.8 *Stadtland USA*

Städtische Explosion

Die starke Einwanderung, das stetige wirtschaftliche Wachstum und die technischen Innovationen im Bau- und Verkehrssektor waren wichtige Voraussetzungen für die Expansion der amerikanischen Städte ins Umland seit 1890, besonders aber nach 1945, als öffentliche Subventionen den Bau von Eigenheimen erleichterten. Ein Eigenheim am Stadtrand ist Teil des amerikanischen Traums vom Glück (**American Dream**). Außerdem trug die lange Zeit konkurrenzlos billige Holzbauweise, die von Siedlern aus Skandinavien in die USA gebracht worden war, zur weiten Verbreitung des Hauseigentums und zur schnellen Expansion der Städte bei. Etwa zwei Drittel der städtischen Bevölkerung der USA leben in Eigenheimen, in Kalifornien sind es bis zu vier Fünftel. Mit der Massenmotorisierung vor allem nach dem Zweiten Weltkrieg setzte eine flächenhafte **Suburbanisierung** ein. Der Anteil der Vorortbewohner an der Gesamtbevölkerung der USA stieg von 17 % im Jahr 1920 auf etwa 50 % im Jahr 2000.

Abb. 5.15: Downtown von San Francisco

Metropolitane Ballungsräume nehmen immer größere Flächen ein und wachsen zu Riesenstädten zusammen. Ein Beispiel für eine solche Megalopolis ist „BosWash“, der verstädterte Raum zwischen Boston und Washington an der nördlichen Atlantikküste der USA mit rund 40 Millionen Einwohnern. Der Prozess der ausufernden Suburbanisierung wird auch als **Urban Sprawl** bezeichnet. Im Deutschen spricht man von städtischer Explosion.

Mit der Suburbanisierung war ein **sozialer Entmischungsprozess** verbunden. Nach dem Zweiten Weltkrieg zog vor allem die weiße Ober- und Mittelschicht in die neu entstehenden Vororte. In der Kernstadt blieben Angehörige der weißen Unterschicht und der ärmeren Minderheiten zurück. Letztere leben bis heute meist in Gettos. Damit wurden Kaufkraft und Steuereinnahmen in die Vororte verlagert, sodass die Kernstädte verarmten und die sozialen Probleme dort wuchsen. Die politisch oft eigenständigen Vorortgebiete konnten die Zuwanderung durch Auflagen steuern, wie eine Mindestgröße von Grundstücken und bestimmte Bauvorschriften, und dadurch nicht gewünschte Bevölkerungsgruppen fernhalten. Das höhere Steueraufkommen ermöglichte hohe öffentliche Investitionen in die technische und soziale Infrastruktur und verstärkte die soziale Segregation.

Wegen der **Verlagerung der Kaufkraft** in die Vororte verließ auch der Einzelhandel die Innenstädte und folgte der wohlhabenden Bevölkerung (→ Seite 147). Auch Industrie und Großhandel wanderten aus den innenstadtnahen Räumen in die Vorortzone ab. Industrial Parks entstanden, zumeist in guter Verkehrslage an Autobahnen oder in Flughafennähe. Schließlich folgten auch Büros und Verwaltungen in die suburbane Zone. Banken, Versicherungen und Unternehmensverwaltungen verlagerten vor allem arbeitsintensive Routinetätigkeiten ohne Publikumsverkehr – die sogenannten **Back-Office-Funktionen** – in die Vorortzone. Dadurch entstanden in den Außenbereichen der Großstädte neue multifunktionale Zentren mit einer eigenen Skyline, die sogenannten **Edge Cities**.

Die nächtliche Satellitenaufnahme verdeutlicht die räumlichen Disparitäten in Nordamerika durch den Kontrast zwischen hell erleuchteten verstädterten Räumen und dunklen dünn besiedelten Regionen. Im Jahr 2000 lebten ca. 80 % aller US-Bürger in sogenannten **Metropolitan Areas**, Verdichtungsräumen mit einer Kernstadt (nucleus) von mindestens 50 000 Einwohnern und einem wirtschaftlich und sozial integriertem Einzugsbereich. Fast ein Viertel aller Einwohner der USA lebte im Jahr 2016 in Metropolitan Areas mit mehr als 5 Mio. Einwohnern.

Abb. 5.16: Nächtliche Satellitenaufnahme

Die größten waren:
- New York (20,2 Mio.),
- Los Angeles (13,3 Mio.),
- Chicago (9,5 Mio.) und
- Dallas-Fort Worth (7,2 Mio.)

Megacity Los Angeles

Los Angeles ist mit 3,98 Mio. Einwohnern allein in der Kernstadt (→ Abb. 5.17) die zweitgrößte Stadt der USA nach New York. Entstanden ist es aus einer kleinen spanischen Missionsstation, die 1781 hier gegründet wurde. Entscheidend für den wirtschaftlichen Aufschwung von Los Angeles waren folgende Faktoren:
- die Entdeckung ergiebiger Ölquellen im Stadtgebiet (1892)
- die Entwicklung Hollywoods zur Filmmetropole (ab 1910)
- der Aufschwung der Industrie, unter anderem der Luft- und Raumfahrtindustrie (nach 1945)
- die Entwicklung zum Finanzzentrum

Mit Vororten hat die Los Angeles County heute mehr als 9 Mio. Einwohner. Im Großraum, also in Los Angeles einschließlich der benachbarten Counties, leben sogar mehr als 16 Mio. Menschen. In den vergangenen Jahrzehnten hat sich die Stadt zu einer **Global City** entwickelt, zu einem bedeutenden Steuerungszentrum der Weltwirtschaft. Los Angeles ist heute – nach New York – das zweitwichtigste Finanzzentrum der USA und – nach Tokio – des gesamten pazifischen Wirtschaftsraumes.

Abb. 5.17: Der Großraum Los Angeles

ERDBEBEN IN LOS ANGELES

1994 bebte die Erde im Gebiet von Ventura, nördlich von Los Angeles. 60 Menschen kamen ums Leben, 15 000 wurden obdachlos. Die Höhe der Sachschäden lag bei schätzungsweise 20 Mrd. US-$: Gebäude stürzten ein, Wasser-, Gas- und Ölleitungen wurden zerstört. Viele Autobahnen, die Lebensadern im Großraum Los Angeles, wurden unterbrochen.

Da die geologische Situation hier äußerst kompliziert ist, sind Bebenvorhersagen so gut wie gar nicht möglich. Denn keines der schweren Erdbeben mit einer Stärke von mehr als 5 auf der Richter-Skala ging im 20. Jahrhundert von der gut erforschten und überwachten San-Andreas-Verwerfung aus. Stattdessen lagen die Epizentren der schweren Erdbeben bei Long Beach (1933), San Fernando (1971) oder Northridge (1994). Es handelt sich um verdeckte Verwerfungen, von denen Dutzende unterhalb des Stadtgebietes von Los Angeles liegen. Eine dieser Verwerfungen verläuft in mehreren Kilometern Tiefe unterhalb des Zentrums von Los Angeles. Die von Süden nach Norden driftenden Mikroplatten (Terranes) werden nämlich im Raum Los Angeles von den Gebirgen im Norden des Stadtgebietes blockiert, nach Westen abgelenkt und aufgeschoben bzw. in die Tiefe gedrückt.

SUBURBIA-SYNDROM

Voraussetzung für das Wachstum der Stadtlandschaft in die Fläche war neben der Massenmotorisierung in Los Angeles der Ausbau eines ausgedehnten Netzes von **Stadtautobahnen**, sogenannten Freeways (→ Abb. 5.17).
Durch den Autoverkehr entstanden massive Umweltprobleme: Der photochemische Smog, verschärft durch die hohe Sonneneinstrahlung im trockenen subtropischen Klima, machte die weltweit schärfsten Abgasregelungen erforderlich. Die Stadtautobahnen sind derart überlastet, dass Staus und Schritttempo an der Tagesordnung sind. Inzwischen wurde zwar das rudimentäre Netz von U-Bahnen und von Straßenbahnen deutlich erweitert, viele Stadtteile bzw. Vororte sind bislang aber noch nicht angeschlossen. Das Busnetz ist dünn und unübersichtlich.

Abb. 5.18: Suburban Dream

Der Traum vom Eigenheim im Grünen (→ die Luftaufnahme in Abb. 5.18), der im Großraum Los Angeles millionenfach wahr wurde, erfordert auch einen hohen Stromverbrauch für die hier üblichen Klimaanlagen in den relativ schlecht isolierten Häusern und für eine Vielzahl von elektrischen Geräten in jedem Haushalt. So gelten z. B. elektrische Wäschetrockner als unbedingt notwendig für einen Mittelklasse-Haushalt, obwohl eine natürliche Trocknung angesichts des subtropischen Steppenklimas viel sinnvoller wäre.

Der begrenzende Faktor für das künftige Wachstum der Megacity Los Angeles ist die **Wasserversorgung**. Bei Dürren in Kalifornien kommt es immer wieder zu Nutzungskonflikten zwischen Landwirtschaft, Industrie und privaten Haushalten (Swimming Pools und Rasenbewässerung).

Städtische Agglomerationen in den USA und in Kanada 2018

Kernstadt	Einwohnerzahl der Kernstadt	Einwohnerzahl der Agglomeration
New York	8 398 748	19 979 480
Los Angeles	3 990 456	13 291 486
Chicago	2 705 994	9 498 716
Philadelphia	1 584 138	6 096 372
San Antonio	1 532 233	2 518 036
Dallas	1 345 047	7 539 711
Detroit	672 662	4 326 422
Toronto	2 731 571	5 928 040
Montréal	1 704 694	4 098 927
Vancouver	631 468	2 463 158

Tab. 5.2: Quellen: US Census – Statistics Canada

Die Tabelle 5.2 verdeutlicht die Ausmaße des Urban Sprawl in den USA, also des Ausuferns der städtischen Bebauung sowie der Bodenversiegelung bis weit in die suburbane Zone hinein. Dadurch vergrößern sich die Entfernungen zwischen Wohnsitz und Arbeitsplatz. Die Strecken zwischen Wohnsitz und Arbeitsplatz werden meist nur mit dem eigenen Auto zurückgelegt – was negative Folgen für die Umwelt hat.

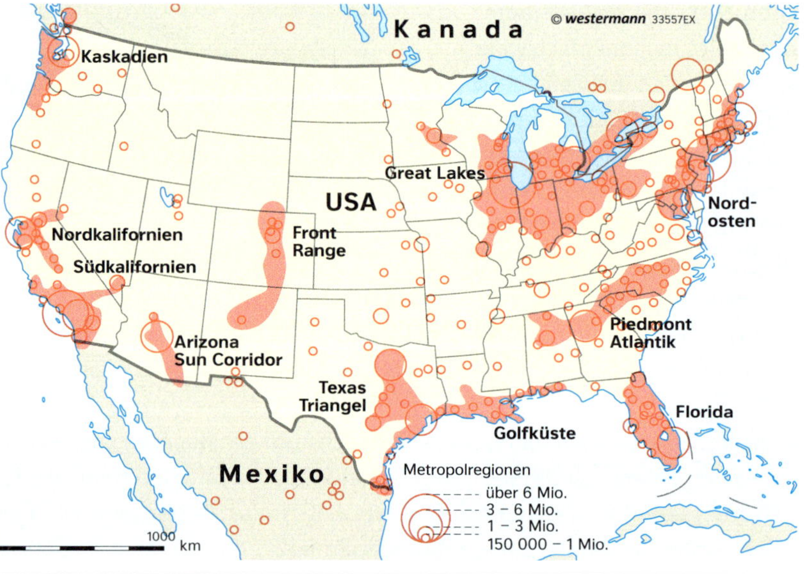

Abb. 5.19: Städtische Agglomerationen in Nordamerika

Die Entwicklung städtischer Agglomerationen in den Vereinigten Staaten konzentriert sich auf bestimmte Regionen im Nordosten, um die Great Lakes herum, auf das Vorland der Appalachen (Piedmont – wörtlich: „Bergfuß“) sowie auf die Küstenregion „Boswash“ zwischen Washington und Boston im Nordosten. Weitere Schwerpunkte sind Florida, die Golfküste sowie das Texas-Dreieck (Triangle) im Süden. Dazu kommen die Front Range vor den Rocky Mountains, Kalifornien sowie Cascadia im äußersten Nordwesten (um Seattle).

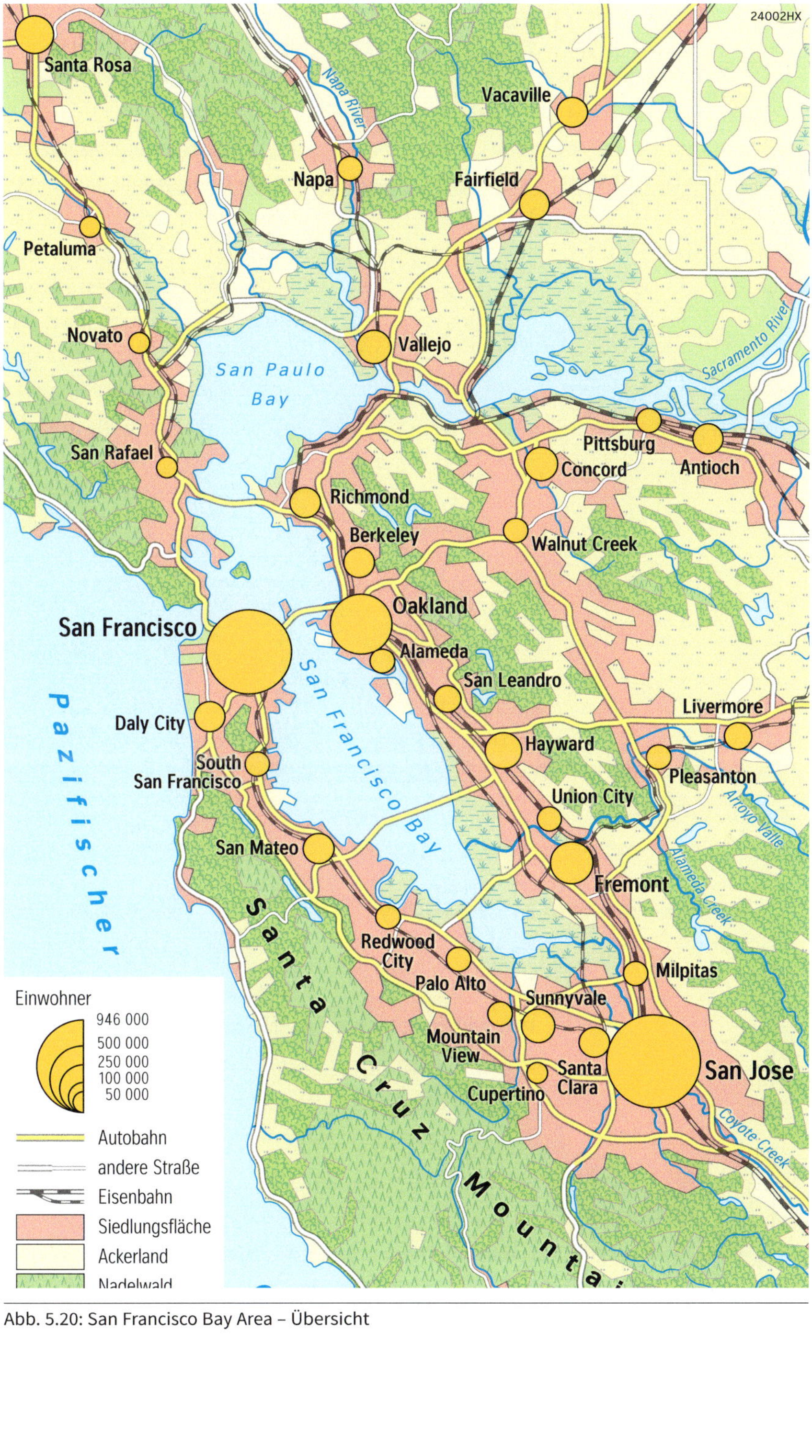

Abb. 5.20: San Francisco Bay Area – Übersicht

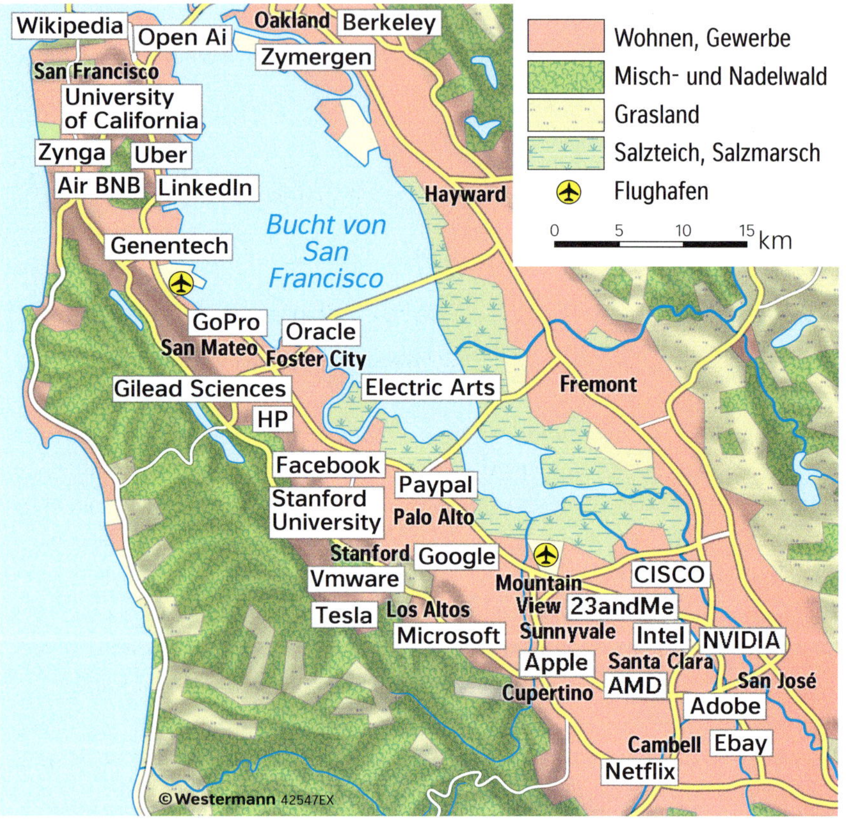

Abb. 5.21: Im Silicon Valley ansässige Unternehmen (Auswahl)

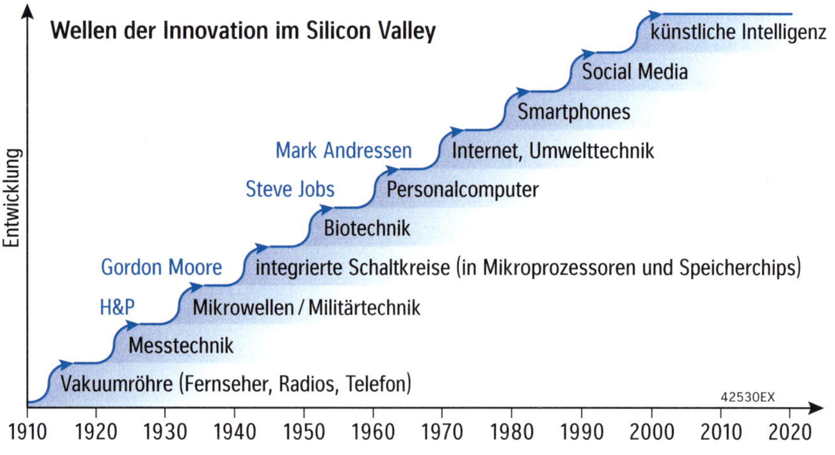

Abb. 5.22: Entwicklung von Innovationen im Silicon Valley

Silicon Valley

Wichtiger Hinweis: Das Silicon Valley ist kein Tal, es ist eine Bezeichnung für eine Region mit mehreren Counties (Verwaltungsbezirke) im Süden der San Francisco Bay Area. Im weiteren Sinne gehören dazu auch San Francisco sowie der Osten der Bay von Berkeley über Oakland bis Fremont. Im Silicon Valley sind rund dreißig der umsatzstärksten Unternehmen der USA (2020) angesiedelt. Weltweit führend waren von Beginn an die Innovationen im Bereich der Kommunikationstechnologie.

Suburbia-Syndrom – Fallbeispiel San Francisco Bay Area

- Bebauung großer Areale mit Wohnhäusern, Industriebetrieben, Büros und Einkaufszentren
- Anlage von Golfplätzen und anderen Freizeiteinrichtungen
- Zerschneidung der Landschaft durch Trassen für neue Autobahnen, Verbindungs- und Erschließungsstraßen – dazu Einrichtung von Parkplätzen für den meist ruhenden Verkehr
- Versiegelung von wertvollen Ackerflächen und verringerte Versickerung von Niederschlägen – keine Grundwasserneubildung
- Verschmutzung des Grundwassers durch Benzin, Ölreste, Abrieb von Reifen und Bremsen sowie Schwermetalle (durch Regenwasser von Parkplätzen und Straßen gespült)
- erhöhte Überschwemmungsgefahr von tiefer liegenden Gebieten aufgrund der massiven Flächenversiegelung bei Starkregen
- Entwicklung von Hitzeinseln im Sommer über betonierten und asphaltierten Flächen (Fehlen von ökologischen Ausgleichsflächen)
- Luftverschmutzung und Lärmbelastung durch den motorisierten Individualverkehr – Belastung vor allem der Verkehrsteilnehmer selbst, aber auch der betroffenen Anwohner (geringere Lebensqualität und Lebenserwartung)
- immer weitere Wege zur Arbeit mit Staus in der Rush Hour – Verlust von Lebenszeit und von Lebensqualität
- Sommersmog im subtropischen Klima Kaliforniens (z. B. Bildung von Ozon, das die Atemwege und die Augen reizt)
- Zerstörung des Ökosystems der San Francisco Bay durch Neulandgewinnung
- Gefahr der Bodenverflüssigung im Falle eines schweren Erdbebens im Raum San Francisco (→ Seite 17)

Modell der nordamerikanischen Stadt

Vergleich des Modells der nordamerikanischen Stadt nach Barbara Hahn [...] mit dem Modell der nordamerikanischen Stadt nach Hahn/Heineberg [...]. Ein Vergleich bietet sich hier an, da im Modell von Frau Hahn die Vertikale (Hochhäuser = High Rises) v. a. im Central Business District stark betont werden. Im Modell von Hahn/Heineberg werden dagegen eher die Ausfallstraßen und ihre Schnittpunkte mit der Ringautobahn als mögliche Standorte von Subzentren betont.

Westermann Bildungsmedien Verlag, 2020

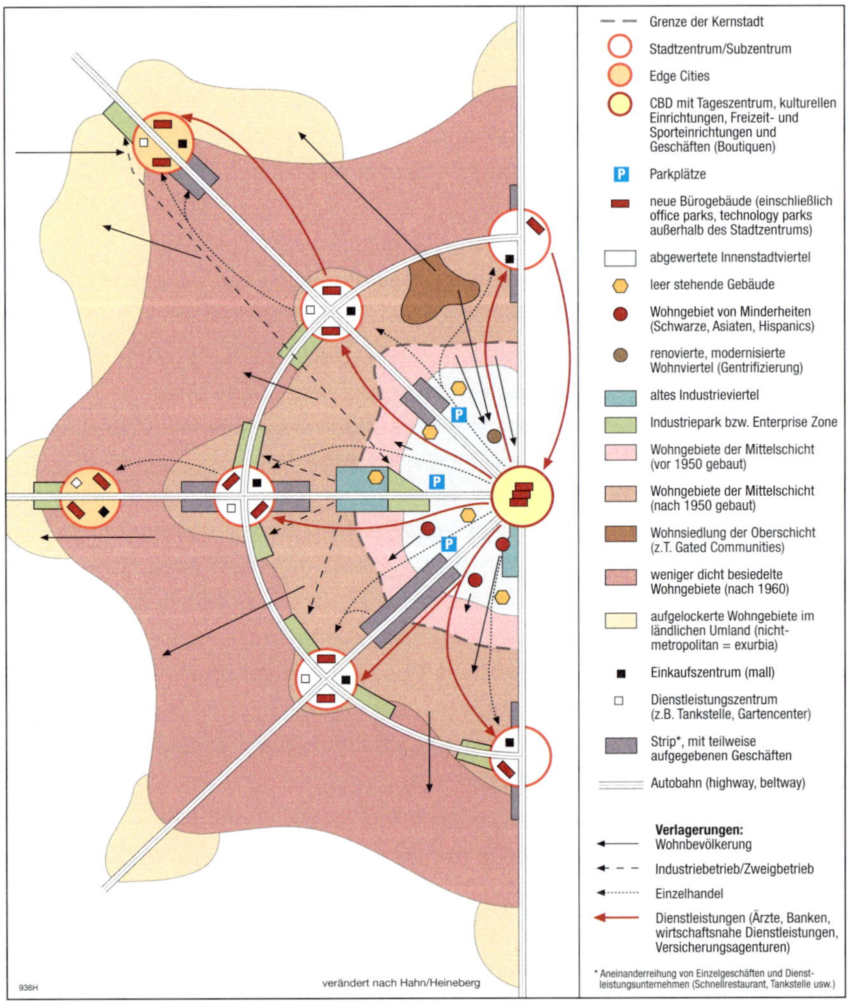

Abb. 5.23: Schema einer US-amerikatischen Stadt

Räumliche Strukturskizze USA/Kanada

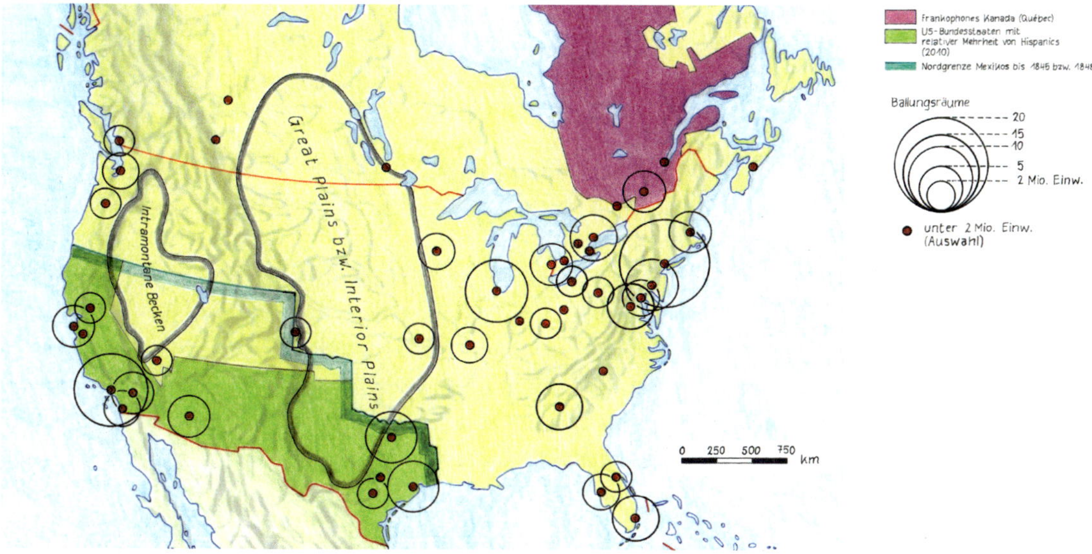

Abb. 5.24: Strukturskizze Angloamerika

Bei der oben abgebildeten, stark vereinfachten Kartenskizze handelt es sich um eine sogenannte **räumliche Strukturskizze**, in der wesentliche Merkmale eines Raumes dargestellt werden. Die Methode der räumlichen Strukturskizze stammt ursprünglich aus der französischen Geografie: Durch eine möglichst einprägsame grafische Darstellung werden die wichtigsten geografischen Elemente eines Raumes verdeutlicht. Dazu gehören vor allem:

- Die größten städtischen Agglomerationen (die Fläche der Kreise entspricht ihrer Bevölkerungszahl) sowie bisweilen die sie verbindenden Verkehrsachsen als Grundgerüste von hoch entwickelten Staaten.
- Als Agglomerationen erkennbar sind der Nordosten von Chicago bis nach New York sowie Boston, Florida im Südosten, Texas im Süden, die Ballungsräume von Los Angeles und San Francisco im Südwesten sowie der Ballungsraum Seattle (Cascadia) und Vancouver im Nordwesten.
- Gebirge als Barrieren sind hier nur mithilfe von Schattierungen dargestellt. Ebenen wie die Great Plains bzw. die Interior Plains und intramontane Becken werden genauer ausgewiesen.
- Als besondere Kulturräume ausgewiesen sind das frankophone Québec im Osten Kanadas sowie die US-Bundesstaaten im Südwesten mit einer relativen Mehrheit von Hispanics (= spanisch sprechenden Einwanderern aus Lateinamerika, v. a. aus dem südlich angrenzenden Mexiko).

5.9 *Kanada*

Die Bevölkerung Kanadas

Kanada hat im Unterschied zu den USA zwei offizielle Staatssprachen: Englisch und Französisch. Beide Nationen, Frankreich und Großbritannien, gelten als sogenannte **Gründernationen** Kanadas.

Aus der geschichtlichen Perspektive überlagern sich in Kanada unterschiedliche Bevölkerungsschichten:

- Die Ureinwohner umfassen neben den First Nations, den kanadischen Ureinwohnern, auch die Métis, Mischlinge zwischen Indianern und europäischen Einwanderern, sowie die Inuit im arktischen Norden.
- Die sogenannten Gründernationen werden von Anglo- und Frankokanadiern gebildet. Sie haben das Gebiet des heutigen Kanadas als erste Europäer erforscht, kontrolliert und besiedelt.
- Die übrigen Einwanderer aus Europa folgten v.a. seit dem 19. Jahrhundert als Siedler, insbesondere ins heutige Ontario (z.B. Deutsche) sowie in die Prärieprovinzen (v. a. Ukrainer).
- Die außereuropäischen Einwanderer kamen in größerem Umfang erst seit den 1970er-Jahren nach Kanada. Sie wählten vor allem die größeren Städte des Landes als Ziel, insbesondere Toronto, Montreal, Calgary und Vancouver.
- In Kanada gibt es in drei Regionen ausgeprägte Separationstendenzen: erstens in Québec (Frankophone) – zweitens in Nunavut, im arktischen Norden Québecs, sowie drittens im „fernen Westen“ Kanadas (Alberta und British Columbia).

Abb. 5.25: Geografische Großregionen Kanadas

Kanada – der Norden

Die wichtigsten Wirtschaftsräume des riesigen Staates liegen im Süden: In der Region um Vancouver im Südwesten am Pazifik und in der Region zwischen Edmonton und Winnipeg in den Prärie-Provinzen Kanadas – von Alberta im Westen über Saskatchewan in der Mitte bis nach Manitoba im Osten.
Der Hauptwirtschaftsraum des Landes liegt im Südosten a) am Eriesee, b) am Ontariosee sowie c) am St.-Lorenz-Strom mit den Metropolen Toronto und Montréal.

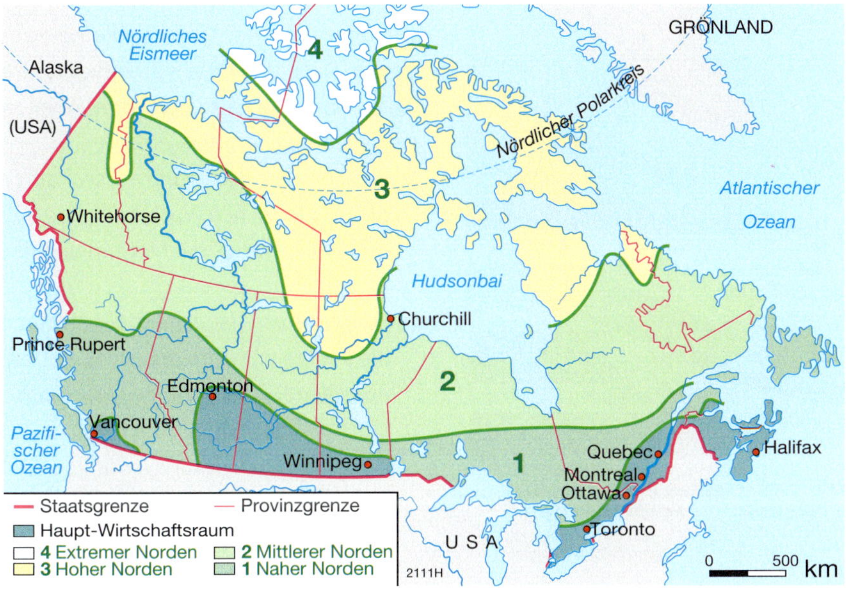

Abb. 5.26: Kanadas Norden

- Im **Nahen Norden (Zone 1 im Süden)** gibt es nur einzelne, isolierte Vorkommen von Permafrostböden.
- Im **Mittleren Norden (Zone 2)** gibt es nur unterbrochene bzw. sporadische Vorkommen von Permafrostböden.
- Im **Hohen Norden (Zone 3)** gibt es ein durchgängiges Vorkommen von Permafrostböden.
- Im **Extremen Norden (Zone 4)** ist das Meerwasser über längere Zeit des Jahres gefroren – auf den Inseln gibt es Gletscher, und der Insel-Boden ist bis in eine Tiefe von 500 m gefroren.

Fracking in North Dakota (USA) – Raubbau-Syndrom

Schon seit 2005 gibt es – gestützt durch einen hohen Ölpreis – einen Fracking-Boom in den USA. Doch gleichzeitig warnen Kritiker vor den ökologischen Folgen dieser neuen Fördermethode (siehe unten). Sie beruht u. a. auf zahlreichen äußerst präzisen Bohrungen, die den Untergrund ganzer Landstriche perforieren und besonders die Flüsse und Grundwasservorkommen gefährden. Der Grund: Im Gestein tief unter der Kleinstadt Willington sind die Geologen auf eine Schicht aus gas- und ölgesättigtem Schiefer gestoßen. Das sogenannte „Bakken-Massiv" erstreckt sich über Tausende Quadratkilometer, es ist zum Synonym für ein amerikanisches Wirtschaftswunder geworden. Aber es gibt auch negative Folgen:

- Verseuchung des Grundwassers durch die teils toxischen Fracking-Fluide und durch Gase (u. a. mit Methan und mit Ethan).
- Zunahme von lokalen Erdbeben durch die in tiefere Erdschichten gepressten, flüssigen Rückstände des Frackings.
- Luftbelastung durch die massive Zunahme des Schwerlastverkehrs sowie durch den Betrieb von Generatoren für die Förderung und für die Pumpen der Pipelines.

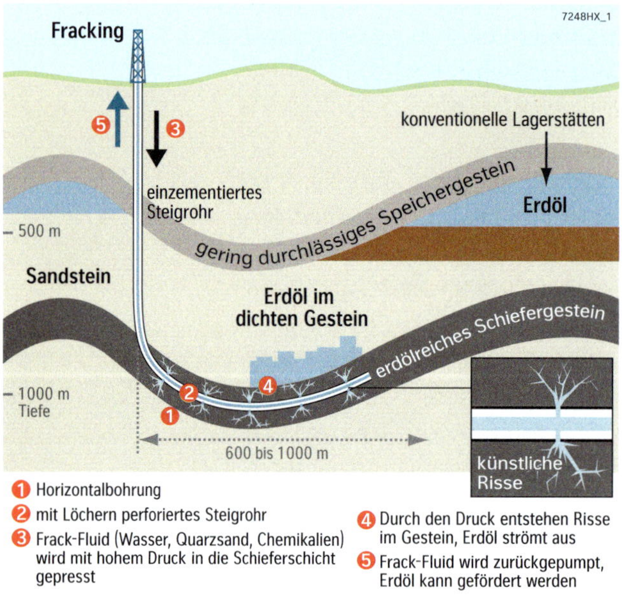

Abb. 5.27: Fracking

Williston in North Dakota ist eine Kleinstadt in der Weite der amerikanischen Prärie. Im Sommer ist es hier staubig, im Winter eiskalt. [...] Trotzdem hat sich die Zahl der Bewohner von Williston binnen kurzer Zeit mehr als verdoppelt. Die Stadt ist überfüllt. Neuankömmlingen bleibt oft nur ein Schlafplatz im Wohnmobil, bei einer Parkgebühr von 1200 Dollar im Monat auch nicht gerade billig. Und es ziehen immer mehr Menschen in das unscheinbare Kaff. Der Grund: Im Gestein tief unter der Stadt sind Geologen auf eine Schicht aus gas- und ölgesättigtem Schiefer gestoßen. Das sogenannte Bakken-Massiv erstreckt sich über Tausende Quadratkilometer, es ist zum Synonym für ein amerikanisches Wirtschaftswunder geworden, wie es das Land zuletzt beim Ölrausch vor fast 100 Jahren erlebt hat.
In North Dakota herrscht neuerdings praktisch Vollbeschäftigung; der Haushalt hat einen Milliardenüberschuss. Lastwagenfahrer verdienen hier 100 000 Dollar im Jahr [...]

„Amerika gibt Gas", Alexander Neubacher, Ralf Neukirch, Matthias Schepp, Thomas Schulz, DER SPIEGEL 5/2013, Seite 64 ff.

Kulturerdteil Angloamerika?

Bei der Entwicklung eines sogenannten **Kulturerdteils** wird die ursprüngliche, naturnahe Landschaft nach und nach zu einer charakteristischen Kulturlandschaft umgestaltet. Je höher dabei die technische Entwicklung einer Gesellschaft ist, desto stärker fällt die Umgestaltung der ursprünglichen Naturlandschaft aus, bis hin zur Landschaftszerstörung (vgl. die „Syndrome des Globalen Wandels"). In den USA z. B. wurde diese Kulturlandschaft geprägt durch die quadratische Landvermessung in den großen Ebenen des Mittelwestens und in den Great Plains. Sie bildet auch die räumliche Grundlage für die Stadtentwicklung. In den Großstädten der USA hat sich zudem eine typische Skyline herausgebildet, die inzwischen in vielen Großstädten der Welt zu finden ist.

Neben einer materiellen Kultur (Architektur, Technik und Infrastruktur) gibt es auch eine immaterielle Kultur, die die meisten Bewohner des jeweiligen Kulturerdteils prägt: Sprache, Religion, Wertvorstellungen und gesellschaftliche Normen, eine gemeinsame Geschichte, Ästhetik und Wissenschaft. Für die USA sei an dieser Stelle der **American Way of Life** genannt, mit seinem individuellen Streben nach materiellem Wohlstand und Glück (Pursuit of Happiness) und mit der hohen Mobilität des Einzelnen. Allerdings spricht die Bedeutung der Ureinwohner in den USA und in Kanada sowie die zunehmende Bevölkerungszahl der sog. Hispanics (Eingewanderte Lateinamerikaner) gegen die vermeintliche kulturelle Einheit der USA.

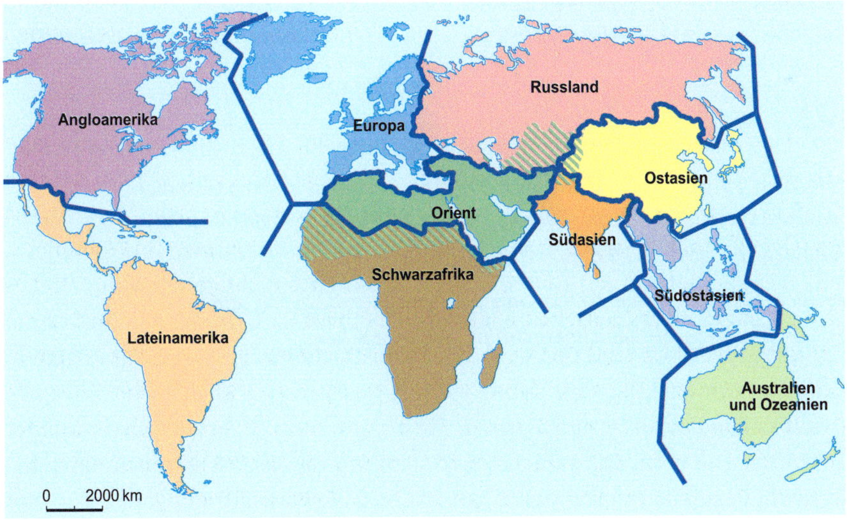

Abb. 5.28: Konzept der Kulturerdteile (angelehnt an Kolb)

5 Angloamerika: USA und Kanada

USA

Nach dem Zerfall der Sowjetunion 1991 verblieben die Vereinigten Staaten von Amerika (USA) als einzige Weltmacht. Zur Durchsetzung ihrer wirtschaftlichen und politischen Interessen dient den USA ein weltweites Netz von Militärstützpunkten, so z. B. auf der Arabischen Halbinsel – insbesondere am Persischen Golf (z. B. in Bahrain), im Indischen Ozean (auf der Insel Diego Garcia), in Ostasien und in Australien sowie im Pazifischen Ozean (Inseln Guam und Hawaii). Flottenverbände mit Flugzeugträgem sichern die amerikanischen Interessen auf allen Weltmeeren sowie im Mittelmeer. Spionagesatelliten erfassen inzwischen die gesamte Erdoberfläche.
Die militärische Macht der USA wäre undenkbar ohne die große Wirtschaftskraft des Landes mit seinen umfangreichen Ressourcen und mit seinem hohen wirtschaftlichen Entwicklungsstand.

KANADA

- Im Unterschied zu den USA ist Kanada nur eine regionale Wirtschaftsmacht in Nordamerika mit einem Bruttoinlandsprodukt (BIP) von 2,4 Billionen US-$ (zum Vergleich die USA: 25,46 Bio. US-$).
- Aus geschichtlichen Gründen ist Kanada zweisprachig: Englisch und Französisch fungieren als gleichberechtigte Amtssprachen.

Ostasien – Japan und China

6

Japan liegt an tektonischen Plattengrenzen im Pazifik und wurde schon oft von schweren Naturkatastrophen heimgesucht. Aufgrund seines gebirgigen Reliefs eignen sich nur einige größere Ebenen für dichtere Besiedlung und für landwirtschaftliche Nutzung. Trotz dieser Probleme hat sich Japan nach dem Zweiten Weltkrieg zur drittgrößten Volkswirtschaft der Erde entwickelt. Die japanische Hauptstadt Tokio entwickelte sich zur größten Stadt der Welt und zur Alpha World City.

Bis um das Jahr 1980 galt China als rückständiges Entwicklungsland – allerdings mit atomarer Bewaffnung und mit einer sehr großen und weiter wachsenden Bevölkerung von über einer Milliarde Menschen. Mit der Ein-Kind-Politik und mit einer wirtschaftlichen Öffnungspolitik zunächst in den Küstenstädten gelangen soziale Reformen und ein beeindruckendes wirtschaftliches Wachstum auf der Basis einer exportorientierten Industrialisierungsstrategie – jedoch verbunden mit großen Umweltproblemen.

6.1 Japan

Japan – Naturkatastrophen

Japan ist Teil des „**Feuerrings**" um den Pazifischen Ozean und ständig von Naturkatastrophen bedroht. Hier treffen mehrere Platten der Erdkruste aufeinander. Dabei werden die schwereren ozeanischen Platten unter die leichtere kontinentale Platte gedrückt (→ Abb. 6.1). Diese Subduktion verläuft aber nicht reibungslos:

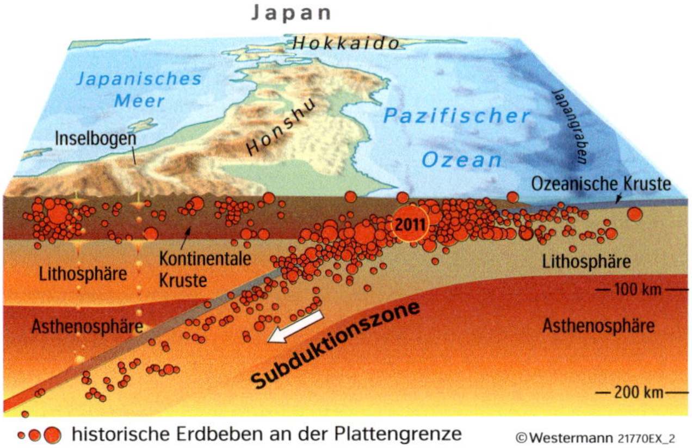

Abb. 6.1: Darstellung der Subduktionszone

- Die Platten verhaken sich ineinander. Wenn die Spannungen zu groß werden, lösen sie sich ruckartig voneinander – Erdbeben entstehen an der Abtauchzone und an horizontalen Verwerfungen in der Nähe der Oberfläche. Oberflächennahe Beben wirken besonders zerstörerisch: Gebäude und Verkehrswege werden schwer beschädigt bzw. stürzen ein, Feuer brechen aus, Menschen werden verletzt oder kommen ums Leben.
- Tsunamis können bei untermeerischen Beben (Seebeben) an der Abtauchzone entstehen. Das japanische Wort **Tsunami** bedeutet so viel wie „Hafenwelle". Tsunamiwellen sind auf dem offenen Meer nicht zu bemerken, da sie selten eine Höhe von über einem Meter haben. Die Wellenlänge liegt oft bei mehr als 100 km. In Küstennähe laufen die Wellen hoch auf, da das Wasser flacher wird. Sie erreichen eine Höhe von zehn und mehr Metern und entwickeln eine zerstörerische Kraft. An Japans Küsten wurden im Laufe der letzten Jahrhunderte mehr als 250 Tsunamis überliefert, die schätzungsweise mehr als 100 000 Menschenleben kosteten.
- Beim Abtauchen der ozeanischen Platte in große Tiefen wird deren Gestein aufgeschmolzen (→ Abb. 6.1). Es bilden sich Magmakammern, von denen Vulkanausbrüche ausgehen können. Auch der bekannteste Vulkan Japans, der Fudschijama oder Fujisan, ist so entstanden. Aus der Magmakammer steigt heißes Magma auf und dringt durch Risse und Spalten in der Erdkruste nach oben. So entstehen auch Vulkanschlote. Durch frei werdende Gase aus der Gesteinsschmelze und durch Kontakt mit dem Grundwasser kann der Druck im Vulkanschlot so groß werden, dass der Vulkangipfel mit einer Explosion weggesprengt wird. Große Gesteinsbrocken (sogenannte vulkanische Bomben), kleinere Steine (Lapilli) und Asche werden hochgeschleudert. Die Asche kann höhere Schichten der Atmosphäre erreichen und globale Klimaveränderungen bewirken. Glühende Lava strömt aus dem Hauptkrater oder aus einem Nebenkrater und zerstört alles, was ihr im Weg steht.

Neben endogenen gibt es in Japan auch exogene Naturkatastrophen. Das Land liegt in der Zugbahn der westpazifischen tropischen Wirbelstürme (Zyklone). Außer zu Sturmschäden und Überflutungen an der Küste kommt es durch die damit verbundenen Starkregen auch zu Hangrutschungen und Muren (Schlamm- und Geröllströme mit großer Zerstörungskraft). Auf die Küste am Japanischen Meer treffen in den Wintermonaten Blizzards, die innerhalb kürzester Zeit zu meterhohen Schneeverwehungen führen können.

Reaktorkatastrophe von Fukushima – das Havarie-Syndrom

Lokale, singuläre Industriekatastrophen mit großräumigen, langfristigen Auswirkungen werden als **Havarie-Syndrom** bezeichnet. Am 11. März 2011 trat vor der japanischen Ostküste in 20 km Tiefe ein schweres Seebeben der Stärke 9,0 (RICHTER-Skala) auf. Nur 30 Minuten später erreichte die Flutwelle eines Tsunami mit über 10, stellenweise bis zu 35 Meter Höhe die Küste: Die Großstadt Sendai wurde verwüstet, ebenso eine Reihe kleinerer Küstenstädte. Schätzungsweise mehr als 20 000 Menschen kamen ums Leben. Das Beben und die anschließende Flutwelle zerstörten auch vier der sechs Reaktoren des Atomkraftwerks Fukushima Daiichi. Durch unkontrollierte Wasserstoffexplosionen traten große Mengen an Radioaktivität aus, die ganze Landstriche des Nordostens für Jahrzehnte unbewohnbar machen, durch Lecks wurde auch der Nordwestpazifik radioaktiv belastet. 85 000 Menschen mussten evakuiert werden.

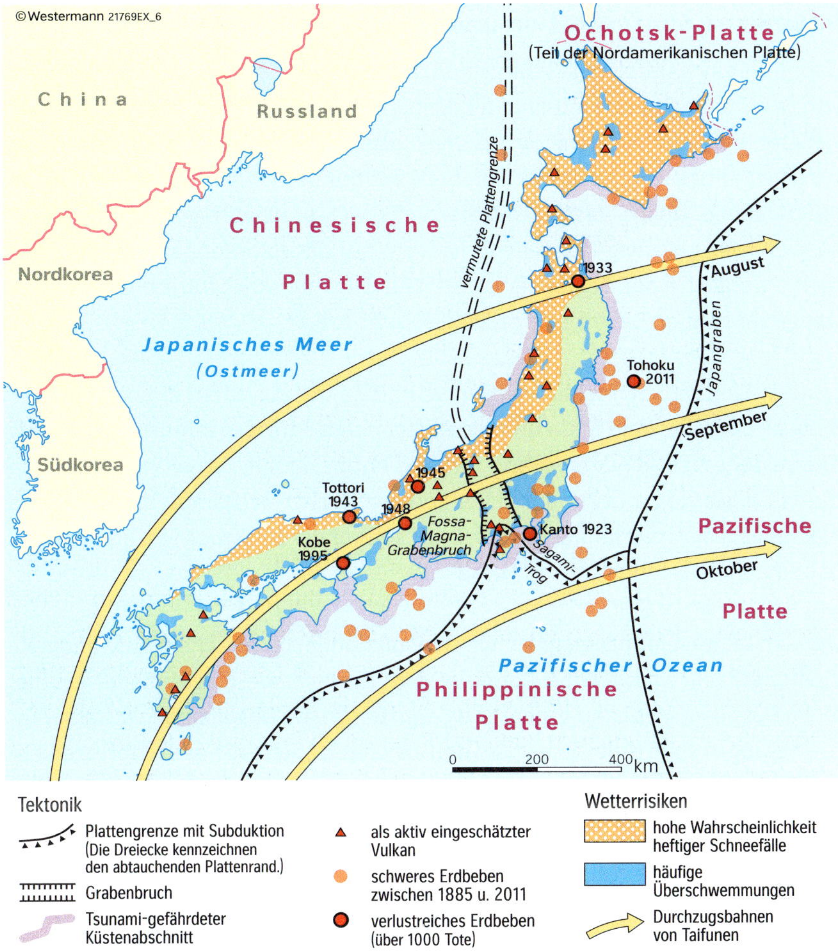

Abb. 6.2: Japan: Naturgefahren

Exkurs: Das Noto-Erdbeben 2024

Das Noto-Erdbeben war ein Erdbeben der Stärke 7,5 am 1. Januar 2024 um 16:10 Ortszeit sieben Kilometer nordnordwestlich vor der Küste von Suzu auf der Noto-Halbinsel im japanischen Ishikawa. Es führte zu einem Tsunami von über 1,2 m Wellenhöhe entlang des Japanischen Meeres. Der *United States Geological Service* (USGS) meldete für das Erdbeben eine Momentenmagnitude von 7,5 Mw und eine Herdtiefe von 10 km. Der Herdmechanismus des Hauptbebens entsprach einer flachen Aufschiebung entlang der Ochotsk-Platte (benannt nach dem Ochotskischen Meer) und der Amur-Platte (benannt nach dem russischen Fluss Amur). Die JMA (Japanische Erdbeben-Agentur) teilte mit, dass sie eine maximale Erdbebenstärke von 7 verzeichnete, die höchste Stufe auf ihrer Erdbeben-Intensitätsskala.

Räumliche Konzentration und ihre Folgen

Japan ist ein waldreiches Gebirgsland. Rund drei Viertel der Gesamtfläche des Landes sind Steilhänge mit einem Böschungswinkel von mehr als 15°. Die hohe Reliefenergie und die Nähe des Meeres haben die Entwicklung längerer Flüsse und die Bildung ausgedehnter Tiefebenen verhindert. Die mit knapp 15 000 km² größte Ebene Japans, das Kanto-Becken mit der Hauptstadtregion Tokio, ist etwa so groß wie Schleswig-Holstein. Es ist nicht nur das Hauptanbaugebiet Japans, sondern zugleich das Gebiet der größten Bevölkerungskonzentration des Landes mit extrem hohen Bevölkerungsdichten (→ Abb. 6.3).

In allen Tieflandsbereichen werden seit alters her vor allem die bewässerten Schwemmländer der Flüsse und die Küstenebenen für den intensiven Nassreisanbau genutzt. Sie waren schon früher dicht besiedelt. Durch Verstädterung, Industrialisierung und Zunahme der Verkehrsflächen schrumpft die verfügbare Ackerfläche in Japan immer stärker. Dazu kommt die Belastung von Böden durch Schadstoffe aus Industrie und Verkehr.

Um der Raumenge zu begegnen, werden mit hohem technischem Aufwand neue Siedlungsflächen geschaffen. Dabei werden vor allem zwei Möglichkeiten genutzt:

- Im Hügelland des Landesinneren werden Berg- bzw. Hügelkuppen terrassenförmig abgetragen (Cut Zones). Auf den Terrassen entstehen neue Wohngebiete. Das abgetragene Gesteinsmaterial wird genutzt, um Hohlformen aufzufüllen (Fill Zones) und so weitere Siedlungs- oder Verkehrsflächen zu schaffen.

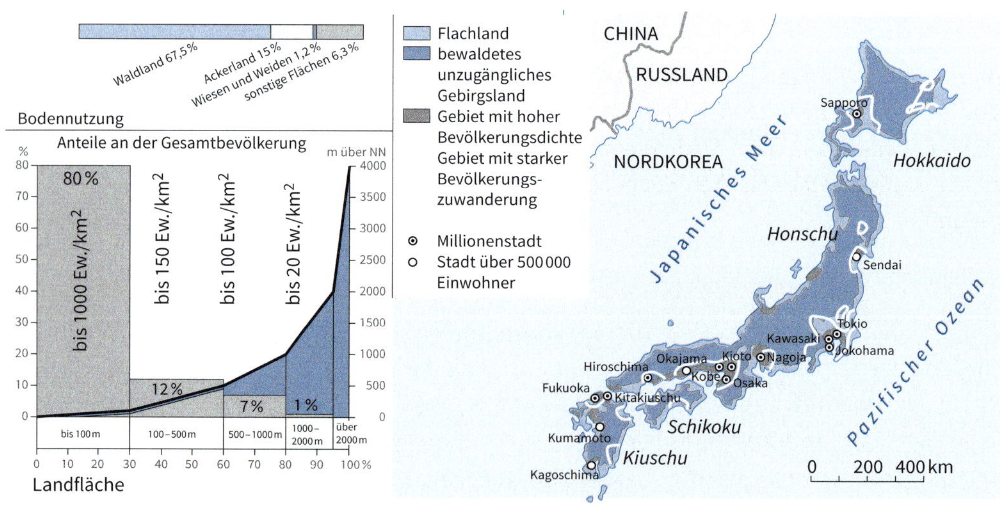

Abb. 6.3: Bevölkerungsverteilung und Bodennutzung in Japan

➲ Die gängigste Methode der Neulandlandgewinnung an der Küste ist die Auffüllung flacher Meeresbuchten vor allem durch Aufspülung mit sandigem Material. Auf diesem Neuland (Umetate-Chi), das bis auf 3 Meter über NN erhöht wird, entstehen zumeist große Industriegebiete direkt am Meer mit eigenen Häfen für große Seeschiffe und mit idealen Standortbedingungen (Rohstoffimporte). Dadurch werden allerdings auch wertvolle Biotope im Küstenraum zerstört und somit auch Fischgründe vernichtet.

Die naturräumlichen Bedingungen der Landwirtschaft in Japan sind sehr unterschiedlich. Während im Süden bis zu zwei Reisernten pro Jahr möglich sind, erreicht der Reis seine nördliche Anbaugrenze auf der Insel Hokkaido im Norden. Im Süden ist somit die Erntefläche größer als die Anbaufläche. Robustere Teesorten können noch bis zu rund 300 km nördlich von Tokio angebaut werden. Die genannten Anbaugrenzen gelten aber ausschließlich für das Tiefland. Dabei ist zu beachten, dass nur die Schwemmlandebenen und das Hügelland für den Ackerbau genutzt werden können, zusammen etwa 15 % der Staatsfläche – mit abnehmender Tendenz.

Um die Ernährungsgrundlage der Bevölkerung zu sichern, wird seit Jahrzehnten der Reisanbau gefördert: Der Staat garantiert die Abnahme der Ernte zu festgesetzten hohen Preisen – weit über dem Niveau der Weltmarktpreise. Deshalb pflanzen auch die Kleinbauern auf ihren winzigen Parzellen vorzugsweise Reis an. Man spricht von einer Gartenbaulandschaft, weil durch intensiven Arbeitseinsatz, sorgfältige Pflege, verbesserte Sorten, Einsatz von Mineraldünger und kleinen, leistungsfähigen Spezialmaschinen (z. B. Reissetzmaschinen) höchste Hektarerträge erzielt werden.

Für Weideflächen und für den Futtermittelanbau sind die Ackerflächen viel zu klein und zu wertvoll. Mastviehhaltung ist also fast nur in Ställen und mit importiertem Kraftfutter möglich. Daher ist Fleisch, insbesondere Rindfleisch, fast unerschwinglich. Wegen der hohen Erzeugerpreise geben japanische Familien einen großen Anteil des Einkommens für Nahrungsmittel aus.

Da vor den Küsten Japans warme und kalte Meeresströmungen zusammentreffen, sind die Gewässer nährstoff- und somit auch fischreich. Fische und Meeresfrüchte in allen Variationen, dazu auch Seetang und Algen, bilden neben dem Reis die zweite Säule der japanischen Küche. Daher gilt die japanische Küche als sehr gesund.

WISSEN

In den Tiefländern bis 100 Meter über NN konzentrieren sich auf 30 % der Fläche 80 % der 127 Millionen Einwohner sowie ca. 90 % der Industrieproduktion des Landes. Wie sich aus dem Diagramm (→ Abb. 6.3) weiter ablesen lässt, liegen 40 % der Landesfläche höher als 500 Meter über NN, 20 % sogar höher als 1000 Meter. Etwa zwei Drittel Japans sind bewaldet, somit zählt Japan zu den waldreichsten Staaten der Erde.

Die japanische Bevölkerung soll nach wissenschaftlichen Prognosen von 127 Millionen (2017) auf 119 Millionen (2030) und 102 Millionen (2050) schrumpfen. Damit ist der Schrumpfungsprozess voraussichtlich stärker als in Deutschland. Das hat verschiedene Ursachen und Folgen:
Die Geburtenrate liegt in Japan bei 8 Promille (= 0,8 %), die Sterberate liegt bei 10 Promille (= 1,0 %). Daraus ergibt sich eine Bevölkerungsabnahme von 0,2 Prozent pro Jahr. In Deutschland sind die Vergleichswerte 9 Promille für die Geburtenrate und 11 Promille für die Sterberate. Daraus ergibt sich rechnerisch eine Bevölkerungsabnahme von 0,2 Prozent pro Jahr. Allerdings hatte Deutschland – im Unterschied zu Japan – jahrzehntelang eine positive Wanderungsbilanz. Der Ausländeranteil liegt in Deutschland bei 8,8 Prozent (ohne die inzwischen eingebürgerten Zuwanderer), in Japan mit seiner restriktiven Zuwanderungs- und Einbürgerungspolitik dagegen bei nur rund einem Prozent. Die Gesamtfruchtbarkeitsrate (Total Fertility Rate – TFR) liegt in beiden Ländern bei 1,5. Das ist die durchschnittliche rechnerische Zahl der Geburten pro Frau im gebärfähigen Alter (15 bis 45 Jahre).

Ein weiteres Problem ist die starke Überalterung Japans. Nur 12 Prozent der Bevölkerung sind unter 15 Jahre alt, 28 Prozent sind älter als 64 Jahre. In Deutschland sind die entsprechenden Werte 13 bzw. 21 Prozent. Der Unterschied liegt zum Teil in der höheren Lebenserwartung von 84 Jahren in Japan gegenüber 81 Jahren in Deutschland begründet.

Das Sinken der Bevölkerungszahl wird dramatische Folgen für das Wirtschaftswachstum, für die Steuereinnahmen des Staaten sowie für die Finanzierung der staatlichen Renten- und Krankenkassen haben. So musste bereits im Jahr 2006 der Rentenbeitragssatz von 13,6 auf 18,3 Prozent erhöht werden – und das in einem Land, in dem traditionell die Familie die Betreuung und die Pflege der alten Menschen übernimmt. Zugleich wurden die Rentenleistungen von 59 auf 50 Prozent des letzten Durchschnittsgehalts gekürzt.

Regional sind die Auswirkungen der Überalterung zum Teil sogar dramatisch. In den Passivräumen Japans, wie z. B. im Norden der Hauptinsel Honshu oder in den Randgebieten der Nordinsel Hokkaido sterben ganze Dörfer und Kleinstädte allmählich aus, weil die meisten jungen Menschen in die Aktivräume an der mittleren Pazifikküste Honshus gezogen sind.
Dieser Prozess ist verbunden mit sozialer Erosion: die älteren und die weniger gut ausgebildeten Menschen bleiben zurück. Infolgedessen sinken Kaufkraft und Bruttoinlandsprodukt der betroffenen Region. Außerdem bleiben die alten Menschen meist sich selbst überlassen, da ihre Kinder oft fortziehen.

Aufstieg zur Wirtschaftsmacht

Am Ende des Zweiten Weltkriegs 1945 war Japans Industriekapazität zu 80 % zerstört. Das Land hatte seine Kolonien in Ost- und Südostasien und damit auch seine Rohstoffquellen verloren. Mit dem Beginn des Kalten Krieges in den 1950er-Jahren unterstützten die USA als Besatzungsmacht den industriellen **Wiederaufbau Japans**, um das Land als Bollwerk gegen das Vordringen des Kommunismus in Ostasien zu stabilisieren. Wie im Nachkriegsdeutschland spielten das vorhandene Know-how und vor allem die kulturell begründete Arbeitsmoral eine entscheidende Rolle beim industriellen Wiederaufbau. Die Japaner sind in Bezug auf die Religion sehr pragmatisch und nutzen die Elemente verschiedener Religionen im Alltag. Wichtig für die Arbeitsmoral sind das Harmoniestreben im Shintoismus und vor allem im Konfuzianismus sowie Disziplin und Leistungsbereitschaft im Zen-Buddhismus.

JAPAN – RELIGION UND KULTUR

Abb. 6.4: Kultstätte des Shintoismus

- Der **Shintoismus** ist die älteste religiöse Tradition in Japan.
  Es handelt sich um eine Art von Naturreligion, denn die göttliche Ordnung offenbart sich in der Natur (z. B. im Vulkan Fujijama). Zugleich spiegelt der Shintoismus die innere Naturverbundenheit vieler Japaner wider. Dazu kommt die große Bedeutung der Ahnenverehrung. Der Shintoismus bestimmt mit seinen Bräuchen, Festen, Schreinen (Foto: Shinto-Schrein) und Tempeln das tägliche religiöse Leben der meisten Japaner.
- Der **Buddhismus** ist im strengen Sinne keine Religion, sondern eine Erlösungslehre, die den Willen des Einzelnen voraussetzt und keine Missionierung kennt wie andere Weltreligionen. Buddha – der Erleuchtete – ist ein Mensch und Lehrer, der als Vorbild dient zur Überwindung des Zwanges der ewigen Wiedergeburt und damit auch zur Überwindung der Leiden. Eine besondere Variante des Buddhismus, der Zen-Buddhismus, spielt in Japan die größte Rolle: Meditation, Disziplin und Askese (Enthaltsamkeit) führen zur Erleuchtung und Erlösung. Kampfsportarten wie Judo, Kendo und Sumo passen zu den Zielen des Zen-Buddhismus.
- Der **Konfuzianismus** ist eine Gesellschaftslehre, die aus China stammt. Die Stabilität des Staates gründet nach Konfuzius (551 – 479 v. Chr.) in der Moral des Einzelnen und in der zentralen Rolle der Familie. Der Herrscher besitzt eine wichtige Vorbildfunktion.

Das Humankapital ist bis heute der wichtigste Faktor für die wirtschaftlichen Erfolge Japans. Der Ablauf der Industrialisierung diente als Vorbild für die ostasiatischen Nachbarstaaten Taiwan und Südkorea.

- **Schlüsselindustrien** beim Wiederaufbau waren zunächst die Eisen- und Stahlindustrie und der Schiffbau. Auch die arbeitsintensive Textilindustrie spielte in der frühen Phase der Industrialisierung eine wichtige Rolle. Allerdings zeigten sich gegen Ende der 1960er-Jahre die Grenzen der technologisch weniger anspruchsvollen Industrialisierung. Die Gewinne waren begrenzt und die Konkurrenz wuchs.
- Daher folgten in den 1970er- und 1980er-Jahren die sogenannten **Exportoffensiven**: Eine Flut von billigen japanischen Exportprodukten überschwemmte die Märkte Europas und Nordamerikas und vernichtete dort ganze Industriezweige, wie die Uhren- und die Fotoindustrie, während der japanische Binnenmarkt für Importe weitgehend verschlossen blieb. Eine besondere Rolle bei der japanischen Industrialisierungspolitik und bei der Koordination der Exportoffensiven spielte das MITI (Ministry of International Trade and Industry). Dieses japanische Ministerium unterstützte die kostenintensive Forschungs- und Entwicklungsphase für neue Hightech-Produkte. Teilweise wurden anspruchsvolle Produkte einfach kopiert und leicht verändert. Mithilfe von Markt- und Produktanalysen identifizierte das MITI Wachstumsbranchen und ihre zukunftsfähigen Produkte in Europa und Nordamerika.
- Die 1990er-Jahre gelten heute als „verlorenes Jahrzehnt“, da Japans Finanzsektor nach dem Platzen einer Spekulationsblase (Immobilien und Aktien) in eine tiefe Krise fiel und die Wirtschaft insgesamt jahrelang stagnierte.
- Der jüngste Aufschwung begann erst gegen Ende der 1990er-Jahre mit der Entwicklung neuer Technologien und mit massiver staatlicher Förderung von Forschung und Entwicklung. Heute sind japanische Unternehmen in vielen Bereichen technologisch führend, besonders in der Automobilindustrie und bei der digitalen Unterhaltungselektronik. Inzwischen wuchsen aber auch Südkorea und vor allem die VR China zu ernsthaften Konkurrenten in billigeren Marktsegmenten heran.

Für die Folgen der Reaktorkatastrophe von Fukushima 2011 muss der japanische Staat, der den Bau der Atomkraftwerke an der gefährdeten Küste genehmigt hat, mit Milliardenbeträgen einspringen. Somit wird sich die enorm hohe Staatsverschuldung von knapp 200 Prozent des BIP (knapp 11 Billionen US-$) weiter erhöhen. Daher sind für wirtschaftliche und soziale Zukunftsprogramme keine Mittel mehr vorhanden – und das angesichts von massiver wirtschaftlicher Konkurrenz und Überalterung.

Industrie

Obwohl sich Japan zur modernen Dienstleistungsgesellschaft entwickelt hat, spielt die Industrie für die Außenhandelsbilanz des Landes weiterhin eine entscheidende Rolle. Die Bedeutung der Sektoren ergibt sich aus ihrem Anteil am Bruttoinlandsprodukt einerseits und an den Beschäftigten andererseits (Anteile in Prozent 2016, Zahlen gerundet):

- Landwirtschaft: 1 bis 3
- Industrie: 29 bis 26
- Dienstleistungen: 70 bis 71

Unter den 100 umsatzstärksten Industriebetrieben der Welt waren im Jahr 2017 zehn japanische (2010 waren es noch 18). Umsatz 2017 in Mrd. US-$ in Klammern:

① Toyota Motor – Automobil (265,17)
② Honda Motor – Automobil (138,65)
③ Japan Post Holdings – Telekommunikation (116,62)
④ Nissan Motor – Automobil (107,87)
⑤ NTT – Kommunikation (106,50)
⑥ JX Holdings – Mischkonzern (92,98)
⑦ Hitachi – Computer (84,56)
⑧ Softbank – Kommunikation (82,67)
⑨ Sony – Computer (77,12)
⑩ Panasonic – Computer (72,05)

In den japanischen Automobilkonzernen wurden neue Fertigungsstrategien entwickelt, die weltweit als Vorbild dienten und übernommen wurden (**Erfolgsstrategien**):

- **Teamarbeit:** Bereitschaft zur Zusammenarbeit innerhalb des Teams, Zusammengehörigkeitsgefühl und Wille zum Erfolg
- **Ringi-System:** Entscheidungsfindung erst nach Beratung unter möglichst vielen Mitarbeitern des Konzerns = Steigerung der Motivation
- **Kaizen (Verbesserung)**: Ständige Verbesserung vorhandener Produkte in Bezug auf Technik und Design mit dem Ziel, die Zufriedenheit der Kunden zu erhöhen
- **Total Quality Management (TQM)**: Reduzierung von Fehlern durch die Mitarbeiter selbst auf ein Minimum; Leistungsbereitschaft und Verantwortung nötig
- **Lean Production** („Schlanke Produktion“): Verringerung der Fertigungstiefe, Auslagerung von Teilen der Produktion in Zulieferbetriebe (= **Outsourcing**)
- **Just in Time:** Zeitgenaue Lieferung von Teilen bzw. ganzen Komponenten durch Zulieferbetriebe; Verringerung der Lager-, Transport- und Personalkosten für den Großbetrieb

BEISPIEL

Erfolgsmodell Toyota

Der japanische Autobauer Toyota Motor gilt als erfolgreichstes Unternehmen seiner Branche weltweit. Der Marktanteil von Toyota in Deutschland stieg im Jahr 2022 auf drei Prozent. Damit ist Toyota schneller als der deutsche Pkw-Gesamtmarkt gewachsen.

Insgesamt wurden 2022 weltweit mehr als 11,5 Millionen Autos von Toyota gebaut, 11,3 Millionen Autos wurden verkauft. Davon entfallen 9,6 Millionen auf die Marke Toyota und 860 000 auf die Marke Lexus.

Die meisten seiner Fahrzeuge verkaufte Toyota auch im Jahr 2023 in Asien. Etwa 3,3 Millionen Fahrzeuge konnte der japanische Autobauerhier absetzen. In Nordamerika konnten etwa 2,6 Mio. Fahrzeuge verkauft werden, und in Europa rund 1,7 Millionen – trotz starker Konkurrenz durch heimische Marken sowohl in Nordamerika, als auch in Europa.

Absatzzahlen für 2023:
- Asien ohne Japan: 3 318 507
- Nordamerika: 2 617 033
- Japan: 1 672 970
- Europa: 1 126 107
- Mittlerer Osten: 568 257
- Zentral- und Südamerika: 478 796
- Ozeanien: 277 939
- Afrika: 247 789

Abb. 6.5: Standorte der Firma Toyota außerhalb Japans

Megacity Tokio

In der Metropolregion Tokio leben ca. 38 Mio. Menschen auf nur 4 % der Fläche Japans. Damit ist Tokio die größte Megacity der Welt. Allein in der Kernstadt leben rund 9, 3 Mio. Menschen. Doch nicht wegen seiner Größe, sondern wegen seiner Funktionen ist Tokio auch eine Global City: Neben New York und London ist Tokio das wichtigste internationale Finanzzentrum mit der größten Börse, dem bedeutendsten Devisenmarkt und den meisten Unternehmenszentralen der zweitgrößten Industrienation der Erde. Hier konzentrieren sich die wichtigsten zentralörtlichen Funktionen des Landes auf engstem Raum in der Kernstadt. Die wichtigsten Behörden, politischen Institutionen und Unternehmenszentralen bilden auf wenigen Quadratkilometern im Zentrum der Hauptstadt eine Standortgemeinschaft mit persönlichen Kontaktmöglichkeiten und Fühlungsvorteilen. Von dort aus, aus dem Gebiet zwischen Regierungsviertel und Hauptbahnhof, wird Japan regiert und wirtschaftlich gelenkt.

Die Vorrangstellung Tokios hat neben naturräumlichen (geschützte Bucht, fruchtbare Ebenen im Umland) vor allem historische und politische Ursachen:

- Die Stadt entwickelte sich nach 1600 zum politischen Zentrum und zum Verkehrsknotenpunkt des Kaiserreiches. Um 1750 war es bereits Millionenstadt und eine der größten Städte der Erde.
- Mit der Plan- und Kriegswirtschaft nach 1937 verschob sich der wirtschaftliche Schwerpunkt Japans von Osaka nach Tokio. Viele Unternehmen verlegten ihren Hauptsitz nach Tokio, in die Nähe von Regierung und Ministerialbürokratie, der sie unterstanden.
- Anlässlich der Olympischen Spiele 1964, in einer Zeit hohen Wirtschaftswachstums und voller Staatskassen, wurden wichtige Infrastrukturprojekte zugunsten Tokios verwirklicht, unter anderem der Bau der Shinkansen-Strecke.
- Mit der Globalisierung der japanischen Wirtschaft nach 1985 kam es zu einer verstärkten Konzentration höchstrangiger zentralörtlicher Funktionen in Tokio.

Probleme sind vor allem die Raumknappheit und die hohe Bevölkerungsdichte, die hohen Immobilien- und Mietpreise sowie die Umwelt- und Verkehrsprobleme. Dazu kommt die hohe Erdbebengefährdung des Ballungsraumes: Vor Tokio stoßen die Eurasische, die Pazifische und die Philippinische Platte aneinander. Bei einem Beben in der Stärke des großen Kanto-Bebens von 1923 läge der wirtschaftliche Schaden heute bei bis zu 2,5 Billionen US-$. Ein solches Katastrophenbeben könnte die Weltwirtschaft erschüttern

Tokio ist der nördliche Endpunkt eines Städtebandes, das in Fukuoka im Norden der Insel Kiushu beginnt und ganz Japan durchzieht (→ Abb. 6.2). Es handelt sich um eine **Megalopolis**, in der sich auf 20 % der Fläche Japans 80 % der 127 Mio. Einwohner des Landes konzentrieren.

Das Rückgrat dieser Megalopolis bilden als wichtigste Verkehrsachsen die Autobahnen und vor allem der Hochgeschwindigkeitszug Shinkansen (→ Abb. 6.6), der die bedeutendsten Millionenstädte Japans mit einer Reisegeschwindigkeit von bis zu 300 km/h verbindet – einzige Ausnahme: Sapporo im Norden.

Abb. 6.6: Hochgeschwindigkeitszug Shinkansen

In der Metropolregion Tokio verfolgt man bei der **Raumplanung** die **Strategie der Entlastungszentren**. Die Entlastungszentren bieten Arbeitsplätze vor allem im reinen Verwaltungsbereich des tertiären Sektors. Sie liegen in 25 bis 50 km Entfernung vom Stadtzentrum an Kreuzungspunkten von radialen Verkehrslinien mit einer Ringverbindung (→ Abb. 6.7). Der große Vorteil dieser Strategie liegt darin, dass sich die Fahrzeiten vieler Pendler verringern. Heute liegt die durchschnittliche Fahrzeit der 3,6 Mio. Einpendler bei 75 min für eine Wegstrecke. Die Entlastungszentren sorgen auch für die Erhaltung der Funktionsfähigkeit der City von Tokio. Eine zusätzliche Entlastung der City ergibt sich durch Nebenzentren an der Ringbahn im Kernstadtbereich.

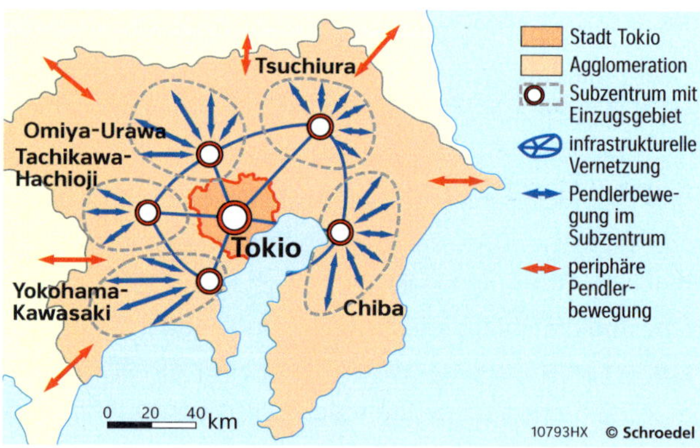

Abb. 6.7: Ballungsraum Tokio

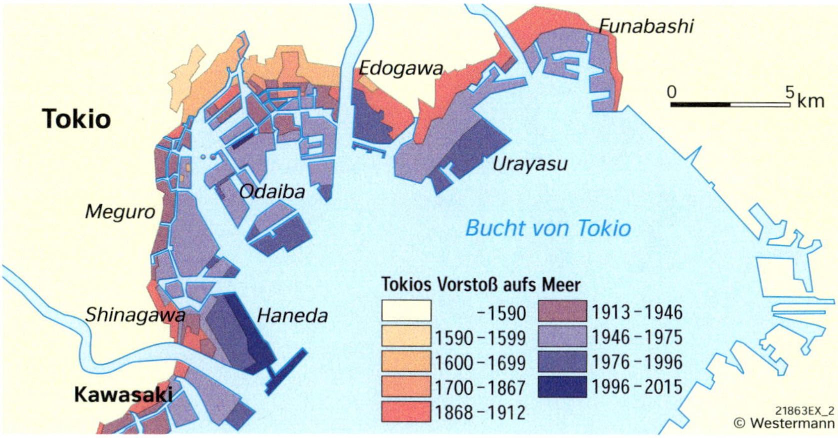

Abb. 6.8: Flächennutzung von Tokio

Deutschland und Japan im Vergleich

Deutschland hat eine
Fläche von 357 587 km² sowie eine
Einwohnerzahl von 84,36 Millionen
Die Lebenserwartung liegt bei 83 Jahren (Frauen) bzw. 79 Jahren (Männer).
Das BIP beträgt insgesamt 4,08 Billionen US-$.
Das BIP pro Einwohner liegt bei 48 636 US-$.
Die Inflationsrate liegt bei 8,7 %.
Import: 1,57 Billionen US-$;
Export: 1,66 Billionen US-$.
Japan hat eine
Fläche von 377 930 km² sowie eine
Einwohnerzahl 124,52 Millionen.
Die Lebenserwartung liegt bei 88 Jahren (Frauen) bzw. 82 Jahren (Männer).
Das BIP beträgt insgesamt 4,23 Billionen US-Dollar.
Das BIP pro Einwohner liegt bei 33 822 US-$.
Die Inflationsrate liegt bei 2,5 %.
Import: 897,24 Milliarden US-$;
Export: 746,92 Milliarden US-$.

Quelle: Der Neue Kosmos Weltalmanach und Atlas 2024

Global Cities

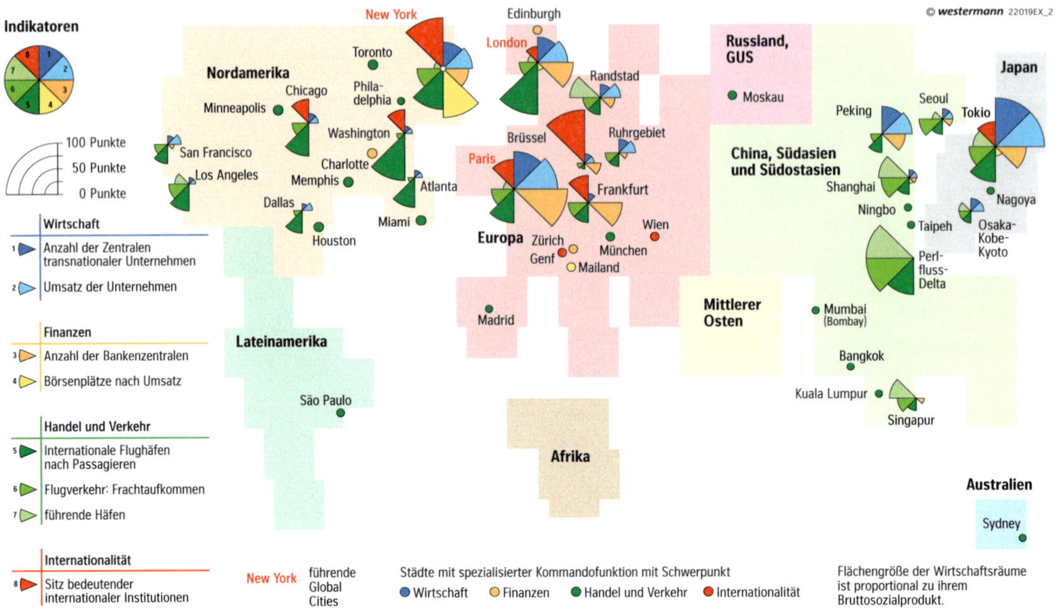

Abb. 6.9: Global Cities (nach BRINGER)

GLOBALISIERUNG – KURZDEFINITION

Unter **Globalisierung** versteht man den Prozess der zunehmenden Verflechtung der Länder untereinander, sowohl wirtschaftlich als auch politisch und kulturell. Basis sind die die modernen Kommunikationsmittel, wie z. B. das Internet, und die zunehmend effektiveren Transportmittel (z. B. Einführung des standardisierten Containers).

Ein Gesicht der Globalisierung sind die sogenannten **Global Player**. Ein Global Player ist ein weltweit agierendes, multinationales Unternehmen, das Produktionsstandorte auf der ganzen Welt besitzt und den Weltmarkt beliefert. Beispiele sind Microsoft, Apple, Shell, Volkswagen, Starbucks oder Adidas.

Ein **globales Unternehmen** (global business enterprise) ist zentral organisiert und agiert weltmarktorientiert, wobei den Auslandsniederlassungen lediglich die Rolle zukommt, Strategien der Zentrale umzusetzen.
Entwicklung und Diffusion (Verbreitung) von Wissen bleiben auf die Zentrale beschränkt (internationales Unternehmen bzw. transnationales Unternehmen).

6.2 Asien – Bevölkerungsdichte und Verstädterung

Abb. 6.10: Bevölkerungsdichte

Bevölkerungsdichte und Verstädterung

Die höchsten Bevölkerungsdichten in der Volksrepublik China finden sich

- um die mehrfachen Millionenstädte (5 bis 10 Millionen) Harbin und Shenjang im Norden.
- In der Großen Ebene (Atlaskarten) sind es Peking, Tianjin und Shanghai (mehr als 10 Millionen Einwohner).
- Im Süden, am Perlflussdelta, liegen Guangzhou und Shenzen – ebenfalls mit jeweils mehr als 10 Millionen Einwohnern.
- Im Binnenland liegt Chongqing am Jangtsekiang mit ebenfalls über 10 Millionen Einwohnern.

6.3 China

China auf dem Weg zur Weltmacht

Die wohl bekanntesten Welterbestätten der UNESCO in der VR China sind die Große Mauer (6350 km lang), das größte Bauwerk der Welt, die Kaiserpaläste in Peking und Shenyang, die Terrakotta-Armee des ersten chinesischen Kaisers bei Xi'an sowie der Potala-Palast des Dalai-Lama, der aber zur tibetischen Hochkultur gehört.

China ist die **älteste Hochkultur der Erde** – und zugleich die einzige antike Kultur, die nicht untergegangen oder in Bedeutungslosigkeit versunken ist. Als Staat existiert China vermutlich bereits seit 2900 vor Christus. Während der Han-Dynastie (206 vor bis 220 nach Christus) unterhielt China Handelsbeziehungen mit dem Römischen Reich. In dieser Zeit wurde Südchina von Nordchina aus erobert. Daher wird die chinesische Bevölkerungsmehrheit als Han-Chinesen bezeichnet.

Zwischen 500 und 1500 nach Christus war China technologisch führend. Hier wurden Hochöfen zur Eisenerzeugung, Papier, Porzellan, Magnetkompass, Buchdruck und Schwarzpulver erfunden, lange vor den Europäern. Und China hat heute – nach dem „Jahrhundert der Demütigungen" durch Europäer und Japaner (1842 – 1945) den Ehrgeiz und die Möglichkeiten, zur Weltmacht des 21. Jahrhunderts zu werden.

Das Land wurde nach dem Zweiten Weltkrieg mit sowjetischer Hilfe zur **Atommacht** und besitzt Langstrecken-Trägerraketen. China hat einen der fünf ständigen Sitze im Weltsicherheitsrat der UNO. Inzwischen hat die Volksrepublik auch die **bemannte Raumfahrt** aufgenommen und bewies dadurch ihre technologischen Fähigkeiten: Im Jahr 2003 gelang den Chinesen der erste bemannte Raumflug, der erste Weltraumspaziergang eines „Taikonauten" erfolgte 2008. Das erste Modul einer Raumstation, „Tiangong-1" (Himmelspalast 1) wurde 2011 in seine Umlaufbahn gebracht. Auf längere Sicht ist auch eine bemannte Mondlandung geplant.

Das **wirtschaftliche Wachstum** der Volksrepublik China lag im Jahr 2023 bei rund 5,2 %. Von solchen Wachstumsraten sind die alten Industrienationen weit entfernt, ebenso die ostasiatischen Nachbarstaaten Südkorea und Japan mit 2,6 bzw. 1,1 %.

Mit seinen rund 1,4 Milliarden Einwohnern bei wachsendem Wohlstand gilt China zudem als größter Absatzmarkt der Zukunft. Daher investieren fast alle Weltkonzerne – auch mittelständische Betriebe – in China. Inzwischen versorgt China nicht mehr nur die eigene Bevölkerung mit qualitativ immer besseren Produkten, sondern hat sich in einigen Bereichen auch auf dem anspruchsvolleren **Weltmarkt** durchgesetzt.

Außer Spielzeug und Textilien exportiert das Land heute auch in großem Umfang Mobiltelefone, Computer, Notebooks, Fernsehgeräte und Kühlschränke – zu konkurrenzlos günstigen Preisen. Daher gilt China als „Fabrik der Welt“, von der aus große Kauf- und Versandhäuser – vor allem in den USA und Europa – zu konkurrenzlos billigen Preisen beliefert werden. Zum Teil arbeitet China mit Dumpingpreisen.

Mit dem Aufstieg zur Weltmacht meldet China **Gebietsansprüche** an: Diese betreffen vor allem die benachbarte Republik China (Taiwan), die als „abtrünnige Provinz“ gilt. Daneben beansprucht die VR China das gesamte Seegebiet des Südchinesischen Meeres bis zu den Spratly-Inseln (10° N/115° O) als exklusive Wirtschaftszone, da unter dem Schelfmeer große Erdöllagerstätten vermutet werden.

Um diese Hoheitsansprüche **militärisch** zu unterstreichen, hat die Volksrepublik China ihre Seestreitkräfte im Gelben Meer sowie im Ost- und im Südchinesischen Meer massiv aufgerüstet. Als strategisches Zukunftsprojekt globaler Einflussnahme gilt „die Neue Seidenstraße“, ein verzweigtes Netz von Handelswegen, das auf dem Lande und als Seeweg weiter ausgebaut werden soll.

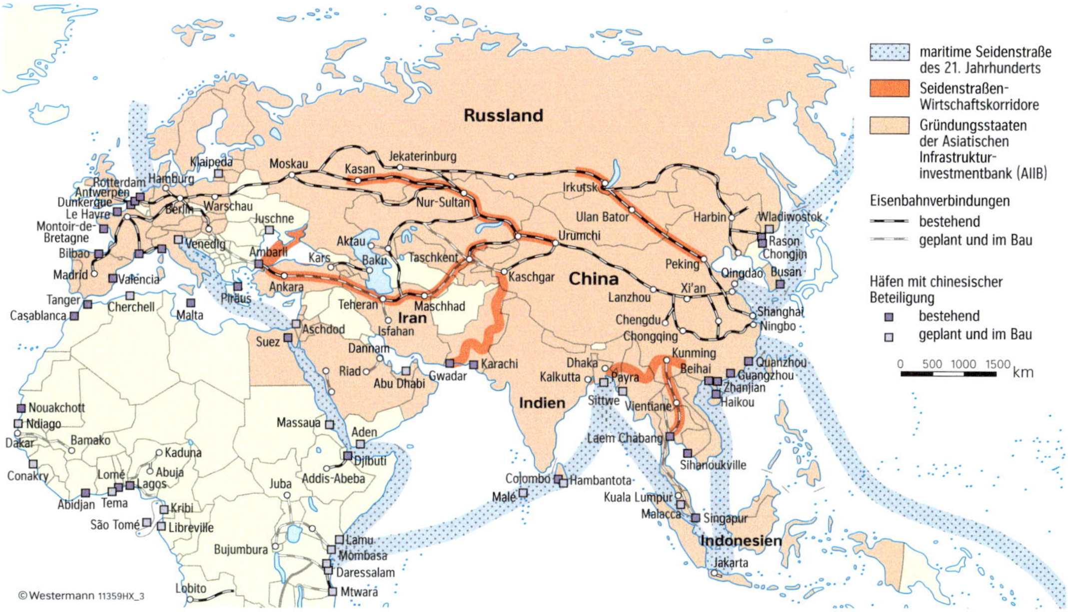

Abb. 6.11: Die „Neue Seidenstraße“ – Infrastrukturvorhaben zu Lande und zu Wasser

Landwirtschaftliche Anbauzonen in China

Anteil der kultivierten Fläche an der Landfläche
- über 40 %
- 20 – 40 %
- unter 20 %
- kein Ackerbau
- Oasenkulturen

Hauptanbaufrüchte

Anbauzone I: Mais, Hirse, Sojabohnen, Weizen, Zuckerrüben

Anbauzone II: Weizen, Mais, Hirse, Sojabohnen, Süßkartoffeln, Erdnüsse, Baumwolle

Anbauzone III: Reis (2 Ernten), Gemüse, Mais, Weizen, Baumwolle, Zuckerrohr, Raps, Tee

Anbauzone IV: Reis (bis zu 3 Ernten), Süßkartoffeln, Zuckerrohr, Erdnüsse

Oasenkulturen: Weizen, Reis, Mais, Hirse, Ölfrüchte, Baumwolle

Abb. 6.12: Landwirtschaftliche Anbauzonen in China

Diese Karte bestätigt sehr anschaulich die „Geo-demographische Demarkationslinie“, also die scharfe Grenze zwischen den dicht besiedelten Agrargebieten im Osten: Anbauzonen I bis IV im Osten mit unterschiedlichen Anteilen der kultivierten Fläche an der Landfläche sowie mit unterschiedlichen Anbauprodukten:

- I – Mais, Hirse, Sojabohnen, Weizen und Zuckerrüben.
- II – Weizen, Mais, Hirse, Sojabohnen, Süßkartoffeln, Erdnüsse und Baumwolle.
- III – Reis (2 Ernten), Gemüse, Mais, Weizen, Baumwolle, Zuckerrohr, Raps, Tee.
- IV – Reis (bis zu 3 Ernten), Süßkartoffeln, Zuckerrohr, Erdnüsse.
- Δ Oasenkulturen mit dem Anbau von Weizen, Reis, Mais und Hirse, Ölfrüchten sowie Baumwolle finden sich nur im wüstenhaften Westen Chinas um die Städte Urumchi und Kashi.

China: Infrastruktur und Sonderwirtschaftszonen

Abb. 6.13: China – Infrastruktur und Sonderwirtschaftszonen

Die vorliegende Karte zeigt in erster Linie die im Osten des Staates eng vernetzte Verkehrsinfrastruktur: zahlreiche Hochgeschwindigkeits-Bahnstrecken sind v. a. im wirtschaftlichen Kernraum Chinas zu sehen. Sie verbinden die zahlreichen Millionenstädte (s. o.). Bahnstrecken mit normaler Geschwindigkeit führen bis nach Ürümqi und Kashi im Westen, bis nach Lhasa im Hochgebirge, und über Kuruning im Süden in die Nachbarstaaten Myanmar sowie Vietnam. Eine langsamere Bahnstrecke läuft über die mongolische Hauptstadt Ulaanbaatar (sprich: Ulan-Bator) und weiter am Baikalsee entlang nach Irkutsk in Sibirien. Weitere Bahnlinien führen über Shenjang im Norden bis nach Harbin und Wladiwostok sowie bis nach Seoul in Südkorea. Die größten Passagierflughäfen liegen in Peking, in Shanghai, in Guangzhou sowie in Hongkong im Süden (sogenannte „Sonderwirtschaftszonen").

Der Großraum Shanghai mit seiner Sonderwirtschaftszone Pudong

Die Sonderwirtschaftszone Pudong (vgl. die Karte) ist eine Freihandelszone, d. h., dass Waren zollfrei im- und exportiert werden dürfen. Damit entfallen Zölle, und die Fertigwaren sind meist auf dem Weltmarkt viel günstiger als konkurrierende Produkte.

Zugleich können selbst Schiffe mit großem Tiefgang im rund 30 km vom Festland angelegten Tiefwasserhafen Yangshan anlegen. Die Donghai-Brücke stellt die Verbindung zum Festland her, wo ein Eisenbahn-Container-Terminal für einen zügigen Warenumschlag sorgt.

In der Nähe der historischen Shanghaier Innenstadt liegen das Finanz- und Handelszentrum Lujazui sowie die Freihandels- und Exportverarbeitungszone Jingiao. Der High-Tech-Park Zhangjiang liegt in der Nähe des Shanghai Pudong International Airport (wichtig auch für Frachtflüge). Um das hohe Bevölkerungswachstum Shanghais aufzufangen, wurden einige Satellitenstädte gebaut (z. T. noch geplant).

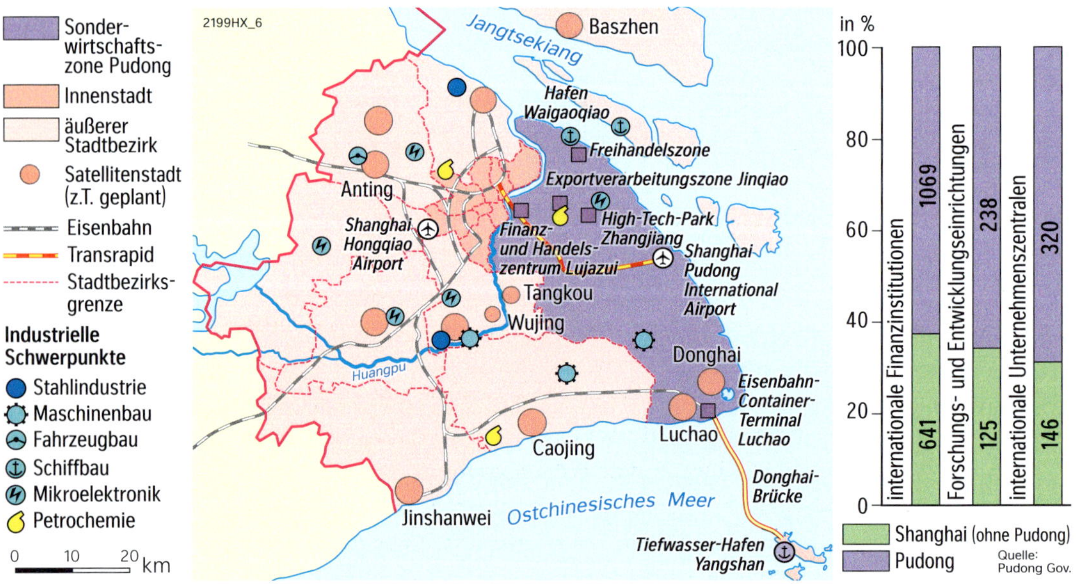

Abb. 6.14: Großraum Shanghai mit Sonderwirtschaftszone

Maritime Grenzkonflikte Chinas im Westpazifik sowie im Südchinesischen Meer – Raumbeispiel: Senkaku-Inseln

Abb. 6.15: Maritime Grenzkonflikte in Ost- und Südostasien

Fünf Inseln und drei Felsenriffe – die unbewohnten Senkaku-Inseln (chinesisch: Diaoyu) im Ostchinesischen Meer sind insgesamt nur 7 km² groß. Die seit 1970 von Japan kontrollierten Inseln, die auch von China und Taiwan (Republik China) beansprucht werden, sind ein Streitfall zwischen den drei Ländern, insbesondere seit in ihrer Nähe Erdölvorkommen entdeckt wurden. Die zahlreichen Grenzstreitigkeiten in der Region sind auch deshalb schwer lösbar, weil im Meer die Grenzziehung viel schwieriger ist als auf dem Festland. Bei den Konflikten um die Inseln überlagern sich drei Probleme: erstens die Nutzung der Ressourcen des Meeres (reiche Fischgründe) und des Meeresbodens (vermutete oder nachgewiesene Erdöl- und Erdgaslager) in den Ausschließlichen Wirtschaftszonen; zweitens die Sicherung von Schiffsrouten für den Handelsverkehr über das Meer, sowie drittens ein tief verwurzelter Nationalismus und historisch gewachsene Feindseligkeiten aufgrund der nur unzureichend aufgearbeiteten Kolonialgeschichte Japans mit seinen Nachbarn.

Quelle: Winfried Flüchter: Territorialisierung der Meere um Japan im Zeichen von Grenzstreitigkeiten und Nationalismus. In: Geographische Rundschau Heft 3/2013, Seite 20.

Sprach- und Bevölkerungsgruppen in China

Abb. 6.16: Sprach- und Bevölkerungsgruppen

Benennung der Bevölkerungsgruppe nach der Östlichen Han-Dynastie: von 25 – 220 nach Chr.

Fast der gesamte Osten Chinas wird mehrheitlich von Han-Chinesen bewohnt. Sie sind die mit Abstand größte Volksgruppe des Landes und sprechen das sogenannte Han-Chinesisch, bis heute die Umgangssprache in China. Im Gebiet der Inneren Mongolei, nördlich von Peking, leben **Mongolen** unter chinesischer Herrschaft, die v. a. Viehzucht betreiben. Sie werden z. T. von zugewanderten Han-Chinesen bedrängt, die ihre Weideflächen und ihre Wasserstellen beanspruchen. Daher gibt es hier Unabhängigkeitskämpfe der Mongolen. Das hoch gelegene **Tibet** wurde 1950 von chinesischen Truppen erobert. Der religiöse Führer der tibetischen Variante des Buddhismus, der **Dalai Lama**, wurde entmachtet. Die Hauptstadt Lhasa mit ihren historischen Bauten wurde einer Art von „Disneylandisierung“ unterzogen, um chinesische und ausländische Touristen anzuziehen. Im Nordwesten, in der Provinz Xinjiang, leben v. a. muslimische **Uiguren**, Kasachen und Kirgisen. Hier ist die Lage weiterhin angespannt, da es schon mehrfach zu gewalttätigen Konflikten zwischen den einheimischen Muslimen und zugewanderten Han-Chinesen gekommen ist. Etliche Uiguren wurden bereits in „Umerziehungslagern“ inhaftiert.

Weltwirtschaft: Kinderkriegen ist patriotisch

Vor genau einem Jahr hat das chinesische Statistikamt den ersten Bevölkerungsrückgang seit der Zeit der großen Hungersnöte eingeräumt. Seither hat sich die Entwicklung verschärft: 2023 ist die chinesische Bevölkerung um über zwei Millionen Menschen geschrumpft, die Anzahl der Neugeborenen ist im selben Zeitraum um 500.000 zurückgegangen.

Die schiere Geschwindigkeit ist auch im internationalen Vergleich atemberaubend. Allein seit 2016 – also jenem Zeitpunkt, als die chinesische Regierung ihre Ein-Kind-Politik vollständig aufgegeben hat – hat sich die Geburtenrate mehr als halbiert. Die statistische Fertilitätsrate zählt mit etwas über 1,0 zu den niedrigsten der Welt – und liegt deutlich niedriger als in Deutschland (1,5), Österreich (1,4) oder der Schweiz (ebenfalls 1,4). Immer weniger chinesische Paare entscheiden sich für Kinder, weil die Immobilienpreise in den Städten astronomisch sind und weil der Konkurrenzkampf im Bildungssystem hart ist.

Energisch versucht die Regierung, den Trend umzukehren. In Propaganda-Slogans wird das Kinderkriegen wieder zur patriotischen Tugend ausgerufen, in Fernsehserien tauchen vermehrt klassische Mutterrollen auf, und auch in öffentlichen Bildungskampagnen werden die traditionellen Familienwerte beworben.

In Peking gibt es keine Illusionen darüber, dass der demographische Wandel langfristig die größte Herausforderung darstellt. Denn mit der Zahl der Arbeitskräfte sinken auch die Wachstumsmöglichkeiten. Dieses Problem kennen zwar viele Industriestaaten, aber China befindet sich gemessen am Bruttoinlandsprodukt pro Kopf nur auf dem Niveau Rumäniens. Da sich das Zeitfenster der Boom-Jahre schließt, droht das Reich der Mitte in der sogenannten „middle income trap“ gefangen zu bleiben, also nicht den Sprung vom Schwellenland zu den reifen Industrienationen zu schaffen. China droht also alt zu werden, bevor es reich geworden ist.

Autor: Fabian Kretschmer – Peking-Korrespondent des RND. Erschienen im Niedersächsischen Tageblatt (EJZ) am Mittwoch, dem 24. Januar 2024, Seite 15.

BEVÖLKERUNG

Bevölkerungsanteil: unter 15 Jahre = 17,2 %; 15 – 64 Jahre = 69 %; mehr als 64 Jahre = 13,8 %
Verteilung: Stadt 63,6 %; Land 36,4 %
Bevölkerungswachstum = minus 0,6 %
Lebenserwartung: Frauen 81 Jahre – Männer 76 Jahre
Alphabetenrate: Frauen 95,6 %; Männer 98,6 %
Bevölkerungsgruppen: Han-Chinesen; Zhuang; Hui u. a. m.

Quelle: Der neue Kosmos Weltalmanach 2024 - Volksrepublik China

Die VR China und Afrika –Handelsbeziehungen

BEISPIELHAFTE AUFGABEN

Hinweis: Bereits in den 1970er-Jahren finanzierte die VR China den Bau der sog. Tansam-Bahn, die die beiden Hauptstädte Lusaka (Sambia) und Dar-Es-Salaam (Tansania) miteinander verband, um die Kupferexporte (heute auch die Kobaltexporte) auf dem Schienenweg und dann per Schiff über den Indischen Ozean nach China zu exportieren.

- Analysieren Sie die Handelsbeziehungen zwischen der VR China und den afrikanischen Staaten anhand der vorliegenden thematischen Karte.
- Welche afrikanischen Staaten profitieren am meisten von den Handelsbeziehungen zur VR China? Begründen Sie.
- Welche Produkte werden vorrangig in die VR China exportiert? Welche Staaten exportieren vor allem?
- Erläutern Sie die Bedeutung der chinesischen Aufbauhilfe für Wirtschaft und Infrastruktur.

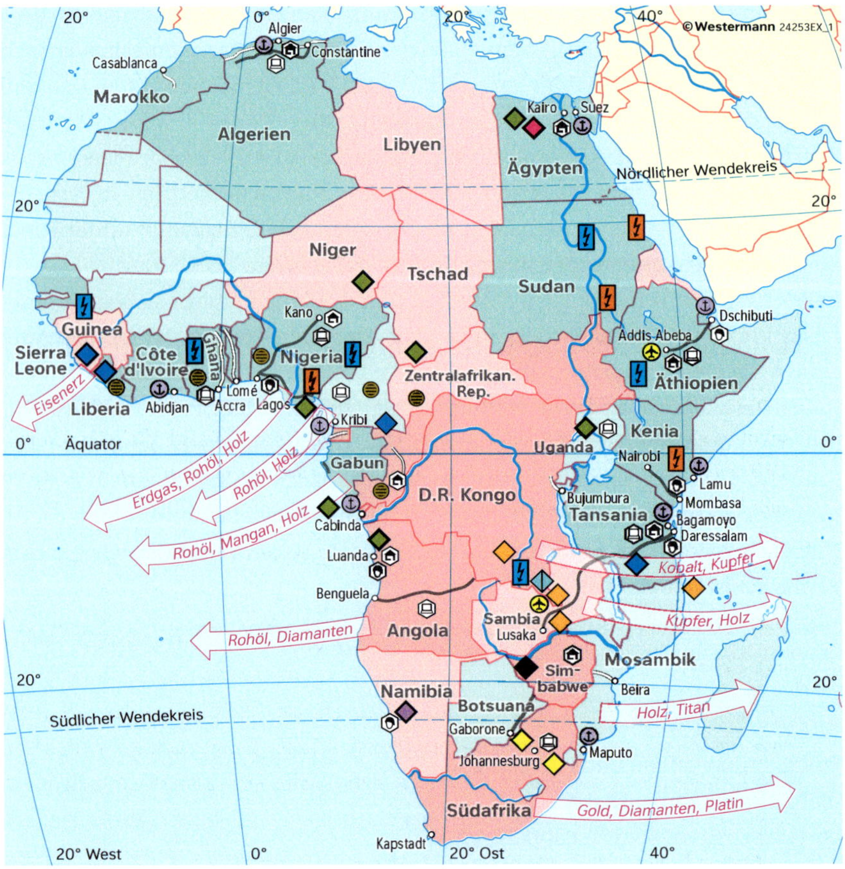

Abb. 6.17: Wirtschaftliches Engagement von China in Afrika

Ostasien – Japan und China

6

JAPAN

- Japan liegt an tektonischen Plattengrenzen im nördlichen Pazifik und wurde schon oft von schweren Naturkatastrophen heimgesucht (Erdbeben, Vulkanausbrüche und Tsunamis).
- Aufgrund seines gebirgigen Reliefs eignen sich nur einige größere Ebenen für eine dichtere Besiedlung und für landwirtschaftliche Nutzung.
- Trotz dieser Einschränkungen hat sich Japan nach dem Zweiten Weltkrieg zur drittgrößten Volkswirtschaft der Erde entwickelt.
- Und die japanische Hauptstadt Tokio entwickelte sich zu einer der größten Städte der Erde und zur Alpha World City.
- Obwohl sich Japan zu einer modernen Dienstleistungsgesellschaft entwickelt hat, spielt die Industrie für die Außenhandelsbilanz des Landes weiterhin eine entscheidende Rolle.
- Die Bedeutung der Sektoren ergibt sich aus ihrem Anteil am Bruttoinlandsprodukt einerseits und an den Beschäftigten andererseits:
  Landwirtschaft 1,1 % – Industrie 28,9 % – Dienstleistungen 70 %
- BIP insgesamt: 4,23 Bio. US-Dollar – BIP pro Kopf: 33.822 US-Dollar

VOLKSREPUBLIK CHINA – ENTWICKLUNG ZUR FABRIK DER WELT

- Bis 1978 hatte die kommunistische Volksrepublik China eine autozentrierte Entwicklungsstrategie („Vertrauen auf die eigene Kraft") verfolgt. Daher fiel das Land technologisch immer weiter hinter die westlichen Industrienationen zurück und war auf dem Weltmarkt nicht mehr konkurrenzfähig.
- Nach einem Führungswechsel innerhalb der Kommunistischen Partei Chinas begann 1978 die vorsichtige Öffnung zum Ausland – zunächst im südlichen Küstenraum.
- Dort wurden vier Sonderwirtschaftszonen eingerichtet, die für ausländische Investoren zugänglich waren.
- Mit der Öffnung dreier größerer Küstengebiete ab 1985, darunter das Perlflussdelta im Süden und die Region um Shanghai an der Mündung des Jangtsekiang, wurde die Öffnung des gesamten Küstenraumes eingeleitet. Shanghai entwickelte sich allmählich zum zweiten großen Finanzzentrum der VR China nach Hongkong.
- Peking mit seinen Elitehochschulen und Forschungseinrichtungen entwickelt sich hingegen zum Hochtechnologie-Zentrum.
- Jedes dritte Fahrrad und knapp drei Viertel aller Uhren weltweit werden mittlerweile in der VR China produziert. Dazu kommen Haushaltsgeräte, Unterhaltungselektronik, Spielzeug, Möbel, Bekleidung, Schuhe und inzwischen auch Mobiltelefone, Computer und Notebooks.
- Ohne chinesische Produkte könnten europäische und amerikanische Textilhändler, Versandhäuser und Verbrauchermärkte (Discounter) ihre Kunden nicht mehr versorgen.

7

Australien und der Pazifische Ozean

Australien und der Pazifische Ozean – ein ganz besonderer geografischer Raum – mit ausgeprägten Stärken und Schwächen.

7.1 Australien

Australien ist ein eigener, dünn besiedelter Kontinent (keine Insel) und zugleich ein Staat mit einer Fläche von 7 688 220 km² sowie mit 26,12 Millionen Einwohnern = 3 Einwohner pro Quadratkilometer. Australien ist der kleinste Kontinent der Erde. Riesige Wüsten und ausgedehnte Senken mit rot gefärbten, trockenen Böden bilden sein fast menschenleeres Zentrum. Das dürre Buschland, welches das Bild Australiens prägt, wird Outback genannt. Die bekanntesten und zugleich bemerkenswertesten Naturwahrzeichen des Kontinents sind der Uluru, der auch als Ayers Rock bekannt ist, sowie das Great Barrier Reef, das größte Korallenriff der Erde. Beide Gebiete wurden von der UNESCO als Weltkultur- bzw. Naturerbe unter den Schutz der Staatengemeinschaft gestellt. Auch das Opernhaus in Sydney ist UNESCO-Weltkulturerbe. Australien zeichnet sich durch einen vergleichsweise hohen technologischen Fortschritt aus. Der stetig steigende Wohlstand Australiens seit den 1990er-Jahren basiert auf dem Abbau der Bodenschätze und auf hohen Rohstoffexporten.

Wie viele andere Staaten auch, wird Australien von einer zunehmenden Aufheizung durch den **Klimawandel** geplagt:

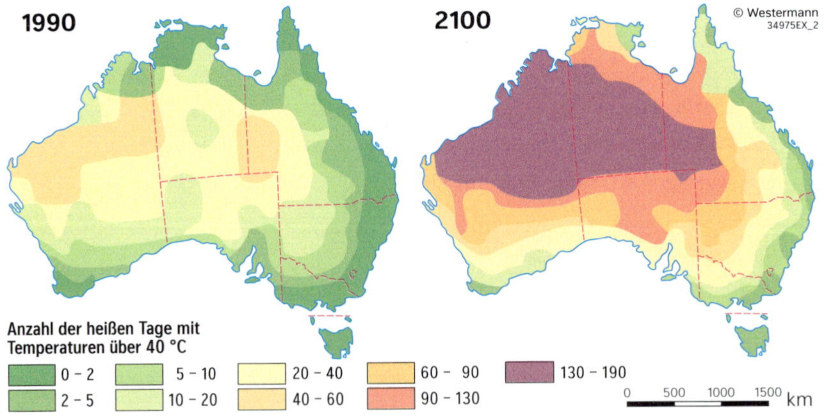

Abb. 7.1: Die Aufheizung Australiens (Durchschnitt der Tage mit über 40°C)

Die Übersichtskarte von Australien zeigt die **vom Menschen genutzten gelblichen Flächen** (zumeist im Südosten sowie im Südwesten) und die überwiegend naturnahen grünlich eingefärbten Flächen. Der riesige Raum mit seinen rund 7,7 Mio. km² wird nur durch wenige Eisenbahnstrecken und Autostraßen (hier nicht verzeichnet) erschlossen.

Sydney und Melbourne fungieren als Dienstleistungszentren mit internationaler Bedeutung, während Perth, Adelaide und Brisbane nur nationale Bedeutung besitzen.

Interessant ist auch die Eintragung der **Kreuzfahrtrouten** mit ihren Haltepunkten in dieser Übersichtskarte (gelbliche Linien).

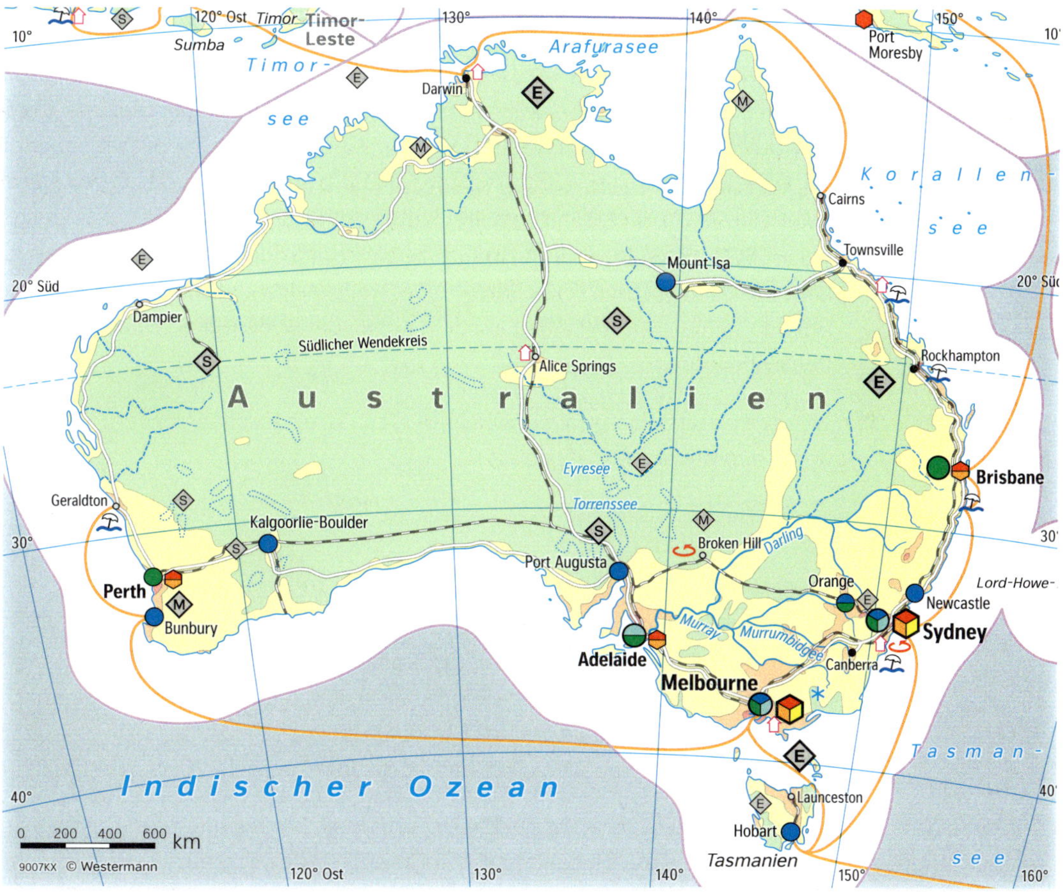

Abb. 7.2: Übersichtskarte: Flächennutzung

Royal Flying Doctors Service

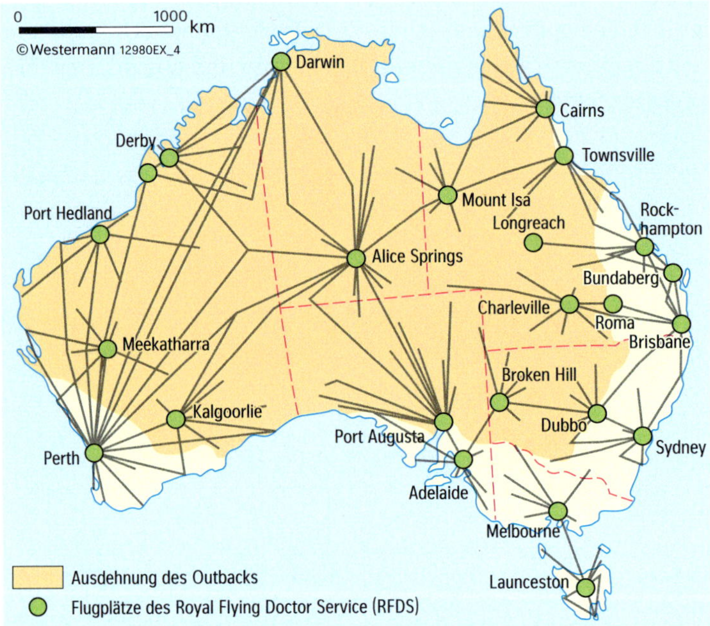

Abb. 7.3: Einsatzgebiet des Royal Flying Doctor Service (gemeinnützige ärztliche Versorgung von Menschen in den wenig besiedelten Gebieten Australiens mithilfe von Flugzeugen)

Jahr	Patienten	Flugeinsätze/ Tag	Flugzeuge	Flugkilometer/ Jahr
2020/21	337 686	309	79	28 953 688
2017/18	335 125	104	71	26 863 558
2014/15	292 174	177	66	26 847 325
2012/13	295 156	142	63	26 615 486

Tab. 7.1: Entwicklungen der Hilfsleistungen des RFDS

In dieser Karte geht es

- um die Ausdehnung des Outback
- um die zahlreichen **Flugplätze des Royal Flying Doctors Service** sowie
- um die weltweit einzigartige medizinische Versorgung der Menschen im Outback bei Erkrankungen oder Unfällen.

Die Zahlen in der Tabelle sprechen Bände über die vielen Einsätze der Flying Doctors im Outback.

Australien – der fünfte Kontinent im Überblick

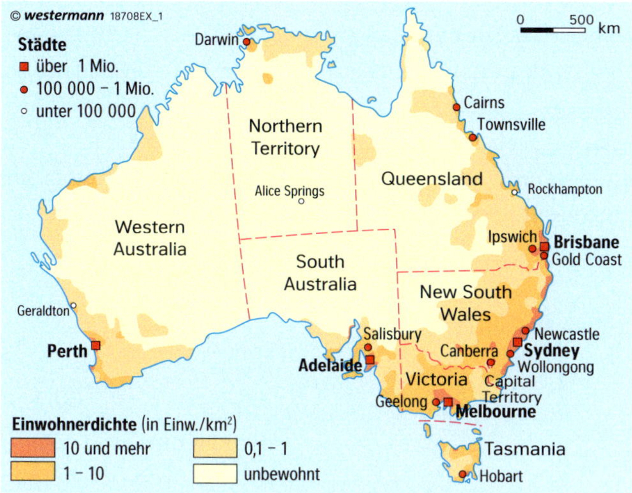

Abb. 7.4: Bevölkerungsverteilung in Australien

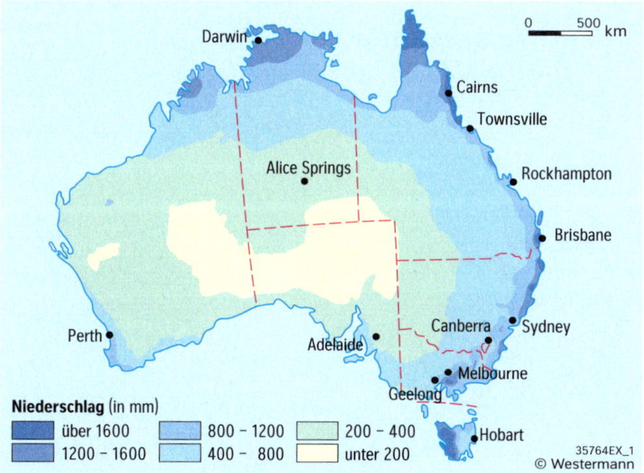

Abb. 7.5: Niederschlagsverteilung in Australien

Bevölkerungs- und Niederschlagsverteilung

Die australische Bevölkerung konzentriert sich auf den Süden (Adelaide und Melbourne), auf den Südosten (Sydney) und den Osten (Brisbane) sowie auf den Südwesten des Landes (Perth). Trotz oder wegen sehr hoher Niederschläge ist der Norden des Landes nur sehr dünn besiedelt. Die gesamte Mitte des Landes ist wegen geringer Niederschläge und wegen großer Entfernungen zur Küste praktisch unbewohnt.

7.2 Naturgeografische Besonderheiten

Die spektakulären geologischen Formationen des Uluru und der Kata Tjuta ragen mitten im Zentrum des Fünften Kontinents auf. Inmitten einer ausgedehnten kargen Trockensavanne liegt „das rote Herz Australiens", der Nationalpark Uluru-Kata Tjuta. Mit dem felsigen Inselberg Uluru und den 36 Felskuppen der Kata Tjuta birgt er die bekanntesten Naturwunder Australiens. Der Uluru ist ein mythischer Ort der Aborigines, mit Felsbildern und heiligen Stätten aus der „Traumzeit".

Nach: „Das UNESCOWelterbe". München: Kunth Verlag 2017, S. 499

Abb. 7.6: Ayers Rock

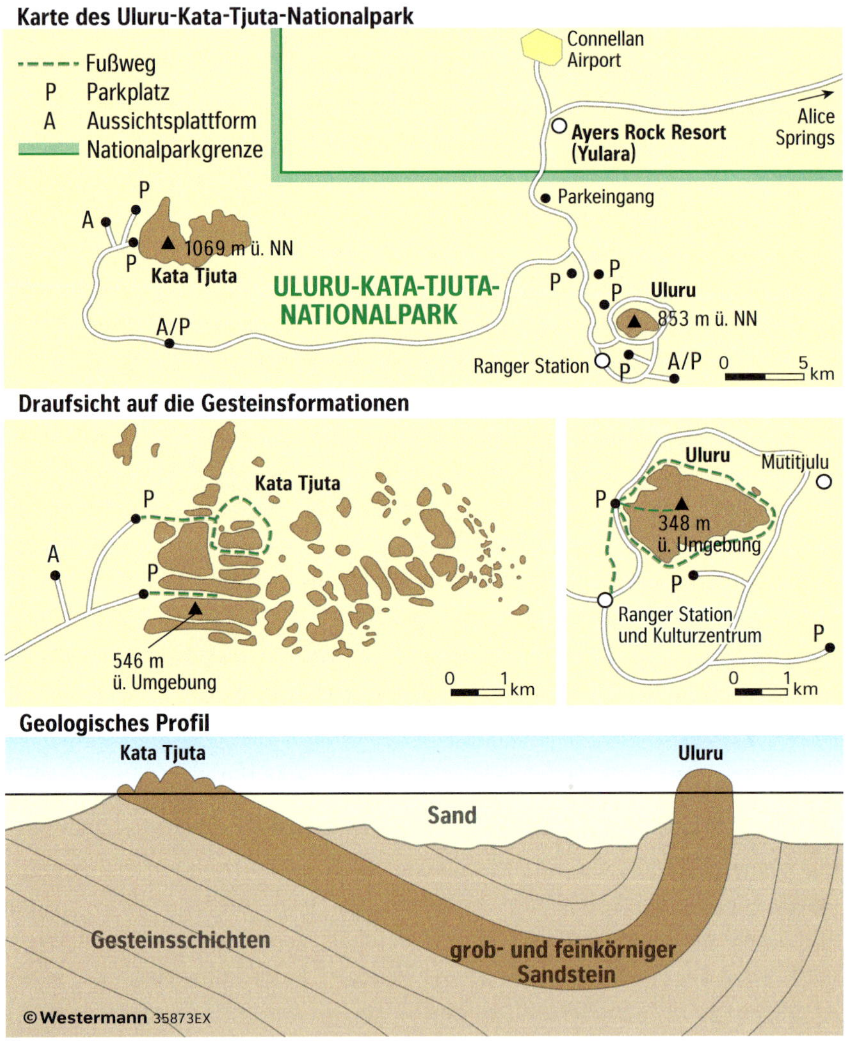

Abb. 7.7: Uluru-Kata-Tjuta-National-Park

Great Barrier Reef

Das Riff erstreckt sich entlang der Nordostküste Australiens vom 10. bis 24. Grad südlicher Breite. Über eine Länge von 2 000 km folgt das Riff, das sich aus rund 2500 Einzelriffen und 500 Koralleninseln zusammensetzt., in einem Abstand von 15 bis 200 km zum Festland der Küstenlinie. Seit rund 8000 Jahren bauen Steinkorallenpolypen an diesem größten natürlichen „Bauwerk"' der Erde.

Nach: „Das UNESCOWelterbe". München: Kunth Verlag 2017, S. 501

Abb. 7.8: Unterwasserwelt am Great Barrier Reef

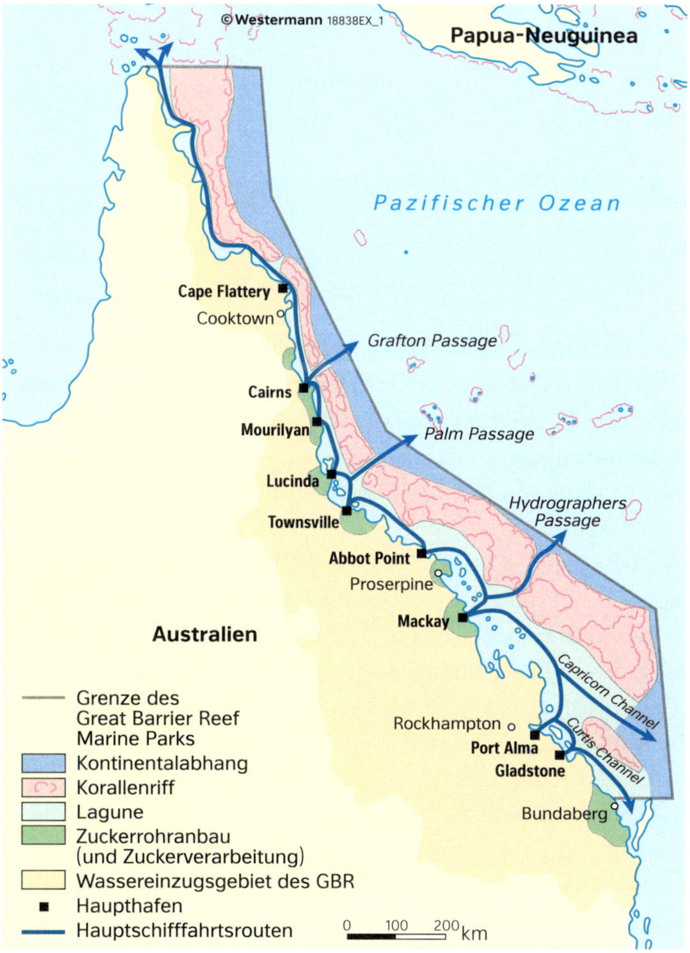

Abb. 7.9: Great Barrier Reef

Achtung: Das Galilee-Becken (bräunlich), das Surat-Becken (grünlich) und das Clarence-Moreton-Becken sind geplante bzw. potentielle Kohle-Abbaugebiete = Gefahr für das Riff!

Abb. 7.10: Kohlelagerstätten in Queensland

- **Bau der Carmichael-Kohlemine – Erste Stufe mit Folgen:** Entwässerung wichtiger Wassereinzugsgebiete – Hoher Wasserverbrauch bei der Kohleförderung – Zerstörung des Lebensraumes wichtiger Vogelarten
- **Zweite Stufe: Kohletransport:** Bau einer ca 190 km langen Eisenbahnstrecke – Folgen: Zerschneidung von Farmland und von Flussgebieten – Verwehung von giftigem Kohlestaub
- **Dritte Stufe: Kohlelager** – Kohlelager an der Küste zwischen einem Feuchtgebiet und den Eiablagestätten von Schildkröten an der Küste
- **Vierte Stufe: Kohlehafen** Abbot Point – Verladung der Kohle innerhalb des Great-Barrier-Naturschutzgebietes. Folgen: Ausbaggern der Fahrrinne (17 m Tiefgang) mit Verwirbelung des Baggergutes im Wasser – Folge: Wassertrübung
- **Fünfte Stufe: Kohleexport** – zusätzliche Schifffahrtsbewegungen auf den Hauptschifffahrtsrouten mit erhöhter Kollisionsgefahr.
- **Sechste Stufe: Kohlekraftwerke** – Verbrennung von Kohle zur Energiegewinnung, z.B. in Indien; Folgen: Ausstoß von mehr als 23 Mio. Tonnen CO_2 im Jahr = enorme Wärmeabgabe an die Atmosphäre und drastische Verstärkung des Treibhauseffektes.

Quelle: Klaus Claaßen und Sven Burkart in: Diercke Spezial Australien/Ozeanien 2022

7.3 Klimaphänomene im Pazifik

Walker-Zirkulation und El Niño

Neben der überwiegend Nord-Süd gerichteten Passat-Zirkulation gibt es in Äquatornähe auch eine in Ost-West-Richtung angeordnete Reihe von Zirkulationszellen, die den Globus umspannen. Die nach ihrem Entdecker Sir G. Walker (1868 – 1958) benannte „Walker-Zirkulation“ ist im Pazifik besonders deutlich ausgebildet.

Alle vier bis neun Jahre tritt eine **El Niño-Situation** mit extremen Wetterlagen auf. Das südostpazifische Hochdruckgebiet schwächt sich ab. Zeitweise erlischt der Südost-Passat gänzlich. Dann strömen warme Wassermassen von Australien und von Südostasien in Richtung Südamerika zurück.

El Niño = Umkehrung, z. B. der Niederschlagsgebiete (Regen in der Küstenwüste Perus!)

Diese warm-feuchten Luftmassen verursachen an der Westküste Südamerikas Starkregen mit Überschwemmungen. Südostasien und Australien dagegen leiden dann unter anhaltender Trockenheit und sind durch Waldbrände gefährdet.

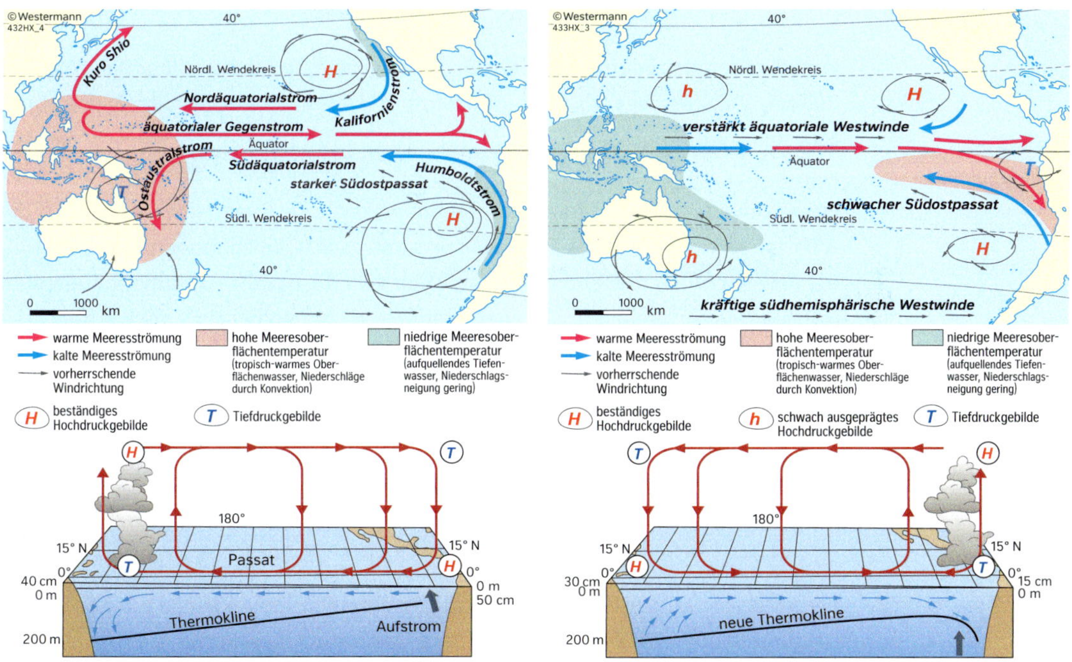

Abb. 7.11: Normalsituation links und El-Niño-Situation (rechts)

Die **Thermokline** (vgl. Abb. 7.11. unten links) ist die Trennschicht zwischen dem warmen Oberflächen- und dem kalten Teifenwasser.

Im Pazifik verursacht das im Südwinter (Juni bis August) kräftige Hoch im Südpazifik [...] starke Südostpassate, die auf dem langen Weg über den warmen Pazifik große Mengen Wasserdampf aufnehmen. Diese ermöglichen in den Hitzetiefs der ITC im Westpazifik zusammen mit den dort hohen Wassertemperaturen hohe Konvektionsniederschläge. Um die oberflächennahe Strömung auszugleichen, fließt die aufgestiegene Luft in der Höhe zurück nach Osten, sinkt vor Südamerika ab und schließt die pazifische Walker-Zelle.

Der Windschub der Passate bewegt auch große Wassermassen westwärts, die sich auf dem Weg nach Südostasien auf bis zu 30°C erwärmen. Dort staut sich das Warmwasser um 40–50 Zentimeter über NN auf und drückt zugleich die Thermokline (= Trennschicht zwischen dem warmen Oberflächen- und dem kalten Tiefenwasser) auf etwa 200 Meter Tiefe hinab [...].
Zum Ausgleich des nach Westen wegdriftenden Oberflächenwassers quillt vor der Westküste Südamerikas ständig kaltes antarktisches Tiefenwasser auf (Aufstrom). Dieses verhindert eine Erwärmung des kühlen Humboldtstroms und ermöglicht durch seinen hohen Nährstoffgehalt eine hohe Produktion von Biomasse (Fischreichtum).

Mitte September beginnt sich das Strömungssystem umzustellen: Das Hoch im Südostpazifik verlagert sich im Südsommer (Dezember bis Februar) in Richtung Südpol [...], die Passatwinde und der Windschub im Äquatorbereich werden schwächer, das im Westpazifik aufgestaute Warmwasser schwappt zurück. Es erreicht nach einigen Monaten die südamerikanische Küste, überströmt dort die Auftriebsgebiete des kalten Tiefenwassers und drückt die Thermokline abwärts [...]. Als Folge brechen die Biomasseproduktion und die damit zusammenhängenden Nahrungsketten mehr oder weniger zusammen. Dieses alljährlich um Weihnachten erfolgende Verschwinden ertragreicher Kaltwasserfischschwärme bezeichnen die einheimischen Fischer traditionell als El Niño (span. = der Knabe, das Christkind). Die Auswirkungen des von den Fischern „ungeliebten Christkinds" verflüchtigen sich aber meist schon nach wenigen Wochen, da sich die vorherigen Strömungsverhältnisse wieder einstellen.

Dieses System von im Jahresrhythmus hin und her schwappendem Oberflächenwasser und der damit korrespondierenden Luftdruckwippe wird Southern Oscillation oder ENSO (El Niño Southern Oscillation) genannt.

Tropische Wirbelstürme

Diese Tiefdruckgebiete mit hoher zerstörerischer Energie treten unter bestimmten Voraussetzungen zwischen 5 und 25 Grad nördlicher beziehungsweise südlicher Breite auf. Die Bezeichnung ist regional unterschiedlich (Abb. unten).

Tropische Wirbelstürme haben einen Durchmesser von 300 bis 600 Kilometern, gelegentlich auch mehr. Das wolkenlose Zentrum eines tropischen Wirbelsturms, das sogenannte „Auge", hat einen Durchmesser von durchschnittlich 15 bis 30 Kilometern, manchmal auch bis zu 60 Kilometern. Im Auge herrscht Windstille. Der Rotationsring ist der Bereich maximaler Windgeschwindigkeit (150 bis 200 km/h, in Böen bis zu 350 km/h) und größter Wolkenmächtigkeit (bis zu 18 Kilometer Höhe). Die Luftmassen konvergieren und rotieren am Boden in Drehrichtung einer außertropischen Zyklone (Nordhalbkugel: gegen den Uhrzeigersinn). In der Höhe werden sie nach rechts abgelenkt und divergieren daher im hochreichenden Zirrenschirm in entgegengesetzter – antizyklonaler – Drehrichtung (Nordhalbkugel: im Uhrzeigersinn). Abwärtsgerichtete Strömungen innerhalb des Wirbels dienen dem Massenausgleich.

Tropische Wirbelstürme sind nur über aufgeheizten Meeresoberflächen stabil, da sie ihre Energie aus verdunstetem Wasserdampf beziehen, der beim Kondensationsvorgang Energie abgibt. Beim Übertritt auf das Land erlahmt die Eigendynamik des Wirbels rasch, da die Zufuhr latenter Wärme fehlt und durch die höhere Bodenreibung die Luftmassen in das Zentrum des Tiefs eingelenkt werden und es auffüllen. Gelegentlich können nach Norden abdriftende Hurrikans in die Westwindzone eingeschleust werden.

Jürgen Bauer, Wolfgang Englert, Uwe Meier, Frank Morgeneyer und Winfried Waldeck. In: Physische Geographie.Braunschweig: Westermann Verlag, Seite 114/115

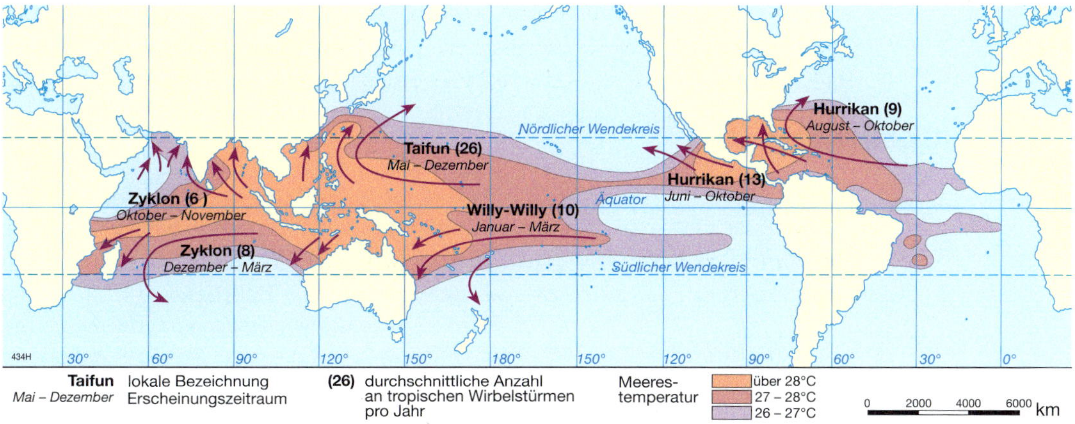

Abb. 7.12: Verbreitung und durchschnittliches Auftreten tropischer Wirbelstürme

7 Australien und der Pazifische Ozean

AUSTRALIEN

- Australien ist der kleinste und zugleich am dünnsten besiedelte Kontinent der Erde mit einer Fläche von 7 688 220 km² (Anteil an der Landoberfläche der Erde = ca. 6 %), sowie mit 26,12 Mio. Einwohnern.
- Das ergibt eine Bevölkerungsdichte von nur 3 Einwohnern pro km². Ausgedehnte Wüstengebiete und Senken mit rot gefärbten, trockenen Böden bilden sein fast menschenleeres Zentrum.
- Das dürre Buschland im Landesinneren wird als Outback bezeichnet.
- Wie viele andere Staaten der Erde auch, wird Australien von einer zunehmenden Aufheizung durch den Klimawandel geplagt. Die Anzahl der heißen Tage mit über 40 °C soll von 0 bis maximal 40 (1990) auf 60 bis 90 (2100) ansteigen.
- Die australische Bevölkerung konzentriert sich im Süden (Adelaide und Melbourne), auf den Südosten (Sydney), auf den Osten (Brisbane) und auf den Südwesten (Perth).
- Australien wird v. a. durch lange Bahnstrecken sowie durch Flugverbindungen zusammengehalten. Dazu kommen Straßenverbindungen von unterschiedlichster Qualität: von Erdstraßen (Dirt Roads) bis zu modernen Autobahnen – v. a. um die großen Ballungsräume (s. o.).
- Australien lebt v. a. vom Tourismus, von Ackerbau und Viehzucht sowie von seinen Bodenschätzen.

OZEANIEN

- Als Ozeanien wird v. a. das riesige Gebiet des Pazifischen Ozeans bezeichnet.
- Letzterer hat einen Flächenanteil von 46 % an allen Weltmeeren zusammen.
- Durch seine räumliche Lage zwischen dem Indischen und dem Pazifischen Ozean ist Australien von den meisten anderen Kontinenten weit entfernt.

Entwicklungsländer

8

Zuerst geht es um das Problem der globalen Disparitäten zwischen reichen Industrieländern im Norden und armen Entwicklungsländern im Süden. Dieser Gegensatz wird mittlerweile aufgebrochen durch den Aufstieg der „Schwellenländer“. Dann werden zentrale Probleme der Entwicklungsländer thematisiert: Bevölkerungsexplosion, Migration, Metropolisierung, Marginalisierung. Abschließend wird das Konzept der Kulturerdteile vorgestellt.

8.1 *Globale Disparitäten*

Eine allgemein anerkannte Definition des Begriffs „Entwicklungsländer“ gibt es nicht. Gemeint sind jene Staaten der Erde, die einen erheblichen Rückstand in der wirtschaftlichen, technologischen, sozialen und politischen Entwicklung gegenüber den hoch entwickelten Industrieländern aufweisen, deren Entwicklungsstand gemeinhin als Maßstab gilt.

Als wirtschaftlichen Indikator für den Entwicklungsstand benutzt die Weltbank das **Bruttonationaleinkommen (BNE)** pro Einwohner und Jahr in US-$. Sie unterscheidet fünf Gruppen von Staaten:

- **Staaten mit niedrigem Einkommen**
  (BNE pro Einwohner(in) im Jahr 2020 bis 3000 US-$): Beispiele sind die Sahelstaaten in Afrika.
- **Staaten mit mittlerem Einkommen im unteren Bereich**
  (BNE pro Einwohner(in) 2020 zwischen 3000 bis 10 000 US-$); Beispiele sind Mauretanien und der Nordsudan.
- **Staaten mit mittlerem Einkommen im oberen Bereich**
  (BNE pro Einwohner(in) 2020 bis zu 17 775 US-$ – dies entspricht zugleich dem weltweiten Durchschnittswert); Beispiele sind Algerien, Ägypten, Südafrika oder Botswana.
- **Staaten mit hohem Einkommen**
  (BNE pro Einwohner(in) bis zu 40 000 US-$). Beispiele sind Libyen, Mexiko und Argentinien.
- **Staaten mit sehr hohem Einkommen**
  (BNE pro Einwohner(in) bis zu 92 800 US-$). Beispiele sind Nord-, West- und Südeuropa, Angloamerika, Saudi-Arabien, Australien, Neuseeland, Japan und Südkorea.

Hinweis:
In allen gängigen Schulatlanten gibt es Weltkarten, die den Entwicklungsstand der Staaten nach verschiedenen Klassifikationen zeigen. Mache dich daher bereits vor Semesterklausuren bzw. vor der Abiturprüfung mit diesen Überblickskarten vertraut, um Staaten nach der wirtschaftlichen Leistungskraft sicher einordnen zu können.

Daten aus: Diercke Weltatlas Ausgabe 2023 – Westermann Bildungsmedien Verlag Braunschweig 2023, S. 286, Karte I.

Als **Einwand gegen die Länder-Klassifikation** der Weltbank wird angeführt, dass das BNE nur die tatsächlich erfasste Wirtschaftsleistung misst, nicht aber die in Entwicklungsländern weit verbreitete Subsistenzwirtschaft. Außerdem sagt das BNE nichts aus über die tatsächliche Kaufkraft in einem Staat – dazu müssten die Kaufkraftparitäten in US-$ ermittelt und nicht einfach der Wechselkurs der Landeswährung in US-$ umgerechnet werden. Schließlich verdeckt das durchschnittliche BNE pro Einwohner die möglicherweise vorhandenen großen Einkommensunterschiede in einem Land.

Um auch etwas über die Lebensbedingungen der Menschen in einem Staat aussagen zu können, führten die Vereinten Nationen im Jahr 1990 den **Index der menschlichen Entwicklung** ein (**Human Development Index – HDI**). Der für 177 Staaten der Erde ermittelte HDI ist Teil des jährlich erscheinenden Weltentwicklungsberichts der Vereinten Nationen.
Der HDI setzt sich aus den folgenden Indikatoren zusammen:
- Lebenserwartung bei der Geburt
- Alphabetisierungsgrad der Erwachsenen
- reale Kaufkraft pro Kopf (doppelte Gewichtung)

Um die reale Kaufkraft bestimmen zu können, muss die Kaufkraftparität der Währung eines Landes in US-$ ermittelt werden. Sie gibt an, wie viele Einheiten der jeweiligen Landeswährung erforderlich wären, um ein repräsentatives Waren- und Dienstleistungsangebot in US-$ in den USA zu kaufen.

Die am wenigsten entwickelten Staaten werden als LDC bezeichnet (Least Developed Countries), besonders benachteiligte Binnenstaaten ohne eigenen Zugang zum Weltmeer als LLC (Landlocked Countries).

Zur Bildung des HDI sind für jeden der drei Indikatoren feststehende **Minimal- und Maximalwerte** bestimmt worden:
- für die Lebenserwartung bei der Geburt: 25 und 85 Jahre
- für die Alphabetisierungsrate der Erwachsenen: 0 und 100 %
- für das reale BNE pro Einwohner (in $ Kaufkraftparitäten): 100 und 40 000 US-$ (Achtung: dieser Indikator wird doppelt gewichtet)

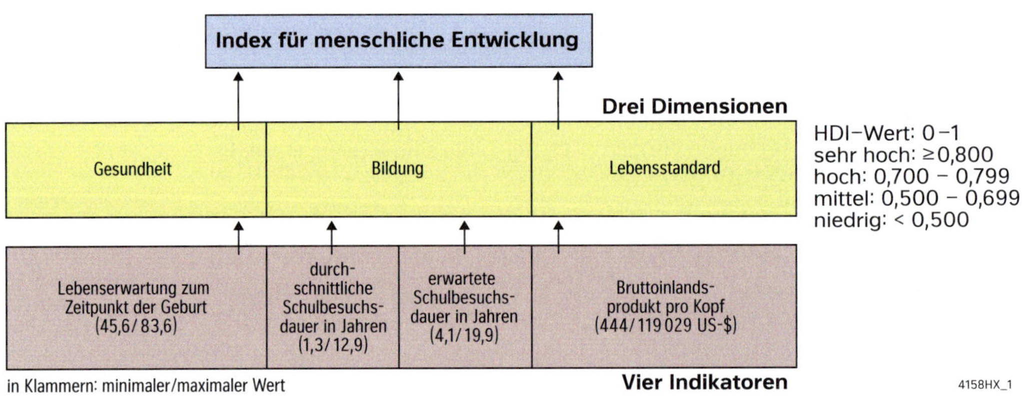

Abb. 8.1: Der Human Development Index (HDI) – Index der menschlichen Entwicklung

Der Maximalwert entspricht dem Indexwert 1, der Minimalwert dem Indexwert 0. Aus allen drei Indikatoren wird dann ein mittlerer Indexwert berechnet. Im Ergebnis entsteht eine Reihenfolge der Staaten nach dem Index der menschlichen Entwicklung. Dabei lassen sich **drei Ländergruppen** zusammenfassen:

- hoher Entwicklungsstand (Index > 0,8)
- mittlerer Entwicklungsstand (Index 0,5 bis 0,8)
- niedriger Entwicklungsstand (Index < 0,5)

Da die meisten Entwicklungsländer in den Tropen bzw. Subtropen liegen, die meisten Industrieländer dagegen in der gemäßigten Zone der Nordhalbkugel, hat sich der Begriff **Nord-Süd-Konflikt** für den Gegensatz zwischen Industrie- und Entwicklungsländern eingebürgert.
Durch wissenschaftliche Untersuchungen wird bestätigt, dass sich die **Einkommensschere** zwischen armen und reichen Staaten langfristig immer weiter öffnet. So lag das durchschnittliche BIP pro Einwohner in den fünf ärmsten Staaten der Erde von 1820 bis heute immer unter 500 US-$ (2016 sogar unter 400 US-$). Dagegen stieg es in den fünf reichsten Staaten der Erde von rund 1000 US-$ (1820) über 4500 US-$ (1900) und 9000 US-$ (1950) auf mehr als 60 000 US-$ (2016). Ein Aufholen, geschweige denn ein Einholen der reichen Industrieländer, scheint für die meisten Staaten dieser Erde ein völlig aussichtsloses Unterfangen zu sein. Dies gilt besonders für die ärmsten Entwicklungsländer, die zumeist in Afrika liegen und oftmals Binnenstaaten sind.

8.2 Entwicklungstheorien und -strategien

Grundsätzlich wird zwischen endogenen und exogenen Entwicklungstheorien unterschieden. Endogene Theorien gehen davon aus, dass die Ursachen für Unterentwicklung in den Entwicklungsländern selbst liegen. Die exogenen Theorien gehen dagegen von äußeren Ursachen der Unterentwicklung aus.

Endogene Theorien

Die **Theorie des Geodeterminismus** besagt, dass die Entwicklungsländer aufgrund der klimatischen Verhältnisse und der Böden in den Tropen benachteiligt sind. Wirtschaftliche und geschichtliche Faktoren werden dabei ausgeblendet.
Die **Theorie des Kreislaufs der Armut** erklärt die Unterentwicklung aus sich selbst heraus: Weil die Menschen in den Entwicklungsländern arm sind, fehlt es ihnen an ausreichender Ernährung, Bildung und Arbeit. Deshalb kann keine positive wirtschaftliche Entwicklung in Gang gesetzt werden, denn die Sparquote für Investitionen ist zu gering. Da nicht investiert wird, bleibt die Armut bestehen.

Und nicht zuletzt fehlt es wegen des hohen Bevölkerungswachstums weiter an Arbeitsplätzen.

Die **Wachstums- und Modernisierungstheorien** gehen davon aus, dass eine wirtschaftliche Entwicklung wegen der geringen Sparquote nur durch einen Big Push, also durch umfangreiche ausländische Investitionen – ggf. auf Kreditbasis –, erfolgen kann. Gleichzeitig müssen durch umfangreiche Modernisierungsmaßnahmen der gesamten Gesellschaft Entwicklungshemmnisse wie Korruption und Vetternwirtschaft (Nepotismus) beseitigt werden. Die gesellschaftliche Entwicklung durchläuft nach der Modernisierungstheorie **fünf Stadien** (Beispiele):

① traditionale Gesellschaft (Mali)
② Übergangsgesellschaft (Ägypten)
③ Startgesellschaft (Malaysia)
④ reife Industriegesellschaft (Tschechische Republik)
⑤ Massenkonsumgesellschaft (USA)

Exogene Theorien

Die exogenen Theorien beziehen die geschichtliche Entwicklung der heutigen Entwicklungsländer in die Erklärung von Unterentwicklung mit ein: Fast alle Entwicklungsländer waren früher Kolonien zumeist europäischer Mächte und wurden wirtschaftlich auf deren Bedürfnisse und Interessen ausgerichtet und über einen langen Zeitraum ausgebeutet. In der Regel wurden Rohstoffe aus den Entwicklungsländern importiert und Fertigwaren dorthin exportiert. So bildeten die Entwicklungsländer garantierte Absatzmärkte und mussten billige oder sogar kostenlose Arbeitskräfte stellen. Ein extremes Beispiel bilden die aus Afrika nach Amerika verschleppten rund 30 Millionen Sklaven.

Die **Dependenztheorie** stammt ursprünglich aus Lateinamerika und erklärt das Fortdauern der wirtschaftlichen Unterentwicklung und Abhängigkeit von den Industrieländern nach der politischen Unabhängigkeit durch die sogenannte strukturelle Abhängigkeit. Diese besagt, dass die ehemaligen Kolonien auch nach der Unabhängigkeit vor allem Rohstoffe in die Industriestaaten liefern und als Absatzmarkt für Industrieprodukte dienen. Der fehlende Technologietransfer und gezielte Zollschranken verfestigen diese Strukturen und halten die Entwicklungsländer in einer halb-kolonialen Abhängigkeit ohne Entwicklungsperspektiven.

Die **Theorie der Terms of Trade** sucht die Erklärung für die Unterentwicklung in der langjährigen Entwicklung der realen Austauschverhältnisse von Exportgütern zu Importgütern. Diese werden definiert als Verhältnis des Exportgüterpreisindex zum Importgüterpreisindex, ausgehend von einem bestimmten Basisjahr. Aufgrund ihrer Berechnungen kommen die Vertreter dieser Theorie zu dem Schluss, dass sich die Terms of Trade langfristig zu Ungunsten der Entwicklungsländer verschlechtert haben. Als Konsequenz wurde und wird eine Neue Weltwirtschaftsordnung (NWWO) durch die UN-Konferenz für Welthandel und Entwicklung (UNCTAD) gefordert, die aber bis heute nicht durchgesetzt werden konnte.

Entwicklungspolitik

Nach dem Zweiten Weltkrieg und nach der Unabhängigkeit der meisten afrikanischen Staaten (in den 1960er-Jahren) wurden zunächst Großprojekte wie Staudämme, Industrieanlagen, Flug- und Seehäfen sowie Fernstraßen in den Entwicklungsländern gefördert und auch finanziert. Ein bekanntes Beispiel der deutschen Entwicklungshilfe ist der Aufbau des Schwerindustrie-Standortes Rourkela in Indien. Allerdings hatte die Finanzierung der meisten Großprojekte auf Kreditbasis auch eine hohe Verschuldung vieler Entwicklungsländer zur Folge, wie z. B. während der Militärdiktatur in Brasilien. Eine zu hohe Verschuldung mündete oft in sogenannte Strukturanpassungsprogramme des Internationalen Währungsfonds (IWF). Für die breite Masse der armen Bevölkerung in den Entwicklungsländern bedeutete dies eine weitere Verschlechterung ihrer Lebensbedingungen.

Daher konzentrierte sich die deutsche Entwicklungshilfe besonders seit den 1990er-Jahren auf kleinere, angepasste Projekte zur Armutsbekämpfung in den Entwicklungsländern.

Schwerpunktländer waren die ärmsten Entwicklungsländer. Eine wichtige Zielgruppe der Entwicklungspolitik waren die Frauen, deren Lebensbedingungen verbessert werden sollten.

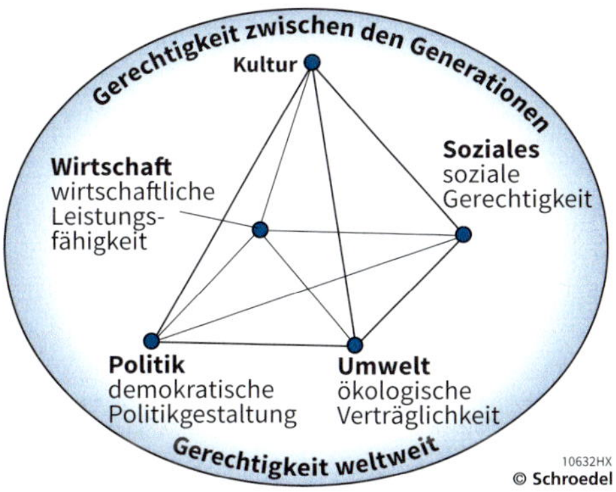

Abb. 8.2: Die Nachhaltigkeitspyramide

Die Nachhaltigkeitspyramide ist eine Weiterentwicklung des altbekannten Nachhaltigkeitsdreiecks. Statt drei Dimensionen ermöglicht sie die Darstellung von fünf Dimensionen der Nachhaltigkeit: Ökonomie – Ökologie – soziale Gerechtigkeit – politische Teilhabe in demokratischen Systemen – Bewahrung und zugleich Weiterentwicklung der kulturellen Identität.

Allmählich entstand eine **nachhaltige Entwicklungspolitik**, die neben wirtschaftlichen auch soziale und ökologische Ziele verfolgte.

GRUNDBEDÜRFNISSTRATEGIE

Die Grundbedürfnisstrategie zielt ab auf eine schrittweise Verbesserung der Lebensbedingungen der ärmeren Bevölkerungsteile durch die Befriedigung von Grundbedürfnissen:

① Versorgung: Trinkwasser und Nahrungsmittel
② Schutz gegen tödliche Krankheiten
③ hinreichende Unterkunft
④ Schutz gegen schwächende Krankheiten
⑤ zusätzliche Nahrungsmittel
⑥ Funktionale Basiserziehung
⑦ produktive Beschäftigung (Landwirtschaft)
⑧ Mitbestimmung (Gestaltung der eigenen Lebenssituation)
⑨ Führen eines durchschnittlichen Lebensstils

8.3 Bevölkerungsexplosion

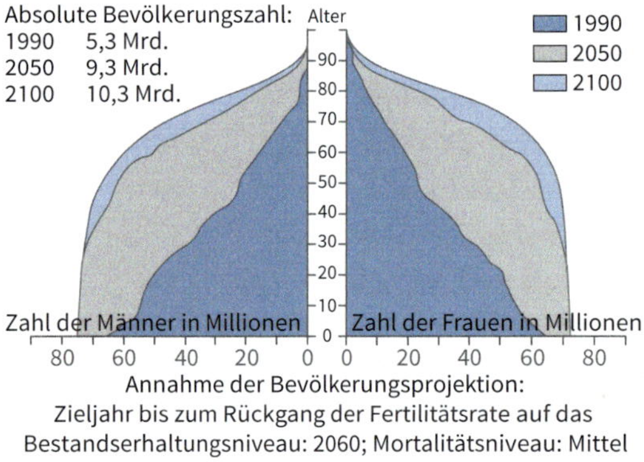

Abb. 8.3: Altersaufbau der Weltbevölkerung

Im Jahr 1804 erreichte die Weltbevölkerung die erste Milliarde. 1927 lebten bereits zwei Milliarden Menschen auf der Erde, 1960 waren es drei Milliarden. Schon 1974 wurden vier Milliarden Menschen gezählt, 1987 fünf und 1999 sechs. Innerhalb des 20. Jahrhunderts hat sich die Weltbevölkerung also fast vervierfacht. Diese rasante Zunahme (exponentielles Wachstum) wird als **Bevölkerungsexplosion** bezeichnet. Und das Wachstum setzt sich fort: Am 15. November 2022 lebten nach Berechnungen der Vereinten Nationen (UN) acht Milliarden Menschen auf der Erde. Bis zum Jahr 2030 wird ihre Zahl voraussichtlich auf ca. 8,6 Milliarden steigen, und im Jahr 2050 werden es nach eher vorsichtigen Schätzungen rund 9,8 Milliarden Menschen sein. Dies ist die mittlere Variante von drei **Bevölkerungsprojektionen**, bei der von durchschnittlich 2,1 Kindern je Frau ausgegangen wird (→ Abb. 8.3). Bei durchschnittlich 2,6 Kindern pro Frau würden im Jahr 2050 jedoch mehr als 11 Milliarden Menschen auf unserem Planeten leben.

Innerhalb der nächsten 50 Jahre wird sich die Bevölkerungszahl in den Industrieländern kaum verändern. Das Wachstum der Weltbevölkerung wird zu 95 % in den Entwicklungsländern stattfinden (→ Abb. 8.4). Allein die Bevölkerungszahl der ärmsten Länder wird bis 2050 um eine Milliarde Menschen wachsen.

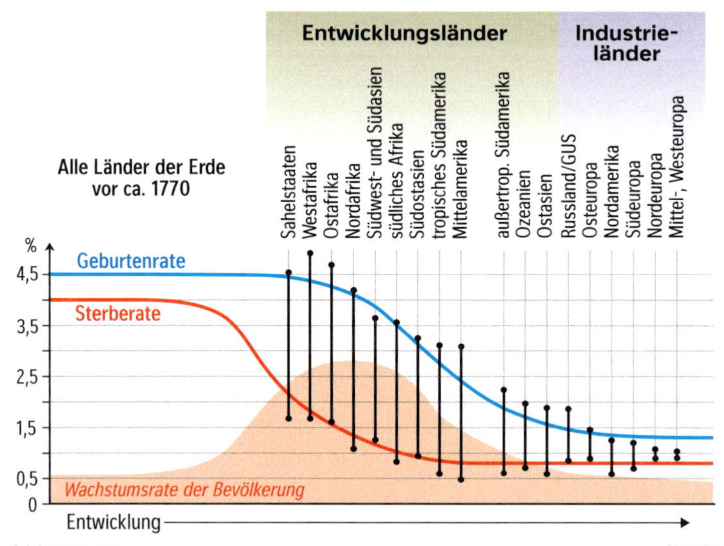

Abb. 8.4: Wachstumsrate der Bevölkerung und Entwicklungsstand

Die unterschiedlich hohen Geburten- und Sterberaten in den verschiedenen Großregionen der Erde spiegeln deren demografische Strukturen wider. Diese werden vereinfacht dargestellt im sogenannten **Modell des demografischen Übergangs** (→ Abb. 8.5). Entwickelt wurde dieses Modell von amerikanischen Bevölkerungswissenschaftlern auf der Grundlage von statistischen Daten der langfristigen Bevölkerungsentwicklung in Europa, Nordamerika und Australien. Es handelt sich also um ein empirisches Modell. Die Wissenschaftler stellten Regelhaftigkeiten bei der langfristigen Entwicklung der Geburten- und der Sterberaten fest, insbesondere beim Übergang von hohen zu niedrigen Geburten- und Sterberaten:

- **Phase I:** In der prätransformativen Phase liegen beide Raten auf einem hohen Niveau, das Bevölkerungswachstum bleibt allenfalls gering. Die hohe Sterberate wird verursacht durch Kriege, Flucht und Vertreibung, Naturkatastrophen, Unterernährung und Hungersnöte, mangelnde Hygiene, hohe Müttersterblichkeit bei der Geburt, Seuchen und starke Verbreitung von Infektionskrankheiten.
- **Phase II:** In der frühen Transformationsphase kann die Sterberate durch moderne Medizin und Hygiene gesenkt werden. Die Geburtenrate bleibt aber weiterhin hoch (Verhaltensmuster).
- **Phase III:** In der mittleren Transformationsphase öffnet sich die Schere zwischen Geburten und Sterberate am weitesten und das Bevölkerungswachstum ist sehr hoch.
- **Phase IV:** Erst in der späten Transformationsphase sinkt auch die Geburtenrate, das Bevölkerungswachstum schwächt sich deutlich ab.
- **Phase V:** In der posttransformativen Phase sind beide Raten niedrig; die Bevölkerungszahl wächst kaum, stagniert oder sinkt sogar.

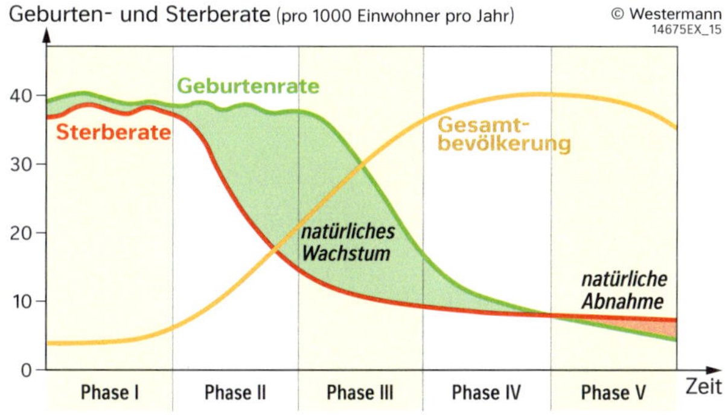

Abb. 8.5: Modell des demografischen Übergangs

Doch auch wenn es gelingt, die Geburtenrate durch Verbesserung der Lebensbedingungen und durch die Verwendung von Verhütungsmitteln zu senken, so wächst die Bevölkerung zunächst ungebremst weiter wegen der geburtenstarken Jahrgänge, die noch in das reproduktionsfähige Alter kommen und wieder für Nachwuchs sorgen – und sei es auch nur für zwei Kinder pro Ehepaar. Dieser Effekt wird als „demografisches Momentum“ bezeichnet.

8.4 *Migration*

Unter dem Begriff **Migration** (lateinisch für Wanderung) wird ganz allgemein die Verlagerung des Wohnsitzes für immer bzw. für einen längeren Zeitraum verstanden. Bei der Wanderung über Staatsgrenzen hinweg werden **Emigration** (Auswanderung) und **Immigration** (Einwanderung) unterschieden. Staaten, durch die der Wanderungsprozess führt, sind sogenannte Transitländer. Bei Migrationsprozessen *innerhalb* eines Staates wird von Abwanderung bzw. Zuwanderung gesprochen. Wird Migration *durch Gewalt ausgelöst*, so werden die betroffenen Menschen als Flüchtlinge bezeichnet, bei Flucht innerhalb eines Staates als Binnenflüchtlinge.

Bezüglich der Ursachen für Migration werden die sogenannten **Push-Faktoren** (Gründe, weshalb die Menschen ein Land bzw. eine Region verlassen) unterschieden von den sogenannten **Pull-Faktoren** (Gründe, weshalb die Menschen von einem bestimmten Land bzw. von einer bestimmten Region angezogen werden). Oftmals sind verschiedene Faktoren ausschlaggebend (→ Abb. 8.6) und die subjektive Einschätzung der Migranten ist sehr wichtig.

Im Globalisierungsprozess ist die Mobilität von Menschen auf der Suche nach besseren Lebensbedingungen eingeschränkt – im Unterschied zur Mobilität von Gütern (Welthandel) und Kapital (weltweite Finanzströme). Die Staatsgrenzen erfüllen die Funktion von Barrieren, die es zu überwinden gilt, entweder heimlich oder mithilfe von Korruption. Die Migration ist daher ein lukratives Geschäft für Schleuserbanden und für die organisierte Kriminalität, die aus der Not der Migranten Kapital schlagen und diese zum Teil auch noch im Zielland jahrelang ausbeuten. Aufgrund des illegalen Status können sich die Migranten nicht gegen die Ausbeutung wehren.

Nach Schätzungen der UN lebten im Jahr 2020 über 280 Millionen Migranten auf der Erde. 1970 waren es noch 82 Millionen, im Jahr 2000 rund 175 Millionen.

Abb. 8.6: Push- und Pull-Faktoren

Etwa die Hälfte der Migranten sind Frauen. Nach Angaben der UNO leben rund 65 Millionen Migranten in Europa einschließlich Russland. Die Staaten mit den meisten Migranten sind die USA (rund 40 Mio.), Russland (12 Mio.), Deutschland (10 Mio.), die Ukraine (7 Mio.) sowie Frankreich (6,5 Mio.). Im Jahr 2018 stammten die meisten Flüchtlinge laut **UNHCR** aus Syrien (6,3 Mio.), aus Afghanistan (2,6 Mio.) und aus dem Südsudan (2,4 Mio.). Die meisten Binnenflüchtlinge lebten in Kolumbien (7,7 Mio.), in Syrien (noch einmal 6,3 Mio.) und in der Demokratischen Republik Kongo (4,4 Mio.).

Nach einer Pressemitteilung des Flüchtlingshilfswerkes der Vereinten Nationen (UNHCR) vom 18.06.2021 wurden im Jahr 2020 weltweit 82,4 Mio. Flüchtlinge registriert, darunter allein 2,6 Mio. Afghanen.

Lateinamerika gilt inzwischen als die Region mit der höchsten Auswanderungsrate weltweit. 25 Millionen Lateinamerikaner leben heute außerhalb ihres Heimatlandes. Mehr als zehn Millionen Mexikaner arbeiten in den USA, viele Exilkubaner leben in Florida. In Spanien bilden Ecuadorianer die zweitgrößte Einwanderergruppe nach den Marokkanern. Für die Wirtschaft vieler lateinamerikanischer Staaten sind die Rücküberweisungen der Emigranten, die sogenannten Remitten oder Remesas, inzwischen sehr wichtig. Mehr als 50 Milliarden US-$ werden jedes Jahr nach Lateinamerika zurücküberwiesen. Einige kleine Staaten erhalten dadurch mehr Devisen als durch ausländische Direktinvestitionen und Entwicklungshilfe zusammen. Mit diesen Geldern können auch ländliche Regionen in Lateinamerika, aus denen viele Migranten stammen, wichtige Entwicklungsimpulse bekommen.

Ein bekanntes Beispiel für interne Migrationsprozesse ist die Volksrepublik China. Nach offiziellen Angaben gibt es dort rund 120 Millionen **Wanderarbeiter**. Nach Schätzungen haben mehr als 150 Mio. Menschen die armen ländlichen Regionen

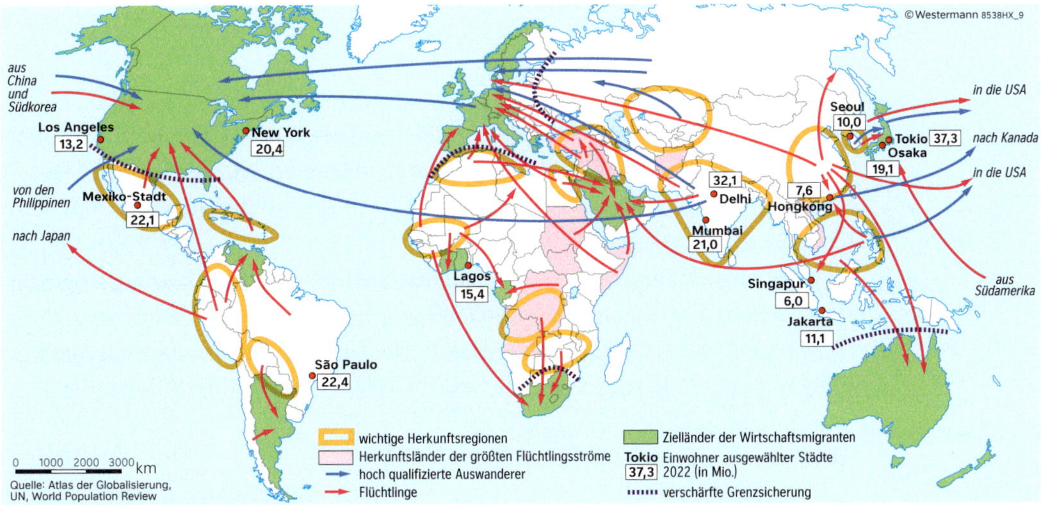

Abb. 8.7: Wichtige Migrationsströme

50 Millionen chinesischer Wanderarbeiter mussten allein im ersten Quartal 2020 wegen der Corona-Pandemie zurück in ihre Dörfer ziehen. Sie haben ihre Arbeit verloren und können die hohen Lebenshaltungskosten in den Großstädten nicht mehr tragen. Die meisten von ihnen kehren zurück in die Dörfer, aus denen sie vor Jahren gekommen sind. Aber auch dort haben sie keine Zukunftsperspektive.

des Binnenlandes verlassen, um in den Großstädten an der Küste Arbeit zu finden. Denn die Landwirtschaft kann die Menschen nicht mehr ernähren, die Felder sind zu klein, die Erträge und damit auch die Einkommen sind zu gering. Bis zum Jahr 2025 soll die Zahl der Wanderarbeiter auf 300 Mio. ansteigen. Viele von ihnen gehen in die südchinesische Provinz Guangzhou (Kanton), die auch als „Fabrik der Welt“ bezeichnet wird. Der Durchschnittslohn für einen Arbeiter vom Land liegt bei 80 € im Monat. Kost und Logis sind nicht immer inbegriffen und werden zum Teil vom Lohn abgezogen. An sieben Tagen in der Woche wird in Zwölf-Stunden-Schichten gearbeitet. Renten- und Krankenversicherung gibt es für diese Menschen nicht. Im Alter und bei Krankheit sollen sie in ihr Heimatdorf zurückkehren.

Auch in den arabischen Golfstaaten werden die „Gastarbeiter“, die ihre Familie zurücklassen müssen, nicht in die Gesellschaft integriert, sondern im Alter, bei einer schweren Erkrankung oder im Falle einer wirtschaftlichen Flaute in ihre ursprüngliche Heimat zurückgeschickt. Oftmals müssen sie in den Golfstaaten in Containersiedlungen ohne Klimaanlagen am Rande der Städte leben.

Flucht und Migration – im Allgemeinen verläuft Migration von ärmeren in reichere Länder. Es sind allerdings nicht die ärmsten Länder der Welt, die überwiegend in Afrika südlich der Sahara liegen, aus denen die meisten Menschen auswandern, sondern die sogenannten **lower-middle-income-countries**, deren Pro-Kopf-BIP zwischen 1000 und 4255 US-$ liegt. Diese verloren z. B. 2022 mit netto 8,6 Millionen Menschen außergewöhnlich viele Einwohner, was zum einen an einem Aufholeffekt nach der Corona-Pandemie liegen dürfte, zum anderen daran, dass die von einem Angriffskrieg betroffene **Ukraine** dieser Ländergruppe zuzuordnen ist. 2019 lag der Migrationssaldo der lower-middle-income-countries bei 3,6 Millionen.

Low-income-countries hatten 2022 einen Netto-Bevölkerungsverlust von knapp 500 000 zu verzeichnen. Einen leicht positiven Migrationssaldo mit ca. 380 000 Menschen wiesen die Länder der Kategorie **upper-middle-income** auf, deren jährliches BIP pro Kopf zwischen 4256 und 13302 US-Dollar beträgt.

7,68 Millionen Menschen betrug der **migrationsbedingte Bevölkerungszuwachs** 2022 in den Ländern mit hohem Einkommen, also den EU-Staaten (mit Ausnahme Bulgariens), den USA, Kanada, Australien, der Schweiz, Norwegen, Saudi-Arabien und anderen Golfstaaten. Das sind etwa 3,5 Millionen mehr als in den Jahren vor der Pandemie üblich war, und dürfte zum großen Teil auf Fluchtmigration aus der Ukraine zurückzuführen sein.

8.5 Metropolisierung und Marginalisierung

Unter dem Begriff **Metropolisierung** wird die Entwicklung einer Millionenstadt zu einer Metropole verstanden, einem wirtschaftlichen und politischen Entscheidungszentrum, das die anderen Städte eines Staates an Größe und Bedeutung weit überragt. Ein bekanntes Beispiel für eine Metropole ist die französische Hauptstadt Paris. In fast allen Entwicklungsländern ist der Prozess der Metropolisierung zu beobachten, dort aber im Unterschied zu den Industrieländern in Verbindung mit einer **Marginalisierung** breiter Bevölkerungsschichten.

Wörtlich bedeutet Marginalisierung so viel wie „an den Rand drängen". Die große Masse armer Menschen in den Entwicklungsländern hat kaum eine oder keine Möglichkeit zur Teilnahme an wirtschaftlicher Entwicklung oder zur Teilhabe an politischen Entscheidungsprozessen. Stattdessen vergrößern sich die Unterschiede zwischen Arm und Reich, sodass es zu einer sozialen und **räumlichen Polarisierung** kommt, zu einer Verschärfung der Gegensätze.

Abb. 8.8: Slum in Mumbai

Besonders deutlich werden diese Gegensätze in den Metropolen der Entwicklungsländer. Nach einer Definition der Vereinten Nationen handelt es sich bei Metropolen um sogenannte **Megastädte**, sofern folgende Bedingungen erfüllt werden:

- mindestens 10 Mio. Einwohner
- monozentrische Struktur (eine Kernstadt)
- Mindestdichte von 2000 Einwohner/km^2
- herausragende Bedeutung im nationalen und/oder internationalen Rahmen (s. o.)

Die räumliche Verteilung der Megastädte in den Jahren 1990 bzw. 2010 verdeutlicht deren Zuwachs und Bedeutung besonders in den Entwicklungsländern (→ Abb. 8.9). Die Ursachen für die hohe Verstädterungsrate in den Entwicklungsländern, also für die Zunahme der Stadtbevölkerung, sind im hohen natürlichen Bevölkerungswachstum in den Städten selbst sowie in der weiter anhaltenden Landflucht zu suchen. Beide Prozesse sind insofern eng miteinander verbunden, als die Altersgruppen zwischen 20 und 35 Jahren überproportional an der Land-Stadt-Wanderung beteiligt sind. Damit ist auch der Anteil junger Frauen überproportional hoch. Bei den Ursachen für die Landflucht werden Push- und Pull-Faktoren unterschieden (→ Abb. 8.6). Obwohl sich die Probleme und vor allem die sozialen Spannungen in den Metropolen der Entwicklungsländer immer mehr zuspitzen, sind Armut und Elend in vielen ländlichen Regionen so groß, dass die Landflucht andauert.

Mit der Expansion der Großstädte in den Entwicklungsländern entstehen randstädtische Hüttenviertel, die **Marginalsiedlungen** (lat. *margo* = Rand). In diesen Marginalsiedlungen und in den innerstädtischen Slumgebieten wohnen heute bereits zwischen 40 und 65 % der großstädtischen Bevölkerung. Eine technische und soziale Infrastruktur fehlt zunächst.

Nur wenn eine Marginalsiedlung oder ein Slumgebiet aufgewertet bzw. saniert wird, verbessern sich die Lebensbedingungen der Bewohner. Falls diese in der Stadt Arbeit finden, können Marginalsiedlungen auch schrittweise in Eigenleistung aufgewertet werden (Konsolidierung). Meist bieten sich Beschäftigungsmöglichkeiten nur im informellen Sektor, ohne Genehmigungen, Verträge oder Versicherungen. Durch Slumsanierung oder Aufwertung von Marginalsiedlungen wächst allerdings auch die Anziehungskraft der Großstädte.

1	Tokio	39,1	8	New York	20,9	15	Buenos Aires	16,2
2	Delhi	31,9	9	Istanbul	20,3	16	Osaka-Kobe-Kyoto	15,5
3	Manila	24,0	10	Kairo	19,8	17	Lagos	15,5
4	São Paulo	22,5	11	Beijing	19,4	18	Los Angeles	15,5
5	Mumbai	22,2	12	Kolkata	18,7	19	Karatschi	15,3
6	Shanghai	22,1	13	Moskau	17,7	20	Rio de Janeiro	12,5
7	Mexiko-Stadt	21,5	14	Dhaka	16,8	21	Paris	11,0

Tab. 8.1: Megastädte 2024 – Liste der größten Metropolregionen der Welt – Einwohnerzahl in Millionen

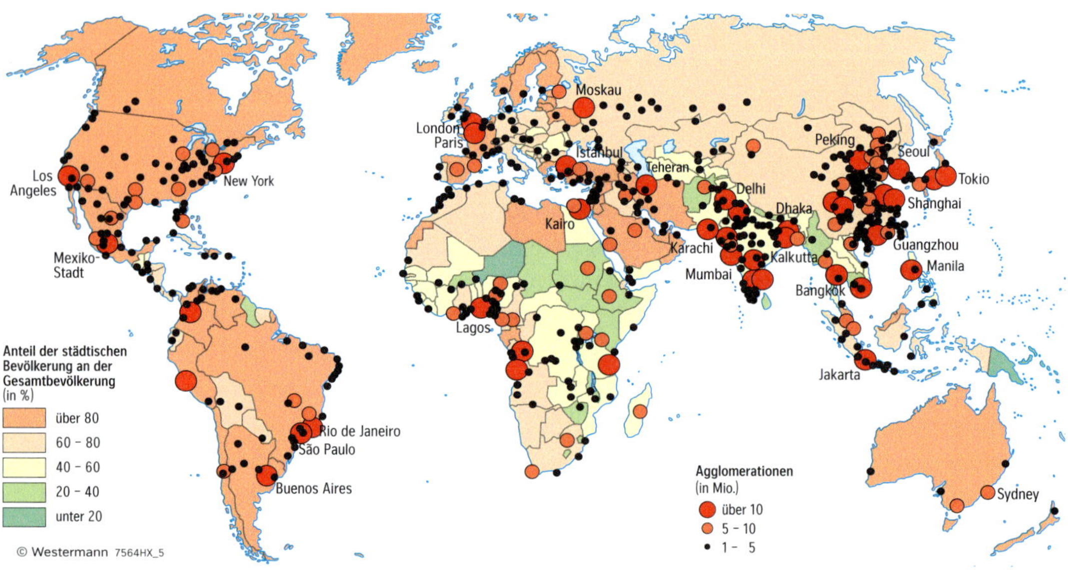

Abb. 8.9: Städtische Agglomerationen und Verstädterungsgrad

8.6 Entwicklungsland Bolivien

BOLIVIEN

Naturräume:

I Altiplano (Hochland der Anden), mittlere Höhe 3500 bis 4500 m über NN – Höchste Gipfel sind der Illampu (6650 m) und der Illimani (6882 m).

II Ostabhang der Anden (500 bis über 6000 m) mit Bergregenwäldern (Yungas) und Tälern – Hauptgebiet des umstrittenen Koka-Anbaus

III Tiefland des Ostens (unter 200 bis 500 m) mit Savannen: Feuchtsavanne im Norden, Trockensavanne (Gran Chaco) im Süden – Hauptanbaugebiet des Landes

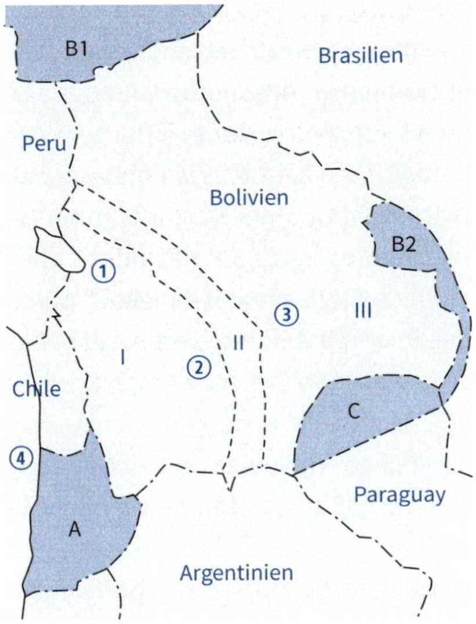

Abb. 8.10: Bolivien – räumliche Strukturen

wichtige Städte im Kartenausschnitt:

① La Paz (Regierungssitz) – 0,8 Mio. Einwohner; zusammen mit El Alto 1,8 Mio. Einwohner

② Sucre (offizielle Hauptstadt) – 360 544 Einwohner

③ Santa Cruz de la Sierra (Wirtschaftszentrum des Landes am Andenrand) – 1,4 Mio. Einwohner

④ Antofagasta (seit 1883 zu Chile gehörende Hafenstadt am Pazifik) – 379 000 Einwohner

Gebietsverluste Boliviens (Unabhängigkeit 1825):

A Zugang zum Pazifik (Atacama um Antofagasta) an Chile nach dem verlorenen Salpeterkrieg 1883 – seither Binnenland (Landlocked Country – LLC)

B1 Territorium Acre an Brasilien 1903 nach Einwanderung brasilianischer Kautschuksammler

B2 Grenzgebiete im Osten an Brasilien auch 1903 – nur noch kleine Städte am Rio Paraguay gehören zu Bolivien

C Verlust des Gran Chaco an Paraguay nach dem verlustreichen Chacokrieg 1938, angezettelt von US-amerikanischen bzw. britischen Erdölkonzernen (vermutete Erdölvorkommen)

Bolivien ist ein dünn besiedelter Andenstaat mit einer Fläche von rund 1,1 Millionen Quadratkilometern und 12,4 Millionen Einwohnern (2024). Somit leben etwa 10 Menschen auf einem Quadratkilometer. Mit einem BIP pro Einwohner von 3614 US-Dollar (2024) ist Bolivien ein Entwicklungsland. Knapp 60 Prozent der Einwohner leben in Armut. Besonders hoch ist der Anteil der armen Bevölkerung im Hochland (Altiplano) mit 66 bis 80 Prozent, deutlich geringer ist ihr Anteil mit 38 Prozent in der größten Provinz, Santa Cruz im Tiefland des Ostens mit 370 000 km^2 (Zum Vergleich: Deutschland = 357 000 km^2). Die Lebenserwartung liegt für Frauen bei 68, für Männer bei 62 Jahren und die Wachstumsrate der Bevölkerung beträgt 1,7 Prozent – die Verdopplungszeit liegt daher bei 41 Jahren (70 : 1,7 = 41,2). Mit einem HDI-Rang von 120 (2024) gehört Bolivien zu den weniger entwickelten Staaten Lateinamerikas.

Bolivien begann 2009 mit dem Abbau der weltweit größten Lagerstätte von Lithium in der Provinz Potosí. Dort werden 50 % aller Lithiumvorkommen auf der Erde vermutet. Lithium wird zur Batterieherstellung – z. B. für Elektroautos – benötigt und erzielt hohe Preise. Bei der Gewinnung von Lithium wird viel Wasser und Energie verbaucht.

49 % der Bevölkerung sind Hochland-Indios (Ketschua und Aimará), 30 % Mestizen (Mischlinge von Indios und Weißen) und 15 % sind Weiße. Die Führungspositionen in Wirtschaft und Politik sowie beim Militär waren seit der Unabhängigkeit immer von Weißen besetzt; erst 2006 wurde der Indio Evo Morales zum Staatspräsidenten gewählt. Die Mehrheit der Bolivianer, in erster Linie die Ureinwohner, hat von den reichen Bodenschätzen des Landes nie etwas gehabt. Die Silbervorkommen im Cerro Rico (reicher Berg) in der Stadt Potosí wurden bereits während der spanischen Kolonialherrschaft ausgebeutet und trugen zum Wohlstand Europas bei. Die großen Zinnvorkommen verhalfen nach der Unabhängigkeit nur einigen wenigen weißen Familien zu Reichtum. Viele Bolivianer fordern die Verstaatlichung der Bodenschätze: Sie haben Angst, die Erdgas-Reserven im Andenvorland an ausländische Konzerne wie die spanische Repsol oder den US-Multi Exxon zu verlieren.

Nach Venezuela besitzt Bolivien die zweitgrößten Erdgasreserven Lateinamerikas – rund eine Trillion Kubikmeter. Größere Mengen Erdgas werden bereits nach Brasilien und nach Argentinien exportiert. Der spanische Repsol-Konzern plante den Bau einer Gasleitung von Bolivien an die Pazifikküste in Peru. Dort sollte das Erdgas verflüssigt und in die USA exportiert werden. Und das, obwohl in Bolivien selbst nur ein Prozent der Bevölkerung an die Gasversorgung angeschlossen ist. Daher wurde die Steuer auf die Gasförderung auf bis zu 50 % erhöht, und eine Re-Nationalisierung der Erdöl- und Erdgasförderung, die in den 1990er-Jahren privatisiert worden war, ist sehr wahrscheinlich. Außerdem ist eine Landreform für das Tiefland im Osten des Landes geplant, in dem der Sojaanbau für den Export (Futtermittel) boomt. Dort befinden sich rund 87 % des Landes in den Händen von etwa 7 % der Landbesitzer. Die Regierung plant deshalb die Umverteilung von rund 20 Mio. ha Land – dies entspricht 200 000 km^2 und somit einem knappen Fünftel der Staatsfläche – von den Großgrundbesitzern auf Kleinbauern und vor allem auf Indio-Gemeinschaften. Einige Großgrundbesitzer drohen mit bewaffnetem Widerstand gegen eine solche Landreform.

Da sowohl die erneute Nationalisierung als auch die Landreform die wirtschaftlich führende Region Santa Cruz am stärksten beträfe, eskaliert hier ein alter Streit zwischen dem Hochland mit dem Regierungssitz in La Paz und dem Tiefland. Die Region Santa Cruz fordert deshalb eine weitgehende Autonomie, um die wirtschaftliche Entwicklung ohne Einmischung der Verwaltung in La Paz vorantreiben zu können. Das BIP pro Einwohner in der Region Santa Cruz ist um etwa ein Drittel höher als im Rest des Landes.

HÖHENSTUFEN IN DEN TROPEN

Mit zunehmender Höhe nimmt die Jahresmitteltemperatur ab. Die Temperaturabnahme beträgt etwa 0,5 °C pro 100 m: Santa Cruz de la Sierra liegt vor dem Gebirgsrand der Anden auf einer Höhe von 437 m über NN.

Die Jahresmitteltemperatur beträgt 24 °C. Die Abkühlung mit der Höhe macht hier also rund 2 °C aus. Die Hauptstadt La Paz liegt auf einer Höhe von 3632 m über NN im Altiplano. Die Jahresmitteltemperatur beträgt hier rund 10 °C. Die Abkühlung mit der Höhe macht rund 18 °C aus.

In Abhängigkeit von Höhenlage, Temperatur und Niederschlag lassen sich in den tropischen Anden Südamerikas verschiedene **Höhenstufen** mit jeweils charakteristischer Vegetation bzw. Nutzungsmöglichkeiten unterscheiden:

- Die Tierra nevada (Schneeland) ist die höchste Stufe oberhalb der Schneegrenze. Sie ist ständig mit Eis und Schnee bedeckt.
- Die Tierra helada (das eisige Land) hat bis zu 320 Frostwechseltage. Daher stammt die Aussage: „Jeder Tag ein Sommer, jede Nacht ein Winter“. Hier befinden sich Frostschuttregionen und karge Hochweiden für die indianischen Nutztiere (Lamas und Alpakas).
- Die Tierra fría (das kalte Land) leidet regelmäßig unter Nachtfrösten, vor allem in der kühleren Jahreszeit in den Randtropen. Der Anbau von Gerste und Kartoffeln ist nur in geschützten Lagen möglich (in → Abb. 8.10 I).
- Die Tierra templada (gemäßigtes Land), die Stufe der Bergregenwälder, bietet vielfältige Anbaumöglichkeiten (in → Abb. 8.10 II).
  Typische Kulturpflanzen dieser Höhenstufe sind Kaffee und Kokain.
- Die Tierra caliente (warmes Land) ist das Gebiet der tropischen Tieflandvegetation, der Regenwälder und Savannen (in → Abb. 8.10 III) mit typischen Nutzpflanzen der Tropen, wie vor allem Kakao und Bananen, aber auch Maniok, Zuckerrohr und Reis.

8.7 *Schwellenland Brasilien*

Eine allgemein anerkannte Definition des Begriffs Schwellenland (englisch: Newly Industrializing Country – NIC) gibt es nicht. Ein Schwellenland befindet sich im Übergang zur Industrialisierung. Nach der Modernisierungstheorie handelt es sich um eine sogenannte Startgesellschaft. Diese muss erst noch den Sprung zur reifen Industriegesellschaft schaffen, den sogenannten „Take Off".

Nach der eindimensionale Klassifizierung der Weltbank können die Länder mit mittlerem Einkommen (obere Kategorie) als Schwellenländer bezeichnet werden. Ihr BNE (Bruttonationaleinkommen) pro Einwohner sollte also etwa zwischen rund 4000 und 12 500 US-$ betragen (Stand: 2023). Demnach gehören u. a. Argentinien und Mexiko in diese Kategorie, ebenso Brasilien mit einem BNE pro Einwohner von 8840 US-$. Allerdings ist das BNE pro Einwohner innerhalb der Regionen und Bundestaaten Brasiliens sehr ungleich verteilt: Während der weiterhin landwirtschaftlich geprägte Nordosten als sehr arm gilt, gilt der industriell geprägte Südosten als eher wohlhabender wirtschaftlicher Kernraum des Landes. Dennoch gilt Brasilien insgesamt als Schwellenland, was sich auch mit dem Index der menschlichen Entwicklung (Human Development Index, HDI) begründen lässt: Im Süden und im Mittelwesten herrschen mittlere bis gute Lebensbedingungen vor, im Norden dagegen eher schlechte bis mittlere. Im Atlas gilt Brasilien insgesamt als relativ hoch entwickeltes Land mit Indexwerten des HDI zwischen 0,709 und 0,796 (Maximum theoretisch = 1; Norwegen = 0,954). Problematisch ist aber in Brasilien die überdurchschnittlich hohe Benachteiligung von Frauen nach dem Global Gender Gap Index.

Wichtig für die Einordnung als Schwellenland ist die Produktion von Industriegütern, die für Brasilien eine große Rolle spielt, wie z. B. die Eisen- und

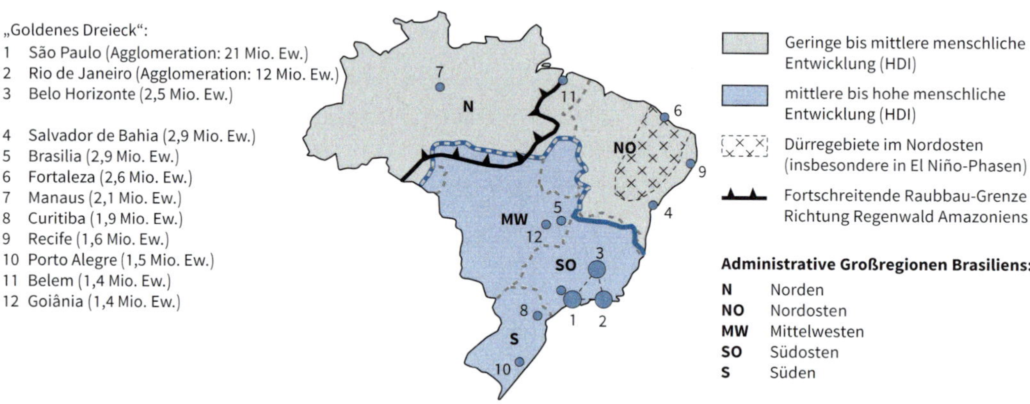

Abb. 8.11: Brasilien

Stahlproduktion, der Fahrzeug- und Flugzeugbau (Embraer), die Elektro- und Elektronikindustrie, die chemische Industrie und die Nahrungsmittelindustrie.

Zur Rolle der Sektoren in Bezug auf den Anteil am BIP:
- Landwirtschaft 6,5 % – Industrie 21,5 % – Dienstleistungen 72 %

Zur Rolle der Sektoren in Bezug auf den Anteil an den Erwerbstätigen:
- Landwirtschaft 10 % – Industrie 21 % – Dienstleistungen 69 %

Hier zeigt sich bereits die Tertiärisierung der brasilianischen Volkswirtschaft.

Megacity São Paulo – soziale Polarisierung und Favela-Syndrom

São Paulo gilt als Alpha-Global-City und ist das wichtigste Wirtschafts- und Finanzzentrum Brasiliens. Mit rund 21 Millionen Menschen im Ballungsraum ist São Paulo eine der größten Megastädte der Erde und die größte Stadt der Südhalbkugel, noch vor Buenos Aires.

Mit einem Bruttoinlandsprodukt von rund 430 Millionen US-$ (in Kaufkraftparitäten – KKP) belegte der Ballungsraum laut einer Studie aus dem Jahr 2014 den 15. Platz weltweit in Bezug auf die Wirtschaftskraft von Stadtregionen. Rund 30 Prozent des Wertes der brasilianischen Industrieproduktion stammen aus dem Ballungsraum São Paulo, rund 33 % aller brasilianischen Industriebeschäftigten sind hier tätig. Das ungebremste Wachstum der Stadt, die hohe Siedlungs- und Industriedichte haben aber auch zu zahlreichen Umweltproblemen geführt: Die Luftverschmutzung, die Belastung der Gewässer, die Belästigung durch Lärm und Emissionen aufgrund des dichten Verkehrs sowie Entsorgungsprobleme bei Müll und Abwasser sind die gravierendsten Umweltprobleme in São Paulo.

Noch bedrohlicher ist die soziale Polarisierung innerhalb des Großraums von São Paulo, der sich über eine Fläche von rund 7500 km² erstreckt, das entspricht etwa der Hälfte der Fläche von Schleswig-Holstein. 2006 entluden sich die sozialen Gegensätze in bürgerkriegsartigen Unruhen, die von einer Mafia-Organisation ausgingen, die v.a. in den Favelas und in den Gefängnissen Macht ausübte. Es gab knapp 200 Todesopfer. Die Reichen verschanzen sich in ihren

Abb. 8.12: São Paulo

Gated Communities, in abgeschotteten Luxusvillen oder in Luxusapartments in teuren Wohntürmen. Sie haben ihre eigenen Einkaufszentren, Golfclubs und Bürotürme. Die ganz Reichen bewegen sich nur noch mit Hubschraubern innerhalb des Großraumes, um nicht Opfer von Entführungen zu werden.

Die Bewohner der Favelas sind der Gewalt unmittelbar ausgeliefert und sind gezwungen, die Herrschaft der Mafia zu akzeptieren, die sich hier als PCC bezeichnet, als „Primeiro Comando da Capital“ (übersetzt: Erstes Hauptstadt-Kommando) und damit die Staatsmacht (Polizei und Militär) herausfordert. Schwer hat es in São Paulo auch die wachsende Mittelschicht der Industriearbeiter, Lehrer und Krankenschwestern. Sie müssen versuchen, der Gewalt so gut es geht auszuweichen: So genannte No-Go-Areas müssen gemieden werden, bei Einbruch der Dunkelheit muss die Wohnung erreicht werden.

Etwa die Hälfte der mehr als 3000 Favelas (Armenviertel) in São Paulo wurde bislang anerkannt, also legalisiert. Damit besteht die Möglichkeit, dass Darlehen zur Sanierung der Behausungen vergeben werden, dass eine Straßenerschließung mit Straßenbeleuchtung (Sicherheit!) erfolgt und dass Energie- und Wasserversorgungsnetze verlegt werden – ebenso sollten Abwasser- und Müll-Entsorgung eingerichtet werden (Slum- bzw. Squatter-Upgrading). Bislang sind allerdings erst wenige hundert Favelas saniert worden. Das liegt auch daran, dass die armen Bewohner in der Regel an den Kosten beteiligt werden.

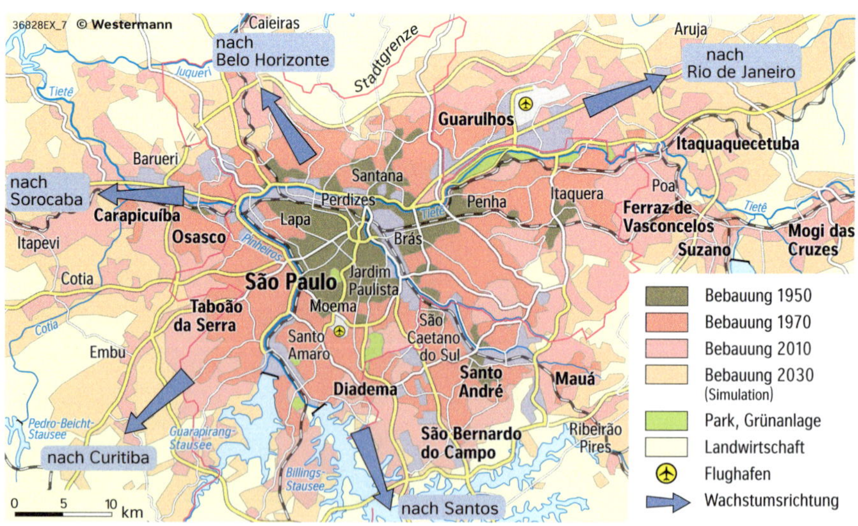

Abb. 8.13: Die Metropolregion „Grande São Paulo“

8.8 Ägypten – Entwicklungsland im islamisch-arabischen Orient

Aus physisch-geografischer Sicht liegt Ägypten im Wüstengürtel der Alten Welt und gehört somit zu den Staaten mit akutem Wassermangel. In der Wasserversorgung ist es vom Nil als Fremdlingsfluss abhängig. Dieser bringt Wasser aus den regenreicheren Regionen Ostafrikas (Weißer Nil) bzw. aus dem Hochland Äthiopiens (Blauer Nil), nachdem sich beide Zuflüsse in Khartum, der Hauptstadt des Sudan vereinigt haben. Die Zukunft Ägyptens ist daher abhängig vom Anspruch der sogenannten Oberlieger Uganda, Südsudan, Sudan und Äthiopien auf das Nilwasser.

Mit dem Beginn der sommerlichen Zenitalregen im äthiopischen Hochland Anfang Juli 2021 begann Äthiopien mit der zweiten Auffüllungsphase des „Grand Ethiopian Renaissance Dam“ (GERD). Die erste fand 2020 statt. Der gewaltige Staudamm soll den zukünftigen Energiebedarf für die mehr als 112 Mio. Einwohner Äthiopiens sichern. Die Staumauer am Blauen Nil, kurz vor der Grenze zum Sudan, ist 1,8 km lang und rund 145 m hoch. Das Wasserkraftwerk mit einer geplanten Jahresleistung von 6000 Megawatt soll 2024 vollständig in Betrieb gehen. Mit dem Bau wurde 2011 begonnen, und die Gesamtkosten sollen sich auf rund 5 Milliarden US-$ belaufen. Ägypten wäre von der Inbetriebnahme besonders stark betroffen, denn das Land deckt seinen Wasserbedarf zu mehr als 90 % aus dem Nil. Ca. 85 % des Nilwassers, das Ägypten vom Sudan her erreicht, stammt aus dem Blauen Nil.

Ägypten gilt als Kernraum der islamisch-arabischen Kultur:

- Die islamische Azhar-Universität in Kairo gilt als höchste geistliche Autorität für weltweit rund eine Milliarde Muslime.
- Ägypten ist mit 113 Millionen Einwohnern (2024) der bevölkerungsreichste arabischsprachige Staat der Welt.

Zugleich ist das Land am unteren Nil ein bedeutender afrikanischer Staat, denn Ägypten ist Mitglied der Afrikanischen Union (AU) mit Sitz in Durban/Südafrika. Die AU koordiniert die innerafrikanische Zusammenarbeit und die Bewältigung von Krisen und Konflikten auf dem Kontinent.

Allerdings ist Ägypten kein einheitlicher Kulturraum, denn unterschiedlichen Schätzungen zufolge sind bis zu 15 Prozent der Ägypter christliche Kopten, die sich selbst als wahre Nachfolger der Hochkultur des Alten Ägypten sehen und die pharaonische Sprache in Gottesdiensten benutzen.

Ägypten ist ein Entwicklungsland mit einem BNE pro Einwohner von 4563 US-Dollar (2024). Sein **Human Devolopment Index** (HDI) liegt zwischen 0,700 und 0,800, also für afrikanische Verhältnisse realtiv hoch. Beim Gender Inequality Index (ungleiche Behandlung und ungleiche Lebensschancen der Geschlechter) liegt Ägypten zwischen 40 und 50 und entspricht somit in etwa dem Weltdurchschnitt (47 %). Eine starke Benachteiligung von Frauen ergibt sich insbesondere in den Bereichen Politik, in dem sie bislang nicht vertreten sind, sowie im Bereich Wirtschaft, in dem sie völlig unterrepräsentiert sind.

Ägyptens wichtigste Devisenquellen sind:

- Die Transitgebühren für die Passage des Suez-Kanals
- Die Einnahmen aus den (begrenzten) Erdölexporten

Abb. 8.14: Die Pyramiden von Gizeh

- Der Tourismus aus den Golfstaaten und aus Europa: Badetourismus am Roten Meer (Resorts) sowie der Besichtigungstourismus im Raum Kairo/Gizeh mit den pharaonischen Monumenten, Welterbestätten der UNESCO
- Die Rücküberweisungen von Arbeitsmigranten
- Ausländische Investitionen v. a. aus Saudi-Arabien und aus den kleineren Golfstaaten

Allerdings ist der Tourismus aus Europa im Revolutionsjahr 2011 eingebrochen: Die Zahl der Touristen sank auf 5,4 Millionen (2015). Tiefpunkt war (coronabedingt) 2020 mit 3,6 Millionen Besuchern, 2022 waren es wieder 11,7 Millionen (laut Statistik 2024). Die Deviseneinnahmen sanken von 12,5 (2010) über 8 (2011) auf 4,5 Mrd. US-$ (2023).

Abb. 8.15: Ägypten im Satellitenbild

Nur knapp fünf Prozent der ägyptischen Staatsfläche von rund einer Million Quadratkilometer sind agrarisch nutzbar (vgl. das nebenstehende Satellitenbild). Die Bevölkerungszahl des Landes stieg von 20 Mio. (1950) auf 102 Mio. (2020). Die Bevölkerungsprojektion für 2025 liegt bei 124 Mio., für 2050 bei 143 Mio. Menschen.

Noch immer leben 24 % der Erwerbstätigen von der Landwirtschaft. Deren Anteil am BIP (Bruttoinlandsprodukt) liegt aber nur bei 12 %. Der Anteil der Nahrungsmittel an den Importen (2019) betrug 17 Prozent von 71 Mrd. US-$, ihr Anteil an den Exporten lag bei 19 %, aber nur von 26 Mrd. US-$. Süßkartoffeln oder Zwiebeln aus Ägypten werden auch in deutschen Supermärkten angeboten. Für deren Anbau wird das knappe Süßwasser zumeist des Nils verwendet, das dann als **virtuelles Wasser** nach Deutschland exportiert wird.

Anfang 2008 kam es in Ägypten aufgrund stark gestiegener Lebensmittelpreise zu blutigen Unruhen mit mindestens 11 Toten. 32 Millionen Ägypter müssen mit umgerechnet einem Euro am Tag auskommen, 16 Millionen mit noch weniger. Die drastische Verteuerung des Weizens traf daher viele Ägypter besonders hart: Das Fladenbrot „Aisch baladi“ ist Ägyptens Grundnahrungsmittel. Hauptsächlich wegen der zugespitzten Versorgungskrise wurde Anfang 2011 der ägyptische Präsident Mubarak nach großen Massendemonstrationen gestürzt. 2020 kam der erneute Einbruch des Tourismus durch die Covid19-Pandemie dazu. Als entscheidend für die Zukunft Ägyptens gilt eine echte Demokratisierung und vor allem auch die Säkularisierung des Landes, damit die Frauen nicht länger unter dem Vorwand religiöser Vorschriften diskriminiert werden.

Ägypten - Bevölkerung

Die Karte veranschaulicht die hohe Bevölkerungsdichte in Ägypten sowie das enorme demographische Gewicht der Großstädte: v. a. Kairo und Gizeh, dazu Alexandria am Mittelmeer sowie Port Said und Suez an den Eingängen zum weltwirtschaftlich bedeutenden Suez-Kanal. Mehrere Städte im Agrargebiet des Nil-Deltas haben mehr als 100 000 Einwohner, sind aber wahrscheinlich keine echten Großstädte mit entsprechenden Funktionen. Ägypten insgesamt hatte Mitte 2022 103,5 Mio. Einwohner – Die Bevölkerungsprojektionen für 2035 liegen bei 122,7 Mio. Einwohner, für 2050 sogar bei 145 Mio.

(Quelle für die Bevölkerungszahlen: DSW Datenreport 2022, Tabelle Seite 8).

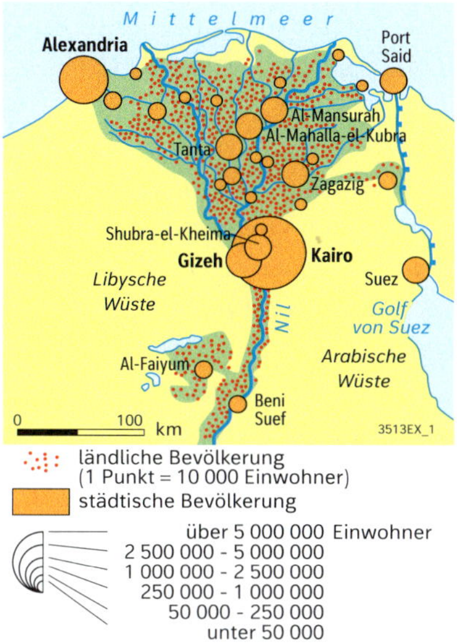

Abb. 8.16: Entwicklungsland Ägypten

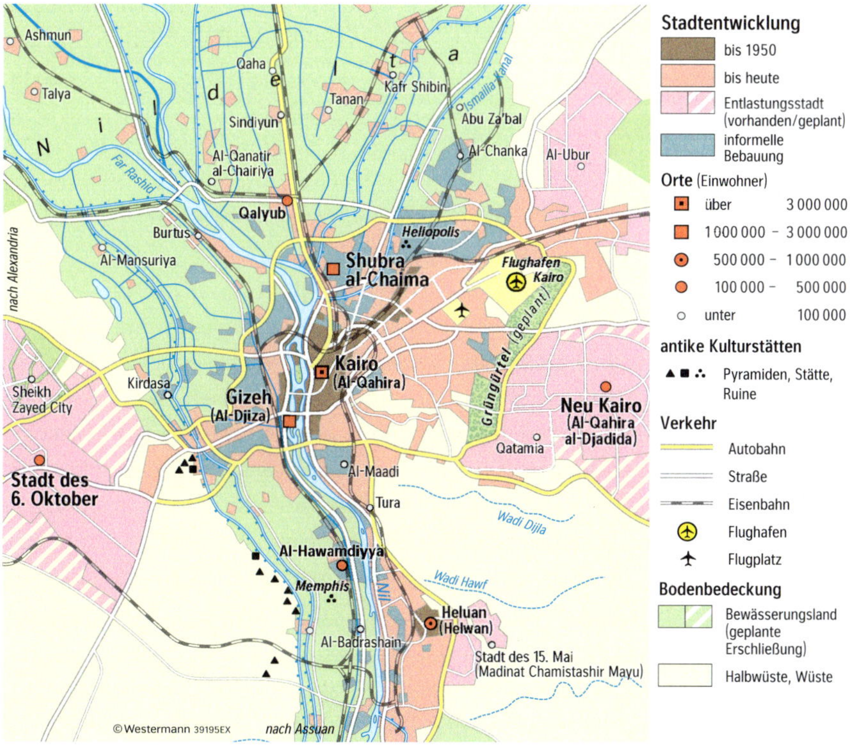

Abb. 8.17: Kairo –Stadtentwicklung

8 Entwicklungsländer

ENTWICKLUNGSLAND BOLIVIEN

Der Südamerikanische Binnenstaat reicht von den vergletscherten Hochgebirgszügen im Westen bis in ein von zahlreichen Flüssen durchzogenes tropisches Tiefland im Osten. Politisch ist das Land nie zur Ruhe gekommen - seit seiner Unabhängigkeit 1825 hat es zahlreiche Militärputsche erlebt. 2019 löste der Rücktritt des seit 2006 regierenden ersten indigenen Präsidenten, Evo Morales Ayma, eine politische Krise aus. Unter dem seit 2020 amtierenden Präsidenten Luis Arce, einem Vertrauten Morales', setzt sich die Polarisierung innerhalb der Gesellschaft fort.

SCHWELLENLAND BRASILIEN

Der größte und bevölkerungsreichste Staat Südamerikas ist ein Land der Superlative und der Kontraste. Das Wirtschaftsleben spielt sich vorrangig im Süden des Landes ab. Hier werden auch die weltweit eingesetzten Verkehrsflugzeuge des Typs „Embraer" hergestellt. Brasilien verfügt über riesige, teilweise noch unerschlossene Rohstoffvorkommen und mit Amazonien über das größte tropische Regenwaldgebiet der Erde. Die sozialen Gegensätze zwischen Arm und Reich sind gewaltig. Die wirtschaftliche und soziale Krise verschärfte sich unter dem rechtspopulistischen Präsident Jair Bolsonaro. 2023 kehrte der linke Präsident Luiz Inácio „Lula" da Silva an die Macht zurück.

ENTWICKLUNGSLAND ÄGYPTEN

Megaprojekte: In der Planstadt, die aktuell noch unter dem Namen „Neue Administrative Hauptstadt" läuft, werden weiterhin verschiedene Bauprojekte vorangetrieben. Im Januar 2023 wurde der Umzug der Regierung in die neue Hauptstadt verkündet, bis jetzt ist das mit 14 Ministerien nur bei einer Minderheit der Fall. Die Al-Fattahal-Alim-Moschee, auch Ägyptisches Islamisches Kulturzentrum genannt, wurde im März 2023 in Kairo eröffnet. Sie ist eine der größten Moscheen der Welt. Auch in Neu-Kairo, einer weiteren Planstadt im Umland der alten Hauptstadt, gehen trotz der Wirtschaftskrise Bauarbeiten an diversen Großprojekten weiter.

Wegen klimatischer Entwicklungen, Bevölkerungswachstum und dem Bau des umstrittenen Staudamms am Blauen Nil in Äthiopien hat das Land zunehmend mit Wasserknappheit zu kämpfen. Die Regierung kritisiert Äthiopien weiterhin scharf für den Bau des Staudamms, baut trotz der Wasserknappheit aktuell aber auch ein System aus künstlichen Seen und Kanälen zur Verschönerung der sich im Bau befindlichen neuen Hauptstadt Ägyptens.

Globalisierung

9

In diesem Kapitel wird gedanklich der Bogen zurück zum ersten Kapitel geschlagen. Auch die Globalisierung betrifft mit ihren Auswirkungen alle Regionen der Welt, z. B. durch die Verbreitung der modernen Medien. Folgende Themen werden hier vertieft: Merkmale der Globalisierung, Welthandel, globale Finanzzentren, Steueroasen, globaler Tourismus sowie Auswirkungen der Globalisierung auf die politische Gliederung der Erde.

9.1 Einführung – Welthandel

Unter dem Begriff **Globalisierung** versteht man die weltweite Zunahme von Handels-, Finanz- und Kulturverflechtungen über Staatsgrenzen hinweg. Die Globalisierung verändert die bisherigen wirtschaftlichen, räumlichen, politischen, sozialen und kulturellen Strukturen einschneidend. Die dominierenden räumlichen Zentren im Prozess der Globalisierung sind die Staaten der sogenannten **Triade** mit nur rund 15 % der Weltbevölkerung (USA, Europa, Japan), die mehr als 50 % der Reichtümer des Planeten (Rohstoffe, Energie) beanspruchen und 70 % des globalen Bruttonationaleinkommens erwirtschaften. Die Globalisierung betrifft bei weitem nicht die ganze Welt: Die meisten Staaten haben weder nennenswerte Anteile am Welthandel, noch an multinationalen Investitionen, noch am internationalen Tourismus. Einige Küstengebiete und Zentren Ost- und Südostasiens haben sich im Rahmen der Globalisierung zu Industriestandorten und Dienstleistungszentren entwickelt, so z. B. das Perlflussdelta in China.

Aufgrund der unterschiedlichen Beteiligung an der Globalisierung wird auch von einer globalen Fragmentierung (Zersplitterung) gesprochen. Folgende Raumtypen werden dabei unterschieden:
- Global agierende Regionen mit Global Cities
- Global reagierende Regionen mit globalisierten Orten
- Global stagnierende bzw. sogar regressive Regionen

Die Globalisierung wurde ermöglicht durch eine Vielzahl technologischer Innovationen, die zu einer **Kompression** von Raum und Zeit führten:

- Die Verbesserung der Verkehrsmittel hat die Fahrzeiten verkürzt, die Transportkosten verringert und so eine Steigerung des Personenverkehrs und des Handels ermöglicht: Großtanker, Erfindung des Containers und Bau großer Containerschiffe, Ausbau der Autobahnnetze, Ölpipelines, Schubschiffe, Hochgeschwindigkeitsfähren, Hochgeschwindigkeitszüge wie TGV, ICE, AVE oder Shinkansen.
- Revolutionäre Veränderungen in den Bereichen Telekommunikation und Informatik erlauben zu vergleichsweise geringen Kosten die Übertragung von Informationen oder von Bildern von einem Punkt auf der Erde zum anderen mithilfe geostationärer Satelliten. Die weltweite Verbindung über das Internet ist dabei sehr kostengünstig.

Der AVE ist der spanische Hochgeschwindigkeitszug von Barcelona bis Sevilla.

Die Zunahme des weltweiten Austausches betrifft vor allem die Zunahme des weltweiten Handels (globale Gütermärkte), das Wachstum der internationalen Kapitalströme (globale Finanzmärkte) und die grenzüberschreitende Organisation der Produktion (globale Firmennetze).

- Der **Welthandel** wird zu über 60 % zwischen den Industrieländern der Triade (s. u.) abgewickelt und umfasst vor allem Halbfertig- und Fertigwaren. Der Anteil der Entwicklungsländer einschließlich der Schwellenländer liegt bei 30 % und der Anteil der ehemals sozialistischen Transformationsländer beträgt nur etwa 10 %. Trotz der WTO-Abkommen gibt es immer noch protektionistische Tendenzen.
- Der Wert der internationalen **Finanztransaktionen** ist ca. 50-mal so hoch wie der des Welthandels. Die internationalen Finanzgeschäfte entziehen sich immer mehr der nationalen Kontrolle, sind also nur schwer zu besteuern. Offshore-Finanzzentren (→ Seite 227) und Steueroasen wie Liechtenstein, Monaco oder die britischen Kanalinseln helfen zumindest ungewollt bei Kapitalflucht, Steuerhinterziehung und Geldwäsche.
- Global agierende Unternehmen **(Global Player)** investieren nach strategischen Gesichtspunkten: Erschließung von Zukunftsmärkten, Umgehung von Handelsschranken, Nutzung geringer Lohnkosten und Auslagerung von Forschung und Entwicklung in andere Zeitzonen, zum Teil Versteuerung von Gewinnen in Offshore-Finanzzentren und Steueroasen.

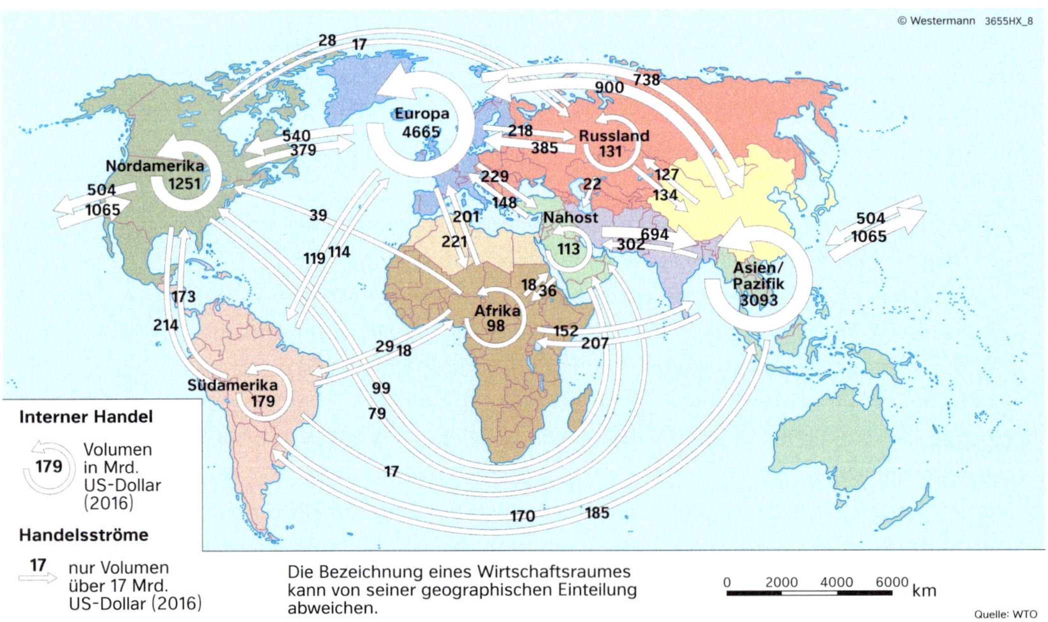

Abb. 9.1: Welthandelsströme

Im Zeitraum von 1996 bis 2016 stieg der Wert aller statistisch erfassten **Exporte** weltweit von 5,3 Billionen US-$ auf rund 18,0 Billionen US-$. Allerdings handelt es sich dabei zum Teil um einen nominalen Anstieg, der auf Preissteigerungen und Geldentwertung (Inflation) zurückzuführen ist. Die reale Zunahme der Exporte fiel geringer aus, auch infolge der globalen Finanz- und Wirtschaftskrise 2008.

Die **Welthandelsorganisation WTO (World Trade Organization)** zielt auf die globale Förderung des Freihandels und bekämpft Handelshemmnisse. Noch wird der Welthandel durch die Bildung von Freihandelszonen sowie von Wirtschafts- und Zollgemeinschaften eingeschränkt, innerhalb derer der Handel floriert, die sich aber nach außen abschotten.

Die drei wichtigsten Wirtschaftblöcke weltweit:

- Die Staaten des **Nordamerikanischen Freihandelsabkommens USMCA** (United States/Mexico/Canada Agreement).
- Der **Europäische Binnenmarkt** mit den 27 EU-Staaten (seit 2007) plus Norwegen, Island und Liechtenstein umfasst knapp 500 Millionen Verbraucher.
- **APEC** (= Asiatisch-Pazifische Wirtschaftsgemeinschaft – Asia-Pacific Economic Cooperation.

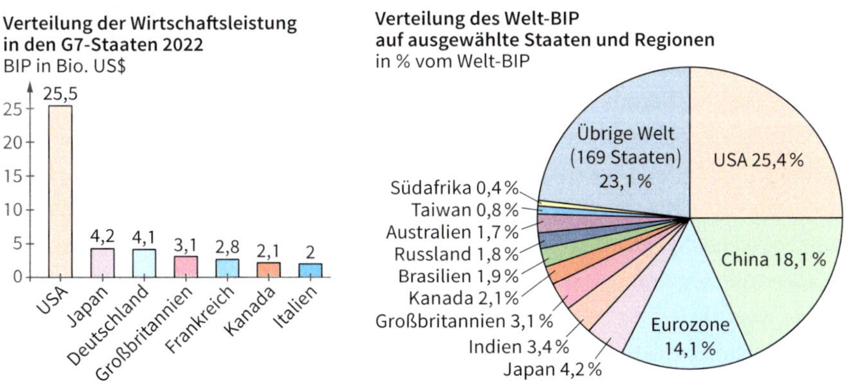

Abb. 9.2: Verteilung der Wirtschaftlseistung BIP, innerhalb der G7 und weltweit
Datengrundlage: „Der Neue Kosmos Weltalmanach 2024"; Seiten 521 und 532

Pandemie = sich weltweit verbreitende Seuche)

Pandemien: Eine weitere Folge der Globalisierung – Beispiel: Von China ausgehend breitete sich das Coronavirus SARS-CoV-2 ab Anfang 2019 schnell über die gesamte Welt aus. Es löst schwere Atemwegserkrankungen aus, die v. a. bei vorerkrankten Menschen oft tödlich enden. Im März 2020 rief die Weltgesundheitsorganisation WHO den Pandemiefall aus. Zu diesem Zeitpunkt hatten sich die Covid-19-Infektionen vor allem nach Europa, Amerika und Afrika verschoben. Und ab Juni 2021 stiegen weltweit die Infektionszahlen.

9.2 Globale Finanzzentren

Trotz der weltweiten Ausdehnung und Vernetzung werden 85 % aller Geldströme von den 20 wichtigsten Finanzzentren in den reichsten Ländern der Erde gesteuert. Diese **Global Cities** können definiert werden als höchstrangige zentrale Orte mit hoch spezialisierten Wirtschafts- und Finanzdienstleistungen und mit modernen Verkehrs- und Telekommunikationseinrichtungen, wie sie für die Steuerung und Kontrolle globaler Wirtschaftsaktivitäten erforderlich sind. Kennzeichnend sind die hohe Konzentration von Bankzentralen und -niederlassungen sowie das Vorhandensein einer global bedeutenden Börse. Dazu kommen die Hauptsitze international agierender Konzerne, die eine Global City zum wirtschaftlichen Entscheidungszentrum machen. Der Anteil und die absolute Zahl der Beschäftigten im sogenannten **FIRE-Sektor** (Finance, Insurance and Real Estate = Finanzen, Versicherungen, Immobilien) sind in der Regel überdurchschnittlich hoch. Innerhalb der Global City sind die hochrangigen zentralen Einrichtungen meist auf engem Raum konzentriert, wie z. B. in Manhattan. Dadurch sind hier die wichtigen persönlichen Kontakte der Entscheidungsträger gut möglich. Die Global Cities sind untereinander eng verbunden, beispielsweise durch häufige und stark frequentierte Verbindungen im Luftverkehr (z. B. London – New-York) oder mit Hochgeschwindigkeitszügen (z. B. London – Paris und Frankfurt – Paris). Die drei führenden Global Cities sind unbestritten New York, London und Tokio. Weitere „Alpha World Cities" sind in Nordamerika Los Angeles und Chicago, in Europa Paris, Frankfurt, Zürich und Mailand sowie in Asien Hongkong und Singapur. Für diese Einstufung der Global Cities in Alpha-, Beta- und Gamma-World-Cities wurden Daten von international tätigen Unternehmen aus den hoch spezialisierten Dienstleistungsbranchen Wirtschaftsprüfung, Bank- und Finanzwesen, Werbeagenturen und Rechtsberatung in über 260 Städten erhoben. Die Auswertung ergab zusammen 55 Weltstädte auf den genannten Hierarchiestufen. Diese Klassifizierung beschränkt sich zwar auf vier ausgewählte Bereiche des Dienstleistungssektors, kann damit aber doch die wirtschaftlichen Steuerungsfunktionen der jeweiligen Global City recht gut erfassen. Allerdings entwickeln sich Hierarchien ständig weiter (z. B. der mögliche Abstieg von Los Angeles).

Börsen sind amtliche Märkte für Waren, Aktien, Wertpapiere und Devisen, auf denen vereidigte Makler (Broker) während der Börsenstunden Kurse (Preise) feststellen, die sich aus den vorliegenden Kaufs- und Verkaufsaufträgen ergeben. Inzwischen laufen allerdings die meisten Börsengeschäfte großer Anleger über das Internet, Entscheidungen über Kauf und Verkauf werden vorprogrammiert und müssen innerhalb von Sekundenbruchteilen erfolgen.

Folgende Arten von Börsen werden unterschieden:

- **Warenbörsen** – Handel mit natürlichen Produkten (z. B. London Commodity Exchange)
- **Aktien- und Rentenbörsen** – Handel mit Finanzprodukten im engeren Sinne, wie Aktien und festverzinslichen Wertpapieren (z. B. London Stock Exchange)
- **Terminbörsen** – Handel mit Finanzderivaten (= abgeleitete Wertpapiere), wie Futures (Terminverträge) und Optionen (Kaufoption bzw. Verkaufsoption zu einem vorab festgelegten Preis gegen Prämie).

Die wichtigsten einzelnen **Börsenplätze** sind (Umsatz in Billionen US-$ 2017): New York (5,98 – NYSE und NASDAQ), Kansas City/Missouri (3,31 – BATS Global Markets und BATS Chi-x Europe), Shanghai (1,44 – Shanghai Stock Exchange), Tokio (1,19 – Japan Exchange Group)

Kampf gegen Steueroasen: Um das Geschäftsmodell der Steueroasen auszutrocknen, planen die OECD (Organisation für Wirtschaftliche Zusammenarbeit und Entwicklung) sowie die G20 (Gruppe der wichtigsten Industriestaaten) eine weltweit geltende Mindeststeuer für global operierende Unternehmen von 15 %. Beispiel: In Irland gilt eine Unternehmenssteuer von 12,5 %, mit der gezielt multinationale Konzerne angelockt werden. Viele multinationale Unternehmen der IT-Branche, wie z.B. Dell, Microsoft, Amazon, Apple, Facebook und Google, haben sich daher in Irland angesiedelt. Sie produzieren hier für ganz Europa und versteuern ihre Gewinne in Irland. Ob sich aber alle Staats- und Regierungschefs allein innerhalb der EU auf eine Mindeststeuer einigen werden, ist fraglich. Eine globale Einigung erscheint noch wesentlich schwieriger. Stand: 09.07.2021

Als **Offshore Banking** werden internationale Bankgeschäfte bezeichnet, die außerhalb des Währungs- und des Hoheitsgebietes des Landes abgewickelt werden, in dem sie eigentlich getätigt werden. Für die Abwicklung solcher internationaler Bankgeschäfte werden die Dienste extraterritorialer Offshore-Finanzzentren oder auch Steueroasen genutzt. Das sind formal selbstständige oder auch abhängige **Territorien mit kleiner Fläche** und mit gesetzlichen Ausnahmeregelungen. Der Finanzsektor ist meist völlig losgelöst von den traditionellen wirtschaftlichen Aktivitäten und bietet die Möglichkeit, internationale **Finanztransaktionen** zu tarnen. Die Offshore-Finanzzentren bieten über das Bankgeheimnis hinaus die völlige Anonymität der Kunden, z. B. durch Holdings, Scheinfirmen oder Briefkastenfirmen sowie eine geringe bzw. fehlende Besteuerung der Zinsgewinne. Sie sind oft rechtsfreie Räume, die nicht mit ausländischen oder internationalen Behörden zusammenarbeiten, um illegale Geschäfte aufzuklären. Die Offshore-Finanzzentren dienen als wichtige Drehscheiben bei der **Globalisierung der Finanzen**. Sie verwalten geschätzte 30 bis 40 % der weltweiten Privatvermögen, beherbergen 25 % der grenzüberschreitenden Bankdepots und lenken 50 % der weltweit frei beweglichen Finanzströme (Floating Money).

Nach Angaben des UN-Büros für Drogenkontrolle und Verbrechensbekämpfung werden 50 % der weltweiten Einnahmen aus kriminellen Aktivitäten in den Offshore-Finanzzentren gewaschen und anschließend in den normalen Geldkreislauf eingeschleust. Unter solche kriminelle Aktivitäten fallen Drogen- und Waffenhandel, Herstellung und Verbreitung von Falschgeld, Menschenhandel, Prostitution, Steuerhinterziehung, Piraterie und Schmuggel. In den letzten Jahren hat sich die Kritik an den **Steueroasen** verstärkt, da sie auch gegen die vitalen Interessen vieler Nationalstaaten handeln, wie z. B. den Vereinigten Staaten oder Deutschland.

9.3 Globalisierung des Tourismus

Die wichtigsten Zielgebiete (Destinationen) des internationalen Tourismus nach Umsatz im Wirtschaftszweig 2021 (in Mrd. US-$) waren folgende Staaten:
- USA (1271 ,2)
- VR China (814,3)
- Deutschland (251,0)
- Japan (206,3)
- Italien (179,0)
- Indien (178,0)
- Frankreich (177,9)
- Mexiko (168,8)
- Großbritannien (157,5)
- Spanien (113,1)

(nach UNWTO = United Nations World Travel Organization 2023)

Mit dem wirtschaftlichen Aufschwung in den westlichen Industrieländern nach dem Zweiten Weltkrieg und mit dem Massenwohlstand – höhere Einkommen und längere Urlaubszeiten – begann die Globalisierung des Tourismus. Die entscheidenden Voraussetzungen waren die Verkürzung der Reisezeiten durch moderne und sichere Düsenflugzeuge sowie die Verfügbarkeit von billigem Flugbenzin (Kerosin).

Trotz der großen wirtschaftlichen Bedeutung des Tourismus für bestimmte Entwicklungsländer, wie z. B. Mauritius oder die Malediven, bereisen die meisten Touristen die Kernräume der Weltwirtschaft, die bereits genannte Triade: Nordamerika – Europa – Ostasien; Australien spielt aufgrund seiner exotischen naturräumlichen Bedingungen, seiner Großstädte und seines dünn besiedelten Outback eine besondere Rolle, insbesondere für jüngere und abenteuerlustige Touristen. Als besonders labil und krisenanfällig hat sich die touristische Entwicklung in verschiedenen islamischen Staaten erwiesen, darunter z. B. Tunesien, Ägypten und Indonesien, in denen islamistische Terroristen Anschläge auf ganze Touristengruppen mit zahlreichen Todesopfern verübt haben. Warnungen vor bestimmten Regionen findet man im Internet unter *www.auswaertiges-amt.de*.

Grundsätzlich gilt: Je höher der Entwicklungsstand des Ziellandes, desto stärker kann die einheimische Wirtschaft vom Tourismus profitieren, z. B. die Nahrungsmittelindiustrie als Zulieferer für Hotelketten.

- Die kulturellen Veränderungen sind nur ein Teil der **sozialen Auswirkungen** des internationalen Tourismus in den Zielländern und nicht nur auf die islamischen

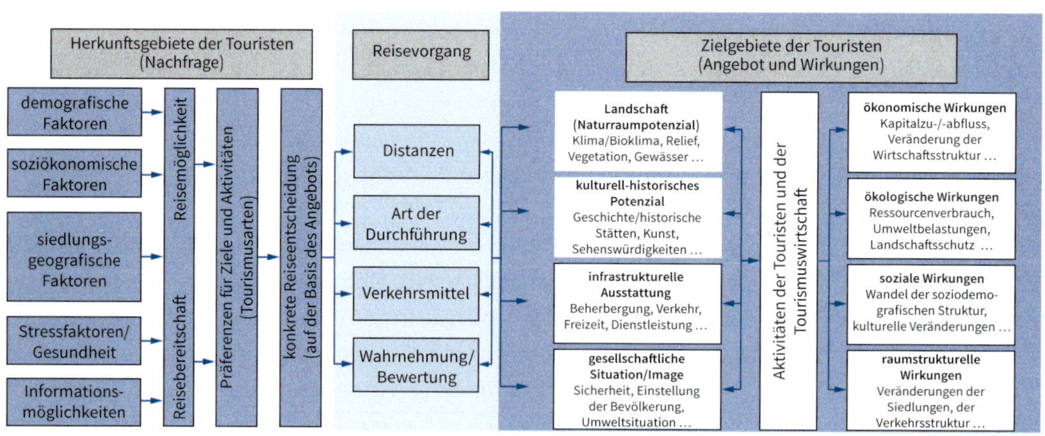

Abb. 9.3: Wirkungszusammenhänge und Rahmenbedingungen im Tourismus (nach Kulinat/Steinecke 1984, verändert)

Staaten beschränkt. Überall gerät die einheimische Kultur in Gefahr, als Folklore für Touristengruppen vermarktet und entwertet zu werden. Wenn Trinkgelder in der Tourismusbranche mehr einbringen als ein Jahr harte Arbeit in der Landwirtschaft, dann gerät das gesamte soziale Gefüge aus dem Gleichgewicht. Die traditionellen Werte werden infrage gestellt, neue Werte fehlen dagegen. So können sich Kriminalität, Prostitution und Drogensucht in den Touristenorten verbreiten, die Schattenseiten des globalen Tourismus.

- Die **ökologischen Auswirkungen** sind aufgrund der Fernreise im Flugzeug bzw. der Reise im eigenen Pkw, im Bus oder mit einer Billigfluglinie innerhalb des eigenen Kontinents beträchtlich. Alle Reisen verstärken nämlich grundsätzlich den Treibhauseffekt. Dazu kommen der sehr hohe Wasser- und Energieverbrauch sowie die Wasserverschmutzung durch die Touristen in den Zielorten.
- Die **ökonomischen Auswirkungen** hängen in erster Linie vom Entwicklungsstand des Ziellandes ab: Je höher der Entwicklungsstand des Ziellandes, desto stärker kann die einheimische Wirtschaft vom Tourismus profitieren, z. B. die Nahrungsmittelindustrie als Zulieferer für Hotelketten. Müssen dagegen Lebensmittel und andere Produkte für die Touristen importiert werden, so belasten die Einfuhren die Handelsbilanz des Ziellandes. Außerdem liegt der größte Teil der touristischen Wertschöpfungskette in den Händen großer Tourismuskonzerne mit Sitz in den Kernräumen der Weltwirtschaft. Diese haben gegenüber wirtschaftlich schwächeren Staaten eine starke Verhandlungsposition, nicht zuletzt wegen der Austauschbarkeit vieler Tourismusziele, z. B. im Mittelmeerraum oder in der Karibik.
- Die **raumstrukturellen Auswirkungen** des Tourismus sind unterschiedlich: Einerseits treten kleinräumige Konzentrationsprozesse auf; andererseits können räumliche Disparitäten innerhalb eines Staates durch touristische Entwicklung in der Peripherie abgebaut werden.

Weltweites Tourismusaufkommen

Jahr	Reiseankünfte (Mio.)
2023	1 286 000
2022	960 000
2021	458 000
2020	407 000
2019	1 462 000
2018	1 412 000
2017	1 337 000
2016	1 245 000
2015	1 204 000

Quelle: https://de.statista.com/Statistik/daten/studie/37123/umfrage/weltweites-tourismusaufkommen

9.4 Globalisierung und Staatszerfall

Stand 2024 gibt es insgesamt 195 Staaten, die von den Vereinten Nationen anerkannt werden.

Die **Staaten als wichtigste territoriale Einheiten** prägen unser Bild von der Erde. Zugleich bilden sie die wichtigsten statistischen Einheiten für internationale Vergleiche. In ihren Dimensionen unterscheiden sich die Staaten beträchtlich: Dem mit rund 17 Millionen km² flächengrößten Staat der Erde, der Russischen Föderation, steht die ebenfalls souveräne Vatikanstadt mit nur 0,44 km² gegenüber. Grönland mit rund 2,2 Millionen km² und 56 000 Einwohnern ist kein eigener Staat, sondern gehört als autonomes Außengebiet zu Dänemark. Alle Staaten gemeinsam sowie ihre abhängigen Gebiete teilen die politische Weltkarte in scheinbar klar abgegrenzte Zellen unterschiedlichster Größe und Verteilung auf.

Bei den **Staatsgrenzen** unterscheidet man drei Typen:

- **Geometrische Grenzen** verlaufen auf oder parallel zu Längen- und Breitenkreisen bzw. verbinden vermessene Fixpunkte durch gerade Linien. Dieser Typ von Staatsgrenze tritt besonders häufig in Afrika auf, wo die Abgrenzung kolonialer Herrschaftsgebiete am Grünen Tisch (Berliner Konferenz von 1884/1885) erfolgte. Problematisch werden solche Grenzen dort, wo sie die Siedlungsräume ethnisch einheitlicher Gruppen zerschneiden und alte wirtschaftliche und kulturelle Zusammenhänge zerreißen.
- **Natürliche bzw. physisch-geografische Grenzen** folgen zumeist Flussläufen, Wasserscheiden oder Gebirgskämmen. Abgesehen davon, dass solche Grenzen in der Praxis gar nicht so eindeutig festzulegen sind, können sie ebenso wie

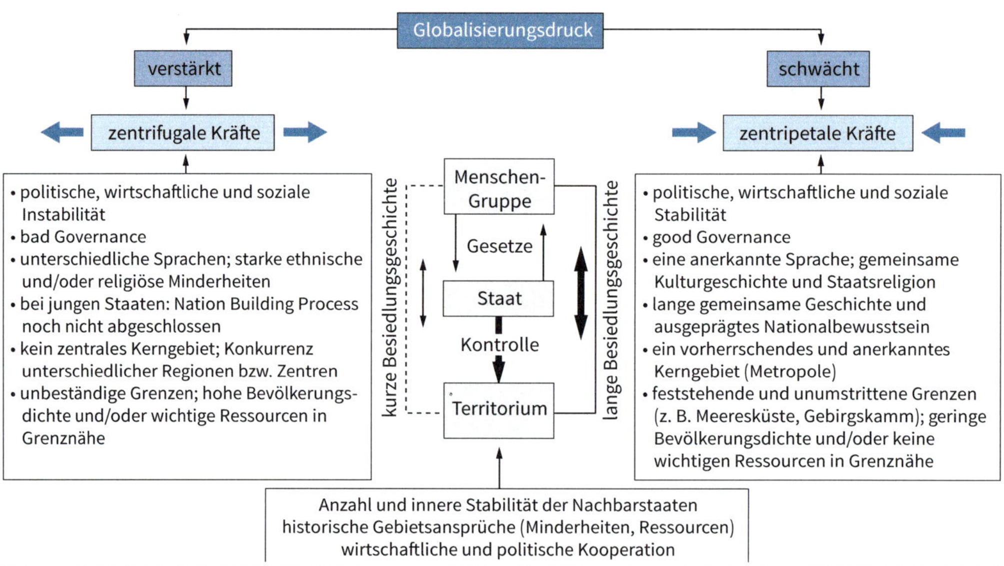

Abb. 9.4: Zentrifugale und zentripetale Kräfte

geometrische Grenzen die Siedlungsräume von ethnischen Gruppen zerschneiden. Das gilt z. B. für das ossetische Siedlungsgebiet im Kaukasus oder für das tibetische Siedlungsgebiet im Himalaya.

- **Gleichgewichtsgrenzen** bilden sich im Verlauf der historischen Entwicklung zwischen rivalisierenden Staaten je nach deren militärischer, wirtschaftlicher und politischer Stärke und können sich gegeneinander verschieben. Beispiele sind das Vordringen Perus gegen Ecuador im Amazonasgebiet oder der Verlust des bolivianischen Korridors zum Pazifik an Chile und Peru im sogenannten Salpeterkrieg von 1884 (→ Seite 193).

Den Staaten und Staatsgrenzen gemeinsam ist ihre mehr oder weniger zufällige Entwicklung im Laufe der Geschichte. In den meisten Fällen stimmen Staatsgrenzen und Siedlungsgebiete von Völkern nicht überein. Die politische Weltkarte besitzt daher trotz ihrer wichtigen Orientierungsfunktion historisch gesehen nur eine geringe Beständigkeit. Auch gegenwärtig weist sie viele Kriege, Bürgerkriege und Konflikte auf (→ Abb. 9.5, unten).

Nach den beiden Weltkriegen und seit 1990 haben sich viele Staatsgrenzen verschoben und Staaten zerfielen oder entstanden neu. Durch die Auflösung der Kolonialreiche entstand in Afrika eine große Zahl formal unabhängiger Staaten unterschiedlicher Größe und unterschiedlicher Ausstattung mit Ressourcen. Die Ursachen für die prekäre Situation dieser künstlichen Gebilde, die bislang kaum ein Nationalbewusstsein entwickelt haben und oftmals unter ethnischen und religiösen Konflikten leiden, sind vielfältig.

So zerfiel z. B. die Republik Sudan 2011 in zwei unabhängige Staaten, den Nord- und den Südsudan.

Unter dem **Druck der Globalisierung** verliert der überkommene Nationalstaat mit seinen territorial gebundenen Systemen immer mehr an Bedeutung. Dies

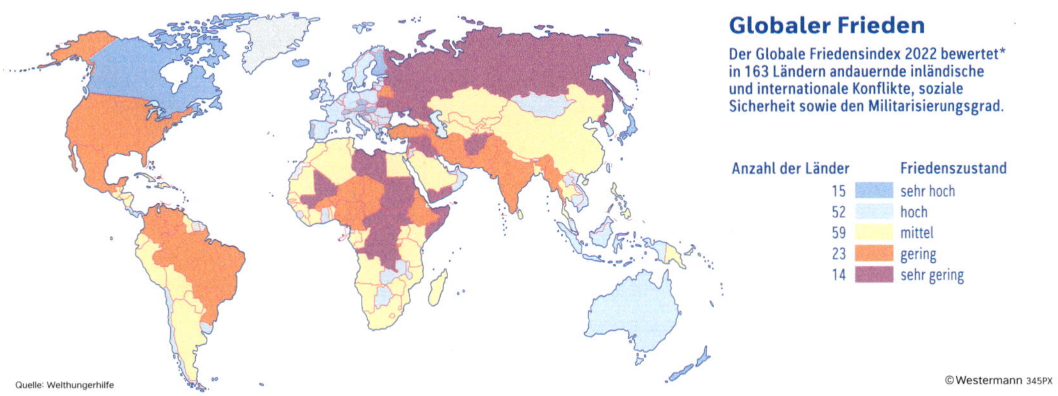

Abb. 9.5: Globaler Friedensindex 2022

gilt für die klar abgegrenzte Volkswirtschaft, die Verwaltung einschließlich der Steuerhoheit und die Bereitstellung der technischen und sozialen Infrastruktur ebenso wie für die nationalen Gewerkschaften und die öffentlich-rechtlichen Medien. Stattdessen gewinnen die neuen Medien (Internet, Satellitenfernsehen), die internationalen Finanzmärkte mit den bereits erwähnten Offshore-Finanzzentren, das internationale Verbrechen (Waffen-, Drogen- und Menschenhandel) sowie terroristische Netzwerke an Bedeutung.

Billiglohnländer, Billigflaggen und Billigfluglinien ersetzen klassische Industrien und Verkehrsanbieter. Durch die Auslagerung von Produktionsbetrieben in Billiglohnländer und durch die Verlegung von Firmen- und Konzernzentralen in Steueroasen entgehen dem Staat hohe Steuereinnahmen – und dies angesichts wachsender Aufgaben im Sozialbereich. Er verliert schrittweise die von ihm erwarteten ordnungspolitischen, finanziellen und sozialen Kompetenzen. Wenn er zu stark verschuldet ist, muss er die bisherigen Leistungen stark einschränken oder sich neu verschulden. Dies kann eine Verschuldungsspirale bei gleichzeitiger Kapitalflucht auslösen.

Noch härter treffen die Folgen der Globalisierung die Entwicklungsländer. Ein großer Teil der Weltbevölkerung verelendet, viele Entwicklungsländer werden wirtschaftlich bedeutungslos. Geografische Schwerpunkte dieser negativen Entwicklung sind die Staaten Afrikas südlich der Sahara, der Andenraum und teilweise auch Süd- und Zentralasien (u. a. Pakistan und Afghanistan). An die Stelle des ohnmächtigen und zum Teil korrupten Staates tritt hier im Bewusstsein der Menschen, die nach Rückhalt und Geborgenheit suchen, die ethnische Gruppe.

GLOBALISIERUNG UND FRAGMENTIERUNG

Zusammenfassend ist festzustellen, dass der ökonomischen **Globalisierung** mit ihren vielen Verlierern und der Globalisierung von Kultur und Wertesystemen ein Prozess der **Fragmentierung**, also der staatlichen und gesellschaftlichen Zersplitterung, des religiösen Fundamentalismus bis hin zum Terrorismus und zum zivilisatorischen Rückschritt gegenübersteht.

Der klassische Nationalstaat, wie er sich im 18. und 19. Jahrhundert in Europa herausgebildet hat und fast überall auf der Welt kopiert wurde, ist also von zwei Seiten her in Gefahr: Einerseits verliert er durch die Globalisierung des Wirtschafts- und Finanzsystems an Souveränität, andererseits ist er durch regionale Forderungen nach Autonomie bis hin zur Sezession bedroht.

9.5 Theorie der fragmentierenden Entwicklung

Nordamerika und Lateinamerika sind in Bezug auf die Globalisierung gut zu analysieren: Nordamerika als westlichste Region der Triade weist nicht nur globale Orte auf wie New York, Chicago oder Los Angeles, sondern auch etliche globale Regionen. Lateinamerika dagegen, das vom Rio Grande de! Norte im Norden von Mexiko bis nach Feuerland im Süden reicht, besitzt allenfalls globalisierte Orte bzw. Regionen. Dazu kommen aber auch periphere Regionen mit lokal innovativen Impulsen. Europa als Teil der Triade besitzt eine ausgedehnte globale Region und dazu viele periphere Regionen (neuer Süden), die z.T. aber auch innovative Impulse besitzen (vgl. Nord- Ost- und Südeuropa). **Ostasien** besitzt drei globale Orte: Tokio in Japan sowie Shanghai, das Perlflussdelta und Peking in der Volksrepublik China. Südkorea, die Küste der VR China, die Insel Taiwan sowie der Norden der Philippinen mit der Hauptstadt Manila gelten als globalisierte Regionen mit globalen Orten. Eine große Landmasse in Russland; in Kasachstan, in der Mongolei sowie im Osten der VR China gelten als neue **Peripherie (Neuer Süden)** ohne wichtige Einflussmöglichkeiten auf die Globalisierung. In **Australien** sind nur Brisbane und Melboume als globale Orte eingetragern. Um Perth im Südwesten liegt eine periphere Region mit lokal innovativen Impulsen. Das Landesinnere Australiens gilt als siedlungsarmer Raum.

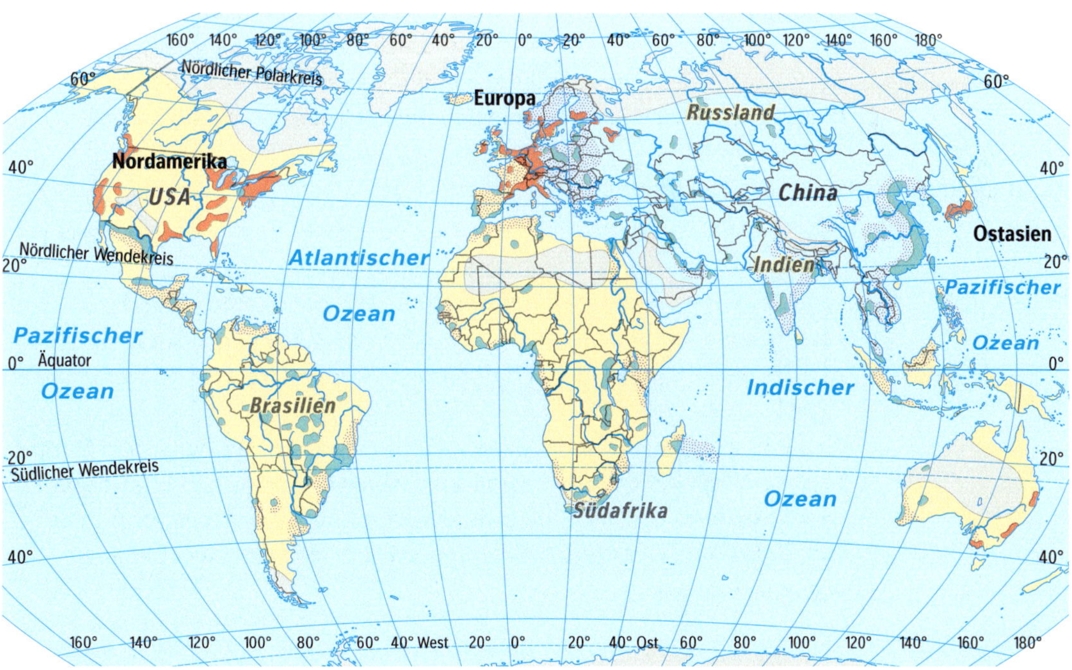

Abb. 9.6: Globale Orte und Regionen

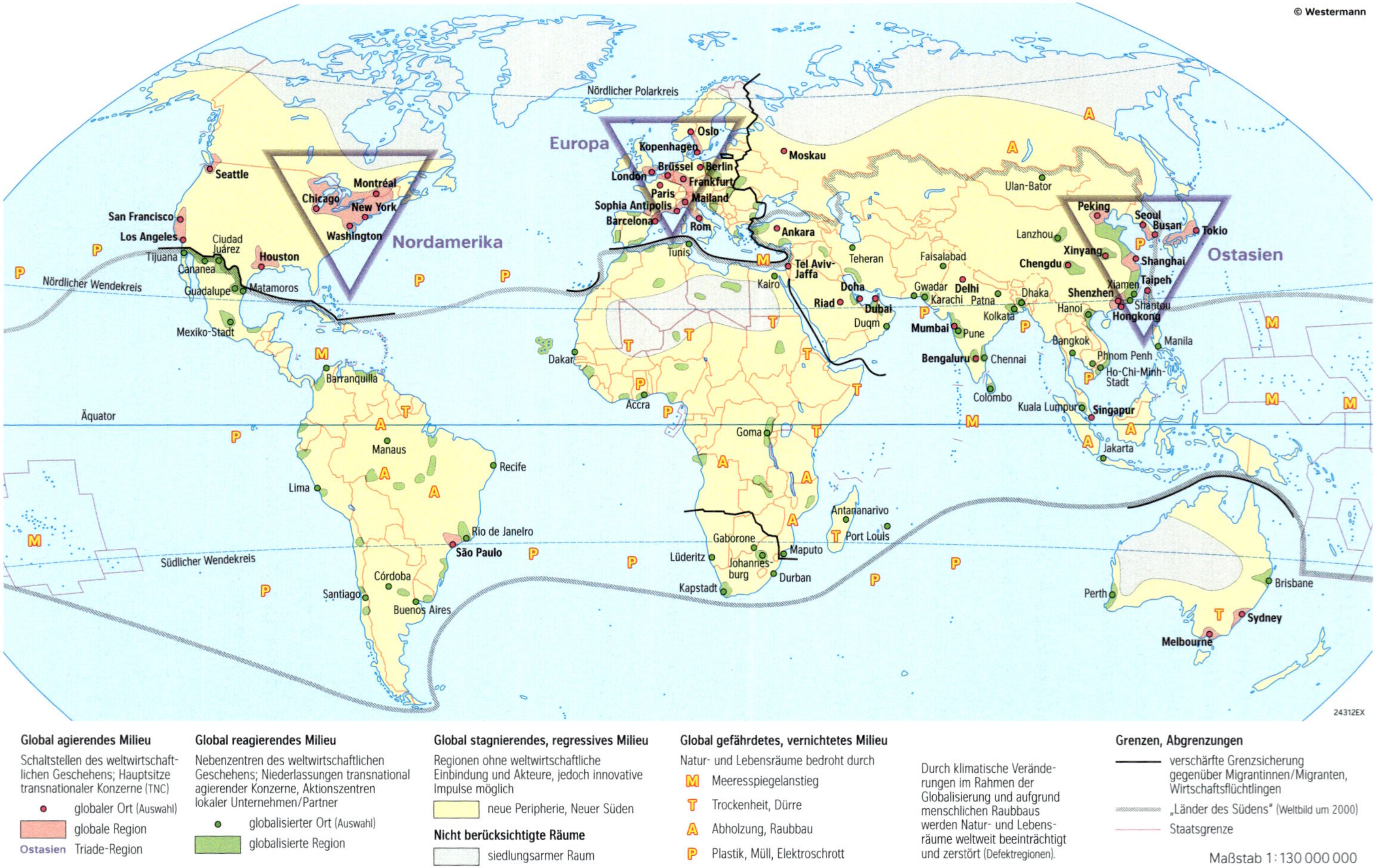

Abb. 9.7: Theorie der fragmentierenden Entwicklung nach F. Scholz

9.6 Globalisierung und Entwicklungsstand der Staaten im Überblick

Die Karte auf Seite 234 basiert auf der Theorie der fragmentierenden (= ungleich verlaufenden und räumlich eher getrennten) Entwicklung nach FRED SCHOLZ (emeritierter Professor für Wirtschaftsgeographie an der Universität Göttingen). Demnach können die Staaten der Erde in drei Gruppen unterschiedlicher wirtschaftlicher Dynamik gegliedert werden:

Global agierendes Milieu (Globalisierungsgewinner) mit den drei dominierenden Schaltzentren der der Weltwirtschaft, die sogenannte **Triade** mit globalen Orten und mit drei dominierenden globalen Regionen (Aktivräume): Nordamerika – West- und Mitteleuropa ohne die GUS-Staaten, also ohne die ehemalige Sowjetunion und ohne ihre Satelliten-Staaten – dazu Ostasien mit den Global Cities Tokio, Peking, Shanghai sowie das Perlfluss-Delta im Süden der VR China Aber: Die Küstenregion an der chinesischen Ostküste ist nur eine globalisierte Region, d.h., dass sie ein Nebenzentrum des weltwirtschaftlichen Geschehens ist, von außen gesteuert wird und nur auf Impulse von außen reagieren kann (z.B. durch Aufträge) ohne sie selbst steuern zu können.

Global stagnierendes Milieu (Globalisierungsverlierer) – das sind Räume oder Landesteile, die überwiegend ohne weltwirtschaftliche Einbindung und ohne weltwirtschaftliche Akteure, wie z. B. multinationale Konzerne, bestehen müssen. Dazu gehören neben größeren Gebieten in Lateinamerika, in Afrika in großen Teilen Asiens und Australiens mittlerweile auch große, zumeist periphere Gebiete in Nordamerika, in Asien (v. a. in Nord- und Mittelasien) sowie in Australien, Neuseeland und Neuguinea. Interessant ist auch die Abgrenzung der sog. **„Länder des Südens“** zu denen nach dieser Karte auch die Türkei (ohne Istanbul und ohne das Tourismusgebiet im Süden) sowie große Teile Nord-, Mittel- und Ostasiens gehören.

Innerhalb des „Neuen Südens“ gibt es aber auch **Regionen mit lokal innovativen Impulsen** wie z.B. dem Tourismus im Inselstaat Mauritius oder im südlichen Afrika (Namibia, Botswana oder auch Sambia). Gleichzeitig können innerhalb des globalen Nordens auch größere Gebiete wirtschaftlich stagnieren oder sogar schrumpfen: Beispiele sind der Nordwesten Kanadas und Alaska (nördlichster Bundesstaat der USA), der gesamte Westen Lateinamerikas, Afrika südlich der Sahara, große Gebiete Russlands von Moskau bis nach Wladiwostok, fast der gesamte Westen der Volksrepublik. China, die Mongolei und Mittelasien sowie PapuaNeuguinea) oder auch große Gebiete Australiens und Neuseelands.

Triade-Konzept: Das Konzept einer strategischen Unternehmensführung. Um langfristig erfolgreich zu sein, muss jedes global operierende Unternehmen auf allen wichtigen Märkten der Triade (USA, Europa, Japan – u.U. auch in der VR China) gleichermaßen vertreten sein. Begründet wird dies durch die abnehmende Bedeutung der kapitalintensiven Produktion, die abnehmende Diffusionszeit (Verbreitungszeit) neuer Technologien, die Homogenisierung der Nachfrage und durch protektionistische Maßnahmen, gerichtet gegen Firmen, die ihre Produktionsketten im Ausland haben und nichts zum Bruttoinlandsprodukt des Importlandes beitragen, wie z. B. durch Investitionen im Absatzland, oder durch Lohnzahlungen an einheimische Arbeitnehmerinnen. Eine transnationale Unternehmensstrategie ist durch eine parallele bzw. gleichzeitige Markteintrittsstrategie eines international agierenden Unternehmens in mehrere Länder gleichzeitig gekennzeichnet: Die meisten Investitionen gehen nach Nordamerika (in die USA und nach Kanada) nach West- und Mitteleuropa sowie nach Ostasien (Japan, Südkorea sowie Taiwan).

Siedlungsarme Gebiete sind der Norden Nordamerikas, Grönland, der gesamte Norden und Osten Russlands, die Sahara und die Wüstengebiete Australiens. Große Gebiete der Erde sind zudem weitgehend von der Weltwirtschaft und von den Globalisierungsprozessen abgehängt.

Südafrika gilt mittlerweile als .. Failed State" („Gescheiterter Staat"):

„Nach dem Sieg über die Apartheid (ehemaliges politisches System der Rassentrennung in Südafrika) hofften die Menschen auf Wohlstand und Gerechtigkeit. Stattdessen wirtschaftete der regierende ANC (African National Congress) das Land systematisch herunter. Es gibt Stadtviertel, die von Banden regiert werden, und Bahnhöfe, in denen keine Züge mehr fahren. […] Das Versagen der herrschenden Elite hat Südafrika in eine schwere politische, wirtschaftliche und soziale Krise gestürzt: Sechs von zehn jungen Südafrikanern haben keine Arbeit, mehr als die Hälfte der 60 Millionen Einwohner leben laut Weltbank unterhalb der Armutsgrenze. Die Mordrate gehört zu den höchsten der Welt, was rund 25.000 Todesopfer pro Jahr bedeutet. Seit dem Ende der Apartheid (System der Rassentrennung) starben mehr als 500.000 Menschen einen gewaltsamen Tod."

„Am Ende des Regenbogens", Bartholomäus Grill, Fritz Schaap, DER SPIEGEL 36/2023, Seite 74 ff.

Die BRICS-Staaten sind ein loser Zusammenschluss zumeist von Entwicklungs- und Schwellenländern: Das Kürzel BRICS steht für Brasilien, Russland, Indien, Volksrepublik China sowie Südafrika.

Globalisierung

9

GLOBALISIERUNG – KURZDEFINITION

→ Prozess der zunehmenden Verflechtung der Länder untereinander, sowohl wirtschaftlich als auch politisch und kulturell.

→ Basis sind die modernen Kommunikationsmittel, wie z. B. das Internet, und die zunehmend effektiveren Transportmittel (z. B. Einführung des standardisierten Containers).

→ Ein Gesicht der Globalisierung sind die sog. Global Player. Ein Global Player ist ein weltweit agierendes, multinationales Unternehmen, das Produktionsstandorte auf der ganzen Welt besitzt und den Weltmarkt beliefert. Beispiele sind Microsoft, Apple, Shell, Volkswagen, Starbucks oder Adidas.

GLOBALISIERUNG (GLOBALIZATION)

= dynamischer Prozess einer weltweiten Integration von Wirtschaftsbeziehungen, der durch die Veränderung politischer, sozialer, institutioneller, technologischer und ökonomischer Rahmenbedingungen ausgelöst worden ist.

→ Ein Merkmal der Globalisierung ist die Regionalisierung der Weltwirtschaft als Folge der starken Verflechtungszunahme innerhalb der Triade.

→ Die Globalisierung lässt sich durch das Wachstum von Auslands- gegenüber Inlandsaktivitäten messen.

→ Der Bedeutungsverlust politischer Grenzen führt zu einer verschärften globalen (Standort-)Konkurrenz.

GLOBAL PLAYER

→ Ein globales Unternehmen (global business enterprise) ist zentral organisiert und agiert weltmarktorientiert, wobei den Auslandsniederlassungen lediglich die Rolle zukommt, Strategien der Zentrale umzusetzen.

→ Entwicklung und Diffusion (Verbreitung) von Wissen bleiben auf die Zentrale beschränkt (Internationales Unternehmen bzw. transnationales Unternehmen).

10 Globales Denken

In diesem abschließenden Exkurs werden nach dem Prinzip des entdeckenden Lernens verschiedene Aspekte globaler Problemzusammenhänge und deren Ursachen vorgestellt. Diese Zusammenhänge können dann nach dem Dreischritt des globalen Denkens („Erkennen – Bewerten – Handeln") in das geografische Überblickswissen integriert werden.

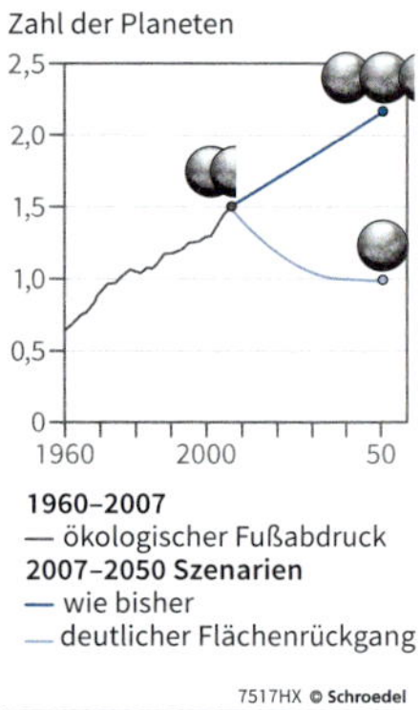

Abb. 10.1: Entwicklung der durchschnittlich benötigten Fläche der Menschheit 1960 bis 2050 (Prognose)

10.1 Der ökologische Fußabdruck

Der Begriff „ökologischer Fußabdruck" ist eine Messgröße, mit deren Hilfe sich feststellen lässt, welche Fläche ein einzelner Mensch bzw. eine Gesellschaft insgesamt aufgrund des jeweiligen Lebensstandards bzw. Lebensstils benötigt.

Das sind Flächen, die z. B. zur Produktion von Nahrungsmitteln oder von Kleidung (Anbau von Baumwolle) erforderlich sind. Aber auch Flächen zur Energiegewinnung (z. B. Tagebaue), zur Entsorgung von Müll oder Vegetationsflächen (v. a. Wälder), die das vom Menschen freigesetzte CO_2 binden können. Dazu kommen Flächen für den Städtebau und für den Verkehr (z. B. Eisenbahnstrecken, Straßen und Autobahnen sowie Flughäfen mit Start- und Landebahnen).

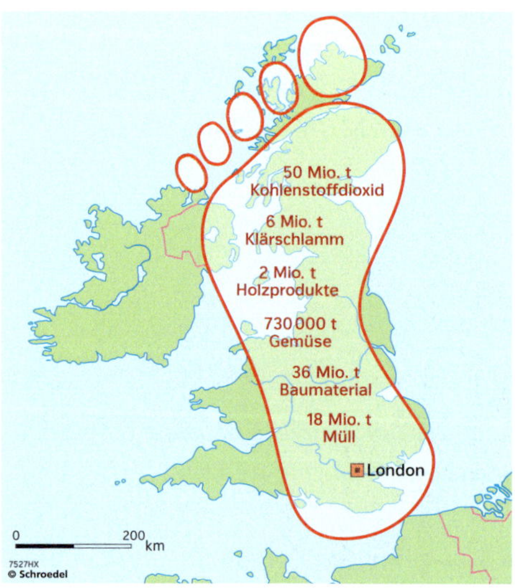

Abb. 10.2: globaler Fußabdruck Londons

Die Maßeinheit für den ökologischen Fußabdruck ist der **globale Hektar (gha)**. Damit wird ausgedrückt, dass wir irgendwo auf der Welt, zum Teil sehr weit entfernt, Flächen für unseren Konsum beanspruchen und nutzen. So benötigt z. B. die Bevölkerung Deutschlands allein für den Konsum von Orangensaft weltweit eine Anbaufläche in der Größe des Saarlands (2571 km^2 – z. B. in Spanien, in Kalifornien oder in Ägypten).

Wichtige **Schlussfolgerungen** für das eigene Konsumverhalten: Einkauf nur saisonal und regional. So sollten z. B. Blaubeeren aus Peru im Frühjahr oder Melonen aus Brasilien in den Wintermonaten wegen zu weiter Transportwege mit hohem Treibstoff-Verbrauch nicht gekauft werden, ebensowenig wie z. B. Textil-Produkte, die mit Kinderarbeit in einem Entwicklungsland hergestellt werden, z. B. in Südasien (Indien oder Bangladesch).

Das ökologische Defizit

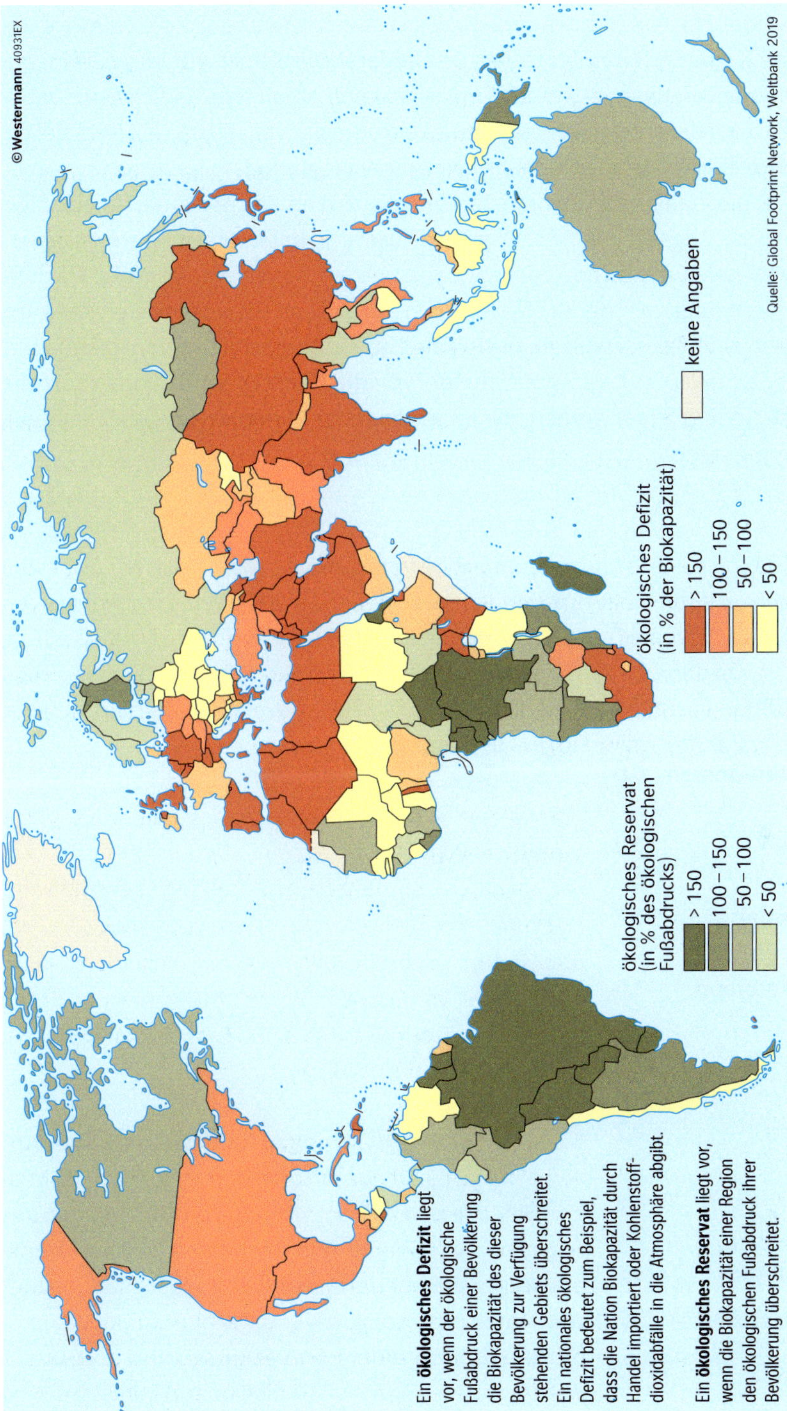

Abb. 10.19: Ökologisches Defizit

Ökologischer Fußabdruck im Verhältnis zur Biokapazität

Der ökologische Fußabdruck berechnet sich aus den Flächen, die für die Produktion von Kleidung, Nahrungsmitteln und anderen Wirtschaftsgütern sowie für die Gewinnung von Energie und zur Entsorgung von Abfall erforderlich sind. Dabei werden auch die nötigen Vegetationsflächen, die das vom Menschen freigesetzte Kohlenstoffdioxid wieder aufnehmen, zum ökologischen Fußabdruck hinzugerechnet. Die Inanspruchanahme der Umwelt wird als Flächenbedarf in globalen Hektar (gha) angegeben. Dies bringt zum Ausdruck, dass wir nicht nur im eigenen Land Flächen für unseren Konsum beanspruchen, sondern auch große Flächen in anderen Regionen der Erde benötigen, um beispielsweise unseren Konsum von Lebensmitteln zu decken. Die Fläche, die zur Bereitstellung von Ressourcen aus der Umwelt und zur Aufnahme der Abfälle benötigt wird, kann dann mit der Fläche verglichen werden, die als sogenannte **Biokapazität** tatsächlich zur Verfügung steht.

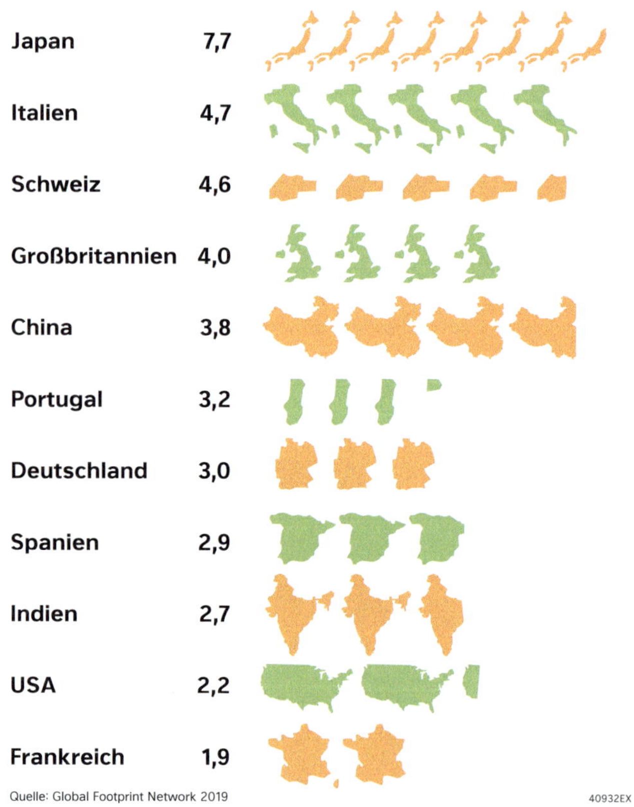

Abb. 10.3: Wie viele Länder sind nötig, um den Verbrauch seiner jeweiligen Einwohner zu decken?

10.2 Anthropogene Erwärmung der Erdatmosphäre

Der anthropogene, also vom Menschen verursachte **Treibhauseffekt** wird auch als Klimaerwärmung (englisch: Global Warming) bezeichnet und ist nicht zu vergleichen mit dem natürlichen Klimawandel zwischen Warm- und Kaltzeiten, den es immer schon gab. Bei der derzeitigen Erderwärmung wird eine Temperaturerhöhung von 4 bis 5°C innerhalb von 100 Jahren erwartet. Damit ist die Geschwindigkeit der derzeitigen Erderwärmung ca. 100-mal höher als bei natürlichen Klimaveränderungen im Laufe der Erdgeschichte, als eine vergleichbare Temperaturerhöhung um 4 bis 5°C rund 10 000 Jahre dauerte. Der CO_2-Gehalt der Atmosphäre lag 2015 bei 144 % des vorindustriellen Niveaus (vor 1750) und ist damit nach bisherigen Erkenntnissen der höchste der letzten 800 000 Jahre. CO_2 soll zu mehr als 80 % zur globalen Erwärmung beitragen. Das CO_2 stammt überwiegend aus der Verbrennung fossiler Energieträger und aus der Zementherstellung, dazu noch aus der Abholzung von Wäldern, die bei ihrem Wachstum CO_2 aus der Luft binden und so eine wichtige Funktion als CO_2-Senke erfüllen.

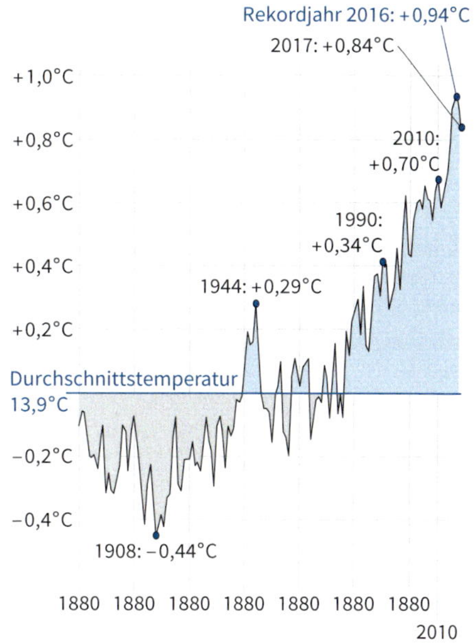

Abb. 10.4: Globale Erwärmung (Abweichung von der Durchschnittstemperatur in °C)

Die Volksrepublik China ist einer der größten Treibhaus-Emittenten (emittere = ausstoßen) der Welt. 2022 deckte es fast 60 % seines Strombedarfs mit Kohle. Zugleich steigt der Energiebedarf des Landes weiter stark an, auch weil viele Wasserkraftwerke aufgrund zu geringer Wasserführung seit 2022 nicht mehr die volle Leistung erbringen können. Und so lässt die Regierung gezwungenermaßen mehr Kohle verfeuern (!). Aktuell ist China für rund 30 % des weltweiten CO_2-Ausstoßes verantwortlich. Tatsächlich aber liegen die Pro-Kopf-Emissionen in China nur etwa halb so hoch wie in den USA – und auf etwa demselben Niveau wie in Deutschland. Außerdem entstehen viele Emissionen bei der Produktion von Waren, die nicht in China konsumiert werden, sondern im Ausland. China gilt als unbestrittener Weltmarktführer beim Ausbau der erneuerbaren Energien und hat im vergangenen Jahr (2023) fast doppelt so schnell neue Projekte ans Netz gebracht wie der Rest der Welt zusammen. Nach Schätzungen der chinesischen Energiebehörde werden Wind, Wasser und Kernkraft [...] bis 2025 1/3 des Strombedarfs decken, gegenüber 28,8 % im Jahr 2020.

Quelle: Der neue Kosmos Welt-Almanach und Atlas 2024, Seite 98 (linke Spalte)

Treibhausgase	CO_2	CH_4	N_2O	Ozon	FCKW
gegenwärtige Konzentration in ppm	419	1,65	0,31	0,02	0,00052
Verweildauer in der Atmosphäre in Jahren	10	7 bis 10	150	0,10	90
aktueller atmosphärischer Trend in Jahren	+0,4	+1,10	+0,25	ungewiss	+5
Beitrag zum Treibhauseffekt in %	66,4	16,3	6,5	8	17
Klimawirksamkeit bezogen auf ein Molekül CO_2	1	32	150	2000	16000
anthropogene Quellen	Fossile Brennstoffe, Waldrodung, Bodenerosion	Reisanbau, Rinderhaltung, Mülldeponien, Verbrennung von Biomasse, Naturgras	Fossile Brennstoffe, Verbrennung von Biomasse, N-haltiger Dünger, Bodenkultivierung	Indirekt durch NO_2, CH_4, CO und Kohlenwasserstoff in der Atmosphäre	Kältemittel, Verschäumungsmittel, Treibgase

Tab. 10.1: Quellen: wmv.bundesumweltamt.de, Zugriff am 06.10.2023

Laut Statistischem Bundesamt erreichte 2021 der weltweite CO_2-Ausstoß einen Wert von 38,0 Milliarden Tonnen. Für 81 % dieser Emissionen waren die G20-Staaten verantwortlich. Die größten Kohlenstoffdioxidemittenten unter den G20-Mitgliedern waren China, die Vereinigten Staaten und die EU.

Unter Berücksichtigung der Einwohnerzahl verschiebt sich jedoch das Ranking: Den höchsten **CO_2-Ausstoß je Einwohnerin bzw. Einwohner** verzeichnete von allen G20-Staaten Saudi-Arabien mit 16,6 Tonnen. Es folgten Kanada mit 14,9 Tonnen, Australien mit 14,3 Tonnen und die Vereinigten Staaten mit 14,2 Tonnen. China rangierte mit rund 8,7 Tonnen vor der EU (6,3 Tonnen), siehe Diagramm in → Abb. 10.5.

Kohlendioxid-Emissionen je Einwohner/-in im Jahr 2021 in Tonnen

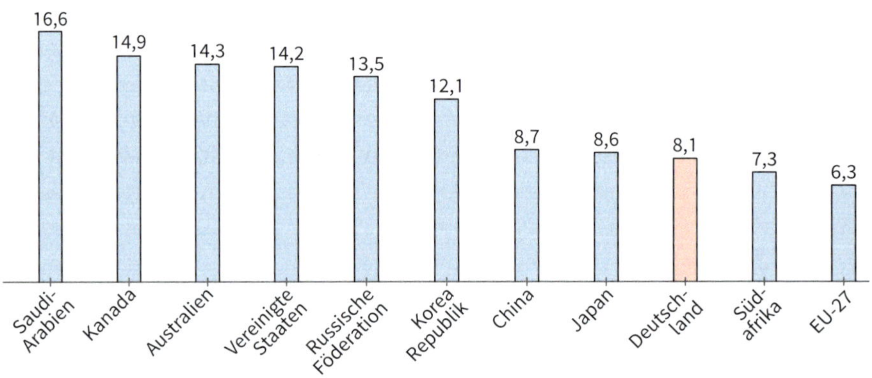

Abb. 10.5: Kohlendioxidemissionen pro Kopf im Jahr 2021

China – Motor des Klimawandels?

Kein Land steht bei der Entwöhnung von der Kohle vor derartigen Herausforderungen wie China. Die Volksrepublik verbrennt mehr als die Hälfte aller Kohle weltweit, im Jahr 2020 blies sie etwa 14 Gigatonnen CO_2 in die Luft, das sind 14 Milliarden Tonnen, eine Zahl mit 11 Ziffern. Der Bedarf ist so groß, weil China mit Kohle nicht nur heizt, sondern zuletzt auch 57 % seiner Elektrizität damit erzeugte. 70 % des gesamten Stroms wird von Fabriken verbraucht – nicht zuletzt von jenen, in die viele Konzerne der alten Industrieländer erhebliche Teile ihrer Produktion ausgelagert haben.

Das CO_2 steigt nun aus den Schornsteinen in Dongguan und Changchun in die Atmosphäre – stellvertretend für Duisburg oder Cincinnati (USA). Ein Argument, das chinesische Politiker gern anführen, wenn sie wegen ihrer Emissionen in der Kritik stehen. Dennoch hat Peking in jüngerer Zeit ernsthaft Willen gezeigt, das Problem anzugehen. Auch weil die Folgen der Klimaerhitzung in China unübersehbar sind: Die nur wenige Meter über dem Meeresspiegel liegende Megacity Shanghai ist hochgradig gefährdet, Dürren und Starkregen mehren sich. Erst im Oktober 2021 standen weite Teile der wichtigsten Kohleprovinz Shanxi unter Wasser. Die chinesische Regierung weiß das. Es gibt dort keine relevanten Stimmen mehr, die den Klimawandel als Werk des Menschen leugnen.

Im vergangenen Jahr hat Staats- und Parteichef Xi Jinping vor der UNO-Generalversammlung angekündigt, China werde 2060 klimaneutral sein. Von 2025 an soll die Kohleverbrennung ein Plateau erreichen und dann langsam sinken, bis 2030 will das Land den Höchststand seiner Emissionen überschritten haben. Und bei den erneuerbaren Energien will Peking in die Vollen gehen. Die Regierung hat unlängst präzisiert, dass der Stromverbrauch aus Quellen, bei denen kein CO_2 freigesetzt wird, von knapp 16 auf 80 % im Jahr 2060 steigen soll. Das schließt zwar den Atomstrom mit ein, doch Vorrang hat alles, was grün ist: in den Wüstenregionen des Landes, versprach Xi Mitte Oktober 2021, werde er zusätzliche Solar- und Windkraftanlagen mit einer installierten Kapazität von 100 Gigawatt bauen. Allein das wäre mehr als alle Erneuerbaren des regionalen Rivalen Indien zusammengenommen.

Der Spiegel. Nr. 45 vom 06.11.2021, S. 73/74

10.3 Mittelasien: Aralsee-Syndrom

Abb. 10.6: Schiffswrack am verlandeten Ufer des ehemaligen Aralsees

Ein Schiffswrack mitten in einer Wüstenlandschaft (→ Abb. 10.6) – dieses absurde Bild steht für die Folgen eines gescheiterten Großprojekts zur Umgestaltung der Natur in der früheren Sowjetunion. In den Wüsten Kysylkum und Karakum in Mittelasien sollten entlang der Flüsse Syr-Darja und Amu-Darja sowie entlang des Karakum-Kanals blühende Landschaften entstehen, ein „Garten Eden in der Wüste", so die sowjetische Propaganda. Dahinter standen handfeste wirtschaftliche Interessen: Um die frühere Sowjetunion von Baumwollimporten aus der westlichen Welt unabhängig zu machen, forcierte man den **Baumwollanbau** in Mittelasien.

Die ersten Anfänge dazu waren bereits in der Zarenzeit vor der Oktoberrevolution von 1917 unternommen worden. Das Großprojekt schien völlig problemlos zu sein, denn noch 1890 flossen 67 km³ Wasser aus den zentralasiatischen Hochgebirgen über die beiden Zuflüsse Syr-Darja und Amu-Darja in den Aralsee. Dadurch wurde aber nur die hohe Verdunstung von 1040 mm pro Jahr im Seegebiet ausgeglichen. 1960 flossen noch insgesamt 40 km³ Wasser in den See, danach begann der Schrumpfungsprozess (→ Abb. 10.7). Als größtes Problem erwies sich der Karakum-Kanal, der inzwischen zur Lebensader des neuen Staates Turkmenistans

Abb. 10.7: Der Aralsee im Wandel der Zeit

wurde und dessen Bau in den 1950er-Jahren begann. Durch diesen Kanal werden dem Amu-Darja 17 von 35 km³ Abfluss pro Jahr entnommen – fast die Hälfte. Ursprünglich sollte dieser Kanal das Kaspische Meer erreichen, er endet aber nach 1600 km mitten in der Wüste. Zuvor versorgt er 500 000 ha Baumwollfelder, Großstädte und Industrie mit Wasser. Da sein Bett nicht ausbetoniert wurde, ist die Versickerungsrate sehr hoch, ebenso die Verdunstungsrate.

Infolge der hohen Wasserentnahme erreichen nur noch etwa 10 % der ursprünglichen Wassermenge des Amu-Darja den Aralsee. Der Syr-Darja versickert bereits vor Erreichen des Sees in der Wüste Kysylkum. Hatte der See im Jahr 1960 noch eine Fläche von 68 000 km² (fast so groß wie Bayern), so ist seine Fläche bis 2010 auf 21 000 km² (= Hessen) zurückgegangen. Gleichzeitig ist das Wasservolumen des Aralsees von 1040 km³ auf 124 km³ geschrumpft. Und der Salzgehalt des Seewassers ist von rund 10 g/Liter auf 80 g/Liter gestiegen. 1960 wurden noch 45 000 t Fisch pro Jahr im Aralsee gefangen. 1980 waren es nur noch 16 000 t, und 1992 musste der Fischfang eingestellt werden, da die Salzkonzentration und die Pestizidbelastung im Restsee viel zu hoch geworden waren.

Alle 24 Fischarten, die den See noch um 1960 bevölkerten, sind heute ausgestorben. Aus den trocken gefallenen ehemaligen Seeflächen werden ständig große Mengen von Salz, Pestiziden und Düngemittelresten ausgeweht und auf einer Fläche von 200 000 km² verteilt. Wegen der ökologischen Probleme wurde die Aralsee-Region 1992 von der UN zum **ökologischen Notstandsgebiet** erklärt.

Der Begriff **Aralsee-Syndrom** trifft nicht nur für die ökologischen Probleme im Einzugsgebiet des Sees zu, sondern auch auf die Menschen, die hier häufiger erkranken als in anderen Gebieten Mittelasiens. So wird geschätzt, dass etwa 70 % der Menschen am See erkrankt sind, etwa 15 % der Kinder sind wegen der Gesundheitsschädigungen geistig zurückgeblieben. Dazu kommt eine hohe Kindersterblichkeit von 11 %.

Für die hohen Krankheitsraten im Unterlauf der Flüsse ist in erster Linie der **Baumwollanbau** verantwortlich. Die Pflanze ist nicht nur frostempfindlich, sondern auch anfällig für Schädlingsbefall. Daher werden massiv Pflanzenschutzmittel während der Wachstums- und Erntezeit eingesetzt.

Für die Herstellung einer Jeans werden etwa 2 kg Rohbaumwolle benötigt. Und allein für deren Wachstum werden rund 58 000 Liter Wasser benötigt, mehr als jeder Deutsche pro Jahr verbraucht → **virtuelles Wasser**, Seite 247.

Abb. 10.8: Aralsee

10.4 Umweltbelastung durch Tourismus

Moderne Kreuzfahrtschiffe sind schwimmende Riesenhotels mit meist mehreren tausend Urlaubern an Bord (demnächst bis zu 9500). Daher ist der wirtschaftliche Nutzen für die Zielländer sehr gering; umso größer sind die von ihnen verursachten **Umweltprobleme**:

Statt mit vergleichsweise sauberem Diesel-Kraftstoff, fahren fast alle Kreuzfahrtschiffe immer noch mit ruß- und schwefelhaltigem, billigem Schweröl (= ein Abfallprodukt der Raffinerien). Dies verursacht eine extrem hohe Luftbelastung nicht nur an Bord und in den Liegehäfen (bordeigene Generatoren), sondern auch auf hoher See. Der ökologische Fußabdruck eines Kreuzfahrt-Passagiers ist daher sehr groß – etwa 50-mal so groß wie der eines Pkw-Fahrers und dreimal so groß wie der eines Flugzeug-Passagiers.

Ein typisches Kreuzfahrtschiff in der Karibik produziert in sechs Tagen rund 30 Tonnen Abfall, 800 000 Liter ungereinigtes Abwasser und 130 000 Liter ölhaltiges Abwasser. 75 Prozent aller Schiffsabwässer werden daher von Kreuzfahrtschiffen verursacht.

West-, Mittel- und Südeuropa sowie der Süden Skandinaviens sind die wichtigsten touristischen **Verdichtungsgebiete mit Massentourismus** in Verbindung mit Städtetourismus. Letzterer prägt insbesondere die Städte London und Paris, Barcelona, Madrid und Lissabon. Die Städte Berlin, Prag und Wien sowie München und Frankfurt sind wichtige Reiseziele in Mitteleuropa. Venedig, Florenz, Rom, Neapel, Catania und und Athen sind wichtige Destinationen (Zielgebiete) im Mittelmeerraum. Letzterer wird auch entscheidend geprägt durch den oben beschriebenen Kreuzfahrttourismus, v. a. im westlichen Mittelmeer und im Westen Europas von Lissabon über London bis nach Hamburg und Oslo.

Abb. 10.9: Kreuzfahrtschiff

Abb. 10.10: Kreuzfahrtschiffe in Norwegen

10.5 Wasserfußabdruck und virtuelles Wasser

Nach einer wissenschaftlichen Studie des WWF werden in Deutschland jährlich 117,6 km³ Wasser in der Landwirtschaft eingesetzt, 36,4 km³ für die Herstellung von Industrieprodukten und nur 5,5 km³ in den Haushalten. Zusammengezogen und auf die Bevölkerungszahl umgerechnet, ergibt sich daraus ein Verbrauch von 5288 Litern für jede(n) Deutsche(n) – pro Tag! Davon werden rund 3900 Liter in Form von Agrarprodukten konsumiert, rund 1200 Liter stecken in Industrieprodukten und nur rund 180 Liter werden im täglichen Leben direkt verbraucht. Der interne Wasserfußabdruck (die Produkte werden in Deutschland angebaut bzw. hergestellt) ist mit 55,7 km³ etwas geringer als der **externe Wasserfußabdruck** (die Produkte werden außerhalb Deutschlands angebaut bzw. hergestellt) mit 61,9 km³. Achtung: In einem Kubikkilometer stecken 1000 × 1000 × 1000 m³, also 1 Milliarde Kubikmeter.

Einer der wasserreichsten Seen Europas, der Bodensee, hat ein Wasservolumen von ca. 48 km³.

Der Wasserfußabdruck ist ein Maß v. a. für die ökologischen, aber auch für die sozialen und wirtschaftlichen Folgen des hohen Wasserverbrauchs sowohl im eigenen Land, als auch im Ausland. Da das gesamte Wasser, das für den Anbau bzw. für Herstellung der Produkte verwendet wurde, die nach Deutschland eingeführt werden, gewissermaßen in diesen Produkten steckt, spricht man von **virtuellem Wasser** – Wasser, das man sich nur gedanklich vorstellen kann. Mit dem Import von virtuellem Wasser laufen auch gewaltige Ströme virtuellen Wassers um den Globus (→ Abb. 10.11), die die reichen Staaten entlasten, aber für **Wasserstress** (Wassermangel und Desertifikation) in den meist ärmeren Erzeugerländern sorgen. Allein in einem Kilo Baumwollstoff sind durchschnittlich 11 000 Liter virtuelles Wasser enthalten.

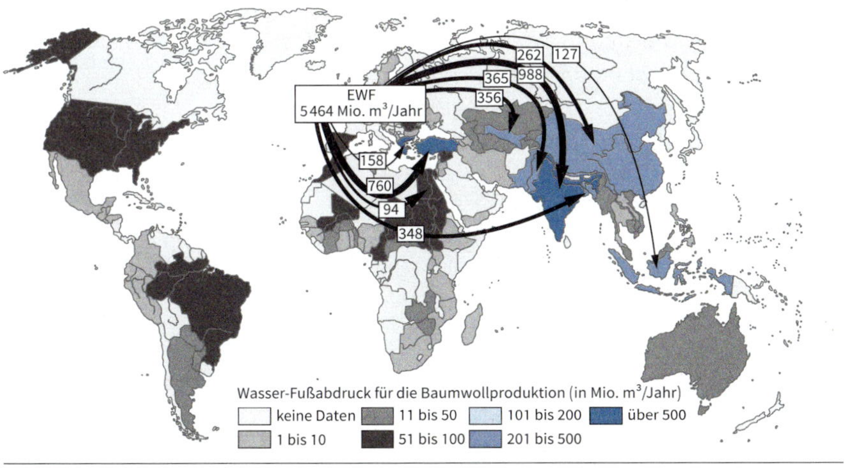

Abb. 10.11: Weltkarte des Wasserfußabdrucks von Deutschland für die Produktion von Baumwolle (nach Angaben des WWF Deutschland)

10.6 *Klimawandel im Mittelmeerraum*

Die vorliegende Karte fasst die Folgen des Klimawandels für den Mittelmeerraum zusammen: Fast im gesamten Mittelmeerraum sind die Niederschläge deutlich zurückgegangen. Die größte Ausnahme sind Südfrankreich, Norditalien und das Dinarische Gebirge im Hinterland von Dubrovnik und von Split.

Unter einem hohen Wasserstress aufgrund fehlender Niederschläge leiden insbesondere

- die Iberische Halbinsel (Gebiete von Spanien und Portugal),
- Süditalien um Neapel,
- Nordafrika,
- Teile der Türkei,
- der südliche Balkan mit Mazedonien und Bulgarien sowie mit dem Norden Griechenlands.

Besonders problematisch sind Starkregen, wie sie z.B. im Jahr 2023 im Nordosten Libyens fielen. Dabei hat wahrscheinlich die Erwärmung des Mittelmeer-Wassers eine wichtige Rolle gespielt.

Als ein Hot Spot des Klimawandels im Mittelmeer-Raum gilt der dicht besiedelte und auch verstädterte Raum im Norden Ägyptens, der wichtigste Agrarraum des Landes. der jetzt einem Wandel der Agrarwirtschaft unterliegt (vgl. auch das Kapitel zum Thema „Entwicklungsland Ägypten" → Seite 219 ff.).

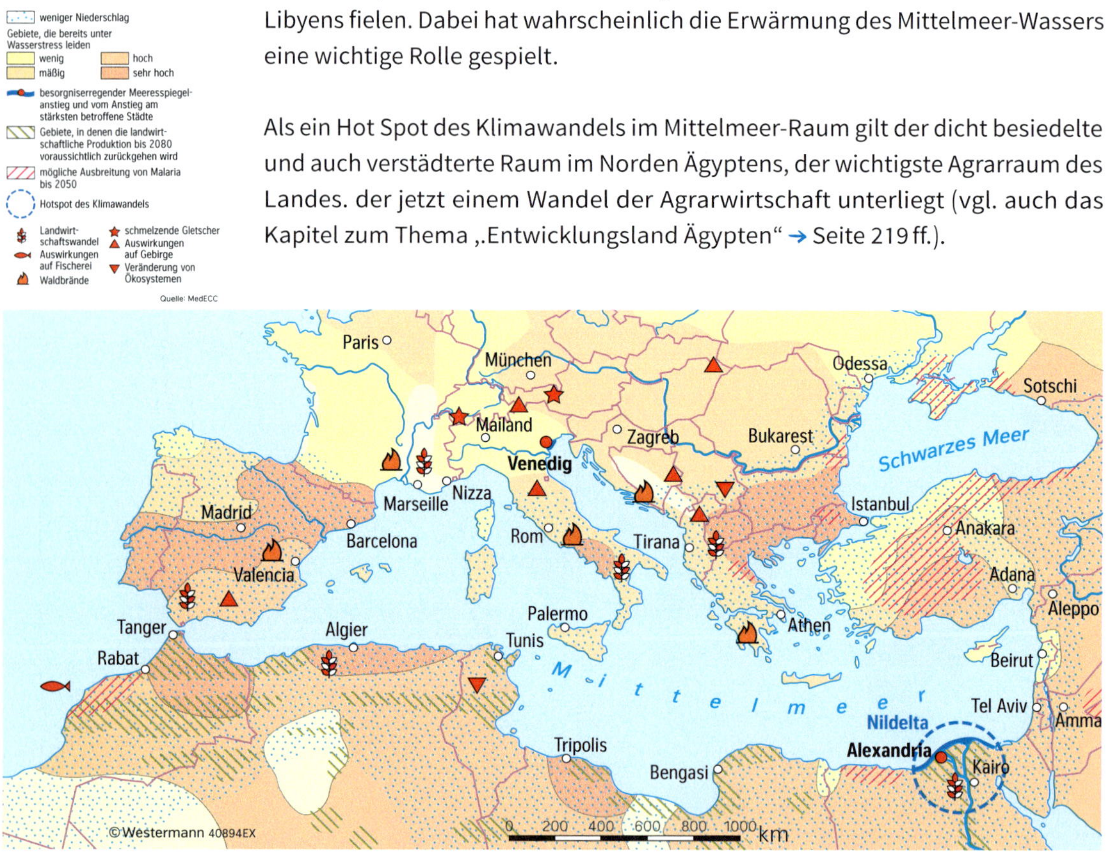

Abb. 10.13: Klimawandel im Mittelmeer-Raum

10.7 Syndrome des Globalen Wandels

- **Sahel-Syndrom:** landwirtschaftliche Übernutzung von Standorten in (land-)wirtschaftlichen Randbereichen; Beispiel: Brandrodungs-Wanderfeldbau
- **Favela-Syndrom:** Umweltzerstörung durch ungeregeltes Wachstum von Großstädten ins Umland; Beispiel: Favelas in Säo Paulo
- **Raubbau-Syndrom:** Zerstörung natürlicher Ökosysteme; Beispiele: Regenwaldzerstörung für Holzgewinnung und Palmölplantagen, Überfischung der Meere, Zerstörung von Mangroven für die Anlage von Aquakulturen.
- **Grüne-Revolution-Syndrom:** Umweltveränderung und -zerstörung durch die Verbreitung standortfremder landwirtschaftlicher Anbauverfahren Beispiele: Bewässerung, Einsatz von Düngemitteln und Pestiziden
- **Dust-Bowl-Syndrom:** nicht nachhaltige industrielle Nutzung von Böden und Gewässern; Beispiel: Mittelwesten der USA – Erosion und Staubstürme – Übernutzung fossiler Grundwasser-Vorkommen.
- **Aralsee-Syndrom:** Umweltschädigung durch zielgerichtete Naturraumgestaltung im Rahmen von Großprojekten; Beispiele: Verlandung des Aralsees; Klimaveränderungen durch den Stausee des Drei-Schluchten-Dammes (China)
- **Kleine-Tiger-Syndrom:** hohes Wirtschaftswachstum, begleitet von einer massiven Schädigung der natürlichen Umwelt

Kleine-Tiger- bzw. Tigerstaaten-Syndrom: Der Begriff wurde gebildet in Anlehung an die Probleme in den sogenannten „Tigerstaaten" Ost- und Südostasiens, in denen das beeindruckende, aufholende Wirtschaftswachstum begleitet wurde bzw. wird von einer massiven Schädigung der natürlichen Umwelt: Die laufenden Kosten der daraus folgenden Umweltbelastung entsrechen in etwa dem durchschnittlichen Wirtschaftswachstum.

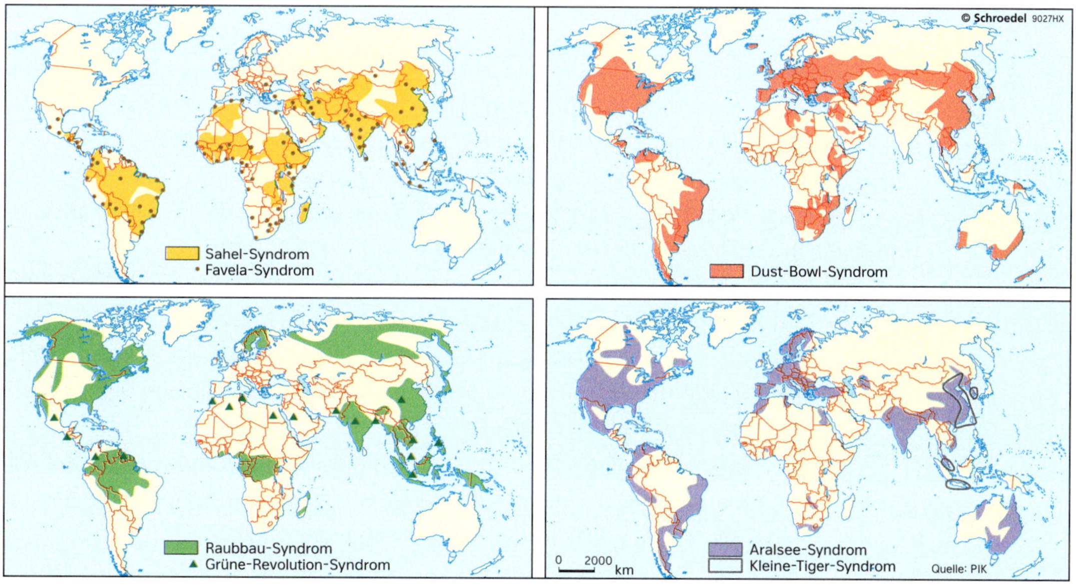

Abb. 10.14: Syndrome des Globalen Wandels

10.8 *Biodiversität – mehr als Artenvielfalt*

Nach der UN-Konvention zur Biologischen Vielfalt (kurz: Biodiversität) beinhaltet diese nicht nur die Artenvielfalt von Flora und Fauna in bestimmten Regionen, sondern auch die Verschiedenheit innerhalb derselben Arten (lokale Unterarten oder Sorten). Dazu kommt die Vielfalt der Ökosysteme in bestimmten Regionen der Erde. So besitzen vor allem die Tropischen Regenwälder oder Gebirgsregionen mit ausgeprägten **Höhenstufen** des Klimas und der Vegetation eine hohe Biodiversität. Regionen mit einer besonders hohen Biodiversität werden auch als **Hot Spots** bezeichnet, das sind Gebiete der Erde, in denen die Evolution eine besonders hohe Artenvielfalt hervorgebracht hat.

BEISPIEL

Der Lebensraum des *Koboldmaki*, einer nachtaktiven Art von Primaten mit großen Augen, befindet sich in Südostasien auf den Sunda-Inseln, auf den Philippinen und auf der Insel Sulawesi.
Er ist durch die fortschreitende Abholzung des Regenwaldes (Raubbau-Syndrom) besonders bedroht.

Auch der Lebensraum für Menschenaffen wie Gorillas, Bonobos und Schimpansen wird in Afrika bis zum Jahr 2050 um 85 % schrumpfen.

Abb. 10.15: Koboldmaki

Diese Vielfalt ist auch für die Menschheit von großer Bedeutung, z. B. als **Genpool** für Züchtungen von Nutzpflanzen oder als Grundlage für die medizinische Forschung (Wirkstoffe). Aber auch aus ethischen bzw. religiösen Gründen (Respekt vor anderen Lebewesen und deren Erhaltung bzw. Bewahrung der Schöpfung) müssen die Lebensräume von Flora und Fauna geschützt werden. Bedroht wird die biologische Vielfalt vor allem durch Eingriffe des Menschen:

- Raubbau an Regenwäldern und an naturnahen Laub- und Mischwäldern der Mittelbreiten, z. B. in den Karpaten oder im Hohen Kaukasus
- Übernutzung von Ökosystemen, z. B. durch die moderne Landwirtschaft, vor allem in den Industrieländern des Nordens, im südlichen Südamerika (Brasilien, Argentinien) und in Australien
- Verdrängung einheimischer Arten durch die Verbreitung **invasiver Arten,** wie z. B. die aus dem Nordpazifik stammende Königskrabbe im Norden Skandinaviens oder der aus Indien stammende Mungo auf Hawaii

➲ fatale Veränderung der Lebensbedingungen für Pflanzen und Tiere durch die **anthropogene Klimaerwärmung,** z. B. durch lang andauernde Dürren und Hitze im Sommer

Entscheidend ist der Schutz von besonders wertvollen Lebensräumen mit hoher Biodiversität als **Biosphärenreservate**, als Nationalparks oder sogar als anerkanntes **Welterbe** der UNESCO mit Bedeutung für die Menschheit insgesamt. Ein Beispiel für letztere ist das Wildschutzgebiet Mount Hamiguitan auf den Philippinen, das eine sehr hohe biologische Vielfalt und Biodiversität besitzt. Weitere Welterbestätten der UNESCO unter whc.unesco.org.

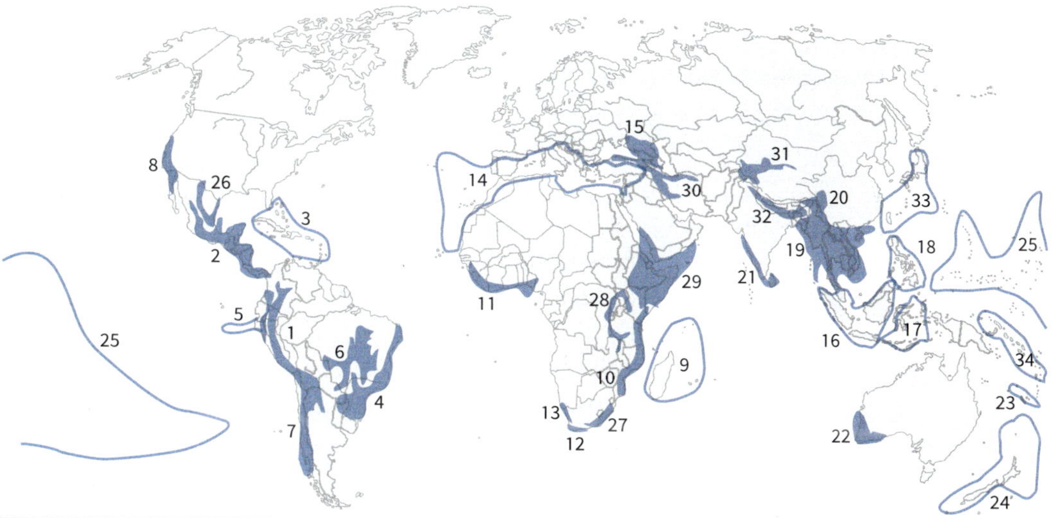

Abb. 10.16: Hotspots der Biodiversität. Erweiterte biogeografische Verteilung der Regionen und Meeresgebiete mit der größten Artendichte auf unserem Planeten.

Biodiversität - Hotspots

1 Tropische Anden
2 Mittelamerika
3 Karibische Inseln
4 Küsten-Regenwald
5 Galapagos - Tumbes
6 Cerrado (Brasilien)
7 Süd-Chile - Regenwälder
8 Kalifornien
9 Madagaskar - Maskarenen - Seychellen
10 Küstenwälder Ostafrikas
11 Küstenwälder Guineas
12 Kap-Flora
13 Karroo-Sukkulenten
14 Mittelmeer u. Makaronesische Inseln
15 Kaukasus-Region
16 Sunda-Land
17 Wallacea
18 Philippinen
19 Indo-Burma
20 Yünnan
21 West-Ghats und Sri Lanka
22 Südwest-Australien
23 Neukaledonien
24 Neuseeland
25 Polynesien und Mikronesien
26 Südwesten der USA
27 Maputoland
28 Zentralafrikanischer Graben und Vulkane
29 Äthiopien und Horn von Afrika
30 Iran-Anatolien
31 Zentralasiatische Gebirgsketten
32 Himalaya
33 Japan
34 Ost-Melanesische Inseln

Überall auf der Welt dringen Menschen zunehmend in die Lebensräume von Wildtieren ein und können sich dort mit gefährlichen Erregern infizieren, z.B. mit bis dato unbekannten Viren. Auch von sog. „Wildfleischmärkten" (die z.B. im tropischen Afrika und in Ostasien verbreitet sind) gehen erhebliche Infektionsgefahren aus. Neuartige Erreger (wie z.B. SARS- CoV-2) können sich dann schnell und weltweit ausbreiten – eine Pandemie kann entstehen.

10.9 Gefahr aus dem Boden der Arktis

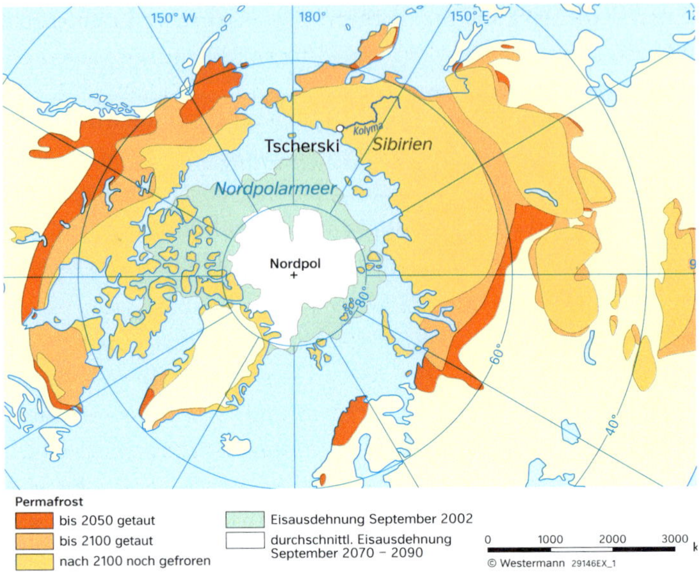

Abb. 10.17: Permafrostgebiete

Dauerfrost („Permafrost“) herrscht auf einem Fünftel der Erdoberfläche. In diesem Boden, der Dutzende bis Hunderte von Metern tief gefroren ist, stecken ungefähr 950 Milliarden Tonnen Kohlenstoff. Dieser stammt von toten Pflanzen und Tieren und hat sich über Zehntausende von Jahren angesammelt. Solange er unter und zwischen den zahlreichen, nur im Sommer eisfreien Seen lagert, bleibt er in sicherem Abstand von der Luft weggesperrt.
Aber sobald der Permafrost taut, wird das zuvor versiegelte organische Material für Mikroben zugänglich, die es rasch zersetzen und dabei Gase produzieren. An der Luft zersetzen Bakterien und Pilze das organische Material aerob, wobei Kohlendioxid entsteht. Wassergesättigte Böden und die vollgesogenen Sedimente am Grund von Seen sind jedoch an Sauerstoff verarmt. Unter diesen Bedingungen findet ein anaerober Abbau statt, bei dem v. a. Methan entsteht (neben einer geringen Menge Kohlendioxid). Am Seeboden sammelt es sich in Blasen, die aufsteigen und an der Oberfläche zerplatzen.

Zusammenfassung:

- Tauender Permafrost am Boden vieler arktischer Seen setzt Methan in die Atmosphäre frei, das als hochwirksames Treibhausgas die globale Erwärmung beschleunigt.
- Dadurch kommt ein Teufelskreis in Gang: Die zusätzliche Erwärmung lässt weiteren Permafrost tauen, so dass noch mehr Methan entsteht.

Spektrum der Wissenschaft. Heft 04/2012. Seite 14 ff.

Der Klimawandel in Sibirien

Die Gebiete, in denen heute Permafrost vorherrscht, sollen bis spätestens 2080 größtenteils dem diskontinuierlichen Permafrostboden zuzurechnen sein (siehe die untenstehende Karte). Allerdings würde der Boden nicht gleichmäßig auftauen, sondern je nach Dichte, Porosität und Eisanteil von Ort zu Ort unterschiedlich. Ganze Landstriche würden beim Schmelzen einfach aufbrechen. So bildet sich in Westsibirien bereits eine Bodenformation heraus, die „Thermokarst" genannt wird – in Anlehnung an die zerklüfteten Karstlandschaften, die durch die Verwitterung von Kalkgestein entstehen. Sie stellt eine ernsthafte Gefahr für Wohnhäuser, Schulen und Fabriken dar. Betroffen wären die arktische Küste und ein Landstreifen, der sich entlang der heutigen Südgrenze des Dauerfrostbodens von der Kola-Halbinsel im Westen bis zum Baikalsee im Osten zieht. Hier liegen große Städte wie Murmansk, Irkutsk, Chita, Blagoweschtschensk und Komsomolsk am Amur, aber auch große Teile der Ölregion Tjumen, die fast 10 Prozent des russischen BIP (Bruttoinlandsprodukt) erzeugt. Mit dem Auftauen des Permafrostbodens verändert sich außerdem die Zusammensetzung der Erdatmosphäre: Große Teile Sibiriens sind Sumpfland, besonders im Westen, wo die Torfmoore im Einzugsgebiet des Flusses Ob eine Fläche von schätzungsweise 1 Mio. km² bedecken. Die gewaltigen Mengen Kohlenstoff (CO_2) in Westsibirien sind zum größten Teil in Frostböden unter Seen, Tümpeln und Flüssen gebunden. Wenn sich die Kryosphäre verkleinert, könnten davon Millionen Tonnen in Form von Methangas freigesetzt werden. Da Methan sehr viel schädlicher für die Atmosphäre ist als Kohlendioxid, besteht die Gefahr, dass wir eine Erwärmungsschwelle überschreiten, die ohne das freigesetzte Methan erst Jahrzehnte später erreicht werden würde.

Kryosphäre = das Gebiet des gefrorenen Bodens

taz Verlags- und Vertriebs GmbH, Berlin

Abb. 10.18: Russland – Klimazonen und Permafrost

10 Globales Denken

ASPEKTE GLOBALEN DENKENS

Wenn die Menschheit ihr Bevölkerungswachstum, ihren verschwenderischen Lebensstil und ihre Umweltzerstörung nicht begrenzen kann, hat das gravierende Folgen für die Zukunft: Wir bräuchten dann zwei bis vier Planeten anstelle von einem. Und diese Option haben wir nicht.

Globales Denken ist somit Voraussetzung für ein verändertes Handeln.

Globales Denken hat mehrere Aspekte:

→ Der ökologische Fußabdruck ist eine Messgröße, mit deren Hilfe sich feststellen lässt, welche Fläche ein einzelner Mensch bzw. eine Gesellschaft insgesamt aufgrund des jeweiligen Lebensstils benötigt.

→ Die anthropogene Erwärmung der Erdatmosphäre, also der vom Menschen verursachte Treibhauseffekt (Klimaerwärmung).

→ Umweltbelastung durch Straßen- und Flugverkehr sowie durch Kreuzfahrt-Tourismus.

→ Der Wasserfußabdruck ist ein Maß vor allem für die ökologischen, aber auch für die sozialen und wirtschaftlichen Folgen des weltweit hohen Wasserverbrauchs. Virtuelles, also gedachtes Wasser, steckt v. a. in vielen landwirtschaftlichen Produkten, die exportiert werden, z. B. nach Deutschland.

→ Biodiversität: Mit diesem Begriff wird die Artenvielfalt von Flora und Fauna in verschiedenen Regionen der Erde beschrieben. Regionen mit hoher Artenvielfalt werden auch als Hot Spots der Biodiversität bezeichnet.

→ Gefahr aus dem Boden der Arktis: Dauerfrost (Permafrost) herrscht auf einem Fünftel der Erdoberfläche. In diesem Boden, der Dutzende bis Hunderte von Metern tief gefroren ist, stecken ungefähr 950 Milliarden Tonnen Kohlenstoff. Tauender Permafrostboden (z. B. durch die Klimaerwärmung) kann große Mengen Methan als hoch wirksames Treibhausgas in die Atmosphäre freisetzen und den Klimawandel beschleunigen. In dieser Hinsicht sind besonders der Norden Sibiriens und der Norden Kanadas und Alaskas betroffen.

Glossar

Administrative Zersplitterung: Problem der Einteilung eines Raumes in zu viele Verwaltungseinheiten mit entsprechend unterschiedlichen Zuständigkeiten und Entscheidungskompetenzen ohne die Möglichkeit, Einspareffekte zu erzielen.

Aerosol: Feinstes Schwebstoffteilchen in der Luft, entweder fest oder flüssig.

Agglomeration: Ballungsraum mit hoher Bevölkerungszahl und -dichte, mit hoher Wirtschaftskraft sowie mit gut ausgebauter Infrastruktur und schnellen Verkehrsverbindungen zu anderen Ballungsräumen.

Agglomerationsvorteile: Standortvorteile für Unternehmen unterschiedlicher Branchen, die sich bei der Ansiedlung in einem Ballungsraum oder an dessen Rand durch das Vorhandensein hochspezialisierter zentralörtlicher Einrichtungen ergeben, wie z. B. Universitäten und Technische Hochschulen, verschiedene große Bankinstitute, Steuer- und Finanzberater, Werbeagenturen und Logistik-Unternehmen. Dazu kommen die Marktnähe (z. B. als Testmarkt), ein großes Angebot von Arbeitskräften und besonders von Hochschulabsolventen sowie gute Verkehrsverbindungen.

Agrardreieck: Hauptanbau- und Siedlungsgebiet in der früheren Sowjetunion, das von den Eckpunkten Odessa am Schwarzen Meer, St. Petersburg und Krasnojarsk in Sibirien markiert wird. Im Nordosten befindet sich die Kältegrenze des Anbaus, im Südosten die Trockengrenze.

Agronomische Trockengrenze: Grenzlinie bzw. besser Grenzbereich des Regenfeldbaus mit hoher → Niederschlagsvariabilität und daher mit hohem Ertragsrisiko. Die oftmals angegebene Grenzlinie von durchschnittlich 500 mm Jahresniederschlag ist nur ein Annäherungswert. Bei höherer bzw. geringerer Landschaftsverdunstung kann die agronomische Trockengrenze in etwa einem Jahresniederschlag von durchschnittlich 1000 bis 250 mm entsprechen.

Aktivraum: Region, in der die Wirtschaftsleistung, also das → Bruttoinlandsprodukt absolut und auch pro Einwohner, deutlich höher liegt als im Durchschnitt aller Regionen eines Staates.

Albedo: Der reflektierte Teil der einfallenden Strahlung von der Sonne. Die Reflexion verschiedener Oberflächen auf der Erde, wie z. B. Wälder, Felder oder Schnee, ist unterschiedlich. Je heller eine Fläche, desto höher ist die Albedo und desto geringer ist die Absorption von kurzwelliger Strahlung sowie deren Umwandlung in langwellige Wärmestrahlung.

Alpentransit: Transitverkehr durch die Alpenregion, gemeint sind zunächst der Schwerlastverkehr und der Personenverkehr in Pkw oder Bussen, aber auch der Bahnverkehr.

Altersquotient: Anteil der über 65-Jährigen an der Gesamtbevölkerung bzw. Relation der 15- bis 64-Jährigen (Bevölkerung im erwerbsfähigen Alter) zu den über 65-Jährigen und damit die Belastung der erwerbsfähigen Bevölkerung.

American Dream: Traum vom persönlichen Glück und vom wirtschaftlichen Erfolg in der demokratischen Wohlstandgesellschaft der USA, verbunden mit dem Erwerb eines Eigenheimes. Das Recht des Einzelnen auf das Streben nach Glück (pursuit of happiness) ist sogar in der amerikanischen Verfassung verankert.

American Way of Life: Lebensstil, der mit einer hohen Mobilität (motorisierter Individualverkehr), mit einem hohen Energieaufwand sowie mit einem hohen Ressourcenverbrauch verbunden ist. Global betrachtet leben die US-Amerikaner weit über ihre Verhältnisse.

Aralsee-Syndrom: Völlige Zerstörung eines komplexen See-Ökosystems durch staatliche Eingriffe zu Zeiten der früheren → Sowjetunion. Das Gebiet des Aralsees wird heute auch als Aral-Kum bezeichnet, als Aral-Wüste.

Armut: Nach einer eindimensionalen Definition der Weltbank gelten diejenigen Haushalte als arm, die über weniger als zwei US-Dollar Einkommen pro Tag verfügen. Als besonders arm gelten diejenigen Haushalte, die über weniger als einen US-Dollar Einkommen pro Tag verfügen. Gravierend sind die daraus entstehende Kinderarmut und die → Marginalisierung der betroffenen Bevölkerungsgruppen.

Armutsbekämpfung: Gezielte Förderung gerade der armen Bevölkerungsgruppen in einem Entwicklungsland als Schwerpunkt der Entwicklungshilfe. Durch die sogenannte → Grundbedürfnisstrategie sollen die Lebensbedingungen dieser Zielgruppe schrittweise verbessert werden.

Assimilation: Selbst gewünschte oder auf Druck von außen hin erfolgte starke Anpassung einer ethnischen oder religiösen Minderheit an die Mehrheitskultur in einem Staat bis hin zur Aufgabe der eigenen Kultur.

Asthenosphäre: Der zähflüssige (viskose) Teil des oberen Erdmantels, auf dem sich die kontinentalen bzw. ozeanischen Platten gegeneinander verschieben.

Atmosphäre: Gashülle der Erde, durch die Schwerkraft an diese gebunden; die Atmosphäre wird in verschiedene Stockwerke gegliedert. Von besonderer Bedeutung sind die Troposphäre mit dem Wetter- und Klimageschehen sowie die Ozonschicht als Schutzschild der Erde.

Ausländische Direktinvestitionen (ADI): Nach Angaben der Weltbank sind dies Kapitalanlagen im Ausland durch Erwerb von Immobilien, Gründung von Auslandsniederlassungen und Tochterunternehmen, Übernahmen von ausländischen Geschäftsanteilen (z. B. Aktien) bzw. von Unternehmen sowie gezielte Reinvestitionen und Direktinvestitionen in ausgewählte Unternehmen.

Auswanderung (Emigration): Fortzug von Menschen über Staatsgrenzen hinweg.

Autonome Republiken: Innerhalb der Russländischen Föderation die Regionen mit kultureller und teilweise auch wirtschaftlicher Eigenständigkeit. Diese Republiken sind innen- und außenpolitisch sowie größtenteils auch wirtschaftlich und finanziell weiterhin von der Zentralregierung in Moskau abhängig.

Autozentrierte Entwicklungsstrategie: Besondere Form der Entwicklungsstrategien, bei der das Vertrauen auf die eigene Kraft, die Abschottung nach außen und die Produktion für den Binnenmarkt im Vordergrund stehen. Dies bedeutet u. U. aber auch den Verlust der Wettbewerbsfähigkeit auf dem Weltmarkt und die Stagnation der technologischen Entwicklung.

Azonale Bodentypen: Am Anfang ihrer Entwicklung zunächst unabhängig von der jeweiligen Klima- oder Landschaftszone bestehende Bodentypen, wie z. B. Sandböden oder vernässte Marschböden.

Back-Office-Funktionen: Arbeitsintensive Routinetätigkeiten im tertiären Sektor ohne Publikumsverkehr, z. B. die Verwaltung von großen Unternehmen, die auch in → Entlastungsstädte verlagert werden kann.

Badlands: Ursache für die Bildung von Badlands ist eine intensive agrarische Nutzung (Ackerbau oder Viehzucht). Durch Starkregen kommt es zu einer linearen Erosion. Die im Ergebnis zerschnittene und dadurch zerstörte ehemalige Landschaftsoberfläche ist ackerbaulich nicht mehr nutzbar.

Bandstadt: Entwicklung langgezogener städtischer Siedlungen entlang von Verkehrsachsen besonders in den Küstenräumen des Mittelmeeres und in schmalen Fluss- oder Gebirgstälern.

Bannwald: Traditionell streng geschützter Bergwald in steilen Hanglagen als Schutzmaßnahme vor Lawinenabgängen für gefährdete Bergdörfer oder Verkehrsverbindungen.

Barriere: Bezeichnung für ein Verkehrshindernis in der Verkehrsgeografie, z. B. ein Gebirgszug, ein breiter Fluss oder eine Meeresstraße; Barrieren spielen z. B. für die Planung neuer Verkehrsachsen eine wichtige Rolle und verursachen Zeitverluste und Kosten.

Bauplätze mit Grundversorgung: → Site and Service Schemes

Belt-Konzept: Modellhafte Vorstellung großräumiger, in sich geschlossener Anbau- bzw. Landnutzungsgürtel in den USA, die sich aufgrund ähnlicher Lage-, Klima- und Bodenfaktoren zwischen den beiden Weltkriegen herausbildeten, aber nach 1980 wegen veränderter wirtschaftlicher Rahmenbedingungen mehr oder weniger stark zerfielen.

Berggebiete: In Mittel- und Westeuropa Gebiete in einer Höhenlage von mehr als 500 m über NN mit eingeschränkten Nutzungsmöglichkeiten durch die Landwirtschaft (hohe → Reliefenergie, kurze Wachstumszeit und durch hohe Niederschläge ausgewaschene, nährstoffarme Böden (Beispiel: Limousin).

Betriebsgrößenstruktur: Anteil der Klein-, Mittel- und Großbetriebe an der landwirtschaftlichen Nutzfläche (LF) eines Staates. Die Betriebsgrößenstruktur ist das Ergebnis der geschichtlichen Entwicklung sowie des landwirtschaftlichen Strukturwandels und sagt etwas aus über soziale Unterschiede und Spannungen in der Landwirtschaft eines Staates.

Bevölkerungsexplosion: Bezeichnung für das exponentielle Wachstum der Bevölkerung in bestimmten Ländern bzw. Ländergruppen mit den entsprechenden negativen Auswirkungen im wirtschaftlichen, politischen, sozialen und vor allem im ökologischen Bereich.

Bevölkerungskrater: Ausdruck für die im Unterschied zu den citynahen Wohngebieten nur noch geringe Bevölkerungsdichte im Bereich des Hauptgeschäftsviertels (Central Business District – C.B.D.).

Bevölkerungsprojektion: Seriöse Fortschreibung der gegenwärtigen Bevölkerungsentwicklung in drei Szenarien Trendszenario (mittlere Variante) – Worst Case-Szenario (hohe Variante) – Best Case-Szenario (geringe Variante).

Binnenland (engl. Landlocked Country – LLC): Staat ohne eigenen Zugang zum Weltmeer und damit zum Welthandel. Binnenländer gelten als geografisch benachteiligt und werden von den Vereinten Nationen gefördert beim Ausbau der Infrastruktur zum nächsten Überseehafen.

Biodiversität: Begriff, der nicht nur die Artenvielfalt von Flora bzw. Fauna in bestimmten Regionen beschreibt, sondern auch die Verschiedenheit innerhalb der Arten selbst (lokale Unterarten oder Sorten). Auch die Vielfalt der Ökosysteme innerhalb einer bestimmten Region ist in diesem Begriff enthalten. Bei einer besonders ausgeprägten Biodiversität in bestimmten Regionen der Erde, wie z. B. in Madagaskar, werden diese auch als Hot Spots (der Biodiversität) bezeichnet.

Biologischer Hotspot: Region der Erde mit einer großen biologischen Vielfalt, die als Ursprung verschiedener Tier- und Pflanzenarten gilt.

Bios: Sammelbegriff für Vegetation und Tierwelt in einem Biotop bzw. in einer Landschaft.

Biosphärenreservat: Als Natur- bzw. Kulturerbe der Menschheit besonders erhaltenswerte Natur- bzw. Kulturlandschaft, die geschützt bzw. entwickelt wird als Teil des UNESCO-Programms Mensch und Biosphäre (Man and Biosphere – MAB).

Biotop: (wörtlich: Lebensstätte, Lebensort); Raumausschnitt mit besonderen Lebensbedingungen für pflanzliche und tierische Organismen.

Biotop-Verbundsystem: Vernetzung von Biotopen in einer Region durch Übergänge und Grünzüge, um die Ausbreitung von Arten und damit die Artenvielfalt zu fördern.

Blattflächenindex: Gesamte Blattfläche (eine Seite) in Quadratmetern, bezogen auf die Grundfläche in Quadratmetern.

Boddenküste: Durch Überflutung einer kuppigen Grundmoränenlandschaft entstandene Flachküste mit Meeresbuchten (Bodden) und mit unregelmäßigen Küstenumrissen.

Bodenarten: Nach dem Korngrößendurchmesser unterschiedene Böden, wie z. B. Sandboden (2,0 bis 0,06 mm), Schluffboden (0,06 bis 0,002 mm) und Tonboden (0,002 mm).

Bodenbildung: Prozess der Entwicklung von bestimmten → Bodentypen unter dem Einfluss von Klima, Vegetation und agrarischer Nutzung über einen langen Zeitraum

Bodenerosion: Lineare Zerschneidung bzw. flächenhafte Abspülung (Denudation) von Böden durch Starkregen. Die Zerschneidung durch Erosionsrinnen (Gullies; Einzahl: Gully) kann so zerstörerische Ausmaße annehmen, dass sich → Badlands bilden.

Bodenhorizonte: Meist parallel zur Erdoberfläche verlaufende Schichtenfolge eines Bodens mit jeweils bestimmten Merkmalen (Struktur, Färbung).

Bodenschutz (Soil Conservation): Den Boden erhaltende oder verbessernde Maßnahmen, die in den semiariden Räumen der Great Plains im Westen der USA entwickellt und erprobt wurden:
- Dry Farming: Anbau nur alle zwei Jahre, nach einem Brachejahr, in dem die Niederschläge versickern können. Der Boden wird anschließend geeggt, um ihn vor Verdunstung zu schützen.
- Contour Ploughing – Pflügen von Hängen parallel zu den Höhenlinien (Isohypsen)
- Stubble Mulching – Stehenlassen der Pflanzenreste nach der maschinellen Ernte – die Wurzeln und Pflanzenreste wirken als Schutz vor Erosion.

Bodentyp: Zusammenfassender Begriff für Böden mit einer ähnlichen Abfolge der → Bodenhorizonte und ähnlichem Entwicklungszustand, wie z. B. → Schwarzerden oder Podsolböden, die in bestimmten Klimazonen auftreten.

Bodenversiegelung: Wasser- bzw. luftdichte Bedeckung/Überbauung der oberen Bodenschicht vor allem in Verdichtungsräumen; dadurch wird die Versickerung von Niederschlagswasser und somit auch die Neubildung von Grundwasser verhindert.

Bodenwetterkarte: Wetterkarte, die die Luftdruck- sowie die Temperatur- und Windverhältnisse am Boden für verschiedene Stationen beschreibt und durch grafische Symbole erläutert.

Borealer Nadelwald: Immergrüne bzw. bei extrem winterkalten Klimaten auch die Nadeln abwerfende Vegetationsformation, die auf den Kontinenten der Nordhalbkugel zu finden ist.

Brandrodungswanderfeldbau: Eine v. a. in den tropischen Waldgebieten verbreitete Form der Landwechselwirtschaft (englisch Shifting Cultivation), bei der nach der Brandrodung eine etwa dreijährige Nutzungsphase mit der Asche als Dünger abgelöst wird durch eine Brachephase von im Idealfall mehr als zehn Jahren, innerhalb derer sich wieder ein Sekundärwald entwickeln kann. Diese Form der Landnutzung ist flächenextensiv, sie benötigt also ausgedehnte Flächen und funktioniert nur bei geringen Bevölkerungsdichten.

Bruchtektonik: Besondere Art der Gebirgsbildung, die auf bereits lange zuvor gefalteten und mittlerweile verfestigten Teilen der Erdkruste stattfindet. Die Erdkruste kann hier auf seitlichen Druck nicht mehr plastisch reagieren und wird in einzelne Schollen zerlegt, die entlang von Brüchen angehoben werden (Horste) oder absinken (Gräben). Da dieser Typ der Gebirgsbildung in den deutschen Mittelgebirgen besonders ausgeprägt ist, wird er auch als germanotype Gebirgsbildung bezeichnet.

Brückenkopf: Städtisches Zentrum mit vergleichsweise guter Infrastruktur (Hafen, Flughafen) in einem Entwicklungs- oder Schwellenland, in dem sich ausländische Unternehmen bevorzugt niederlassen, um von dort aus die eigenen Geschäftsinteressen im jeweiligen Staat zu steuern.

Bruttoinlandsprodukt (BIP): Gesamtwert aller von In- und Ausländern innerhalb eines Jahres in einem Staat bzw. in einer Region produzierten Güter und erbrachten Dienstleistungen, soweit sie statistisch erfasst werden. Da das BIP meist in US-$ angegeben wird, werden Wechselkursschwankungen sowie Unterschiede im Preisniveau und in der realen Kaufkraft nur unzureichend berücksichtigt.

Bruttonationaleinkommen (BNE): Gesamtwert aller von den Bürgern eines Staates innerhalb eines Jahres produzierten Güter und erbrachten Dienstleistungen, soweit sie statistisch erfasst werden. Das BNE setzt sich zusammen aus dem → Bruttoinlandsprodukt sowie aus den von eigenen Staatsangehörigen im Ausland aus Arbeit und Kapital erwirtschafteten Einkommen. Abgezogen werden dagegen die von Ausländern im Inland erzielten Einkommen. Nicht berücksichtigt werden Dienstleistungen und Güter, die nicht vom Finanzamt erfasst werden (z. B. Tätigkeit von Hausfrauen und -männern, Do it yourself, Nachbarschaftshilfe, „Schwarzarbeit“

und kriminelle Wirtschaftsaktivitäten) oder in der Subsistenzwirtschaft erbracht bzw. produziert werden.

Bruttosozialprodukt (BSP): Veraltete Bezeichnung für das → Bruttonationaleinkommen (BNE).

Cash-Crop-Anbau: Anbau von Nahrungs- und Genussmitteln mit dem Ziel der Vermarktung (als Einkommensquelle).

City: Als City wird im Deutschen das Hauptgeschäftszentrum einer Großstadt bezeichnet. Im amerikanischen Englisch wird dagegen vom Central Business District (CBD) gesprochen. In der City konzentrieren sich einerseits Kaufhäuser, hoch spezialisierte Einzelhandelsgeschäfte des eher seltenen Bedarfs, wie z. B. Boutiquen, und Filialen großer Einzelhandelsketten, die die hohen Ladenmieten der Citylagen aufbringen können. Auch spezialisierte Dienstleistungen, wie z. B. Banken, Versicherungen, Immobilienagenturen, Reisebüros, Facharztpraxen, Anwaltskanzleien und Steuerberatungsbüros, finden hier ihren günstigsten Standort. Hier ist die Bebauung sehr dicht und die Miet-, Pacht- und Bodenpreise erreichen ihre höchsten Werte innerhalb der Stadtregion. Zugleich besitzt die City die beste Erreichbarkeit im Öffentlichen Personennahverkehr. Die Folge sind große Einpendlerströme der Beschäftigten im Tertiären Sektor und zugleich zahlreiche Einkaufspendler. Die City ist aber nur tagsüber bevölkert, da kaum noch Wohnbevölkerung vorhanden ist. Bei einer Expansion der City wird die noch verbliebene Wohnbevölkerung am Cityrand verdrängt, denn Laden- und Büromieten sind höher als Wohnungsmieten. Aufgrund von Fühlungsvorteilen bilden sich innerhalb eines Citybereiches meist → Standortgemeinschaften heraus.

Cluster: Räumliche Konzentration bestimmter wirtschaftlicher Aktivitäten mit Standort- und → Agglomerationsvorteilen sowie mit ausgeprägten Standortgemeinschaften.

Corioliskraft: Die ablenkende Kraft der Erdrotation, eine sogenannte Scheinkraft, die allein durch die Geschwindigkeitsunterschiede in Abhängigkeit von der geografischen Breite bei der Erdrotation entsteht.

Counterurbanization: Abwanderung v. a. von jungen Familien und Rentnern aus den Großstädten und Ballungsräumen in ländliche Regionen mit der Absicht, dort eine höhere Lebensqualität zu genießen ohne die für Großstädte typischen Umweltprobleme bzw. sozialen Spannungen.

County: (Plural: Counties – wörtlich: Grafschaft); Verwaltungsbezirk in den USA unterhalb der Ebene der Bundesstaaten.

Cumulonimbuswolken: Hochreichende (bis maximal 14 bis 16 km Höhe in den Tropen) Gewitterwolken, wegen ihrer Form auch als Ambosswolken bezeichnet.

Dauerfrostboden (Permafrostboden): Im Sommer nur an der Oberfläche auftauender und teilweise bis in große Tiefen dauerhaft gefrorener Boden in den arktischen, subarktischen und sogar in den kontinentalen borealen Klimazonen der Erde.

Deflation: Auswehung der fruchtbaren Bodenkrume von brachliegenden Ackerflächen durch starke Winde.

Degradation: Zerstörung der ursprünglichen Vegetation durch Abholzung, ungeregelte Waldnutzung sowie Überweidung.

Deindustrialisierung: Prozess des Verlustes industrieller Arbeitsplätze bzw. der Schließung ganzer Betriebe in einer Region oder in einem Staat.

Demografischer Übergang, Modell des: Auf der Basis von Daten der langfristigen Bevölkerungsentwicklung in Europa und in Nordamerika entwickelten amerikanische Bevölkerungswissenschaftler dieses Modell (daher: Empirisches Modell). Es gliedert sich in fünf Phasen:

- Prätransformative Phase: Hohe Geburten- und Sterberaten, geringes Bevölkerungswachstum oder Bevölkerungsrückgang.
- Frühtransformative Phase: Sinkende Sterberate aufgrund hygienischer und medizinischer Maßnahmen bei gleichbleibend hoher Geburtenrate.

- Mitteltransformative Phase: Weiter sinkende Sterberate bei gleichbleibend hoher Geburtenrate (ökonomische und soziokulturelle Ursachen).
- Spättransformative Phase: Deutliches Absinken auch der Geburtenrate durch Bildung und damit verbesserte Lebenschancen.
- Posttransformative Phase: Einpendeln der Geburten- und der Sterberate auf niedrigem Niveau mit Stagnation und z. T. auch Rückgang der Bevölkerungszahl .

Denudation: Flächenhafte Abspülung der fruchtbaren Ackerkrume durch starke Regenfälle mit Schichtfluten in flach geneigtem Gelände.

Département: Wichtige Verwaltungseinheit in Frankreich. Die Départements wurden im Zuge der Französischen Revolution 1789 eingerichtet und sollten eine gute Erreichbarkeit der Département-Hauptstädte gewährleisten (früher: ein Tagesritt).

Dependenztheorie: In Lateinamerika entwickelte Theorie zur Erklärung von Unterentwicklung. Demnach ist Unterentwicklung Folge von Abhängigkeit *(dependencia)* a) von einer Kolonialmacht bzw. b) von den führenden Industrienationen. In diesem Zusammenhang spielen die → Terms of Trade eine wichtige Rolle: Die Entwicklungsländer exportieren v. a. Rohstoffe, für die sie gleichbleibend geringe Preise erzielen und importieren zugleich Fertigwaren, deren Preise durch technologische Innovationen immer weiter steigen. Allerdings wird die Entwicklung der Energiepreise (Rohstoffe: Erdöl, Erdgas) in dieser Theorie ausgeblendet.

Desertation: Vordringen der Wüste aus rein klimatischen Ursachen, ohne direkte Eingriffe des Menschens (→ Desertifikation).

Desertifikation: (wörtlich: Vorgang des „Wüsten-Machens“) – Flächenhafte und auch regional begrenzte Ausbreitung der Wüste aufgrund zerstörerischer Eingriffe des Menschen in das labile Ökosystem der Dorn- bzw. Trockensavannen.

Devisenmärkte: Finanzplätze in → Global Cities, an denen Währungen gehandelt werden. Dort bilden sich dann im Zusammenspiel von Angebot und Nachfrage sowie in Abhängigkeit von den jeweiligen Zinssätzen in den größten Volkswirtschaften die → Währungsparitäten heraus.

Diagenese: Verfestigung von Sedimentgesteinen durch Auspressung von Wasser bzw. durch Verkittung.

Diskontinuität: Grenzschicht im Erdinnern, an der sich die Geschwindigkeit von Erdbebenwellen deutlich ändert und somit auch die Zusammensetzung bzw. der Aggregatzustand der folgenden Schicht bzw. Schale.

Dreischicht-Tonminerale: Tonminerale, die aus vielen Lagen von jeweils drei zusammenhängenden Schichten von Silikaten (SiO_2-Verbindungen) bestehen. Sie besitzen eine hohe Kationenaustauschkapazität, also die Fähigkeit, mineralische und organische Nährstoffe vorübergehend zu binden und bei Bedarf an Pflanzen abzugeben. Sie sind somit sehr fruchtbar.

Drucksysteme: Hochdruckgürtel bzw. Tiefdruckrinnen als Teil der allgemeinen atmosphärischen Zirkulation in bestimmten Breitenlagen mit einer regelhaften jahreszeitlichen Verschiebung.

Dürrephase: Längerer Zeitraum mit Niederschlagsdefiziten und fataler Trockenheit in agrarisch genutzten Räumen, meist an der → agronomischen Trockengrenze.

Dürrewahrscheinlichkeit: Wahrscheinlichkeit des Auftretens einer schweren Dürre, z. B. alle zwei Jahre, alle fünf Jahre oder alle zehn Jahre.

Dust-Bowl-Syndrom: Bodenzerstörung durch übermäßige agrarische Nutzung von Steppenböden im Bereich der Trockengrenze im Westen der USA (etwa 100 ° W), in den sogenannten Great Plains.

Dynamisches Tiefdruckgebiet: → Zyklone

Edge City: Neues multifunktionales Zentrum mit einer eigenen Skyline in der Vorortzone US-amerikanischer Großstädte, das sich auch zur Konkurrenz für den Central Business District, das gewachsene Hauptgeschäftszentrum in der Kernstadt, entwickeln kann.

Einwanderung (Immigration): Zuzug von Menschen über Staatsgrenzen hinweg.

Einzugsbereich: Gebiet, das von einem zentralen Ort aus versorgt wird, und zwar mit Waren, Dienstleistungen, Bildungs- und Kulturangeboten sowie Arbeitsplätzen.

Einzugsgebiet: Das Gebiet, das von einem Fluss bzw. einem Strom mit seinen Nebenflüssen entwässert wird. Die Grenzen des Einzugsgebietes sind sogenannte Wasserscheiden. Die Größe des Einzugsgebietes wird in Quadratkilometern angegeben.

Eiserner Vorhang: Bezeichnung für die von 1945 bis 1989/90 geschlossene und streng kontrollierte Grenze zwischen dem Machtbereich der → Sowjetunion in Mittel- und Osteuropa und dem Einflussbereich der USA im Westen Europas.

Ekliptik: Die Ebene der Ekliptik ist identisch mit der Erdbahnebene. Da die Erdachse um 23,5 Grad geneigt ist, ist die Ekliptik gegenüber der Ebene des gedachten Himmelsäquators um 23,5 Grad geneigt. Diese Tatsache wird als Schiefe der Ekliptik bezeichnet.

Endogene Kräfte: Aus dem Erdinnern auf die Erdkruste einwirkende Kräfte.

Entlastungsstädte: → Trabantenstädte, die zur Entlastung der Kernstadt im äußeren Bereich einer Stadtregion mit guter Verkehrsanbindung an die Kernstadt gebaut werden. Beispiele sind die Villes Nouvelles („Neue Städte") in der Region Paris. Die Strategie der Entlastungsstädte dient allein der Dekonzentration, d. h., sie erhält → Metropolen funktionsfähig und damit konkurrenzfähig gegenüber anderen Metropolen im globalen Standortwettbewerb. Eine Dezentralisierung würde demgegenüber die Verlagerung wichtiger Funktionen aus der Metropole in periphere Regionen eines Staates beinhalten.

Entwicklungshilfe: Finanzielle, technische und personelle Unterstützung von Entwicklungsländern durch einen einzelnen Staat, eine Staatengruppe (z. B. die EU), durch internationale Organisationen wie z. B. die UNO oder durch sogenannte Nichtregierungsorganisationen (NRO). Die Entwicklungshilfe erfolgt zumeist nicht nach dem Gießkannenprinzip, sondern durch gezielte Projekte, die neben konkreten Verbesserungen auch einen Demonstrationseffekt zum Ziel haben.

Entwicklungsland: Staat, der im Vergleich mit den hoch entwickelten Industrieländern einen erheblichen Rückstand in der wirtschaftlichen, technologischen, sozialen und politischen Entwicklung aufweist. Gängige Indikatoren für den Entwicklungsstand sind u. a. das → Bruttonationaleinkommen (BNE) pro Einwohner und der → Human Development Index (HDI).

Entwicklungstheorien und -strategien: Mithilfe von Entwicklungstheorien sollen die Ursachen der Unterentwicklung vieler Staaten der Erde erklärt werden, während Entwicklungsstrategien konkrete Maßnahmen zur Verbesserung der Situation in den Entwicklungsländern anbieten.

Epiphyten: Pflanzen, die sich in Astgabeln oder auf Ästen von größeren Bäumen im tropischen Regenwald ansiedeln und auf dessen hohe Luftfeuchtigkeit angewiesen sind.

Erdbeben: Ruckartige Erschütterungen der Erdkruste und des oberen Erdmantels an den Plattengrenzen der Erde mit teilweise katastrophaler Intensität und entsprechenden Zerstörungen und Todesopfern.

Erdbebenwellen: Grundsätzlich werden zwei Arten von Erdbebenwellen unterschieden: Die Druckwellen, die sich genau in Ausbreitungsrichtung fortbewegen und vor- und zurückschwingen. Sie sind extrem schnell (Laufzeit: ca. 20 Minuten quer durch die gesamte Erde) sowie die Scherwellen, die senkrecht zur Ausbreitungsrichtung auf und ab schwingen. Infolge ihrer hohen Geschwindigkeit und ihres frühen Auftretens werden die Druckwellen als P-Wellen bezeichnet (Lateinisch: *prima unda* = erste Welle), die langsameren Scherwellen dagegen als S-Wellen (Lateinisch: *secunda unda* = zweite Welle).

Erntefläche: Im Unterschied zur einfachen landwirtschaftlichen Nutzfläche (LF) diejenige Fläche eines Staates in den Tropen bzw. Subtropen, die durch mögliche Mehrfachernten – z. T. mit Bewässerung – die tatsächliche, oft erheblich größere Anbaufläche beschreibt.

Erosion: Zusammenfassender Begriff für die Abtragung durch Wasser, Gletschereis und Wind. Im engeren Sinne die lineare Einschneidung von fließendem Wasser sowie von Gletscherströmen in den Untergrund.

Erosionsbasis: Das Höhenniveau, bis zu dem die Erosion durch fließendes Wasser wirksam ist. Am Rhein bildet z. B. der Bodensee eine lokale Erosionsbasis mit einer Höhe von rund 400 m über NN, die Nordsee dagegen bildet die absolute Erosionsbasis auf Meeresniveau (NN: Normal Null).

Erosionsrate: Masse der Bodensubstanz, die durch Erosion pro Jahr verloren geht. Sie wird gemessen in Tonnen pro Hektar pro Jahr.

Erreichbarkeit: Zeitaufwand, der zum Erreichen eines zentralen Ortes mit dem ÖPNV bzw. mit dem Pkw tatsächlich benötigt wird.

Europäischer Güterverkehrskorridor: Die Transportachse Rotterdam – Basel – Genua.

Euroregionen: Zusammenarbeit historisch eher benachteiligter Grenzregionen in Europa mit dem Ziel der Verbesserung der Lebensbedingungen ihrer Bewohner sowie der regionalen Wirtschaftsstruktur.

Exklave: Zu einem Staat gehörendes Gebiet, das außerhalb eines in sich geschlossenen Territoriums liegt. Ein bekanntes Beispiel ist das seit 1945 zur früheren → Sowjetunion und heute zu Russland gehörende Gebiet um die Stadt Kaliningrad (früher Königsberg) im nördlichen Ostpreußen.

Exogene Kräfte: Von außen auf die Erdkruste einwirkende Kräfte.

Exportoffensive: Aggressive Strategie einer exportorientierten Industrialisierungspolitik mit dem erklärten Ziel, ausländische Konkurrenten völlig vom Markt zu verdrängen.

Exportorientierte Industrialisierungsstrategie (EXI): Strategie des Aufbaus einer weltmarktorientierten, konkurrenzfähigen Konsum- bzw. Investititionsgüterindustrie, um dadurch Anschluss an die bereits industrialisierten Staaten zu gewinnen.

Favela: Brasilianische Bezeichnung für eine → Marginalsiedlung.

Favela-Syndrom: Bezeichnung für das Krankheitsbild wuchernder Marginalsiedlungen in den Staaten der Dritten Welt, in denen die Menschen in Armut, in Krankheit und in rechtlicher Unsicherheit leben müssen, oftmals ohne jegliche Zukunftsperspektive.

Finanzzentrum: Großstadt, meist eine → Global City, mit zahlreichen Banken, Versicherungen, Immobilienunternehmen sowie mit Rechtsanwälten, Steuer- und Finanzberatern.

Findling: Durch Gletschertransport verfrachteter großer Gesteinsblock, der sich weit entfernt vom ursprünglichen Entstehungsort befindet; wird auch als erratischer Block bezeichnet.

FIRE-Sektor: Finance, Insurance and Real Estate (Finanzen, Versicherungen und Immobilien) – Bereich des tertiären Sektors mit einer besonders hohen Wertschöpfung und mit hohen Gewinnmargen und Einkommen.

Flächennutzungskonflikte: Politische, wirtschaftliche und / oder soziale Konflikte, die sich aus unterschiedlichen Interessen und Nutzungsansprüchen an einen bestimmten Raum ergeben (z. B. zwischen Industrie und Tourismus).

Flächenversiegelung: → Bodenversiegelung

Flöz: Kohle führende Gesteinsschicht unterschiedlicher Mächtigkeit.

Flying-Geese-Modell (Modell der Fluggänse): Entwicklungsmodell für die ost- und südostasiatischen Schwellenländer und Entwicklungsländer. Das technologisch führende Japan („Leitgans") verlagert nach diesem Modell veraltete Produktionsprozesse in andere Staaten der Region („Folgegänse"). Nach einer gewissen Entwicklungsphase geben diese dann ihre veralteten Produktionsprozesse an eine weitere Ländergruppe ab. So steigt allmählich der Entwicklungsstand.

Föderalismus: Geschichtlich bedingtes politisches System und Staatsmodell, in dem die Regionen ein Gegengewicht zum Zentrum bilden und dessen Entscheidungen mit beeinflussen und eventuell sogar verhindern können. Beispiele sind Deutschland, die Schweiz, die USA.

Food-Crop-Anbau: Anbau von Nahrungsmitteln für die Selbstversorgung.

Fordismus: Standardisierte Massenfertigung in der Industrie mit hierarchischer Organisationsstruktur und hoher Fertigungstiefe. Benannt nach dem Erfinder Henry Ford.

Frontier: Bezeichnung für den Grenzsaum der geschlossenen Besiedlung in den USA, der sich mit der Erschließung des Landes zu Lasten der Ureinwohner immer weiter in den Westen des Landes vorschob.

Fühlungsvorteile: Standortvorteile für Unternehmen derselben Branche, die sich am gleichen Standort ansiedeln. Diese ergeben sich aus dem Vorhandensein eines spezialisierten Angebots von Arbeitskräften und von hoch spezialisierten Zulieferbetrieben, Dienstleistungs- und Transportunternehmen, die sich auf diese Branche eingestellt haben.

Fusion: Zusammenschluss zweier zuvor selbstständiger Betriebe entweder mit gleichen Rechten, oder aber als (feindliche) Übernahme eines Betriebes durch einen anderen. Ziel sind Synergieeffekte, wie z. B. Einsparungsmöglichkeiten und somit eine erhöhte Konkurrenzfähigkeit oder sogar das Ausschalten der Konkurrenz.

Gebietsreform: Administrative Neugliederung einer zuvor stärker zersplitterten Region bzw. eines Staates mit dem Ziel von Einsparungen durch eine räumliche Konzentration von öffentlichen Dienstleistungsangeboten.

Gebirgsbildung: Entstehung von Gebirgen durch endogene, also aus dem Erdinneren stammende Kräfte.

Gentrification: (wörtlich: Veredelung); Aufwertung von Wohngebäuden in der Kernstadt durch aufwendige Sanierungs- und Modernisierungsmaßnahmen (Luxussanierung) mit dem Ziel, die Sozialstruktur in einem Wohngebiet zu verändern. Die Gentrification führt aber auch zur Verdrängung der angestammten Wohnbevölkerung mit geringeren Einkommen.

Geodeterminismus: Erklärungsansatz für globale Disparitäten, der davon ausgeht, dass die Unterentwicklung der Entwicklungsländer ausschließlich durch die ungünstigen naturräumlichen Bedingungen in den Tropen und Subtropen (Klima, Böden) verursacht wurde bzw. wird.

Geozone: Kurzbezeichnung für den sperrigen Begriff Geoökozonen (→ Ökozonen). Wichtig ist bei dieser Bezeichnung die Maßstabsebene: Es handelt sich um global betrachtet neun (nach anderen Einteilungen auch etwas mehr oder weniger) Großräume der Erde, die aufgrund gleichartiger Lebens- und Nutzungsbedingungen zusammengefasst werden können und so einen Überblick vermitteln:
- Polare Kältewüste
- Subpolare Tundra
- Kaltgemäßigte boreale Nadelwaldzone
- Kühlgemäßigte Laub- und Mischwaldzone
- Winterkalte Steppen und Wüsten
- Warmgemäßigte Subtropen
- Tropisch-subtropische Trockenzone
- Wechselfeuchte Tropenzone
- Immerfeuchte Tropenzone

Gesamtfruchtbarkeitsrate (Total Fertility Rate – TFR): Tatsächliche Zahl der Geburten pro Frau in der reproduktiven Altersphase von 15 bis 49 Jahren in einem Staat.

Gesteinsarten: Die wichtigsten Gesteinsarten sind demnach Tiefengesteine (Plutonite), Vulkangesteine (Vulkanite), Umwandlungsgesteine (Metamorphite) und Ablagerungsgesteine (Sedimente, die z. T. diagenetisch verfestigt sind).

Gewittercluster: Zusammenballung mehrerer normaler Gewitterzellen zu einer großen Gewitterzelle mit Ausmaßen von 1000 und mehr Kilometern Durchmesser in den inneren Tropen sowie mit ausgiebigen Niederschlägen.

Ghetto (oder Getto): Wohngebiet einer ethnischen oder religiösen Minderheit in einer Stadt. Die Ansiedlung in bestimmten Stadtvierteln kann freiwillig erfolgen oder erzwungen werden.

Gini-Koeffizient: Mathematisch aus der → Lorenzkurve abgeleitetes Maß für die Gleich- bzw. Ungleichverteilung von z. B. Bevölkerung,

Landbesitz oder Einkommen in einem Staat. Geht der Gini-Koeffizient gegen Null, so ist die Verteilung eher gleichmäßig, geht er aber gegen Eins, so ist die Verteilung sehr ungleichmäßig bzw. ungerecht.

Glaziale Serie: Die charakteristische Abfolge von Grundmoräne, Endmoräne, Sander und Urstromtal als in der Landschaft bis heute sichtbare Hinterlassenschaft der Eiszeiten.

Gletscherskilauf: Besonders umweltschädliche Variante des Wintersports in den Gletscherregionen von Hochgebirgen – auch im Sommer; gilt als eine Form des sogenannten „Harten Tourismus".

Global City: Stadt mit bedeutenden Steuerungsfunktionen für die Weltwirtschaft, z. B. als Finanzzentrum oder als Konzernzentrale weltweit agierender Unternehmen (Global Player). Global Cities bilden die höchste Hierarchieebene zentraler Orte und sind durch den internationalen Flugverkehr sowie durch Internet und Telekommunikation eng miteinander verknüpft. Je nach globaler Bedeutung werden Alpha-, Beta und Gamma-Weltstädte unterschieden.

Global Gender Gap Index: Index der Unterschiede zwischen Staaten der Erde in Bezug auf die Lebenschancen von Frauen und Männern. Im Global Gender Gap Report 2017 wurden insgesamt 144 Staaten untersucht. Dabei geht es um folgende vier Dimensionen:
Ökonomische Teilhabe und Möglichkeiten mit der Angabe von Beschäftigungsquote, Einkommensunterschieden und Einsatz in hoch qualifizierten Berufen zwischen Frauen und Männern
Bildungsniveau: Alphabetisierung, Abschluss von Grundschule, Sekundarschule oder Universität – wieder nach Frauen und Männern
Gesundheit und Lebenserwartung: Quote der Geschlechter bei allen Geburten in einem Jahrgang, Gesundheit und Lebenserwartung
Politische Partizipation (Teilhabe): Anteil der Frauen im Parlament und unter den Ministern sowie Anteil der weiblichen Staatsoberhäupter innerhalb der letzten 50 Jahre

Globalisierung: Prozess der weltweiten Zunahme von Austauschbeziehungen und Verflechtungen über Staatsgrenzen hinweg, der sich auf viele Lebensbereiche auswirkt. Die Globalisierung betrifft insbesondere die Zunahme der Handelsverflechtungen, das Wachstum der internationalen Kapitalströme, die grenzüberschreitende Organisation der Produktion und den internationalen Tourismus.

Global Player: Weltweit wirtschaftlich aktiver Konzern, der auf den drei wichtigsten Märkten der Erde (→ Triade) vertreten ist.

Grabenbruch: Durch → Bruchtektonik entstandenes Becken, zumeist eine langgestreckte Hohlform. Bekannte Grabenbrüche sind der Oberrheingraben sowie der Baikalsee.

Grenzertragsböden: Böden mit einer geringen natürlichen Bodenfruchtbarkeit oder in einer klimatisch benachteiligten Region mit ausgeprägter Trockenheit bzw. mit kurzen Wachstumszeiten und daher mit eingeschränkten Nutzungsmöglichkeiten. Eine Nutzung ist oft nur durch erhöhte Düngergaben bzw. durch künstliche Bewässerung möglich und verringert somit die Wirtschaftlichkeit der hier tätigen Agrarbetriebe.

Großwohnsiedlung: Wohngebiet mit mehrgeschossigen Wohnblöcken und mit einer hohen Bevölkerungsdichte meist außerhalb der Innenstadt. Durch den Bau von Großwohnsiedlungen kann der Flächenverbrauch im Unterschied zur Eigenheim-Bebauung deutlich eingeschränkt werden.

Grundbedürfnisstrategie: Hauptziel der Grundbedürfnisstrategie ist die Befriedigung der Grundbedürfnisse *(Basic Needs)* der größtmöglichen Zahl von Menschen innerhalb eines politisch akzeptablen Zeithorizonts. Wichtigste Zielgruppe sind die ärmeren Menschen in einem Entwicklungsland. Zur Grundbedürfnisstrategie gehört die Gewährleistung der Mindestausstattung einer Familie mit Gütern des privaten Bedarfs, vor allem Wasser und angemessene Ernährung, Kleidung und Wohnraum sowie bestimmte Haushaltsgegenstände und Möbel. Daneben soll eine elementare öffentliche Infrastruktur bereitgestellt werden, wie Trinkwasserversorgung, sanitäre Anlagen, öffentlicher Transport, Gesundheitsdienste und Bildungseinrichtungen.

Grundgebirge: Alter, vorwiegend aus kristallinen Gesteinen (z. B. Granite und Gneise) bestehender Gebirgskörper. Beispiele sind der Harz oder das → Rheinische Schiefergebirge.

GUAM-Staaten: In Anlehnung an die Bezeichnung für eine Insel im Pazifik entstandener Begriff, der die gemeinsamen politischen und wirtschaftlichen Interessen der Staaten Georgien, Ukraine, Aserbaidschan und Moldau unterstreicht. Diese Staaten versuchen sich aus der wirtschaftlichen und miltärischen Einflusssphäre Russlands zu lösen und betreiben eine Annäherungspolitik an die USA, an die NATO und an die EU.

GUS (Gemeinschaft Unabhängiger Staaten): Lockerer Staatenbund der meisten seit 1991 auf dem Gebiet der früheren Sowjetunion neu entstandenen Staaten – mit Ausnahme der baltischen Staaten, die mittlerweile sowohl zur NATO als auch zur EU gehören.

Hadley-Zelle: Tropischer Teil der atmosphärischen Zirkulation, der als doppelte Walze vom Äquator bis zu den Wendekreiswüsten reicht.

Han-Chinesen: Von einer chinesischen Dynastie, unter der Nord- und Südchina erstmals vereinigt waren und zusammenwuchsen, abgeleitete Bezeichnung für die große Bevölkerungsmehrheit der Chinesen in der VR China, das sogenannte Staatsvolk.

Handelsbilanz: Saldo von Importen und Exporten in Bezug auf eine Volkswirtschaft. Demnach wird unterschieden zwischen einer positiven bzw. negativen Handelsbilanz. Auch eine ausgeglichene Handelsbilanz ist möglich.

Hartlaubvegetation: An die sommerliche Trockenzeit des Mittelmeerklimas mit ihren hohen Verdunstungswerten angepasste Vegetation.

Havarie-Syndrom: Als Havarie-Syndrom werden lokale, singuläre Industriekatastrophen mit längerfristigen Auswirkungen bezeichnet, wie z.B. die Reaktorkatastrophen von Tschernobyl in der Ukraine 1986, die Havarie des Öltankers Exxon Valdez 1989 vor der Küste Alaskas oder die Reaktorkatastrophe in Fukushima 2011 als Folge des verheerenden Tsunamis vor der Ostküste Japans.

High-Tech-Cluster: Räumliche Konzentration von Hochtechnologie-Betrieben an einem Standort bzw. in einer Region mit der Möglichkeit der vertikalen und horizontalen Kooperation.

Hispanics: Aus Lateinamerika stammende Einwanderer in den USA.

Höhenstufen: Charakteristische Abfolge von Klima-, Vegetations- und Landnutzungsstufen mit zunehmender Höhe in den Hochgebirgen der Erde. Insbesondere in den Tropen können bei entsprechender Höhe des Gebirges fast alle Klimazonen der Erde als Höhenstufen auftreten, vom tropischen Regen- und Bergregenwald bis hin zur Gletscherzone der Gipfel.

Hoher Norden: Bezeichnung für die unwirtlichen subpolaren Bereiche in Alaska, Kanada, Grönland und Sibirien, in denen eine Erschließung von Bodenschätzen bzw. die Unterhaltung von Dauersiedlungen mit extrem hohen Kosten verbunden und daher nur in Einzelfällen möglich ist.

Homestead Act (Heimstätten-Gesetz): Gesetz über die Zuweisung von Land an geeignete Siedler in den USA, das die Voraussetzung für die Erschließung und die geschlossene Besiedlung der Inneren Ebenen und des Westens der USA war.

Hot Spot: Über lange geografische Zeiträume aktive, ortsfeste Vulkangebiete unterhalb der driftenden Lithosphäreplatten, deren Magma aus dem unteren Erdmantel stammen soll. Ein bekanntes Beispiel sind die Hawaii-Inseln.

Human Development Index (HDI): Von den Vereinten Nationen entwickelter Index der menschlichen Entwicklung. Dieser setzt sich zusammen aus der Lebenserwartung bei der Geburt, der Alphabetisierungsrate der Erwachsenen und der realen Kaufkraft pro Einwohner.

Humankapital: In Deutschland durch Politiker und Wirtschaftsführer missbräuchlich verwendeter und dadurch teilweise in Verruf geratener Begriff, der das Kapital eines Landes beschreibt, das vor allem auf einem allgemein hohen Bildungsstand und auf einer guten Berufsausbildung mit entsprechendem Know-how sowie auf einer hohen Motivation seiner Bewohner beruht.

Hurrikan (engl. Hurricane): Tropischer Wirbelsturm, der in einem Gürtel von mehr als 10° Nord bzw. Süd über stark erhitzten Meeresoberflächen mit einer Wassertemperatur von mehr als 27 °C entsteht. Hurrikane können auf Satellitenbildern geortet und verfolgt werden. Daher ist meistens eine rechtzeitige Evakuierung der betroffenen Regionen möglich.

Hygrische Jahreszeiten: Jahreszeiten, die weniger durch die Temperatur als vielmehr durch die Verfügbarkeit von Wasser für die Vegetation bestimmt werden (Trockenzeit bzw. Regenzeit).

Image einer Region: Für den Tourismus (Marketing) und als Standortfaktor für Betriebsansiedlungen wichtiges, oftmals sogar entscheidendes Bild einer Region nach außen, z. B. in den Massenmedien.

Impact-Struktur: Englisch-amerikanische Bezeichnung für Hohlformen in der Landschaft, die durch Meteoriteneinschläge entstanden sind. Ein bekanntes Beispiel ist das Nördlinger Ries.

Index der fragilen Staaten (Fragile state index): Der Index der fragilen (zerbrechlichen) Staaten stuft die Staaten der Erde nach verschiedenen sozialen, wirtschaftlichen und politischen Indikatoren ein: wachsender Bevölkerungsdruck und ethnische oder religiöse Konflikte mit Flucht und Vertreibung; große wirtschaftliche Ungleichheit in Verbindung mit sozialen Disparitäten und/oder wirtschaftlicher Niedergang; fehlende staatliche Legitimation und Niedergang der öffentlichen Dienstleistungen, ggf. auch Menschenrechtsverletzungen. Dieser Index hat mittlerweile den Index der gescheiterten Staaten (Failed States Index) ersetzt.

Index für menschliche Entwicklung: → Human Development Index

Indoeuropäische Sprachen: In Nordamerika, Europa und Asien weit verbreitete Sprachfamilie mit einem gemeinsamen Ursprung und teilweise ähnlichem Wortschatz.

Inflationsrate: Messgröße für die Preissteigerung in einem Staat und damit für den Wertverfall der Landeswährung. Erhoben wird die Inflationsrate für bestimmte Zeiträume, z. B. für ein Jahr, für fünf Jahre und für zehn Jahre. Grundlage der Erhebung ist jeweils ein repräsentativer Warenkorb mit bestimmten Konsumausgaben und dessen nominale Preisentwicklung im Verhältnis zur Vorperiode.

Informeller Sektor: Vor allem in den Entwicklungsländern jener Sektor der Wirtschaft, der nicht von der Statistik erfasst wird. Die zahlreichen in ihm tätigen Menschen sind weder kranken- noch rentenversichert und versuchen zumeist durch einfache Dienstleistungen allein oder in Kleinstbetrieben mit minimalen Einkommen zu überleben – oftmals durch Selbstausbeutung.

Innertropische Konvergenzzone (ITC): Der Bereich der inneren Tropen, in dem der Nordostpassat und der Südostpassat zusammenströmen (konvergieren) und in dem sich die äquatoriale Tiefdruckrinne mit Zenitalregen bildet. Die ITC wandert mit dem Zenitstand der Sonne vom Äquator aus über den Kontinenten weiter, über den Ozeanen wesentlich weniger weit nach Norden bzw. nach Süden.

Innovationspotenzial: Möglichkeiten innerhalb einer Stadt oder Region, Erfindungen und technologische Verbesserungen hervorzubringen – z. B. in Hochschulen und Forschungsinstituten – und diese in die Praxis umzusetzen, z. B. in Form neuer Produkte oder Verfahren.

Interzeption: Vorübergehendes Auffangen des Niederschlags durch das geschlossene Blätterdach eines Baumes bzw. Waldes. Der Regen erreicht erst mit Verzögerung den darunterliegenden Boden.

Inversion: (lateinisch für Umkehrung) – Besondere Temperaturschichtung in der Atmosphäre, bei der eine wärmere Luftschicht über einer kalten, bodennahen Luftschicht liegt. Normalerweise kühlt die Luft mit zunehmender Höhe ab.

Inversionswetterlage: Zeitraum mit einer → Inversion der Temperaturschichtung in der Atmosphäre, v. a. im Winter und in Tal- oder Beckenlagen, in denen sich bodennahe Kaltluft sammeln kann.

Jetstream: (wörtlich: Strahlstrom) – Starke, bandartige und zeitweise mäandrierende Luftströmung in der oberen Troposphäre, die aufgrund des globalen Temperatur- und damit auch Druckgefälles oberhalb der planetarischen Frontalzone entsteht.

Joint Venture: Gemeinsame Gründung eines Unternehmens durch rechtlich und wirtschaftlich voneinander unabhängige Partner. Dabei werden einander ergänzende Kenntnisse (Know-how) und / oder Kapital bei gleichzeitiger Teilung von Gewinn und Risiko zusammengelegt.

Jugoslawien: („Staat der Südslawen"). Nach dem Ersten Weltkrieg unter der Führung Serbiens gebildeter Vielvölkerstaat auf der Balkanhalbinsel, der in den 1990er-Jahren zerfallen ist in die souveränen Staaten Slowenien, Kroatien, Mazedonien, Bosnien-Herzegowina, Montenegro sowie Serbien mit der Autonomen Region Kosovo (unter internationaler Verwaltung).

Just in Time: In der Automobilindustrie entwickeltes Verfahren der Zulieferung von Einzelteilen bzw. von Komponenten genau zu dem Zeitpunkt, an dem sie am Band benötigt werden. Damit wird eine kostenaufwendige Lagerhaltung vermieden, aber das Verkehrsaufkommen von Lkw als sogenannte „rollende Warenlager" steigt deutlich an.

Kältepol: Ort mit der tiefsten jemals gemessenen Temperatur auf der Nord- bzw. auf der Südhalbkugel der Erde.

Kaltfront: Grenze der vorrückenden Kaltluft auf der Rückseite des → Warmluftsektors innerhalb eines wandernden Tiefdruckgebietes.

Kaufkraftparität (PPP-$): Die Abkürzung stammt vom englischen Begriff „Purchasing Power Parity". Die Kaufkraftparität gibt an, wie viele Einheiten der jeweiligen Landeswährung erforderlich sind, um einen repräsentativen Warenkorb mit bestimmten Konsumgütern zu kaufen, der in den USA einen bestimmten Preis in US-$ hat. Anschließend wird die Kaufkraft der Landeswährung umgerechnet in die Kaufkraft eines US-$.

Klimadiagramm: Grafische Darstellung des langjährigen durchschnittlichen Temperatur- bzw. Niederschlagsverlaufs für eine bestimmte Klimastation, basierend auf Messreihen von mindestens 30 Jahren.

Kommunistische Partei der Sowjetunion (KPdSU): Mächtige Einheitspartei in der früheren → Sowjetunion, die nicht nur Politik und Wirtschaft kontrollierte, sondern auch die Massenmedien. Die Bürgerrechte waren stark eingeschränkt, und der einzelne Bürger wurde vom Staat auch im Privatleben streng überwacht.

Komparative Kostenvorteile: Besondere Standortvorteile in bestimmten Staaten, z. B. in den Industrieländern durch den hohen technologischen Entwicklungsstand, die gut ausgebaute Infrastruktur und den aufnahmefähigen Markt, in den Entwicklungsländern durch die geringen Löhne und durch eventuell vorhandene Rohstoffvorkommen.

Kompression: Verkürzung der Erdkruste an einer Plattengrenze durch Faltung oder → Bruchtektonik bei der Kollision zweier Lithosphäreplatten.

Kondensationsniveau: In Abhängigkeit von Temperatur und Luftfeuchtigkeit ist das Kondensationsniveau die Höhe in Metern, bei der der gasförmige Wasserdampf aufsteigender und damit kühler werdender Luftmassen kondensiert, also in Wassertröpfchen umgewandelt wird mit Wolkenbildung und später eventuell mit Niederschlagsbildung.

Konsolidierung: Prozess der schrittweisen Verbesserung der Bausubstanz und der Lebensbedingungen in einer ehemaligen → Marginalsiedlung durch ihre Bewohner selbst als Teil einer

„Entwicklung von unten", und zwar weitestgehend in Eigenleistung unter der Voraussetzung relativ sicherer Einkommensverhältnisse sowie positiver Zukunftsperspektiven. Im Gegensatz dazu stehen als „Entwicklung von oben" die sogenannten → Squatter Upgrading-Programme, die oftmals von der Weltbank finanziert werden.

Kraton: Sehr alter Festlandskern, der bereits nach dem Erkalten der Erdkruste in der Erdurzeit entstanden ist. Nach neuesten wissenschaftlichen Erkenntnissen liegen die ältesten Teile der Erdkruste (3,8 Mrd. Jahre alt) im Osten Grönlands.

Kultur: Kultur ist ganz allgemein die vom Menschen geschaffene künstliche Umwelt im Unterschied zur natürlichen Umwelt. Aufbauend auf einer geistigen Kultur (Sprache, Religion, Wertvorstellungen und Gesellschaftsnormen, Ästhetik und Wissenschaft) gibt es eine materielle Kultur (Architektur, Technik und Infrastruktur). Wichtige Indikatoren zur Abgrenzung unterschiedlicher Kulturräume sind Religion und Sprache. Allerdings gibt es meist keine klaren Grenzlinie, sondern eher Übergangsräume mit sprachlichen oder religiösen Minderheiten. Viele politische Grenzen auf der Erde durchschneiden kulturelle Grenzen, insbesondere Sprachgrenzen.

Kulturerdteil: Großregion der Erde, die nicht durch physisch-geografische Merkmale abgegrenzt wird, sondern durch kulturelle Faktoren, die sich auch in der jeweiligen Kulturlandschaft niederschlagen. Beispiele sind der anglo-amerikanische, der lateinamerikanische, der islamisch-orientalische oder der russisch-orthodoxe Kulturerdteil. Die Abgrenzungskriterien sind einerseits nicht immer sehr scharf (meist geht es um Sprache und / oder Religion) und werden überlagert durch Globalisierungsprozesse, andererseits enthalten einzelne Kulturerdteile sehr unterschiedliche Teilregionen, die kaum zusammengefasst werden können.

Länderfinanzausgleich: System eines gesetzlich geregelten Finanzausgleichs von den wirtschaftlich stärkeren hin zu den wirtschaftlich schwächeren Bundesländern in Deutschland mit dem Ziel des Abbaus räumlicher Disparitäten sowie der Herstellung räumlicher Gerechtigkeit.

Länderfusion: Zusammenlegung mehrerer Bundesländer mit dem Ziel von Einspar- und Synergieeffekten – allerdings verbunden mit dem Nachteil des Verlustes von Bürgernähe sowie mit weiten Wegen zu den Behörden. Die erste Länderfusion war der Zusammenschluss von Baden und Württemberg 1952. Die Länderfusion entspricht einer Gebietsreform auf Länderebene. Sie sollte mit dem geplanten Zusammenschluss von Berlin und Brandenburg im zweiten Anlauf für das Jahr 2010 verwirklicht werden, scheiterte aber in einer Volksabstimmung.

Länderklassifikation: Nach dem jährlich erscheinenden Weltentwicklungsbereicht der Weltbank werden die Staaten allein nach dem Kriterium des Bruttonationaleinkommens pro Einwohner eingestuft in Länder mit geringem, mittlerem und hohem Einkommen. Die Gruppe mit mittlerem Einkommen wird noch in zwei Kategorien unterteilt.

Landflucht: Prozess der Abwanderung aus peripheren ländlichen Regionen aufgrund des Strukturwandels in der Landwirtschaft. Folgen sind Wüstungsprozesse und Schwächen in der infrastrukturellen Versorgung des dünn besiedelten ländlichen Raumes.

Land Grabbing: Die wachsende globale Nachfrage nach Nahrungs- und Futtermitteln hat zu einem steigenden Bedarf vor allem an Ackerflächen geführt. Staatsfonds reicher Staaten (z. B. der Ölstaaten, aber auch Chinas und Südkoreas), Banken und Landfonds kaufen daher in großem Umfang Ackerland gerade auch in den ärmeren Entwicklungsländern, wo die Ernährungsprobleme der Bevölkerung weiter verschärft werden.

Landlocked Country (LLC): → Binnenland

Landreform: Politische Maßnahme der Umverteilung von landwirtschaftlichen Nutzflächen bei extrem ungerechten Bodenbesitzverhältnissen, wie z. B. in Lateinamerika.

Landschaft: Umgangssprachliche Bezeichnung für einen bestimmten physisch-geografischen bzw. kulturgeografischen Raumtyp.

Latente Wärme: Beim Vorgang der Verdunstung im Wasserdampf der Luft gespeicherte Energie, die bei der Kondensation wieder an die umgebende Luft abgegeben wird.

Least Developed Countries (LLDC): Englisch-amerikanische Bezeichnung für die ärmsten Entwicklungsländer mit besonderem Unterstützungsbedarf. Der Begriff wird v. a. von den Vereinten Nationen benutzt.

Lebenserwartung: Rechnerischer Wert des durchschnittlich zu erwartenden Alters ab der Geburt; in der Regel wird die Lebenserwartung bezogen auf ein Land angegeben. Die Lebenserwartung wird zumeist auch für Männer und Frauen getrennt erhoben.

Leistungsbilanz: Teil der Zahlungsbilanz einer Volkswirtschaft. Die Leistungsbilanz lässt sich in folgende Teilbilanzen gliedern:
- Handelsbilanz: Import und Export von Waren.
- Dienstleistungsbilanz: Import und Export von Dienstleistungen, wie z. B. Tourismus, Transportleistungen.
- Übertragungsbilanz: Zahlungen an internationale Organisationen wie die UNO, Zahlungen von Entwicklungshilfe, Rücküberweisungen von ausländischen Arbeitnehmern in ihr Heimatland (Remitten).

Less Developed Countries (LDC): Englisch-amerikanische Bezeichnung der Vereinten Nationen für Entwicklungsländer.

Lithosphäre: Gesteinshülle der Erde mit den festen Bestandteilen: Obere und untere Erdkruste sowie oberster Erdmantel (insgesamt bis maximal 60 km mächtig).

Lorenzkurve: Spezielle Diagrammform zur Darstellung einer Verteilung (z. B. der Betriebsgrößenstruktur in der Landwirtschaft) und damit auch zum Aufzeigen von Ungleichverteilung bzw. Ungerechtigkeit.

Lock-In: Problem des Verharrens in althergebrachten mentalen, ökonomischen und sozialen Strukturen ohne die Bereitschaft, notwendige Veränderungsprozesse zur Gestaltung der Zukunft einzuleiten. Ein klassisches Beispiel ist die zu lange Fixierung des Ruhrgebiets (und anderer, altindustrialisierter Regionen) auf die Montanindustrie.

Lössbörden: Während der Eiszeiten durch den Wind abgelagerte, feinkörnige und zugleich kalkhaltige Sedimente sowie die darauf entstandenen Lössböden bilden die Grundlage für die Entstehung fruchtbarer Agrarlandschaften im Vorland der Mittelgebirge, der sogenannten Börden.

Luftdruckgradient: Luftdruckgefälle zwischen Hoch- und Tiefdruckgebieten

Marginalisierung: (lateinisch *margo*: Rand) – Beschreibung dafür, dass ein größerer Bevölkerungsanteil, in den Entwicklungsländern oft sogar die Mehrheit der Bevölkerung, an den Rand der Gesellschaft gedrängt wird und dort von der Teilhabe am Wohlstand und an politischen Entscheidungsprozessen ausgeschlossen ist.

Marginalsiedlung: Im engeren Sinne Hüttenviertel am Rande von Großstädten, deren Bewohner überwiegend arm sind und unter teilweise katastrophalen hygienischen und sozialen Bedingungen leben müssen, im weiteren Sinne auch die innerstädtischen → Slumgebiete mit vergleichbaren Lebensbedingungen.

Massentierhaltung: Wirtschaftlich erfolgreiche, aber moralisch umstrittene Form der Haltung vieler Tiere der gleichen Art auf engstem Raum mit dem Ziel der Gewinnmaximierung für die Produzenten und der Preisreduzierung für den Konsumenten; meist ohne Rücksicht auf eine artgerechte Tierhaltung.

Massentourismus: Negativ besetzter Begriff für einen nicht nachhaltigen, weder an das Ökosystem noch an die Kultur in der Zielregion angepassten, sogenannten harten Tourismus.

Mediterrane Subtropen: Gebiete mit subtropischem Mittelmeerklima. Kennzeichen sind milde Temperaturen, Winterregen und sommerliche Trockenheit.

Megacity: Nach einer Definition der Vereinten Nationen müssen Megastädte folgende Bedingungen erfüllen:
- mindestens zehn Millionen Einwohner,
- monozentrische Struktur (eine Kernstadt),
- Mindestdichte der Bevölkerung: 2000 Einwohner pro Quadratkilometer,
- herausragende Bedeutung im nationalen und / oder internationalen Rahmen.

Megalopolis: (wörtlich: „Riesenstadt") – Große, fast durchgehend verstädterte Räume, in denen sich mehrere Groß- bzw. Millionenstädte durch die Suburbanisierung zu einer zusammenhängenden Stadtlandschaft entwickeln. Bekanntestes Beispiel ist die Megalopolis **Boswash** in den USA mit rund 38 Millionen Einwohnern. In der Bezeichnung Boswash stecken die beiden Endpunkte der Megalopolis: **Bos**ton im Norden und **Wash**ington im Süden.

Melting Pot: Idealisiertes Ziel der Verschmelzung aller eingewanderten Bevölkerungsgruppen in den USA. Der Realität angepasst wird heute eher von einer Salad Bowl gesprochen, einem bunten Gemisch von Bevölkerungsgruppen, vergleichbar dem Mosaik der Kulturen in Kanada. Werden die sozialen Unterschiede betont, so spricht man auch von einem Layer Cake, einer Schichttorte mit oben und unten.

Mercalli-Skala: Zwölfteilige Erdbebenskala, die auf den von Menschen wahrnehmbaren Erschütterungen und der Beschreibung von Schäden beruht. Sie ist also teilweise subjektiv und rein beschreibend. Benannt wurde sie nach dem italienischen Vulkanologen GIUSEPPE MERCALLI (1850 – 1914).

Metamorphose: Umwandlung von Gesteinen durch hohen Druck und / oder hohe Temperatur; typisches Beispiel für Metamorphite sind Gneise.

Meteorit: Allgemeine Bezeichnung für kleinere, vereinzelt auch größere Himmelskörper, die beim Eintritt in die Erdatmosphäre zumeist völlig verglühen oder aber einschlagen und dann → Impact-Strukturen bilden können.

Metropole: Millionenstadt, die zugleich ein wirtschaftliches und politisches Entscheidungszentrum ist und die anderen Städte des Landes in der Regel an Größe und Bedeutung weit überragt.

Metropolitane Funktionen: Hochrangige, national und international bedeutsame Funktionen des tertiären Sektors in einer Metropole, z. B. Konzernzentralen und Ministerien.

Metropolregion: Einzugsbereich einer bedeutenden Millionenstadt, der weit über die engere Stadtregion hinausreicht.

Migration: (lateinisch für Wanderung) – Verlagerung des Wohnsitzes für immer bzw. für einen längeren Zeitraum innerhalb eines Staates von einer Region in eine andere oder über Staatsgrenzen hinweg

Minderheit: Bevölkerungsgruppe, die sich aufgrund bestimmter Kriterien (kulturelle Faktoren, soziale Identität, räumliche Konzentration) von der Mehrheit der Einwohner in einem Staat unterscheidet.

Mittelgebirgsschwelle: Geologisch ältere, durch → Erosion stärker abgetragene und durch → Bruchtektonik geprägte, kleingekammerte Gebirgslandschaft ohne schroffe Landschaftsformen zwischen Norddeutschem Tiefland und Alpenvorland mit Gipfelhöhen von maximal knapp 1500 Metern.

Mobilität: (wörtlich: Beweglichkeit) – Möglichkeiten der räumlichen und der sozialen Veränderung in einer Gesellschaft in Abhängigkeit von deren wirtschaftlichem, technologischem, politischem und sozialem Entwicklungsstand. Die räumliche Mobilität bezieht sich auf die Verlagerung des Wohnsitzes bzw. die Verkehrserschließung, die soziale Mobilität bezieht sich auf die gesellschaftlichen Aufstiegsmöglichkeiten.

Montanindustrie: (lateinisch von Berg, Bergbau) – Die auf dem Abbau von Steinkohle als Energieträger sowie von Eisenerz als Rohstoff beruhende Eisen- und Stahlindustrie („Schwerindustrie").

Moränen: Eiszeitliche Ablagerungen unterhalb des ehemaligen Gletschers als sogenannte Grundmoräne bzw. vor dem ehemaligen Gletscher als sogenannte Endmoräne. Bei den Endmoränen werden aufgeschobene Stauchendmoränen von abgelagerten Satzendmoränen (von Absetzen) unterschieden. Im Unterschied zu Ablagerungen von Flüssen (→ Sander) ist das Gesteinsmaterial der Moränen nicht nach Größe sortiert und nicht gerundet bzw. nur an den Kanten gerundet.

Most Seriously Affected Countries (MSAC): Diejenigen → Entwicklungsländer, die auf den Import von Erdöl als Energieträger angewiesen und von Preissteigerungen in diesem Bereich besonders betroffen sind, da diese die Handelsbilanz stark belasten.

Mure: Schlamm- und Geröllstrom im Gebirgsraum mit verheerender Zerstörungskraft.

Nachhaltige Entwicklung: Entwicklung, die sowohl ökonomische als auch soziale und ökologische Interessen berücksichtigt und vor allem langfristig angelegt ist, also die Lebensgrundlagen und Gestaltungsmöglichkeiten zukünftiger Generationen nicht beeinträchtigt.

Nachhaltigkeit: Schonender Umgang mit den natürlichen (fossilen und erneuerbaren) Ressourcen in der Gegenwart, um die Lebensgrundlagen und Gestaltungsmöglichkeiten zukünftiger Generationen nicht zu beeinträchtigen. Die wichtigsten lebensnotwendigen Ressourcen für Gegenwart und Zukunft sind Luft, Wasser, Böden, Flora und Fauna (→ Biodiversität) sowie Wälder, Moore und Meere als CO_2-Senken.

Nachhaltigkeitsdreieck: Geometrische Figur des gleichseitigen und gleichwinkligen Dreiecks zur Veranschaulichung von drei Bereichen der Nachhaltigkeit: Ökonomie – Ökologie – soziale Gerechtigkeit

Nachhaltigkeitspyramide: Geometrische Figur zur Darstellung des erweiterten Nachhaltigkeitsbegriffes mit fünf Eckpunkten: Ökonomie – Ökologie – soziale Gerechtigkeit (s. o.) – Politik: Partizipation (Teilhabe und Mitbestimmung in demokratischen Systemen) – Kultur: Bewahrung und zugleich Weiterentwicklung der kulturellen Identität

NAFTA-Staaten: Staaten, die dem North American Free Trade Agreement beigetreten sind, dem nordamerikanischen Freihandelsabkommen: USA, Kanada und Mexiko.

Nationalpark: Aus den USA stammendes Konzept des Schutzes von einmaligen Naturlandschaften, um diese für die Nachwelt zu erhalten. Gleichzeitig sollen Nationalparks in ausgewählten Bereichen für Besucher zugänglich sein, damit diese die einmaligen Naturlandschaften kennen lernen und eine positive Einstellung gegenüber der Natur entwickeln.

Natürlicher Bevölkerungssaldo: Geburtenfälle minus Sterbefälle in einer Region bzw. in einem Staat.

Naturpark: Großräumiges Gebiet mit besonderen Landschaftsformen, das für die touristische Erschließung besonders geeignet ist. Innerhalb dieser Einrichtungen gibt es Gebiete, die einem besonderen Landschaftsschutz unterliegen und nicht verändert werden dürfen und solche, die unter strengem Naturschutz stehen und daher auch für Touristen nicht zugänglich sind.

Niederschlagsvariabilität: Durchschnittliche Schwankungsbreite der Niederschläge, ausgehend vom langjährigen Mittel und gemessen über einen langen Zeitraum. Daraus ergibt sich die Dürrewahrscheinlichkeit in einer Region.

Nord-Süd-Konflikt: Da die meisten Industrieländer auf der Nordhalbkugel der Erde liegen, die meisten Entwicklungsländer dagegen auf der Südhalbkugel, wird der Interessengegensatz zwischen den beiden Ländergruppen als Nord-Süd-Konflikt bezeichnet.

Offshore-Finanzzentren: Diese auch als Steueroasen bezeichneten Gebiete sind zumeist formal selbstständige oder auch politisch abhängige Territorien mit kleiner Fläche und mit einer sehr liberalen Steuergesetzgebung sowie extrem niedrigen Unternehmenssteuern. Sie bieten globalen Konzernen die Möglichkeit, Gewinne niedrig zu versteuern und finanzielle Transaktionen zu verschleiern. Daneben dienen sie oftmals auch der Geldwäsche global agierender krimineller Organisationen.

Okklusion: Zusammenschluss von Kaltluft (am Boden) und Warmfront (in der Höhe) nach dem Anheben des Warmfrontsektors im Alterungsstadium einer → Zyklone.

Ökologisches Notstandsgebiet: Gebiete mit katastrophaler Umweltschädigung und mit Gesundheitsgefährdung ihrer Bewohner vor allem in den Staaten des früheren Ostblocks („Zweite Welt"). Bekannte Beispiele sind die Region um Norilsk im heutigen Russland, das Oberschlesische Industriegebiet (GOP) in Polen oder der Raum Bitterfeld in der früheren DDR. Neuere dramatische Beispiele für ökologische Notstandsgebiete finden sich in der VR China.

Ökozone: Großregion der Erde, zumeist parallel zu den Breitengraden angeordnet, die nach Zusammenfassung mehrerer naturräumlicher Kriterien in sich relativ einheitliche Lebensbedingungen für Flora und Fauna bietet und demnach auch für den Menschen.

Opportunitätskosten: Einkommensverluste durch den Verdienstausfall während der Erziehungszeiten und durch Ausgaben für die Kindererziehung und -versorgung.

Orient: Räumlich diffuser historischer Begriff für den Osten (Morgenland), der auch heute noch gebräuchlich ist und aus der eurozentrischen Perspektive alle exotisch anmutenden Kulturräume von Vorderasien bis nach China beinhaltet, die in Abgrenzung zum christlichen Abendland (Okzident) gesehen und teilweise sehr unterschiedlich bewertet werden – negativ oder positiv, seltener aber neutral.

Ostseitenklima: Ganzjährig feuchtes Klima mit Sommermaximum der Niederschläge oder sommerfeuchtes Klima an den Ostseiten der Kontinente, bedingt durch warme Meeresströmungen in diesem Bereich sowie durch die Aufheizung der Kontinente im Sommer, die dann die feuchtwarme Meeresluft ansaugen.

OSZE: Organisation für Sicherheit und Zusammenarbeit in Europa

Outsourcing: Auslagerung der Fertigung möglichst vieler Bauteile z. B. in der Automobilindustrie in Zulieferbetriebe, um eine Konzentration des Konzerns auf das Kerngeschäft zu ermöglichen.

Passatinversion: Temperaturumkehr in der Höhe zwischen 23,5° Nord bzw. Süd, in der sehr warme absinkende Luftmassen den Aufstieg und die Kondensation bodennaher Luftmassen verhindern und somit auch die Niederschlagsbildung. Die Passatinversion ist ursächlich verantwortlich für die Entstehung der Wendekreiswüsten.

Passatwinde: Beständig wehende Winde zwischen den Wendekreiswüsten und der → innertropischen Konvergenzzone, die durch die → Corioliskraft abgelenkt werden zu Nordost- bzw. Südostpassaten.

Passivraum: Raum mit geringer Wirtschaftsleistung (BIP/Einwohner), dünner Besiedlung, Überalterung sowie Abwanderung. Die Abwanderung ist oftmals verbunden mit → sozialer Erosion.

Pedosphäre: Bodenschicht der Erde – als solche die dünnste aller Schichten bzw. Hüllen der Erde.

Pendler: Menschen, die zum Erreichen ihres Arbeitsplatzes oder ihrer Schule bzw. Universität täglich ihren Wohnort verlassen und z. T. weite Strecken zurücklegen.

Peripherraum: (kurz: Peripherie), wörtlich: Region in Randlage. Beinhaltet aber auch die schlechte Erreichbarkeit (Pkw, ÖPNV) und den wirtschaftlichen sowie den gesellschaftlichen Entwicklungsrückstand einer Region im Vergleich zum Gesamtraum.

Permafrostboden: → Dauerfrostboden

Phytomassenproduktion: Masse der Pflanzenproduktion, also des Zuwachses in einem Jahr in einem bestimmten Ökosystem, gemessen in Tonnen pro Hektar (t/ha).

Planet: Relativ großer, fester oder gasförmiger Himmelskörper, der um einen sogenannten Fixstern, wie z. B. die Sonne, kreist und von diesem Wärmeenergie erhält.

Planetarische Frontalzone: Zone der höchsten Luftdruck- und Temperaturgegensätze auf der Erde mit sehr starken Höhenwinden (Strahlströme bzw. englisch Jet Streams) sowie wandernden Zyklonen darunter, also dynamischen Tiefdruckgebieten, die für einen Ausgleich der Luftmassengegensätze sorgen.

Planetarische Zirkulation: Globales Windsystem am Boden und in der Höhe mit den dazugehörigen Druckgebieten.

Planetoid: Kleinerer, planetenartiger Himmelskörper mit geringer Masse und Anziehungskraft.

Planie: Skipiste in Bergregionen, für die der ursprünglich unebene Untergrund ausgeglichen, also planiert wurde mit Veränderungen der Bodenstruktur.

Planwirtschaft: Staatlich zentral gelenktes, bis auf die Ebene des einzelnen Betriebes hinab reichendes Wirtschaftssystem in den früheren sozialistischen Staaten („Zweite Welt") mit einem schwerfälligen bürokratischen Apparat (Zentralverwaltungswirtschaft).

Plattentektonik: In sich schlüssige Modellvorstellung, nach der die Erdkruste zusammen mit der oberen Schicht des Erdmantels in unterschiedlich große und unterschiedlich mächtige ozeanische bzw. kontinentale Platten gegliedert ist, die durch Energie aus dem Erdinnern (endogene Kräfte) angetrieben werden und auseinanderdriften, zusammenprallen oder aneinander vorbeischrammen können.

Primatstadt: Bedeutendste und bevölkerungsreichste Stadt eines Städtesystems, deren Einwohnerzahl die der nächstgrößeren Stadt um mindestens das Doppelte übertrifft.

Protektionismus: Schutz der eigenen Wirtschaft durch Einfuhrzölle, Mengenbegrenzungen von Importen oder durch andere gegen ausländische Volkswirtschaften gerichtete Maßnahmen, die den freien Warenhandel beschränken.

Punkt-axiales System: Grundgerüst von Städtesystemen und Instrument der Raumordnungspolitik (Raumplanung) – umfasst die wichtigsten städtischen Zentren und die sie verbindenden, leistungsfähigen Verkehrsachsen in einem Staat. Ein erwünschter Nebeneffekt der Förderung von punkt-axialen Systemen in der Raumordnungspolitik ist der geringere Flächenverbrauch und somit die Erhaltung ökologischer Ausgleichsflächen in den Achsenzwischenräumen.

Push- und Pull-Faktoren: (englisch: *to push*: schieben, drängen bzw. *to pull*: ziehen) – Modellvorstellung über die Ursachen von → Migration, in der nach Gründen, die einen Menschen aus einer Region bzw. aus einem Staat hinausdrängen (Push-Faktoren), sowie nach Gründen, die einen Menschen in eine andere Region bzw. in einen anderen Staat ziehen (Pull-Faktoren), unterschieden wird. Oftmals spielen mehrere Gründe gleichzeitig eine Rolle.

Quartärer Sektor: Wissensintensive Dienstleistungen auf der Basis hoher Qualifikation und mit hohen Einkommen, die in neueren volkswirtschaftlichen Ansätzen von den einfachen Dienstleistungen mit geringeren Einkommen unterschieden und aus dem tertiären Sektor ausgegliedert werden.

Räumliche Disparitäten: Entwicklungsunterschiede zwischen Räumen, die sich auf die Lebensbedingungen ihrer Bewohner nachhaltig auswirken.

Räumliche Mobilität: Möglichkeiten der Fortbewegung von Menschen mit Personenkraftwagen oder mit öffentlichen Verkehrsmitteln in einer Region bzw. in einem Staat in Abhängigkeit von der zur Verfügung stehenden Verkehrsinfrastruktur.

Räumliche Polarisierung: Prozess der Verschärfung von räumlichen Disparitäten in einer Region, z. B. zwischen Bevölkerungs- und Wirtschaftszentren einerseits und peripheren ländlichen Regionen andererseits.

Raumordnungspolitik: Andere Bezeichnung für die Raumplanung, also für staatliche Maßnahmen zum Abbau räumlicher Disparitäten und damit auch zur Schaffung gleichwertiger Lebensbedingungen in einem Land.

Raumschranke (Tyranny of Distance): Problem der Überwindung großer Entfernungen in Flächenstaaten (sub)kontinentalen Ausmaßes. Der Bau und Ausbau der Verkehrsinfrastruktur erfordert erhebliche Geldmittel, ebenso der Betrieb des Personen- und vor allem des Güterverkehrs.

Regionalisierung: Generell die wissenschaftlich begründete Gliederung in klar abgegrenzte Regionen als wichtiges Analyseinstrument in der Geografie; in der Raumplanung die Abgrenzung von funktional zusammenhängenden Regionen, die bestimmte Entwicklungsmerkmale aufweisen.

Reliefenergie: Ausdruck für das Gefälle auf einer bestimmten Längendistanz. Bei einer hohen Reliefenergie haben z. B. Flüsse ein starkes Gefälle und schneiden sich in das Gelände ein (Tiefenerosion).

Reserven: Bekannte Rohstoffvorkommen, deren Abbau unter den aktuellen technologischen und ökonomischen Bedingungen mit Gewinn möglich wäre.

Ressourcen: Diese umfassen sowohl die → Reserven als auch die bekannten, derzeit noch nicht abbauwürdigen Rohstoffvorkommen sowie weitere, noch nicht näher erforschte, aufgrund bestimmter geologischer Strukturen aber für wahrscheinlich gehaltene Lagerstätten.

Rheinisches Schiefergebirge: In sich geschlossener Block der → Mittelgebirgsschwelle mit insgesamt einheitlichen geologischen Strukturen und Gesteinen, der eine mächtige → Barriere bildet, die durch die Flusstäler von Rhein und Mosel als Hauptverkehrsadern durchbrochen wird.

Richter-Skala: Im Unterschied zur → MERCALLI-Skala wird bei der RICHTER-Skala die von Erdbeben freigesetzte Energie physikalisch gemessen (ansatzweise umrechenbar in die Sprengkraft von TNT). Die Stärke (Magnitude) wird mithilfe einer logarithmischen Skala gemessen (Zehner-Logarithmus), ein Erdbeben der Stärke 5 setzt somit zehnmal so viel Energie frei wie ein Erdbeben der Stärke 4.

Rückzugsraum: Wirtschaftlicher Passivraum, aus dem sich die Bevölkerung zurückzieht, z. B. die Westalpen oder die Mittelgebirgsregionen.

Sahel-Syndrom: Krankheitsbild der Erde, das durch die → Desertifikation entsteht und Bereich der Sahelzone besonders augenfällig ist.

Sahelzone: Vom arabischen Wort Sahel für „Ufer“. In Afrika der Übergangsraum von der Wüste zur Savanne – im engeren Sinne die Dornsavanne und Teile der Trockensavanne mit hoher Niederschlagsvariabilität und mit starker Gefährdung des Ökosystems durch den wirtschaftenden Menschen.

Sander: (isländisch Sandur) – Sandablagerungen durch Gletscherflüsse im Vorland der großen Gletscher als Teil der → glazialen Serie in den Eiszeiten bzw. aktuell in Island.

Satellitenstaat: Staat, der wirtschaftlich und politisch abhängig ist von einer regionalen oder globalen Großmacht.

Satellitenstadt: Geplante Stadt in zumeist hoch verdichteter Bauweise außerhalb der Kernstadt, um deren Wohnungsmarkt zu entlasten und um preiswerten Wohnraum in der Stadtregion zu schaffen. Außerdem verringern Satellitenstädte den Flächenverbrauch, der normalerweise mit dem Prozess der → Suburbanisierung verbunden ist.

Saurer Regen: Durch Schwefeldioxid-Emissionen v. a. aus Kohlekraftwerken entstandener, chemisch saurer und daher aggressiver Niederschlag, der weit entfernt vom Ursprungsort der Emissionen zur Schädigung von Wald- und Seeökosystemen sowie von Menschen und Gebäuden führen kann.

Savannen: Wechselfeuchte Ökozonen der Tropen, die sich vom tropischen Regenwald bis zu den Wendekreiswüsten erstreckt. Nach abnehmender Dauer der Regenzeit und nach abnehmender Niederschlagsmenge werden unterschieden: Feuchtsavanne – Trockensavanne – Dornsavanne.

Schlüsselindustrien: Die für die Industrialisierung eines Staates bzw. als industrielle Basis strategisch wichtigen Branchen wie die Energiewirtschaft, die Schwerindustrie, die Rüstungsindustrie, die Luft- und Raumfahrtindustrie oder die High-Tech-Industrie.

Schwarzerdeböden: Nach dem mächtigen dunklen Humushorizont benannter → Bodentyp mit hoher natürlicher Fruchtbarkeit, meist auf Lössböden in Steppengebieten entstanden.

Schwellenland: (englisch: Newly Industrializing Country NIC) – Staat, der sich im Übergang vom Entwicklungsland zum Industrieland befindet. Nach der Modernisierungstheorie handelt es sich um eine sogenannte Startgesellschaft, die erst noch den Sprung zum reifen Industrieland schaffen muss. In den meisten Schwellenländern gibt es ausgeprägte räumliche Disparitäten zwischen einem Zentrum oder mehreren Zentren und einem nach wie vor unterentwickelten peripheren ländlichen Raum.

Sea-floor Spreading: Spreizung des Meeresbodens an den untermeerischen Rücken durch den Aufstieg (die Konvektion) und das Erkalten von Magma, die zugleich den neuen Ozeanboden bildet. Gilt als Motor aller plattentektonischen Prozesse.

Sedimentation: Ablagerung von unterschiedlich weit zerkleinertem Gesteinsmaterial und von organischem Material. Die Sedimentation ist ein wichtiger Teil des Kreislaufs der Gesteine.

Separatismus: Politische Bewegung, die die Loslösung einer Region aus einem Staatsgebilde fordert und aktiv betreibt durch politische und sogar durch terroristische und paramilitärische Aktionen.

Shareholder Value: Unternehmensprinzip, bei dem möglichst hohe Gewinne der Aktionäre (Shareholder = Anteilseigner) oberstes Ziel sind. Beschäftigungseffekte und langfristige Unternehmensstrategien stehen demgegenüber oftmals zurück.

Site and Service Schemes: Maßnahme der Stadtplanung in den Entwicklungsländern. Gemeint ist die Bereitstellung von vermessenen und mehr oder weniger gut erschlossenen Bauplätzen in zusammenhängenden Stadtteilen am Rande von Großstädten, um die Bildung völlig ungeplanter → Marginalsiedlungen zu vermeiden. Von den Bewohnern werden – je nach Ausstattung des zukünftigen Wohngebietes – bestimmte Boden- oder Pachtpreise verlangt, dazu kommen ggf. Abgaben für die Erschließung und für die laufende Versorgung mit Wasser und Elektrizität. Die Häuser müssen in Eigenleistung gebaut und können schrittweise ausgebaut werden. In solchen Gebieten werden von Spekulanten oftmals Häuser mit kleinen Zimmern zur Einzelvermietung an arme Zuwanderer gebaut. Wegen der verbreiteten Armut in den Entwicklungsländern liegen Kauf bzw. Pacht, laufende Kosten und dazu noch der Bau eines Hauses außerhalb der finanziellen Möglichkeiten der meisten Menschen.

Skanden: Der wichtigste Gebirgszug in Skandinavien, der die gesamte Halbinsel im Nordwesten durchzieht und Gipfelhöhen von knapp 2500 m erreicht.

Slum: Im engeren Sinne degradiertes (umgangssprachlich: heruntergekommenes) ehemaliges Wohngebiet der Mittel- und Oberschicht, das durch Neuaufteilung der Räume, Überbelegung und den Bau von provisorischen Hütten in den Hinterhöfen zum dicht besiedelten Problemgebiet mit hoher Kriminalitätsrate wurde. Im weiteren Sinne werden umgangssprachlich auch die → Marginalsiedlungen in den Entwicklungsländern als Slumgebiete bezeichnet.

Sonderwirtschaftszone: Verhältnismäßig kleine, vom übrigen Staatsgebiet klar abgegrenzte Gebiete an der Küste oder in der Nähe von Flughäfen in Entwicklungs- oder Schwellenländern. Sonderwirtschaftszonen besitzen eine gut ausgebaute Infrastruktur, Zollfreiheit und eine besondere Steuergesetzgebung. Bisweilen werden sogar die Gebäude zur Verpachtung bereitgestellt. Hier sollen ausländische Investoren Zweigwerke gründen und dadurch Beschäftigungs- und Ausbildungsmöglichkeiten für die Einheimischen schaffen. Außerdem sollen Sonderwirtschaftszonen als Ausgangspunkte für den Aufbau einer eigenen Industrie dienen. Daher wird auch von einer Strategie der Sonderwirtschaftszonen gesprochen.

Sowjetunion (Union der Sozialistischen Sowjetrepubliken – UdSSR): Eurasischer Vielvölkerstaat unter kommunistischer Herrschaft, dessen Grundlagen in der Oktoberrevolution von 1917 entstanden. Aufgrund politischer und wirtschaftlicher Fehlentwicklungen und Krisen zerfiel die Sowjetunion im Jahr 1991.

Soziale Erosion: Prozess der Abwanderung gerade der jungen, flexiblen, mobilen und gut ausgebildeten Bevölkerungsgruppen aus einem Passivraum mit der Folge, dass das ursprünglich vorhandene → Humankapital für die weitere Entwicklung dieser Region nicht mehr vorhanden ist.

Soziale Segregation: Freiwillige bzw. erzwungene Abschottung einer ethnischen, religiösen oder sozialen Gruppe gegenüber anderen Bevölkerungsgruppen in einer Großstadt. Bei einer erzwungenen Segregation entstehen oftmals → Ghettos.

Sozialräumliche Disparitäten: Unterschiede im durchschnittlichen Haushaltseinkommen und in der Wohnqualität zwischen verschiedenen Stadtteilen, die sich entscheidend auf die Lebenschancen und auf die Lebensqualität ihrer Bewohner auswirken.

Stadientheorie: Entwicklungstheorie nach dem amerikanischen Wirtschaftswissenschaftler ROSTOW, der zufolge die wirtschaftliche und gesellschaftliche Entwicklung eines Staates in fünf Phasen verläuft:
① Die traditionale Gesellschaft mit vormodernen Wirtschafts- und Sozialstrukturen.
② In der Übergangsgesellschaft haben sich bereits räumliche und sektorale Ansätze moderner Wirtschafts- und Gesellschaftsformen herausgebildet haben.
③ Die Startgesellschaft gilt als Schlüsselphase bei der Entwicklung zur leistungsfähigen und modernen Gesellschaft, da hier ein selbsttragendes Wirtschaftswachstum (Take Off) gelingen muss.
④ Die reife Industriegesellschaft kämpft zunächst meist noch mit sozialen Gegensätzen. Die Arbeiterschaft will am erreichten Wohlstand teilhaben.
⑤ In der Massenkonsumgesellschaft ist der Wohlstand breiter Bevölkerungsschichten erreicht, allerdings oftmals auf Kosten der Umwelt.

In der Stadientheorie vereinen sich Wachstums- und Modernisierungstheorie, da es sowohl auf das wirtschaftliche Wachstum als auch auf den gesellschaftlichen Wandel ankommt, wenn die Entwicklung gelingen sowie wirtschaftlich und sozial nachhaltig sein soll. Entwicklungshemmnisse (Constraints) müssen beseitigt werden und der Teufelskreis der Armut muss durchbrochen werden. In der dritten Phase kommt der erhöhten Sparquote der einheimischen Bevölkerung eine ebenso große Bedeutung zu wie ausländischen Investitionen zur Anschubfinanzierung (als sogenannter Big Push) des wirtschaftlichen Wachstums.

Squatter Upgrading-Programm: Programm der Entwicklungspolitik mit dem Ziel der schrittweisen Aufwertung von → Marginalsiedlungen durch die Vergabe von Besitztiteln (Rechtssicherheit) und von Krediten für die Verbesserung der Bausubstanz, die durch die Bewohner selbst erfolgt. Daneben werden im Nachhinein Erschließungsstraßen angelegt sowie Wasser- und Abwasserleitungen zur Verbesserung der hygienischen Situation gelegt. Durch die entstehenden laufenden Kosten werden die ärmeren Bewohner der Marginalsiedlungen verdrängt und siedeln sich zum Teil in peripher gelegenen neu entstehenden Marginalsiedlungen an. Squatter Upgrading-Programme dienen demnach der schrittweisen Integration ganzer bis dahin illegaler Stadtteile und ihrer Bewohner in die jeweilige Großstadt der Dritten Welt, sind aber verbunden mit sozialen Verdrängungsprozessen und mit der Entstehung lukrativer Immobiliengeschäfte in den aufgewerteten ehemaligen Marginalsiedlungen.

Stadt: Rechtlich gesehen eine Verwaltungseinheit mit Stadtrecht. Statistisch gesehen werden in Deutschland folgende Größenklassen von Städten unterschieden:
- Landstadt: 2000 bis 5000 Einwohner
- Kleinstadt: 5000 bis 20 000 Einwohner
- Mittelstadt: 20 000 bis 100 000 Einwohner

- Großstadt: mehr als 100 000 Einwohner
- Millionenstadt: mehr als 1 Mio. Einwohner

Aus geografischer Sicht haben Städte eine größere Einwohnerzahl, eine hohe Einwohner- und Arbeitsplatzdichte sowie wichtige Funktionen für ihren → Einzugsbereich. Fast alle Beschäftigten sind im Dienstleistungssektor bzw. in der Industrie tätig. Dazu kommen zahlreiche Einpendler aus dem Umland der Stadt. Durch die → Suburbanisierung sind die Städte weit in das Umland hinausgewachsen. Daher verschwimmt die ursprünglich sehr deutliche Abgrenzung zwischen Stadt und Land zugunsten eines Stadt-Land-Kontinuums. Städte in anderen → Kulturerdteilen oder in den → Entwicklungsländern weisen ganz andere Merkmale auf als Städte in den Industrieländern. So haben z. B. Städte in den Entwicklungsländern zumeist einen hohen Bevölkerungsanteil in → Marginalsiedlungen bzw. in → Slumgebieten.

Städtische Explosion: Anderer Begriff für die flächenhafte Expansion der Städte in das Umland (→ Suburbanisierung), der die dramatischen Ausmaße dieser Entwicklung besser unterstreicht.

Städtische Implosion: Das zeitliche Zusammenrücken der großen städtischen Zentren in einem Städtesystem aufgrund der verbesserten Verkehrssysteme wie z. B. durch den Bau und Betrieb von Hochgeschwindigkeitsstrecken und -zügen.

Standortfaktoren: In der Wirtschaftsgeografie werden die harten, quantifizierbaren Standortfaktoren wie Lohnkosten, Flächenverfügbarkeit und Grundstückskosten, Verkehrserschließung, Steuersatz und Subventionen unterschieden von den sogenannten weichen Standortfaktoren, die subjektiv wahrgenommen und bewertet werden, wie z. B. Image einer Region, Freizeit-, Kultur und Bildungsangebot, soziales Klima oder Arbeitsmentalität.

Standortgemeinschaft: Räumliche Nähe von Betrieben derselben Branche in einer Region bzw. Stadt mit persönlichen Kontaktmöglichkeiten und einem hohen Innovationspotenzial.

Standortnachteile: Bedingungen, die die Ansiedlung von neuen Industriebetrieben und auch die Erhaltung alter Industriebetriebe in einer Region verhindern bzw. erschweren, wie z. B. Mängel in der Verkehrsinfrastruktur oder ein negatives Image der Region.

Strategie der Entlastungszentren: Strategie der räumlichen Dekonzentration von zentralörtlichen Funktionen innerhalb einer Metropolregion, um die Kernstadt zu entlasten und um dadurch die nationale und internationale Wettbewerbsfähigkeit dieser Region zu sichern.

Strukturelle Überbevölkerung: Zustand, bei dem die ländliche → Tragfähigkeit auf rein agrarischer Basis überschritten ist. D. h., dass ein größerer Teil der Bevölkerung auf dem Lande kein Auskommen mehr findet und verelendet oder abwandern muss.

Strukturskizze: Grafische Veranschaulichung komplexer Sachverhalte in einem Schema der Kausalzusammenhänge.

Strukturwandel: Wandel der Wirtschaftsstruktur in einem Staat, in einer Region oder in einem Wirtschaftssektor. Damit verbunden ist auch der Wandel der Beschäftigtenstruktur.

Subduktion: (wörtlich: Hinunterführung); Abtauchen einer spezifisch schwereren ozeanischen Platte unter eine spezifisch leichtere kontinentale Platte bei der Kollision zweier tektonischer Platten. Da die Subduktion nicht reibungslos verläuft, verhaken sich die Platten ineinander und lösen sich irgendwann ruckartig: Dann entstehen → Erdbeben.

Suburbanisierung: (englisch *suburb*: Vorort) – Prozess der flächenhaften Expansion der Städte in ihr Umland. Er schließt die Dekonzentration sowohl von Bevölkerung und Produktion (Industrie-Suburbanisierung) als auch von Handel und Dienstleistungen (tertiäre Suburbanisierung) mit ein. Voraussetzung für die flächenhafte Suburbanisierung war die Massenmotorisierung. Suburbanisierung ist daher verbunden mit einem erhöhten Verkehrsaufkommen und einer hohen Umweltbelastung innerhalb einer Stadtregion. Die Abwanderung vor allem der

Mittel- und Oberschicht in die Vororte kann zur → sozialen Erosion und den damit verbundenen Problemen (wie z. B. Arbeitslosigkeit und Armut) in der Kernstadt führen.

Suburbia-Syndrom: Bezeichnung für die weltweit zu beobachtende Fehlentwicklung des flächenhaften Ausuferns der großen Städte ins Umland mit hohem Flächenverbrauch (→ Bodenversiegelung) und hohem Verkehrsaufkommen (Umweltbelastung). Wird auch als Los-Angeles-Syndrom bezeichnet.

Subventionen: Staatliche Zuschüsse für nach rein wirtschaftlichen Gesichtspunkten unrentable Wirtschaftssektoren bzw. Branchen mit dem Ziel der Erhaltung von Arbeitsplätzen.

Sukzession: (wörtlich: Aufeinanderfolge) – Natürliche Entwicklungsstufen der Vegetation bis hin zur sogenannten Klimaxvegetation, bei der ein vielseitiges und produktives Biotop entstanden ist.

Sunbelt: Gebiet mit einem wintermilden, zumeist subtropischen Klima in den USA südlich von 37° Nord, das durch eine hohe Zuwanderung besonders von Rentnern, durch den Tourismus sowie durch die Ansiedlung von Wachstumsindustrien gekennzeichnet ist.

Sunbelt Europas: Gebiet mit Wachstumsindustrien, Tourismus und Zuwanderung im nordwestlichen Mittelmeerraum.

Sutur: (wörtlich: Schweißnaht) – Der Bereich, in dem zwei Platten der Erdkruste nach einer Kollision durch Gebirgsbildung fest miteinander verbunden werden. Ein bekanntes Beispiel ist der Ural, in dem die Europäische und die Sibirische Platte zur Eurasischen Platte verbunden wurden.

Syndrome des globalen Wandels: Krankheitsbilder der Erde, die durch menschliche Eingriffe in die natürlichen Ökosysteme entstehen.

Synthetische Karte: Thematische Karte, in der die wichtigsten räumlichen Strukturen und Entwicklungen in einem Staat bzw. in einem Großraum in anschaulicher Form zusammengefasst werden.

Tageszeitenklima: Klima der inneren Tropen, in dem die Temperaturunterschiede im Verlauf eines Tages größer sind als die Temperaturunterschiede im Verlauf eines Jahres.

Taiga: (aus dem Jakutischen); Bezeichnung für den → borealen Nadelwald Russlands.

Technologietransfer: Übertragung von technologischem Wissen von einem Land in ein anderes, z. B. von Industrieländern in Entwicklungsländer. Dazu ist nicht nur die Ausbildung von entsprechenden Fachkräften aus dem Zielland bzw. im Zielland erforderlich, sondern auch der freie Zugang zum Know-how.

Technologie- und Gründerzentren: Staatlich geförderte Einrichtungen, in denen zunächst Innovationen entstehen sollen, also neuartige oder verbesserte Produkte bzw. Produktionsverfahren und anschließend auch neue Unternehmen, in denen diese Innovationen wirtschaftlich genutzt werden.

Temperaturamplitude: Schwankungsbreite der Temperatur zwischen dem wärmsten und dem kältesten Monat. In maritimen Klimaten ist die Temperaturamplitude gering, in kontinentalen Klimaten dagegen sehr hoch (über 20° C, in Sibirien teilweise bis über 50° C).

Temperaturgradient: Das Absinken der Temperatur mit zunehmender Höhe, das bei feuchter Luft als feuchtadiabatischer Temperaturgradient bezeichnet wird und minus 0,5 °C pro 100 m beträgt und bei trockener Luft als trockenadiabatischer Temperaturgradient mit minus 1 °C pro 100 m.

Terms of Trade: Aus dem Englischen stammende Bezeichnung für den Begriff „Austauschverhältnisse“. Gemeint ist die Entwicklung des Preisindex für Ausfuhrgüter zum Preisindex für Einfuhrgüter, ausgehend von einem bestimmten Basisjahr (= 100). Sind die Terms of Trade gestiegen (> 100), so haben sich die Preise der wichtigsten Exportgüter positiv entwickelt und es konnten mehr Importgüter bezahlt werden als zuvor. Sind die Terms of Trade dagegen gesunken (< 100), so haben sich die Preise für die wichtigsten Exportgüter negativ entwickelt und es konnten relativ weniger Importgüter bezahlt werden als zuvor. Die Theorie der Terms of Trade geht von einer langfristigen (säkularen) Verschlechterung der Terms of Trade für die Entwicklungsländer aus, die somit unter neokolonialen globalen Handelsstrukturen litten. Diese würden die Rohstoffe exportierenden Entwicklungsländer gegenüber den Fertigwaren exportierenden Industrieländern weiterhin benachteiligen. Gefordert werden daher gerechte Rohstoffpreise im Rahmen einer neuen Weltwirtschaftsordnung (NWWO).

Terrane: (Mehrzahl: Terranes) – Mikroplatten, z. B. Inselgruppen oder Kontinentalsplitter in Ozeanen, die bei der Kollision einer ozeanischen Platte mit einer kontinentalen Platte nicht mit abtauchen, sondern an den Kontinent angeschweißt werden.

Tertiärisierung: Bedeutungszunahme des tertiären Sektors in einer Volkswirtschaft, die gekennzeichnet ist durch den zunehmenden Anteil des tertiären Sektors am BNE bzw. am BIP sowie durch den zunehmenden Anteil der Beschäftigten im tertiären Sektor. Im Ergebnis entsteht eine sogenannte Dienstleistungsgesellschaft.

Thermoisoplethendiagramm: Sonderform eines Temperaturdiagramms und zugleich eines Flächendiagramms, in dem der Temperaturverlauf für alle Tageszeiten und Monate des Jahres gleichzeitig dargestellt wird.

Tigerstaaten-Syndrom: Krankheitsbild einer Region bzw. Großregion, das durch schnelles Wirtschaftswachstum ohne Rücksicht auf die natürliche Umwelt verursacht wird. Die Bezeichnung stammt von den ost- bzw. südostasiatischen Schwellenländern, den sogenannten „kleinen Tigern“, und kann auch auf das umweltschädliche Wirtschaftswachstum in der VR China übertragen werden.

Tornado: (Bezeichnung im amerikanischen Englisch: Twister) – Kleinräumiger, aber sehr energiereicher Wirbelsturm auf dem Festland. Er entsteht an der planetarischen Frontalzone bei hohen Temperaturgegensätzen zwischen tropisch-warmen und feuchten sowie trockenkalten Luftmassen vor allem in den Inneren Ebenen der USA im Lee der Rocky Mountains unterhalb des → Jetstreams. Dort prallen besonders im Frühjahr und Frühsommer Luftmassen vom Golf von Mexiko auf subarktische Luftmassen aus Kanada. Ein Tornado entwickelt sehr hohe Rotationsgeschwindigkeiten und einen extrem niedrigen Luftdruck im typischen Thermikschlauch („Rüssel“ des Tornados). Er hinterlässt bei seinem Durchzug eine Schneise der Verwüstung und ist als kleinräumiges Phänomen bislang nur schwer vorhersagbar.

Touristisches Potenzial einer Region: Es gliedert sich in das ursprüngliche Angebot (Natur und Kultur) sowie in das abgeleitete Angebot, das eigens für den Tourismus geschaffen wurde: Rad- und Wanderwege, Hotels und Pensionen, Gaststätten, Campingplätze, Festivals und sogenannte Events (Großereignisse als Tourismusmagneten). Wichtig sind auch die Erreichbarkeit einer Region, ihr Image und das Marketing.

Toyotismus: Flexible und spezialisierte industrielle Produktion in Teamarbeit und mit geringer Fertigungstiefe (schlanke Produktion – Lean Production). Benannt nach einem japanischen Automobilkonzern.

Trabantenstadt: Eine zumeist geplante neue Stadt in der Außenzone einer Stadtregion, die aufgrund ihrer zahlreichen Arbeitsplätze im tertiären bzw. sekundären Sektor eine größere Eigenständigkeit besitzt als die → Satellitenstadt. Kennzeichnend ist ein eigener Pendlereinzugsbereich ebenso wie die weiterhin bestehende Abhängigkeit von der Kernstadt, in die weiterhin viele Bewohner einer Satellitenstadt als Arbeitskräfte auspendeln. Typische Beispiele für Trabantenstädte sind die „Villes Nouvelles“, die geplanten → Entlastungsstädte im Großraum Paris.

Tragfähigkeit: Bevölkerungszahl, die in einer Region bzw. in einem Staat auf einem bestimmten wirtschaftlich-technologischen Niveau und mit einem gewissen Lebensstandard existieren kann, ohne dass es Versorgungsprobleme oder gravierende Umweltschäden gibt.

Transformation: Wirtschaftlich schwieriger und sozial schmerzlicher Prozess der Umwandlung einer ehemaligen → Planwirtschaft bzw. Zentralverwaltungswirtschaft in eine Marktwirtschaft.

Transformationsbruch: Grenzlinie zwischen den ehemaligen Staaten mit → Planwirtschaft (O) und den Staaten mit Marktwirtschaft (W) in Europa – diese verläuft trotz aller bisherigen Anstrengungen weiterhin auch mitten durch Deutschland. Das daraus resultierende West-Ost-Gefälle konnte inzwischen aber deutlich verringert werden. Mittlerweile hat sich ein neues Wohlstandsgefälle zwischen den EU-Beitrittsländern von 2004 und den Staaten Osteuropas entwickelt, z. B. zwischen Polen und der Ukraine.

Transportkostenminimalpunkt: Rechnerisch ermittelter Standort mit den geringsten Transportkosten in einer bestimmten Industriebranche.

Treibhauseffekt: Vorgang der Erwärmung der Erdatmosphäre durch die sogenannten Treibhausgase, die eine Ausstrahlung langwelliger Wärmestrahlung vom Erdboden in den Weltraum verhindern. Die bekanntesten Treibhausgase sind Wasserdampf, Kohlendioxid und Methan. Während der natürliche Treibhauseffekt für die Existenz des Lebens auf der Erde entscheidend wichtig ist, bewirkt der anthropogene, also der vom Menschen verursachte Treibhauseffekt eine übermäßige Aufheizung der Atmosphäre und somit eine Zunahme von extremen Wetterlagen sowie von Naturkatastrophen.

Triade: Bezeichnung für die drei eng miteinander verflochtenen und zugleich in Konkurrenz zueinander stehenden wirtschaftlichen Kernräume der Erde: Nordamerika (→ NAFTA-Staaten), Westeuropa (EU) und Ostasien (die VR China sowie Japan, Südkorea und Taiwan).

Tropischer Regenwald: Komplexes Ökosystem der immerfeuchten inneren Tropen mit hoher Biodiversität, also einem großen Artenreichtum in Bezug auf Flora und Fauna. Die tropischen Regenwälder der Erde binden in ihrer Biomasse große Mengen des Treibhausgases Kohlendioxid, das beim Abbrennen freigesetzt wird und den → Treibhauseffekt verstärkt.

Tsunami: Zerstörerische Welle, die bei rund zehn Prozent aller Seebeben durch die Schwingung der Wassersäule über dem Epizentrum entstehen kann, sich in konzentrischen Ringen ausbreitet und in den flacheren Küstengewässern zu großer Höhe auflaufen kann.

Tundra: Baumlose, subpolare Vegetationszone zwischen dem Nordpolarmeer und dem nördlichen Rand der → Taiga im → Hohen Norden.

Tyranny of Distance: → Raumschranke

Überalterung: Phänomen eines hohen Anteils älterer Bevölkerungsgruppen in einer Region mit der Folge hoher Sterbe- und geringer Geburtenraten. Überalterung lässt sich beschreiben durch den Anteil der über 65-Jährigen im Verhältnis zum Anteil der unter 15-Jährigen.

Upgrading-Programme: Programme zur gezielten Aufwertung von Marginalsiedlungen durch Rechtssicherheit der Bewohner, Maßnahmen zur Verbesserung der Infrastruktur und Hilfe bei der schrittweisen Verbesserung der Bausubstanz und der allgemeinen Lebensbedingungen.

Urban Sprawl: (wörtlich: Überschwappen der Städte) – Amerikanischer Begriff für den flächenextensiven, also mit einem hohen Flächenverbrauch verbundenen Prozess der → Suburbanisierung bzw. der → städtischen Explosion, der auf der Massenmotorisierung beruht.

Urstromtäler: Breite Schmelzwasserrinnen der Eiszeiten, die aber nur in den Sommermonaten bzw. gegen Ende der Eiszeiten ganz gefüllt waren und heute einen besonderen Landschaftstyp bilden. Beispiel: Elbe-Urstromtal.

Verdopplungszeit: Zeitspanne, innerhalb derer sich die Bevölkerung vom gegenwärtigen Stand aus verdoppelt. Zur Berechnung der voraussichtlichen Verdopplungszeit ist die Wachstumsrate erforderlich.
Formel: $V = \frac{70}{x}$ oder V ist gleich 70 geteilt durch x. Die Zahl 70 ist eine Konstante. x ist die Wachstumsrate der Bevölkerung in Prozent.
Beispiel: Bei einer Wachstumsrate von 2 % pro Jahr verdoppelt sich die Bevölkerung innerhalb von 35 Jahren.

Verflechtungsbereich: Das mit einem zentralen Ort durch wirtschaftliche Beziehungen sowie durch Arbeits-, Bildungs- und Einkaufspendler verflochtene Umland, das auch als → Einzugsbereich bezeichnet wird.

Verkarstung: Endzustand eines Prozesses der Zerstörung der Vegetation im Mittelmeerraum, durch den die Böden abgetragen wurden. Der felsige Untergrund – meist Kalkstein mit Lösungsverwitterung – liegt in verkarsteten Landschaften oft frei.

Verkehrsachse: Wichtige Leitlinie des Verkehrs mit Autobahnen und schnellen Zugverbindungen sowie einem hohen Aufkommen im Personen- und Güterverkehr.

Verkehrsnetz: Die an Knotenpunkten miteinander verknüpften Verkehrslinien innerhalb einer Region, eines Staates bzw. auf einem Kontinent.

Versalzung: Durch den kapillaren Aufstieg von im Bodenwasser gelösten Salzen und die Bildung von Salzkrusten an der Oberfläche bei hoher Verdunstung in ariden und semiariden Räumen vor allem der Tropen und Subtropen mit Bewässerungslandwirtschaft kommt es zur unumkehrbaren (irreversiblen) Bodenschädigung und zum Verlust von Anbauflächen.

Verwitterung: Die Zerkleinerung bzw. Zersetzung von Gesteinen und Mineralien durch physikalische, chemische und biologische Prozesse.

Virtuelles Wasser: Wasser, das für den Anbau von Nutzpflanzen bzw. für die Herstellung von Industrieprodukten verwendet wird und quasi in diesen Produkten steckt, die dann oftmals in andere Staaten exportiert werden. Damit geht das Wasser für das Herkunftsland verloren.

Vorranggebiete: Gebiete, in denen einer bestimmten Nutzung Vorrang vor anderen möglichen Nutzungen eingeräumt wird.

Vulkanismus: In erster Linie an den Plattengrenzen, manchmal als sogenannte → Hot Spots auch innerhalb von Platten auftretende Förderung von Magma aus dem oberen Erdmantel bis direkt an die Erdoberfläche und die damit verbundenen Naturerscheinungen sowie Naturkatastrophen.

Währungsparitäten: Wechselkurse zwischen verschiedenen Währungen mit gravierenden Auswirkungen auf die wirtschaftliche Konkurrenzfähigkeit im globalen Rahmen. Ein hoher Wechselkurs einer Währung verbilligt zwar Importe, verteuert aber Exporte und erschwert sie damit. Auf die Weltwirtschaft haben vor allem die Wechselkurse von US-$, Euro, Yen (Japan), Yuan (VR China) sowie von britischem Pfund und Schweizer Franken einen erheblichen Einfluss.

Wanderarbeiter: Aus dem ländlichen Raum stammende Bevölkerungsgruppen in der VR China, die zwar in der Stadt leben und arbeiten, aber weiterhin statistisch als Landbevölkerung geführt werden. Fraglich ist die immer noch angenommene Rückkehr in den ländlichen Herkunftsort im Alter.

Wanderungssaldo: Zuwanderung minus Abwanderung in einer bestimmten Region oder in einem Staat.

Warmfront: Innerhalb einer → Zyklone ausgeprägte Grenzfläche eines auf kühlere Luftmassen aufgleitenden → Warmluftsektors.

Warmluftsektor: Ein Warmluftsektor bildet sich innerhalb einer → Zyklone heraus, wenn die Temperaturunterschiede an der → planetarischen Frontalzone zu groß werden und die thermische Energie in dynamische Energie umgewandelt wird. Durch die Verwirbelung der unterschiedlich temperierten Luftmassen wird der Temperaturunterschied allmählich abgebaut und die Zyklone löst sich auf.

Waterfront Approach: Strategie der Stadtentwicklung, die auf die Renovierung bzw. den Neubau von Büro- und Wohnvierteln sowie touristischen Einrichtungen am Wasser (Hafen-, Ufer- oder Küstenbereiche) setzt, um die Attraktivität eines Standortes zu verbessern und um verfallene ehemalige Hafen- und Industriegebiete aufzuwerten. Ein bekanntes Beispiel ist die Hafencity in Hamburg.

Wattenmeer: Flache Meeresküste mit einem einzigartigen Ökosystem, die durch die Gezeiten abwechseln überflutet wird bzw. trocken fällt. Die Gezeiten als um die Erde rotierendes Ansteigen bzw. Absinken des Meeresspiegels werden ihrerseits verursacht durch die Anziehungskraft des Mondes.

Welterbestätten der UNESCO: Von der UN-Organisation für Erziehung, Wissenschaft und Kultur als Erbe der Menschheit anerkannte Kultur- und Naturdenkmäler, die auch viele bekannte geographische Naturwunder wie den Yellowstone Nationalpark, den Grand Canyon, die Viktoria-Fälle des Sambesi oder den Baikalsee beinhalten. Im Bereich der Kultur gehören neben vielen anderen Welterbestätten die Ruinen der Inka-Stadt Machu Picchu, die Königsstädte in Marokko oder die Große Chinesische Mauer dazu. Bekannte Beispiele in Europa sind die Altstadt von Regensburg, Córdoba und Toledo in Spanien oder Florenz in Italien. Eine gute Übersicht zu allen Welterbestätten, auch mit einer interaktiven Weltkarte, finden Sie unter whc.unesco.org (Achtung: nicht www.).

Weltmacht: Staat mit subkontinentalen Ausmaßen, der in der Lage ist, seine wirtschaftlichen und politischen Interessen weltweit auch gegen die Interessen anderer Staaten durchzusetzen, gegebenenfalls auch mit militärischen Mitteln.

Wertschöpfungskette: Alle mit einem Produkt bzw. mit einer Dienstleistung verbundenen Möglichkeiten von Einnahmen (Vermarktung und Finanzierung). Bei Reisen sind dies Beratung, Hotelvermittlung, Flugreservierung, ggf. Reisekredite und die Ausflüge und Reiseführung vor Ort am Reiseziel.

Westseitenklima: Winterfeuchtes und sommertrockenes Klima der Subtropen an den Westseiten der Kontinente, die im Winter Niederschläge durch die wandernden Tiefdruckgebiete der Westwindzone erhalten, im Sommer dagegen durch subtropische Hochdruckgebiete beeinflusst werden. Das Westseitenklima wird nach seinem größten Verbreitungsgebiet auch als Mittelmeerklima bezeichnet.

Wilson-Zyklus: Wissenschaftliche Theorie der wiederholten Bildung und des anschließenden Zerfalls von sogenannten Superkontinenten im Abstand von rund 500 Millionen Jahren. Der jüngste Superkontinent war demnach Pangäa (griechisch: die „All-Erde"), der vor ca. 180 Millionen Jahren zerfiel. Das Auseinanderbrechen der Superkontinente wird durch einen gewaltigen Hitzestau der Erdwärme unter den zusammenhängenden dickeren kontinentalen Lithosphäreplatten erklärt, der nach jeweils 100 Millionen Jahren auftritt. Die zwischen den auseinander driftenden kontinentalen Platten entstehenden Ozeane erreichen nach rund 200 Millionen Jahren ihre größte Ausdehnung, wenn die äußeren Ränder der ozeanischen Kruste so stark abgekühlt sind und durch Sedimente belastet werden, dass sie wieder in die darunter liegende Asthenosphäre einsinken. Beim heutigen Atlantik dürfte dieser Zustand in 20 bis 30 Millionen Jahren erreicht sein. Dann kehrt sich der Vorgang allmählich wieder um und alle Kontinente bewegen sich wieder aufeinander zu. In etwa 220 Millionen Jahren ist somit wieder ein Superkontinent zu erwarten und – parallel dazu – ein Supermeer Panthalassa (griechisch – „All-Meer"). Beide haben wiederum rund 100 Millionen Jahre Bestand.

Windgürtel: Breitengradparalleler Gürtel der Erde, in dem ganzjährig oder aber mit jahreszeitlichen Verschiebungen ganz bestimmte Windströmungen vorherrschen.

Wirkungsgefüge: Schema, in dem Ursachen und Folgen einer Entwicklung oder eines menschlichen Eingriffs in den Naturhaushalt dargestellt werden.

Wirtschaftssektoren: Gängige Einteilung der gesamten Volkswirtschaft in drei bzw. vier Sektoren:

a) Primärer Sektor (Land- und Forstwirtschaft, Fischerei);
b) Sekundärer Sektor (Bergbau, Energie und v. a. Industrie);
c) Tertiärer Sektor (Handel und Dienstleistungen);
d) Quartärer Sektor (seltener gebraucht: hochwertige Dienstleistungen mit hohem Wissensstand und hoher Wertschöpfung).

Wüstungsprozesse: Verfall von Gebäuden und ganzen Siedlungen in Abwanderungsgebieten. Die zu den Siedlungen gehörenden, ehemals genutzten Ackerflächen verkrauten und verbuschen zunächst, später entwickeln sich Waldflächen mit der Folge des Überwucherns der ursprünglichen Kulturlandschaft.

Zenit: Gedachter Himmelsmittelpunkt, der sich genau senkrecht über einem Beobachter befindet. Nur innerhalb der mathematischen Tropen, also von 23,5 ° Nord bis 23,5 ° Süd, kann die Sonne über einem Beobachter im Zenit stehen.

Zentralismus: Geschichtlich bedingte Konzentration von wirtschaftlicher und politischer Entscheidungskompetenz sowie von Bevölkerung, Kultur- und Bildungsangeboten in einer übermächtigen Hauptstadtregion, in der sich die wichtigsten Verkehrsachsen des Landes bündeln.

Zentralität: Bedeutungsüberschuss einer Stadt, die über die eigene Bevölkerung hinaus auch die Bevölkerung ihres Umlandes, des sogenannten Einzugsbereichs, mit Gütern, Dienstleistungen und Arbeitsplätzen versorgt. Dazu kommen das Bildungs- und das Kulturangebot.

Zentralörtliche Hierarchie: Rangfolge aller zentralen Orte in einem Städtesystem, gestuft nach der Bedeutung. In der Regel wird unterschieden zwischen Global Cities, Städten mit internationaler bzw. nationaler Bedeutung, Oberzentren, Mittelzentren und Grundzentren sowie – an letzter Stelle – ländlichen Zentralorten.

Zentralverwaltungswirtschaft: Erläuterung siehe unter → Planwirtschaft.

Zentrifugale Kräfte: (wörtlich: Kräfte, die vom Zentrum fliehen) – Politische und / oder wirtschaftliche Bestrebungen, die die Autonomie oder sogar die Loslösung (Separatismus bzw. Sezessionsbestrebungen) einer oder sogar mehrerer Regionen aus einem Staatsverband betreiben.

Zentripetale Kräfte: (wörtlich: Kräfte, die zum Zentrum hinstreben) – Politische und / oder wirtschaftliche Faktoren, die den Zusammenhalt aller Regionen in einem Staatsverband sichern.

Zivilisation: Sozialer und kultureller, vor allem aber wirtschaftlicher und technologischer Entwicklungsstand einer bestimmten Gesellschaft.

Zungenbeckensee: See, der während der Eiszeiten im Bereich einer Gletscherzunge ausgetieft wurde und eine charakteristische, zumeist längliche Form in der ehemaligen Fließrichtung des Gletschers besitzt.

Zweischicht-Tonminerale: Tonminerale, die aus vielen Lagen von jeweils zwei zusammenhängenden Schichten von Silikaten (SiO_2-Verbindungen) bestehen. Sie besitzen nur eine geringe Kationenaustauschkapazität, können also nur wenige mineralische und organische Nährstoffe vorübergehend an sich binden und sind somit nur wenig fruchtbar.

Zyklone: Dynamisches Tiefdruckgebiet der Mittelbreiten mit konzentrischen Isobaren (Linien gleichen Luftdrucks) auf der Bodenwetterkarte. Eine Zyklone wandert mit der Westwindströmung unterhalb des → Jetstreams in der Regel nach Osten. Durch das Einströmen von Warm- und Kaltluft werden die Luftdruck- und Temperaturgegensätze an der → planetarischen Frontalzone abgebaut und die Zyklone „altert“. Eine sogenannte Zyklonenfamilie zeigt in idealtypischer Weise alle Entwicklungsstadien einer Zyklone.

Stichwortverzeichnis

R

S

T

U

V

Bildquellenverzeichnis

Alamy Stock Photo (RMB), Abingdon/Oxfordshire: Hazeldine, Janice 148.1; Pulsar Imagens 217.1; Rusli, Wibowo 176.1; Scholz, Matthias 246.1; Switucha, Ulana 194.1; Universal Images Group North America LLC 244.2. | Astrofoto, Sörth: 136.1. | Bundesinstitut für Bau-, Stadt- und Raumforschung (BBSR), Bonn: bearbeitet von imprint 85.1. | fotolia.com, New York: liveostockimages 250.1; Minerva Studio 138.2; natros 130.1; tilpich 67.1. | Güttler, Peter - Freier Redaktions-Dienst (GEO), Berlin: 14.1, 35.1, 59.1, 59.2, 76.1, 101.1, 118.1, 127.1, 148.2, 152.1, 161.1, 163.1, 184.1, 199.1, 253.1; bearbeitet von imprint 205.1, 206.1, 208.1, 213.1. | imprint, Zusmarshausen: 11.1, 13.1, 32.1, 34.1, 39.1, 40.1, 46.1, 47.1, 48.1, 64.1, 64.2, 67.3, 77.1, 89.1, 99.1, 119.1, 120.1, 120.2, 121.1, 130.2, 139.1, 174.1, 216.1, 225.1, 225.2, 228.1, 230.1, 238.1, 241.1, 242.1, 247.1, 251.1. | iStockphoto.com, Calgary: ababil12 1.3; BeachfrontPhoto 142.1; borchee Titel; Chulov, Dimitry 244.1; Colin_Davis 1.2; Damkier, Mikael 69.1; Dimension Aesthetic 1.4; DragonImages 2.2; FrankRamspott 138.1; georgeclerk 52.1; Halfpoint 1.1; peshkov 2.1; Weakley, Kent 153.1. | Karto-Grafik Heidolph, Dachau: 9.1, 12.1, 20.1, 20.2, 20.3, 22.1, 26.1, 27.1, 31.2, 45.1, 49.1, 50.1, 51.1, 63.2, 68.1, 70.1, 78.1, 158.1, 202.1, 245.1; bearbeitet von imprint 19.1, 31.1, 37.1, 67.2, 93.1, 168.1. | Kartographie Michael Hermes, Hardegsen Hevensen: 54.1, 156.1, 182.1. | mauritius images GmbH, Mittenwald: age fotostock 65.1; Beck, J. 220.1. | NASA, Washington: 33.1, 220.2. | Picture-Alliance GmbH, Frankfurt a.M.: Globus 162.1; Rowan Griffiths/Daily Mirror 208.2. | Schmidt, Marianne, Teningen: 63.1. | Shutterstock.com, New York: ChameleonsEye 15.1; Mortula, Luciano - LGM 171.1; Rehak, Matyas 211.1. | stock.adobe.com, Dublin: Delphotostock 151.1; Goede, Hans-Martin 18.1; RuZi 246.2; Tunatura 195.1. |thyssenkrupp Corporate Archives, Duisburg, Essen: 91.1. | Waldeck, Winfried, Dannenberg: 19.2, 23.1, 24.1, 29.1, 57.1, 87.1, 88.1, 125.1, 125.2, 149.1, 150.1. | Worldmapper.org, Oxford: 124.1.